SAINT-MARTIN

LE

PHILOSOPHE INCONNU

AUTRES OUVRAGES DU MÊME AUTEUR CHEZ LES MÊMES LIBRAIRES :

1. *De l'Influence des Mœurs sur les Lois.* 1 vol. in-8. 2ᵉ édit.
2. *Histoire des Doctrines morales et politiques des trois derniers siècles.* 3 vol. in-8.
3. *Histoire critique du Gnosticisme et de son influence sur les écoles contemporaines.* 3 vol. in-8. 2ᵉ édit.
4. *Philosophie de la religion, ou Science de Dieu, du monde matériel et du monde spirituel.* 2 vol. in-18.
5. *Philosophie de Schelling.* 1 vol. in-8. 3ᵉ édit.

EN PRÉPARATION :

1. *Les Mystiques et les Théosophes*, depuis Fénelon jusqu'à Saint-Martin.
2. *Les Mystiques et les Théosophes*, depuis Saint-Martin.

Paris. — Imprimerie de P.-A. Bourdier et Cⁱᵉ, rue Mazarine, 30.

SAINT-MARTIN

LE

PHILOSOPHE INCONNU

SA VIE ET SES ÉCRITS

SON MAITRE MARTINEZ ET LEURS GROUPES

D'APRÈS DES DOCUMENTS INÉDITS

PAR

M. MATTER

CONSEILLER HONORAIRE DE L'UNIVERSITÉ DE FRANCE
ANCIEN INSPECTEUR GÉNÉRAL DES BIBLIOTHÈQUES PUBLIQUES, ETC.

PARIS

LIBRAIRIE ACADÉMIQUE

DIDIER ET Cie, LIBRAIRES-ÉDITEURS

35, QUAI DES AUGUSTINS

1862

Réserve de tous droits

PRÉFACE

Après les brillantes appréciations de Saint-Martin par Chateaubriand et madame de Staël, par M. de Maistre et M. Cousin, il n'est plus nécessaire de rien ajouter sur l'importance du rôle que le « philosophe inconnu » a joué dans l'histoire de la pensée sur la fin du dernier siècle et au commencement du nôtre.

S'il y avait eu quelque hésitation encore, le savant commentaire de M. de Baader, les réflexions critiques de M. Moreau, l'éloquente thèse de M. Caro, et la charmante esquisse de M. Sainte-Beuve, auraient certainement achevé de la vaincre.

Cependant Saint-Martin n'a pas encore pris dans l'histoire de la littérature moderne la place qui lui est due, et l'on peut dire, à peu près sans exagération, qu'il est demeuré pour le monde ce pour qui il s'est donné, *le philosophe inconnu*.

Sans doute, sa doctrine est exposée dans ses nombreux volumes; mais elle ne l'est pas entièrement, il s'en faut beaucoup; et elle ne l'est pas clairement, il s'en faut davantage. Quelques-uns de ses écrits, récemment publiés, et d'autres encore inédits, sont indéchiffrés, sinon indéchiffrables; et, dans sa correspondance intime, on entrevoit partout qu'il avait des points de doctrine réservés, même à l'égard du plus avancé d'entre tous ses disciples.

Ce qui restait tout à fait obscur jusqu'ici, c'étaient les véritables origines de la doctrine de Saint-Martin, et ce qu'il était impossible d'entreprendre, c'était de faire le départ entre son enseignement propre et celui de son maître dom Martinez de Pasqualis, dont rien, pas une page, n'était connu du public. On ignorait donc à peu près au même degré le premier commencement et les derniers résultats de tout ce vaste ensemble de spéculations, les unes de pure philosophie, les autres de morale et de politique, d'autres encore de mysticisme et de théosophie, spéculations qu'avec un peu d'ambition pour Saint-Martin on pourrait appeler son système.

La vie du personnage était voilée des mêmes mystères que sa pensée. Nous n'avions que l'édition tronquée du

Portrait, l'emphatique éloge de Tourlet et l'esquisse un peu plus développée et plus tempérée de Gence : les renseignements recueillis par M. Caro et ceux que M. Sainte-Beuve publia dans ses belles pages consacrées au théosophe d'après le manuscrit autographe du *Portrait* en appelaient de plus complets.

Or, si la doctrine de Saint-Martin, qui n'est pas en politique une simple théocratie, ni en philosophie un simple mysticisme, mais qui est une véritable théosophie sur le gouvernement des choses divines et humaines, peut offrir aujourd'hui un intérêt tout spécial, cela est encore plus vrai de sa vie.

D'autres de nos contemporains, — car Saint-Martin est de notre siècle et des nôtres, — ont joué assurément dans l'enseignement, dans l'État et dans toutes sortes de carrières, un rôle bien plus considérable, plus éclatant et plus facile à marquer que celui d'un simple officier d'infanterie, simple élève des premières Écoles normales, auteur et chef d'école, sans doute, mais au demeurant plus grand dans la direction spirituelle, qui est de sa nature peu appréciable de la part du public, qu'en aucune autre situation. Mais, sous le point de vue des idéalités et des aspirations morales, je ne connais pas de vie contemporaine, si haut que je la cherche, qui puisse être mise au-dessus de la sienne, encore qu'elle soit défectueuse en fin de compte.

J'ajouterai que c'est là ce qui m'a le plus attaché à cette étude, et que, ce qui m'a paru le mieux mériter un peu d'attention partout en l'état où nous sommes, c'est cette existence si pure et si sereine au milieu de tant d'orages, si détachée en face de tous les attachements les plus vifs et des plus impérieux intérêts. Quand autour de lui tout est, ou bien passion, ou violence, ou persécution, ou peur, Saint-Martin est calme, aimant, sûr, désintéressé : le sage en personne. Et il l'est, non pas de par sa nature, mais de par sa volonté et sa raison.

Cela est toujours beau, et pour nous, aujourd'hui, cela est un peu plus beau que pour d'autres en d'autres circonstances.

Voilà ce qui m'a attaché; et ce qui m'a fait croire qu'un certain nombre de feuillets sur Saint-Martin pouvaient offrir quelque attrait ou quelque utilité.

J'ai eu des raisons spéciales pour écrire ces pages.

Une rare bonne fortune a fait tomber entre mes mains, dans un voyage à l'étranger, les deux petits volumes manuscrits du traité de dom Martinez, *De la Réinté-*

gration, dont je ne connais que deux exemplaires, l'un en France, l'autre dans la Suisse française. J'ai donc pu comparer les deux copies les meilleures qui existent de cette relique devenue si rare.

Le propriétaire actuel des manuscrits de Saint-Martin, légués par celui-ci à M. Gilbert, par M. Gilbert à M. Chauvin, manuscrits dont on a fait récemment la vente à un de mes amis, a bien voulu les mettre tous à ma disposition.

J'ai pu consulter de même deux copies de la célèbre correspondance, en majeure partie encore inédite, de Saint-Martin avec le savant patricien de Berne. Et j'ai pu joindre à ces lettres si instructives, celles, inédites aussi, du comte de Divonne que m'a communiquées M. le baron de Stenglin, ainsi que celles de Maubach, et celles de madame de Bœcklin, la plus célèbre d'entre les amies de Saint-Martin, et que m'ont communiquées les personnes de Suisse et de France qui les possèdent.

Sans être tout à fait du groupe de Saint-Martin, il s'en était formé un, en Suisse, autour de son ami de Berne, le baron de Liebisdorf, groupe composé principalement du conseiller d'Eckartshausen, de mademoiselle Lavater et de mademoiselle Sarazin; puis un autre en

Allemagne, autour de Young-Stilling, et où se remarquait, après le grand duc régnant, dont il était l'ami, madame la baronne de Krudener, dont la vie eut des phases si diverses. J'ai lu les lettres de l'un et de l'autre de ces deux groupes, et j'ai trouvé dans les remarquables communications qui ont eu lieu entre eux, la correspondance qui répand le plus de jour sur celle de Saint-Martin : c'est celle de Young-Stilling et de Salzmann, qui est en ma possession.

Enfin, M. Taschereau a bien voulu, avec une rare courtoisie, mettre à ma disposition une copie du manuscrit autographe du *Portrait*, qu'il possède, et j'y ai puisé à pleines mains.

Mais si j'ai pu, grâces à ces secours, esquisser une biographie un peu complète d'un penseur éminent, il m'est toutefois arrivé souvent de rencontrer d'autant plus d'énigmes et d'obscurités nouvelles que je croyais avoir plus réussi à en dissiper d'anciennes. Si bien qu'aux plus vives expressions de ma reconnaissance pour les riches communications qu'on a bien voulu me faire, je dois joindre ici de plus vives supplications, à l'adresse de tous ceux qui ont quelques indications sur les personnages si nombreux et si considérables avec lesquels Saint-Martin s'est trouvé en rapport : je les prie de vouloir bien, en l'honneur de sa mémoire et dans l'intérêt de la science, m'en faire part à l'adresse de mon éditeur.

Il n'est pas de complément ni de rectification que je ne sois prêt à recevoir avec la gratitude la plus empressée; car on me permettra sûrement d'en profiter avec toute l'indépendance que j'ai mise dans mes appréciations soit de la doctrine, soit de la vie de l'éminent penseur.

MATTER.

Paris, 1ᵉʳ mai 1862.

CLAUDE DE SAINT-MARTIN

SON MAITRE ET LEURS GROUPES

CHAPITRE PREMIER

L'enfance de Saint-Martin. — Le collége. — Les premières lectures de piété. — L'école de droit. — Les premières lectures de philosophie. — La magistrature à Tours. — Les préventions.

La destinée de l'arbre n'est pas tout entière dans la nature ou dans le sol qu'il occupe; elle est aussi dans le climat qui l'enveloppe et dans l'atmosphère qu'il respire; elle est encore, elle est même essentiellement, dans la manière dont il est planté et dans celle dont il est taillé. Il en est ainsi de la destinée de l'homme.

Celle de Saint-Martin, essentiellement donnée dans sa délicate nature et son frêle organisme, fut modifiée par son éducation première et profondément influencée par ses premières lectures.

Né le 18 janvier 1743, dans une pieuse famille d'Amboise, Louis-Claude de Saint-Martin fut élevé par son père avec la gravité des mœurs du temps; par sa belle-mère — car sa mère était morte peu de temps après lui avoir donné le jour — avec des tendresses dont l'impression fut décisive pour toutes ses affections. Elles lui firent aimer Dieu et les hommes d'une façon singulièrement émue, et les souvenirs en demeurèrent chers au philosophe dans toutes les phases de sa vie : toujours une femme saintement aimée y joue un rôle.

Son cœur ainsi disposé, et comme pétri par l'amour, reçut des premières lectures faites à l'âge de l'intelligence ouverte une impression et des tendances plus décisives encore, plus intérieures et plus mystiques. Le livre d'Abbadie, l'*Art de se connaître soi-même*, l'initia à cet ensemble d'études de soi et de méditations sur le divin type de toutes les perfections qui devint le grand objet de sa vie.

Les détails sur l'enfance et les années de collége du futur théosophe nous manquent. Dans les Mémoires ou les Notes autographes sur sa vie qu'il a intitulées *Mon Portrait historique et philosophique*, il ne nous donne lui-même qu'une sorte de légende sur son développement physique. Il a changé sept fois de peau en nourrice, nous dit-il. Mais ni le fait qu'il désigne ni le nombre sacré qu'il adopte ne doivent être pris à la lettre. La pensée qui a dicté l'un et l'autre se montre en ces mots : « Je ne sais si c'est à ces accidents que je dois d'avoir si peu d'*astral*. » C'est une organisation très-délicate, mais toutefois très-privilégiée qu'il veut nous indiquer par ce changement de peau sept fois renouvelé. Et telle était en effet sa constitution ; nous le verrons tout à l'heure, ainsi que le sens du mot *astral* ou *sidérique*, mot qu'il affectionne dans son style mystique, mais qui n'est pas de sa création, qu'il emprunte de ses maîtres les plus chéris.

Du collége il passa à l'école de droit, celle d'Orléans, je suppose, qu'il ne nomme pas. Il est à ce point discret sur les années qu'il y passa et sur les études qu'il y fit que nous ne savons qu'un seul fait à ce sujet, celui « qu'il s'attacha plutôt aux bases naturelles de la justice qu'aux règles de la jurisprudence, dont l'étude lui répugnait. » C'est un de ses biographes, M. Gence, qui le dit, et cela se comprend. C'était de l'époque. Et Saint-Martin, sans le vouloir, nous donne le secret de ces antipathies, qu'il partagea d'ailleurs avec tant d'autres étudiants du temps qui aimèrent mieux rêver sur les bancs de l'école aux futures grandeurs du poëte, du guerrier, de l'écrivain, du philosophe ou de l'homme d'État, que d'appliquer leur attention à la science sévère. La science sévère n'est, après tout, même sous ses formes les plus rebutantes, s'il en est qui méritent cette épithète, que celle des lois morales du monde, c'est-à-dire des bases naturelles de la justice. Mais l'appareil sous lequel la parole académique la présente quelquefois, peut la faire méconnaître à des jeunes gens un peu gâtés par l'éducation qu'ils ont reçue ou par les lectures qu'ils ont faites. Saint-Martin était de ce nombre. Il nous apprend lui-même que, dès l'âge de dix-huit ans, il avait lu les philosophes à la mode. Cela étant, on conçoit fort bien ses antipathies d'étudiant. Vers 1760, les écrivains en vogue se nommaient Montesquieu, Voltaire et Rousseau. Or, quand on avait pris l'habitude d'entendre sur les lois et les mœurs de tels maîtres, il était tout simple qu'on écoutât avec un peu de froideur de simples professeurs de jurisprudence. De la part de Saint-Martin cela s'explique d'autant mieux qu'il avait pris, dès le collége, le goût des lectures philosophiques. Car il est évident qu'un homme qui a lu, à dix-huit ans, les philosophes à la mode, en a commencé la lecture fort jeune. Saint-Martin, en les abordant, était non-seulement très-jeune, mais trop jeune assurément. Il nous le prouvera par ce qu'il en dira plus tard : un penseur aussi profond et aussi lucide que lui ne médit des philosophes qu'autant qu'ils les a lus avec son imagination plutôt qu'avec sa raison.

Cette circonstance suffirait pour expliquer un peu d'éloignement pour l'étude de la jurisprudence à l'époque même où l'*Esprit des lois* d'un grand écrivain faisait négliger la lettre du Code et les traditions de la Coutume, et dans un temps où l'on aimait mieux prendre le vol sur de hautes questions de politique que de suivre modestement une solution de droit. Une autre raison venait se joindre à celles-là dans la vie de Saint-Martin : c'était le peu de goût d'un enfant de souche militaire pour la robe du magistrat qu'on lui destinait.

En effet, son père désirait vivement son entrée dans la magistrature, carrière qui ne souriait nullement au jeune étudiant. Cependant, fils respectueux, Saint-Martin acheva ses études et se fit recevoir avocat du roi au siége présidial de Tours. Sa réception, telle qu'il nous la raconte, ne fut pas très-brillante. Il y versa des larmes plein son chapeau, dit-il; ce qui nous donne une idée générale de sa tournure d'esprit et de son style trop riche en figures très-hasardées. La manière dont il remplit ses fonctions pendant six mois répondit malheureusement à ce début. Le tout l'humilia au point qu'il sollicita avec vivacité la permission de sortir d'une carrière qui aurait pu mener à des postes élevés un protégé du duc de Choiseul très-propre à recueillir, en se dépêchant un peu, la succession d'un oncle conseiller d'État. Son insistance était légitime. « Je n'ai jamais pu savoir, pendant l'espace de six mois, nous dit-il, qui, dans une cause jugée, avait gagné ou perdu son procès, et cela après plaidoiries, délibérations et prononcé du président entendus. »

C'est là évidemment de la poésie en place d'histoire, mais cela même atteste que Saint-Martin n'avait pas l'ambition du métier, que son goût était ailleurs.

Où était son goût ?

Il entra dans la carrière des armes ; mais ce ne fut pas pour s'y faire une position un peu avantageuse ou pour s'y distinguer d'une manière éclatante. Il détestait la guerre au nom de tous ses principes et de toutes ses affections. Il se laissa faire officier pour continuer ses études favorites, celles de la religion et de la philosophie. Ces deux hautes sciences, il ne les connaissait encore que bien imparfaitement l'une et l'autre. Leurs grands textes, qu'il n'a jamais bien approfondis ; leur histoire, où il devait figurer un jour d'une façon très-honorable sans bien la savoir, il les ignorait malgré ses lectures. Mais il en mesurait la portée et en subissait l'attrait. Il aspirait bien à leurs austères beautés, mais par les élans de sa piété plus que par ceux de son génie ; du moins il joue dans leurs annales un rôle plus considérable par la hardiesse de ses solutions que par l'éclat de ses découvertes. Toutefois nul ne conteste ni la puissance de sa raison, ni la pureté de ses tendances. Un certain mélange de force et de faiblesse, j'allais dire d'audace et d'insuffisance, fait à la fois l'imperfection de sa doctrine et la gloire de sa vie. Car nul n'a jamais, avec des études moins fortes et moins étendues, abordé les problèmes avec plus d'énergie et offert des solutions avec plus de bonne foi ; j'ajouterai même d'autorité, puisque la bonne foi en donne une si grande.

Son point de départ en philosophie doit être bien marqué. Rien de plus instructif. Il se défie de la philosophie. On dirait une impression d'enfant plutôt que de jeune homme. Il avait sept ans quand Palissot fit représenter sa comédie des *Philosophes*, et l'on se demande si la pensée de cette triste et violente incrimination, pensée très-goûtée alors dans un certain monde, ne serait point parvenue à dominer la sienne par une influence quelconque. Il parle des grands hommes auxquels nous songeons toujours quand il s'agit de son temps avec une admiration très-sincère, et il désirait vivement connaître Voltaire, Rousseau surtout ; mais, en général, les doctrines des écrivains que le dix-huitième siècle qualifiait de philosophes l'irritent ou lui inspirent le dédain. Il estimait même fort peu ces sciences si positives, et d'ordinaire si exactes en vertu de leurs méthodes, que les esprits les plus sévères pour la philosophie spéculative exceptent de leurs censures. C'était l'effet d'un spiritualisme outré. Il ne comprend pas, dit-il, que les hommes qui connaissent les douceurs de la raison et de l'esprit puissent s'occuper un instant de la matière.

On le voit, ce qui alarme son âme tendre et pieuse, ce n'est pas l'étude sérieuse, c'est le grossier culte de la matière, ce sont les doctrines matérialistes du temps. Elles le remplissent d'indignation; elles le passionnent pour le spiritualisme sous toutes les formes. Et cette passion généreuse, jointe aux saintes impressions de sa jeunesse, décide de sa véritable carrière, de celle qu'il suit avec une sorte d'ardeur au sein de celle des armes.

Nous le verrons d'abord profiter des loisirs que celle-ci lui donne pour faire les plus constantes études sur toutes les questions qui l'intéressent, puis se consacrer tout entier à ce que bientôt il appellera ses *objets*.

CHAPITRE II

La carrière des armes. — La garnison de Bordeaux. — L'initiation à l'École de Martinez de Pasqualis. — La doctrine secrète de Martinez. — Son Traité inédit. — La chute et la réintégration. — Les opérations théurgiques et le commerce avec les esprits supérieurs. — Une discussion entre Martinez et Saint-Martin. — Appréciation des Illuminés de France par M. de Maistre.

1766—1771

De la magistrature Saint-Martin était passé dans la carrière des armes sans préparation aucune, sans transition. Le duc de Choiseul, pour obliger sa famille, lui avait fait délivrer, selon les usages du temps, un brevet d'officier dans le régiment de Foix, comme il avait fait donner à d'autres des brevets de chambellan.

On ignore si le jeune lieutenant improvisé, rendu à son corps qui tenait garnison à Bordeaux, s'y appliqua à quelques études de science militaire, ou bien s'il se borna tout simplement aux devoirs communs de son grade et de son métier. Dans ses notes, je ne trouve trace de rien de ce genre. Ce qui explique quelque peu, dans la vie de M. de Saint-Martin, l'absence de toute préoccupation militaire, c'est que le traité de Versailles, en mettant fin à la guerre de sept ans, avait assuré à l'Europe un état de paix auquel l'opinion générale donnait une longue durée et que l'Amérique ne vint troubler qu'au delà des mers quand déjà le jeune officier n'était plus au service. D'ailleurs, toutes les puissances de son âme et de sa pensée étaient enchaînées autre part, et ses vives aspirations vers les deux sciences qu'il préférait à tout trouvèrent à Bordeaux un aliment plein de séduction. Il y rencontra un de ces hommes extraordinaires, grand hiérophante d'initiations secrètes, qui, pour communiquer leurs mystères, cherchent moins le grand jour que les ténèbres, Martinez de Pasqualis, Portugais, à qui nul ne peut reprocher d'avoir recherché, sous le masque de sa science secrète, soit la renommée, soit la fortune. De race orientale et d'origine israélite, mais devenu chrétien comme le devenaient les gnostiques des premiers siècles, dom Martinez initiait depuis 1754, dans plusieurs villes de France, surtout à Paris, à Bordeaux, à Lyon et ailleurs, des adeptes dont aucun ne fut entièrement épopte, c'est-à-dire n'eut tout son secret, mais dont plusieurs ne cessèrent de professer pour lui des sentiments d'admiration et de respect. Saint-Martin, qui devait être le plus illustre de ses disciples, nous dit lui-même que le maître ne les trouva pas assez avancés pour pouvoir leur faire ses communications suprêmes. Aussi ne leur a-t-il pas achevé les dictées de son enseignement.

Quand Saint-Martin lui fut amené par les officiers ses camarades, il lui arrivait dans les meilleures dispositions.

Comment, par quelles doctrines, quels talents, quelles

cérémonies, quels moyens externes, le mystagogue étranger, dont le langage était fort défectueux, s'attacha-t-il des jeunes gens de si bonne naissance, un philosophe surtout d'une piété aussi tendre, d'un catholicisme aussi ferme en apparence et d'un âge déjà mûr? Car dès cette époque Saint-Martin, que j'entends ici, était philosophe et il avait le droit d'être écolier difficile à satisfaire. Il avait suivi tant d'autres maîtres au collége et à l'école de droit, siégé six mois dans un tribunal comme avocat du roi, lu tous les philosophes à la mode, et fait une étude spéciale du savant Burlamaqui.

La doctrine de Martinez de Pasqualis et ses pratiques étaient donc bien séduisantes.

Faute de documents, on a été réduit jusqu'ici à des inductions ou à des conjectures. Les unes et les autres, on les a établies très-facilement, et une fois proclamées, elles ont passé pour des faits. On a dit que les opinions du maître devaient se trouver dans les écrits du disciple, surtout dans ceux que Saint-Martin a publiés les premiers et avant d'avoir fait avec Jacques Boëhme cette connaissance qui marqua une époque dans sa vie. En un mot, on croyait être certain que l'ouvrage des *Erreurs et de la Vérité* était écrit dans les principes et dans les idées de Martinez de Pasqualis.

Cette voie, d'ailleurs la seule possible avant la connaissance des manuscrits laissés par dom Martinez, était toutefois peu sûre. Chacun le sent, car chacun sait quelles idées on se ferait de la doctrine de Socrate en suivant les écrits de Platon, ou de la doctrine de Platon en suivant les écrits d'Aristote, ou d'Aristote en ne consultant que ceux de Théophraste. Et, pour prendre des exemples plus rapprochés de nous, chacun sait aussi quel Descartes on aurait en écoutant Malebranche ou Spinoza, et quel Kant en s'attachant à Fichte, quel Fichte en le prenant dans Schelling. Il en est absolument de même de Saint-Martin et de son maître : on n'aurait aucune idée juste de celui-ci en ne consultant que Saint-Martin, quoiqu'il insinue lui-même que, dans ses premiers écrits, il suivait les idées de Martinez.

Nous avons à la vérité l'ouvrage d'un autre disciple du fondateur de l'école de Bordeaux, l'abbé Fournié; mais on ne le connaîtrait pas davantage en écoutant ce dernier. Il dit pourtant plus formellement encore qu'il nous expose les idées de son maître, mais il diffère de Saint-Martin, pour reprendre un exemple cité et compris de tout le monde, autant que les deux célèbres disciples de Socrate, Xénophon et Platon, diffèrent entre eux. On doit donc faire une profonde distinction entre le maître de Bordeaux et ses deux élèves, comme entre les deux élèves eux-mêmes.

Quelle a été la vraie doctrine du chef de l'école?

On a dit la science secrète de Martinez un mélange de gnosticisme et de judaïsme christianisé, nourris tous deux de la kabbale. Cela n'est pas absolument faux. Les gnostiques ayant professé ou consulté tous les systèmes de la Grèce et de l'Orient, y compris les textes juifs et chrétiens, il y a naturellement du gnosticisme dans toutes les spéculations théosophiques un peu savantes, et il n'est pas de juif érudit, si chrétien qu'il soit devenu par ses études, qui n'ait quelque reste de familiarité avec les idées de la kabbale.

On a pu se contenter de ces généralités tant qu'on a ignoré l'existence ou dédaigné l'étude d'un exposé de l'enseignement de Martinez tracé par lui-même ; mais en consultant ce document que j'ai entre les mains, le traité si rare de la *Réintégration*, je n'ai aucune raison de croire que dom Martinez doive être rattaché aux anciennes écoles des gnostiques ou des kabbalistes. De ces anciens docteurs, il n'en cite aucun, et il ne connaît réellement ni leurs textes ni leurs systèmes, pas plus que ceux des philosophes de la Grèce ou ceux des docteurs de l'Église. Il ne cite pas même les penseurs juifs ou chrétiens du moyen âge et des temps modernes. Sa doctrine n'est sans doute qu'un singulier éclectisme, mais elle ne ressemble à rien de ce qui est connu dans l'histoire de la philosophie. Elle prend les textes sacrés pour guide, mais elle en fait sortir ou y rattache, de son fonds, des enseignements que les auteurs de ces textes rejetteraient bien loin.

Le traité manuscrit de Martinez dont je parle et que j'ai eu la bonne fortune de rencontrer très-inopinément, se distingue déjà par la hardiesse de sa conception. Il porte ce titre : *Traité sur la Réintégration des êtres dans leurs premières propriétés, vertus et puissances spirituelles et divines*, et se compose de plusieurs parties, formant environ 355 pages in-4°, d'une écriture assez serrée. On le dirait écrit d'un seul trait, tant la marche et la nature des idées s'y enchaînent.

Il a pour objet, non pas l'état actuel des choses, mais le rétablissement de leur état primordial, celui de l'homme et celui des êtres en général. Et, loin d'offrir une discussion ou une hésitation quelconque, il expose la pensée de son auteur très-magistralement. Point de doute ni de difficultés sur rien ; des révélations, du mystère, de l'obscurité partout.

Son point de départ est pris dans nos premiers textes sacrés, mais c'est moins un commentaire qu'une nouvelle révélation, du moins une dogmatique substituée à une autre. Tout le Pentateuque, toute l'histoire du peuple de Dieu y est à ce point modifiée et changée que, dans la personne d'Adam et d'Hévah, dans celle des patriarches, du législateur des Hébreux ou de leurs rois, l'homme diffère des types connus, autant que les anges, les démons et Dieu lui-même diffèrent des types bibliques. En un mot, la destinée de tous les êtres y diffère de tout ce que l'histoire ou la tradition consacrée nous apprennent sur ces grands sujets.

Le traité, dans les deux manuscrits que j'ai pu consulter et qui sont les seuls dont l'existence m'est connue, est divisé en cinq parties dans l'un, en deux dans l'autre. Mais il n'est pas achevé, et à la suite je trouve cette note : « L'auteur n'a pas été plus loin dans ce traité, qui devait être beaucoup plus long. C'est surtout à la venue du Christ qu'il devait être plus important, selon ce qu'il a dit lui-même à ses amis. »

Cela se comprend. Continué sur le même pied, ce traité devenait très-long. Son auteur, en cessant d'écrire, n'en est encore qu'à Saül, et, s'il donnait dans sa pensée aux discours des prophètes, à ceux de Jésus-Christ et à ceux de ses apôtres la même étendue qu'à ceux de Moïse et de ses successeurs, il nous laissait toute une bibliothèque. Il s'y rencontrait peut-être avec les idées qu'on trouve dans les entretiens des apôtres avec leur maître tels que les donne la *Sophia Pistis*, qu'on a souvent attribuée au gnostique Valentin, mais il leur donnait certainement beaucoup plus d'étendue.

Je crois pouvoir dire qu'à mon avis Martinez n'ajoutait rien à son enseignement en achevant son ouvrage et qu'il perdait peut-être plusieurs de ses adeptes.

En effet, son auditeur chrétien pouvait écouter avec plus ou moins de curiosité les harangues que Martinez y prête à Adam, à Noé, à Moïse, ou à la pythonisse d'Endor; mais il n'aurait pas accepté de même des discours prêtés à Jésus-Christ, à saint Jean ou à saint Paul. On donnerait sous des noms aussi vénérés des discours supérieurs ou égaux, si cela n'était pas impossible, à leurs paroles authentiques, qu'on ne satisferait pas les délicates et sévères exigences de la pensée chrétienne. Or ceux que Martinez prête avec tant de laisser aller aux personnages qu'il nous présente sont très-faibles, sans portée. Ils témoignent, de la part d'un homme de race orientale, une absence étonnante de goût et de sentiment en matière de style majestueux. De l'éloquence hardie, impétueuse et sublime, des textes mosaïques, il ne reste pas trace dans les dissertations tantôt abstraites, tantôt familières qu'il nous offre. Que le langage d'un juif portugais, même converti, ne soit pas très-français, cela se comprend, et loin de choquer ses auditeurs, cela pouvait ajouter au prestige dont il savait les fasciner. Mais que de jeunes militaires du dernier siècle, appartenant aux bonnes familles du pays et ayant au milieu d'eux un spirituel magistrat qui s'était familiarisé dès le collége avec les philosophes du jour, aient accepté cet enseignement comme raisonnable, évangélique et équivalent ou même supérieur au christianisme de Fénelon et de Malebranche, de Bossuet et de Leibnitz, voilà qui ne se comprend pas. Que des contemporains de Voltaire et de Rousseau n'aient pas posé une seule fois cette question, qui se présentait si naturellement sur leurs lèvres : De quelle autorité tenez-vous des discours que vous nous citez littéralement et que vous seuls semblez connaître ? voilà qui ne se comprend pas davantage. Aussi je n'admets pas que ce traité donne des leçons faites par Martinez à l'ensemble de ses auditeurs. Je pense, au contraire, qu'il ne contient que ce qui allait aux initiés, aux adeptes véritables, c'est-à-dire la doctrine ésotérique, celle-là précisément qui nous intéresse le plus. Peu nous importe, en effet, ce qu'il a pu dire à tout le monde.

Si l'écrit donne la pensée intime du fameux mystagogue, la donne-t-il tout entière ? Martinez était-il chrétien sincère ou juif dissimulé, loyal enfant de l'Église ou habile disciple de la kabbale ?

Martinez de Pasqualis ne fut rien de tout cela. Théosophe très-mystérieux, il fut au plus haut degré ce que les humbles et modestes de sa race sont sur une petite échelle, c'est-à-dire enthousiaste de sa propre science et très-jaloux de ses dons naturels. Peut-être le fut-il encore plus de ses rapports réels ou imaginaires avec le monde supérieur et ses Vertus ou ses Agents, dont il obtenait, suivant ses disciples, des communications, des lumières, des visions et des forces extraordinaires, grâce aux pratiques secrètes et aux moyens magiques qu'il savait employer pour s'en assurer la possession. On sait que tout mystique qui sort des limites marquées par la raison, et tout théosophe qui franchit l'Évangile pour se mettre en communication avec le monde des esprits en vient là, soit par une théurgie spéciale, par une méthode de contemplation directe, ou par des habitudes de prière et d'extase quelconques.

Mais dom Martinez fut-il contemplatif, extatique ou théurgiste?

Il fut un peu tout cela, si ce n'est quelque chose de plus encore et de moins sublime.

Son traité n'expose que la première moitié de son système, mais ce n'en est pas la moins intéressante, puisque c'en est la plus franche, celle sur laquelle en sa qualité de chrétien peu sûr il pouvait le mieux s'expliquer. En effet, il s'y étend avec complaisance sur la théorie de la chute des êtres et sur celle des conséquences de ce grand fait, tandis qu'il n'aborde pas réellement la réintégration et ses suites qui devaient être le véritable objet de son travail. Ce qui paraît l'avoir arrêté en route, c'est qu'il aurait fallu, en traitant de la réintégration, accepter la personne du Christ d'après les textes sacrés ou la masquer suivant ses traditions secrètes, deux partis dont l'un et l'autre devenaient pour lui également difficiles.

Quant à la chute, ses *révélations*, si ce mot peut s'employer, sont ambitieuses, comme sont imposants les objets qu'elles touchent. Ce n'est pas de la terre seulement ou d'un peuple, fût-ce celui de Dieu, qu'il y traite, c'est de l'univers, de tous les êtres, du monde divin comme du monde humain. Et ce n'est pas lui, l'homme du dix-huitième siècle qui parle, c'est le plus grand des prophètes du peuple de Dieu, c'est Moïse. Dom Martinez n'est que son greffier.

Le point de départ de la *Réintégration*, c'est la *chute*, et c'est une idée chère à beaucoup de mystiques très-transcendants, que les plus purs et les plus saints d'entre les mortels, les élus, doivent se sacrifier et s'immoler pour apaiser les colères divines soulevées par l'état d'imperfection où gît le monde déchu.

« Oui, Israël, s'écrie Moïse, je te dis en vérité qu'il en est du monde divin comme des habitants spirituels du monde général terrestre. Ne sois pas étonné si je t'apprends que les habitants du monde divin se ressentent encore de la première prévarication et s'en ressentiront jusqu'à la fin des temps, où leur action cessera de participer au temporel, qui n'est pas leur véritable emploi, et pour lequel ils n'ont point émané (*sic*)... De même que les habitants spirituels de la terre payent tribut à la justice de l'Éternel pour la prévarication du *premier mineur*, commise au centre de l'univers temporel, de même les habitants du monde divin payent tribut à la justice du Créateur pour l'expiation du crime des premiers esprits. »

On le voit, d'ailleurs, avec dom Martinez on n'est pas terre à terre pour les conceptions ou les questions. On n'est pas non plus terre à terre pour l'autorité : la science qu'il enseigne est suprême. Elle rappelle un peu celle de Philon, qui commente aussi la Bible à sa manière, c'est-à-dire qui la prend aussi pour point de départ de ses élucubrations, mais qui l'explique, la modifie et l'amplifie, lui aussi, soit au gré de ses études philosophiques, soit au nom de ses illuminations divines. Philon toutefois n'ose pas, dans la savante Alexandrie, prêter autant de discours apocryphes à ses personnages sacrés que leur en prête dom Martinez à Bordeaux, trop audacieux dans la patrie de Montesquieu. Ce fut sans doute cette audace, jointe à la hauteur des problèmes, qui fascina des adeptes tels que l'abbé Fournié et Saint-Martin, déjà séduits à moitié, l'un par les aspirations passionnées d'une âme tendre et pieuse, l'autre par les misères et les souffrances d'un esprit que tourmentait le scepticisme des sages ou la négation des incrédules du temps.

On le sait par le témoignage de tous les siècles, partout où le sensualisme amène à sa suite ses deux grossiers compagnons, l'athéisme et le matérialisme, le rationalisme et le spiritualisme, ses adversaires légitimes, se jettent alarmés dans les bras du mysticisme et de la théosophie, qui les entraînent rapidement, dans ces mauvais jours, vers des régions qu'en des jours plus heureux ils n'aborderaient qu'en tremblant.

Sur la fin du dernier siècle ces contrastes se produisirent avec éclat en France comme dans le reste de l'Europe ; on aimait alors bien des associations mystérieuses qui depuis ont été appréciées sévèrement.

Dans la société secrète où Saint-Martin fut introduit tout à coup à Bordeaux, il y avait alors, comme ailleurs, autre chose qu'un simple enseignement antisensualiste ou spiritualiste. Martinez offrait un ensemble de symboles et de leçons qui se complétaient par des pratiques ou des opérations théurgiques correspondantes. A cette vaste théorie d'une chute arrivée dans les cieux comme sur la terre, à cet enseignement d'un tribut solidaire payé à la justice divine par les habitants du monde divin et par ceux du monde terrestre, se joignaient des actes, des œuvres, des prières, une sorte de culte. Entre les esprits terrestres et les esprits célestes, la communauté des destinées éternelles et des hautes aspirations garantissait aux yeux de dom Martinez la communauté de l'œuvre de réintégration imposée à tous, et il fallait par conséquent, pour obtenir l'effet, la communauté des travaux. L'assistance des *majeurs* ou des esprits supérieurs était donc assurée aux mineurs, si ces derniers savaient intéresser les premiers à leur sort et en conquérir la bienveillance au moyen de savantes pratiques.

Voilà à la fois les principes et l'origine de la théurgie, la légitimité de son idée et la nécessité de ses opérations.

A l'école de dom Martinez ces *opérations* jouaient un grand rôle. Ce qui me porte à croire qu'on les y considérait comme une sorte de culte, c'est que ce terme est resté cher à Saint-Martin, qui, par une singulière contradiction, n'aimait guère ces opérations et adoptait néanmoins le mot *opérer* pour désigner la célébration de la sainte cène et du baptême.

Dire ce qu'étaient réellement les opérations de l'École de Bordeaux est difficile. On ne nous l'apprend guère.

Étaient-ce des cérémonies secrètes qu'on pratiquait pour se mettre en rapport avec des puissances supérieures, à l'effet d'arriver à des réalisations ou des œuvres surnaturelles avec ou sans leur concours ?

C'est là l'antique prétention de la théurgie, de la science d'Iamblique et d'autres néo-platoniciens, de la science de Basilide et d'autres gnostiques, de la science de beaucoup de partisans ou de maîtres des arts occultes dans tous les siècles et dans tous les pays. En effet, entre la théurgie et la magie l'affinité est toujours intime. Si la ligne de démarcation qui les sépare est facile à tracer en théorie, elle est sans cesse franchie dans la pratique; les opérations des deux arts se confondent.

A défaut de toute espèce de document authentique, il est impossible de déterminer comment elles se distinguaient dans l'École de Bordeaux. Il paraît qu'il était interdit, dans la société de dom Martinez, de révéler en quoi consistaient ces cérémonies qui choquaient un peu Saint-Martin. Le discret élève nous apprend bien, dans sa correspondance avec le baron de Liebisdorf, qu'il s'écria plus d'une fois, lui partisan d'un spiritualisme plus pur et plus évangélique, « Eh quoi, maître, faut-il *tant de choses* pour prier Dieu ? » Mais il se garde bien de nous laisser entrevoir ce qu'était ce *tant* de choses. De plus, quoiqu'il se soit écoulé vingt-cinq ans depuis qu'il a jeté ces cris, il ne veut entrer dans aucun détail. Il a l'air de rapporter avec une sorte de naïveté la réponse que lui fit Martinez; mais je me défie beaucoup de sa mémoire dans ce récit, et, s'il est exact, je suis certain que le maître et l'élève ne se sont pas compris et n'ont pas voulu se comprendre. Je crois que le maître a été un peu étourdi de la question, et le disciple trop prompt à se payer d'une réponse telle quelle. Saint-Martin dit que le mystagogue lui répondit : « Il faut bien se contenter de ce que l'on a. » Il pense que Martinez ne voyait dans ces opérations ou dans ces formules que du remplacement. Mais j'estime qu'il a tort. Ce n'est pas des formules et des opérations que son maître a pu dire

« qu'il fallait s'en contenter. » Avouer qu'on n'a que des formules théurgiques, serait faire un singulier aveu. Et, en réalité, c'en est un tout autre que fait dom Martinez. Saint-Martin n'aurait pas dû s'y tromper, et il vaut la peine de tirer la matière au clair, afin d'arriver à des idées précises, non pas seulement sur Martinez et sur Saint-Martin, mais sur toute cette théurgie contemporaine de Rousseau et de Voltaire. Car le récit de Saint-Martin a cette portée, et il y a ici une profession de foi curieuse à recueillir des lèvres d'un des grands admirateurs de Rousseau, se confessant à un ancien correspondant du philosophe de Genève.

« Je crois, dit Saint-Martin à son ami de Berne, je crois *comme vous* que la sagesse divine se sert d'Agents et de Vertus pour faire entendre son Verbe dans notre intérieur. » (Lettre du 12 juillet 1792.)

Telle est donc sa doctrine vingt-cinq ans après son initiation à l'école de Martinez.

Il a fait de grands pas dans l'intervalle, et sa pensée sur le système de son maître a beaucoup changé. Sa pratique aussi s'est profondément modifiée; elle s'est attachée plus au centre, à l'intérieur, moins à la circonférence, à l'extérieur, comme il se plaît à nous l'apprendre. Et cependant il croit que, pour faire la chose principale dans cet intérieur, pour y faire entendre le Verbe, la sagesse divine se sert d'Agents et de Vertus.

Or, ces Agents et ces Vertus, ce ne sont, selon Saint-Martin, ni nos idées, ni des idées quelconques; ce ne sont ni nos sentiments, ni des sentiments quelconques. A cet égard il n'est pas de doute possible. Ce sont des puissances intermédiaires entre Dieu et l'homme; Liebisdorf le disait expressément dans sa lettre du 30 juin. « Pour nous faciliter, autant que possible, notre union avec les Agents intermédiaires qui sont nos amis, nos aides et nos conducteurs, je crois qu'il faut une grande pureté du corps et de l'imagination. »

Cela est clair. Il s'agit d'esprits supérieurs, ou, pour parler le langage de dom Martinez, de ces *majeurs* qui viennent assister le *mineur*, l'homme. Telle est, dans le traité de la Réintégration des êtres, la doctrine intime du mystérieux Portugais. C'est donc l'assistance des majeurs qu'il veut s'assurer par les opérations et les formules qui fatiguent l'impatience du jeune et pieux Français; et quand celui-ci a l'air de se révolter: « Il faut bien se contenter de ce qu'on a, » lui dit le maître. C'est-à-dire, en d'autres termes, il faut se contenter des Vertus et des Agents intermédiaires, parce que l'on peut disposer d'eux, tandis qu'on ne peut pas, au moyen de nos arcanes, disposer de Dieu ou de son Verbe.

Voilà le sens du mot *remplacement*. Ce ne sont pas les opérations qui remplacent; ce sont les puissances elles-mêmes mises en jeu par la théurgie, et, si l'on se contente de ces Agents, c'est qu'*on n'a pas mieux*. Mais on aspire à autre chose. On sera bien autrement fort, et ce sera bien autre chose quand sera accompli le cycle complet, et quand sera achevée l'œuvre entière de la réintégration des êtres en leurs formes et puissances primitives.

Voilà la doctrine de ceux des théosophes et des mystiques qui vont jusqu'à la théurgie. Et telle est la doctrine constante de Saint-Martin lui-même.

Cela va beaucoup plus loin que les ambitions les plus

hautes du spiritualisme actuel. Celles-ci se bornent au commerce avec les défunts; celles-là ramènent l'homme à sa primitive grandeur; elles le font semblable à Dieu.

Telle est la portée réelle du système de Saint-Martin. Telle est sa doctrine intime, non pas à Bordeaux seulement, à Paris et à Lyon, c'est-à-dire à l'école de dom Martinez et dans ses premiers écrits, mais encore après son séjour à Strasbourg et après son passage à l'école de Bœhme, longtemps après la mort de Martinez.

Et d'abord, pour ce qui est de la véritable théurgie, non-seulement il professe sa foi à des Agents en 1792, nous venons de l'entendre, mais il distingue des classes d'Agents et trace des règles de prudence pour le commerce de l'âme avec elles. « Nous devons recueillir avec soin, dit-il au baron de Liebisdorf, au sujet de ces Agents, nous devons recueillir tout ce *qui se dit en nous*. Vous croyez que c'est principalement sur nos corps qu'ils agissent — le baron, pour s'expliquer par une comparaison, avait parlé un peu en chimiste de l'union de deux corps antipathiques au moyen d'un troisième — il y en a pour cette partie extérieure de nous-mêmes. Mais leur œuvre s'arrête là, et doit se borner à la préservation et au maintien de la forme en son bon état, chose à laquelle nous les aidons beaucoup par notre régime de sagesse physique et morale. »

La mission de ces Agents, selon Saint-Martin, est donc à ce point importante et principale, que c'est essentiellement à eux qu'il appartient de préserver notre organisme, et que, dans cette œuvre, nous ne sommes que leurs aides. *Nous pouvons les aider beaucoup.*

Cela étant, notre rôle serait assez facile, n'était une

circonstance grave. J'entends l'existence d'une autre classe d'Agents, voisins des premiers, mais moins dignes qu'eux de notre confiance, plus empressés d'en jouir, et cela sans doute pour en abuser. C'est là ce qui rend notre tâche difficile, car il nous faut veiller nous-mêmes à ce que font les premiers et ne pas trop nous en remettre à leur sollicitude pour nous. « Gardons-nous, dit Saint-Martin à son ami, de nous reposer trop sur eux. Ils ont des voisins qui agissent aussi sur cette même région, et qui ne demandent pas mieux que de s'emparer de notre confiance, chose que nous sommes assez disposés à leur accorder, en raison des secours extérieurs qu'ils nous procurent, ou que, plus souvent encore, ils se contentent de nous promettre. »

On le voit, la foi de Saint-Martin dans la théorie des Agents et dans celle des voisins dangereux reste entière, encore après son séjour à Lyon, à Paris et à Strasbourg. Toutefois, sa pratique, l'usage qu'il fait de sa foi, s'est modifiée profondément dans cet intervalle, et il tient plus que jamais au second point, à la réintégration dans notre nature primordiale et à notre retour vers l'union avec Dieu.

Saint-Martin nous fait connaître lui-même où il en était à Bordeaux en 1766 et où il en est vingt-cinq ans plus tard.

« Je ne regarde, dit-il en 1792, tout ce qui tient à ces voies extérieures (il entend les opérations théurgiques pour s'assurer l'assistance des Agents en ce qui concerne le corps) que comme les préludes de notre œuvre. Car notre être étant central — dans la théorie de Martinez tous les êtres sont émanés du centre, ou, pour prendre son style, le centre de tout a émané tous les êtres de son sein, — notre être étant central, doit trouver dans le centre d'où il est né tous les secours nécessaires à son existence. » Voilà 1792.

« Je ne vous cache pas que j'ai marché autrefois dans cette voie seconde et extérieure, qui est celle par où l'on m'a ouvert la porte de la carrière. » Voilà 1766.

Saint-Martin n'ose plus dire qu'il faut nécessairement passer par cette porte, par les Agents. Mais comme ils sont très-puissants et comme la sagesse divine se sert d'eux pour faire entendre le Verbe dans notre intérieur, il est de toute prudence, même dans le système de 1792, de passer par cette porte. Écoutons-le.

« Celui qui m'y introduisait (Martinez) avait des Vertus très-actives. »

Ici Saint-Martin évite le mot agents, mais il ajoute un fait qui ne laisse pas de doute sur le sens. « La plupart de ceux qui le suivaient avec moi en ont retiré des confirmations qui pouvaient être utiles à notre instruction et à notre développement. Malgré cela je me suis senti de tout temps un si grand penchant pour la voie intérieure et secrète, que cette voie extérieure (l'emploi d'agents) ne m'a pas autrement séduit, même dans ma très-grande jeunesse, car c'est à l'âge de vingt-trois ans qu'on m'avait tout ouvert (révélé) sur cela. »

En effet, c'est parce qu'il prenait si peu de goût à « ces choses si attrayantes pour d'autres » — car Saint-Martin ne dit pas qu'il ait reçu des *confirmations* lui aussi — qu'au milieu des moyens, des formules et des préparatifs de tous genres auxquels « *on nous livrait,* » il s'impatienta et jeta au maître ces mots de censure ou d'opposition : « Faut-il donc tant de choses pour prier Dieu? »

Cependant, tout en se détournant ainsi des opérations théurgiques avec une sorte d'antipathie, Saint-Martin n'avait fait qu'obéir à d'anciens instincts de spiritualité, et si grands qu'on conçoive les pas qu'il a faits de 1766 à 1792, sa théorie est restée la même. On va s'en convaincre. « Sans vouloir déprécier, écrit-il à son disciple Liebisdorf, les secours que tout ce qui nous environne peut nous procurer, chacun en son genre, je vous exhorte seulement à classer les Puissances et les Vertus. Elles ont toutes leur département. Il n'y a que la Vertu centrale qui s'étende dans tout l'empire. »

Il prend sur lui de mettre son ami dans de bonnes voies, il l'engage à bien savoir à qui il s'adresse. Mais il ne le détourne pas des bons Agents, de ceux qui nous font entendre le Verbe dans l'intérieur. Classer les Puissances et s'attacher au centre pour l'œuvre de la Réintégration, telle était la substance même de la doctrine de Martinez de Pasqualis, et plus on étudie Saint-Martin, le traité de son maître *De la Réintégration* sous les yeux, plus on sent dans toute sa profondeur l'influence du théurgiste de Portugal sur le plus célèbre de ses élèves de Bordeaux.

Ajoutons, dès à présent, que le spiritualisme de Jacques Bœhme, venant à passer là-dessus, donnera aux idées de Saint-Martin une singulière élévation et aura l'air de faire dans sa pneumatologie une métamorphose complète. En apparence il changera les Agents et les Vertus du monde spirituel en autant de puissances du monde matériel, selon le point de vue du poëte qui dit à l'Éternel : « Tu fais des vents tes serviteurs et des flammes tes messagers. » Mais c'est là une apparence plutôt qu'une réalité. En effet, nous verrons en son lieu que Saint-Martin, délaissant des pratiques pleines d'attraits pour d'autres et qu'il n'avait jamais aimées, garda les idées de celui qui lui « *avait ouvert la carrière sur tout cela* » et qui avait *des Vertus très-actives*, nous dit-il encore vingt ans après.

Nous n'avons plus sur Saint-Martin, suivant l'école de Bordeaux, que cette lettre à Liebisdorf si peu explicite pour le fond et à laquelle nous venons d'arracher quelques inductions plus ou moins sûres. Le traité de dom Martinez lui-même n'éclaire ce document qu'en ce qui concerne sa doctrine. Il ne s'explique pas sur les opérations favorites de son auteur. Aucun des autres officiers du régiment de Foix, qui suivirent avec l'ancien magistrat du présidial de Tours les assemblées si pleines d'attraits pour plusieurs d'entre eux, n'en a parlé. Aucun d'eux n'a voulu donner des détails sur lesquels le plus célèbre d'entre eux s'est imposé sinon le silence, du moins la plus grande discrétion.

Ce qui prouve combien ces pratiques étaient devenues chères, même à celui de tous qui semble les avoir le moins aimées; c'est qu'il paraît en avoir repris le goût à Paris et s'y être livré aux heures les plus solennelles de la nuit, si nous devons nous en rapporter à une tradition ésotérique qui nous paraît digne de toute confiance. Nous la tenons d'un des plus sincères admirateurs de Saint-Martin. Et elle se comprend. Du moment où Saint-Martin était convaincu que son maître avait des *Vertus très-actives*, que ses camarades avaient eu des *confirmations remarquables et instructives*, il était assez naturel qu'il cherchât, lui aussi, ces confirmations et ces vertus. Les résultats que d'autres avaient obtenus, il devait les espérer à son tour.

M. de Maistre, qui parle de Saint-Martin avec tant de bienveillance, me paraît avoir en vue et caractériser fort bien les martinézistes et les martinistes quand il dit au savant interlocuteur qu'il se donne :

« Puisque vous m'interpellez formellement de vous dire ce que c'est qu'un *illuminé*, peu d'hommes peut-être sont plus que moi en état de vous satisfaire.

« En premier lieu, je ne dis pas que tout *illuminé* soit franc-maçon : je dis seulement que tous ceux que j'ai connus, en France surtout, l'étaient. Leur dogme fondamental est que le christianisme, tel que nous le connaissons aujourd'hui, n'est qu'une véritable *loge bleue* faite pour le vulgaire; mais qu'il dépend de *l'homme de désir* de s'élever de grade en grade jusqu'aux connaissances sublimes, telles que les possédaient les premiers chrétiens qui étaient de véritables initiés. C'est ce que certains Allemands ont appelé le *christianisme transcendantal*. Cette doctrine est un mélange de platonisme, d'origénianisme et de philosophie hermétique, sur une base chrétienne.

« Les connaissances surnaturelles sont le grand but de leurs travaux et de leurs espérances; ils ne doutent point qu'il ne soit possible à l'homme de se mettre en communication avec le monde spirituel, d'avoir un commerce avec les esprits et de découvrir ainsi les plus rares mystères.

« Leur coutume invariable est de donner des noms

extraordinaires aux choses les plus connues sous des noms consacrés : ainsi un *homme* pour eux est un *mineur*, et sa naissance, *émancipation*. Le péché originel s'appelle le *crime primitif;* les actes de la puissance divine ou de ses agents dans l'univers s'appellent des *bénédictions*, et les peines infligées aux coupables, des *pâtiments*. Souvent je les ai tenus moi-même en *pâtiment* lorsqu'il m'arrivait de leur soutenir que tout ce qu'ils disaient de vrai n'était que le catéchisme couvert de mots étranges.

« J'ai eu l'occasion de me convaincre, il y a plus de trente ans, dans une grande ville de France, qu'une certaine classe de ces illuminés avait des grades supérieurs inconnus aux initiés admis à leurs assemblées ordinaires; qu'ils avaient même un culte et des prêtres qu'ils nommaient du nom hébreu *cohen*.

« Ce n'est pas au reste qu'il ne puisse y avoir et qu'il n'y ait réellement dans leurs ouvrages des choses vraies, raisonnables et touchantes, mais qui sont trop rachetées par ce qu'ils y ont mêlé de faux et de dangereux, surtout à cause de leur aversion pour toute autorité et hiérarchie sacerdotale. Ce caractère est général parmi eux; jamais je n'y ai rencontré d'exception parfaite parmi les nombreux adeptes que j'ai connus.

« Le plus instruit, le plus sage et le plus élégant des théosophes modernes, Saint-Martin, dont les ouvrages furent le code des hommes dont je parle, participait cependant à ce caractère général. » (*Soirées de Saint-Pétersbourg.*)

Sauf le point de vue et la rhétorique propres à M. de Maistre, ces appréciations, qui sont en partie des renseignements, méritent toute confiance. L'auteur nous dit lui-même qu'on ne lui reprochera pas de parler des *illuminés* sans les connaître. « Je les ai beaucoup vus ; j'ai copié leurs écrits de ma propre main. Ces hommes parmi lesquels j'ai eu des amis m'ont souvent édifié, souvent ils m'ont amusé et souvent aussi... Mais je ne veux point me rappeler de certaines choses. »

Il est vraiment fâcheux que, de tous ceux qui ont pris part aux travaux de l'école, l'abbé Fournié et Saint-Martin soient les seuls qui aient écrit ; et le fait étrange, que des autres *prêtres* formés à Bordeaux ou à Paris, aucun n'ait laissé une page sérieuse sur la tradition secrète au nom de laquelle leur maître commun les avait initiés, doit être le résultat d'une sorte de convention.

Je ne classe point parmi les pages sérieuses, dignes de l'attention de l'histoire, quelques-uns de ces dialogues entre initiateurs et aspirants à l'initiation, ni de ces discours si pleins de promesses de révélations qui ne se réalisent jamais que j'ai eus sous les yeux, et qu'on fait remonter soit à des disciples de dom Martinez soit à ce maître lui-même. Je ne nommerai, de ces obscures élucubrations, et à titre d'exception, que le soi-disant commentaire sur les Lamentations de Jérémie ; et j'ai à peine besoin d'ajouter que l'ouvrage publié, en deux volumes, par un écrivain allemand sur les Analogies que présentent les mystériologues anciens et modernes, n'offre pas plus d'intérêt. En ce qui regarde l'école de Bordeaux et Saint-Martin, l'auteur n'a consulté que le livre des *Erreurs et de la Vérité*.

CHAPITRE III

Dom Martinez et Saint-Martin à Paris et à Lyon. — Les principaux martinézistes. — L'abbé Fournié à l'école de Martinez, à Paris. — Son séjour à Londres.

1771—1778

Toute la vie de Martinez de Pasqualis est enveloppée de mystères. Il arrive dans une ville on ne sait d'où ni pourquoi. Il la quitte on ne sait ni quand ni comment.

Nous savons que dom Martinez finit ses jours en 1779 à Saint-Domingue, à Port-au-Prince, ce qui souvent l'a fait dire Espagnol. Où s'est-il retrouvé avec Saint-Martin depuis leur séparation, le départ de Bordeaux?

M. Gence, qui était martinéziste et d'ailleurs fort au courant et très-épris des faits et gestes de son école, dit qu'à cette époque elle fut transférée à Lyon. Mais dès avant cette époque, elle avait réussi à s'affilier des adeptes à Paris et essayé d'en gagner d'autres. Saint-Martin, qui se rendit successivement à Paris et à Lyon, après avoir quitté le régiment, trouva des initiés dans les deux villes. Il s'attacha d'abord à ceux de Lyon plus qu'à ceux de Paris, peut-être par la raison qu'il trouva parmi eux des déférences et des facilités d'enseignement que la première ville du royaume ne lui offrait pas au même degré.

Quoi qu'il en soit, son séjour à Lyon marque dans son éducation spiritualiste une époque non moins décisive que son séjour à Bordeaux.

Dans les années 1768 à 1778, le fondateur de l'école théurgique de Bordeaux, après avoir quitté cette ville et son sanctuaire, se trouve tantôt à Paris, tantôt à Lyon, mais il serait impossible de rien préciser de plus spécial. Tout ce qu'on peut dire, c'est que c'était sa politique de ne pas s'user sur place, de savoir se retirer à temps, de disparaître et de reparaître au moment opportun. Cela lui était d'autant plus facile que, satisfait du seul bonheur d'être chef d'école et maître de grands mystères, il ne cherchait ni l'argent ni la renommée.

Saint-Martin, qui désirait au contraire parler au public et agir fortement sur les masses, quitta la ville de Bordeaux vers la même époque que son maître. Il n'était pas libre encore, et ce ne fut pas pour écrire, ce fut pour tenir successivement garnison à Lorient et à Longwy. La séparation fut-elle complète ou adoucie par la correspondance? Je l'ignore, mais je ne trouve aucune trace de lettres échangées entre l'adepte et son initiateur. De la part de dom Martinez, qui était trop mystérieux pour s'expliquer dans des écrits confiés aux chances des courriers publics, cela se comprend; de la part de Saint-Martin, non. Les lettres étaient, au contraire, un des moyens de communication qu'il affectionnait. Il avait d'ailleurs mille choses à demander encore et dans tous les cas mille choses à dire à son tour. En effet, sa mission de propagande doit s'être révélée à lui-même de bonne heure; car elle éclate dans tout ce qu'il écrit, dans sa correspondance et dans ses notes sur sa vie, comme dans ses premiers ouvrages. Parler au public, c'est son saint mandat d'en haut, comme d'agir au nom de ses principes est sa vraie tâche dans le monde.

Soit désir de rejoindre son maître, soit antipathie prononcée pour une carrière qui n'allait pas à son goût, il quitta le régiment dès 1771.

Était-ce pour se consacrer tout entier à ses études favorites, ou plutôt pour mieux faire sa propagande?

Ce qui est hors de doute, c'est que la résolution de ne plus dépendre que de lui-même et de donner sa vie à sa grande affaire, sous les deux formes de la recherche et de la propagande, peut seule expliquer un changement de carrière que ni son père, ni le duc de Choiseul ne devaient apprécier au même point de vue que lui. C'était, en effet, de la part d'un homme si jeune et de si peu de fortune, une démarche très-grave. Il n'en résulta toutefois aucun refroidissement sérieux entre le père et le fils, ni aucun regret pour le dernier, qui avait besoin, dans l'intérêt de ses principes aussi, d'une indépendance plus complète que ne l'est celle d'un militaire. Du moins, pour voir dès à présent en leur vrai jour ses idées et sa conduite politiques souvent si mal appréciées, on doit remarquer que sa retraite du service coïncida avec le renvoi des quatorze parlements du royaume par le ministère Maupeou. Si ces deux faits ne semblent avoir aucune connexité au premier aspect, il est à constater cependant, qu'à partir de ce moment la pensée et la conduite de Saint-Martin cessèrent d'être dynastiques et se montrèrent nationales dans toutes les circonstances les plus graves.

Où alla-t-il en quittant le régiment? Fut-ce à Amboise, à Lyon ou à Paris?

J'induis d'un passage de son Portrait qu'il fut d'abord à Paris. Du moins, il y eut des liaisons dès 1771. Et bientôt ses liaisons y furent nombreuses. Martinez y avait des disciples: le comte d'Hauterive, l'abbé Fournié, Cazotte, la marquise de Lacroix. Quelques-uns des adeptes du maître devinrent les amis de l'élève. La marquise de Lacroix et le comte d'Hauterive furent au nombre des premières amitiés de Saint-Martin. Mais il s'en fit beaucoup d'autres; il en eut plus que son maître; il les eut dans un monde différent et en eut surtout parmi les femmes. Ajoutons tout de suite qu'il en eut trop et de trop vives.

Mais suivons d'abord, et pour un instant, le maître lui-même. Que fit-il à Paris?

La méthode et les voies d'ensemble d'un fondateur d'écoles secrètes varient nécessairement selon les lieux et les circonstances où il se trouve. Nous avons tout à l'heure exprimé le regret de n'avoir qu'un seul texte, celui de Saint-Martin, pour apprécier les pratiques de Martinez à Bordeaux, et même un texte qui ne donne pas de détails, si riche qu'il soit pour nos inductions générales. Nous sommes dans la même situation en ce qui concerne les *Opérations* de Martinez à Paris, pour nous servir d'un terme qu'il affectionne. Un seul de ses disciples nous donne quelque chose, et ses renseignements sont curieux, très-spéciaux en ce qui regarde l'élève lui-même, mais très-généraux en ce qui touche le maître, et nuls sur les opérations. Je veux parler de l'abbé Fournié.

L'abbé Fournié, qui était, je crois, du diocèse de Lyon et qui avait peut-être rencontré d'abord le mystérieux Portugais sur les bords du Rhône, avant de le suivre à Paris, s'attacha à ses doctrines spiritualistes de toute la puissance de sa foi, les conciliant, autant que possible, avec ses croyances très-catholiques. Il avait le plus sincère désir de ne pas déroger à celles-ci, mais il tenait de même à celles-là. Réfugié à Londres pendant les orages de la révolution, il y continua ses études théosophiques et y publia, en 1801, sous le titre, « *Ce que nous avons été, ce que nous sommes et ce que nous deviendrons,* » un volume devenu très-rare, et qui est d'autant plus précieux que son auteur y expose, à son point de vue, ou croit fermement y exposer la doctrine même de Martinez de Pasqualis.

Cet ouvrage, par son intitulé même, rappelle le traité de la *Réintégration* dont j'ai parlé tout à l'heure, entre immédiatement en matière, sans parler d'abord ni de son auteur, ni de son dessein, ni de la source où il puise, et donne, en apparence au nom de la foi chrétienne et catholique, des théories pneumatologiques qui, en réalité, vont bien au delà. Elles n'ont pour source véritable et pour garantie que la pensée personnelle de l'auteur, ou plutôt l'enseignement qu'il a traditionnellement reçu de son maître portugais. Ainsi que celui-ci, dans son traité devenu si rare, l'abbé Fournié donne dans le sien, rare aussi, de longs discours d'Adam, de Lucifer, le maître des nations ou des païens, et des harangues non moins longues d'anges ou d'apôtres. Il y joint des calculs ou des combinaisons de nombres apocalyptiques et des oracles qu'il ne peut tenir que de son maître, de son imagination ou d'illuminations supérieures, mais sur lesquels il ne sent pas un seul instant le besoin de s'expliquer, pas plus que ne le fait dom Martinez lui-même en pareille circonstance.

Le dogme qu'il puise à ces sources est obscur et ambitieux plus qu'il ne convient de la part d'un théosophe. Ce n'est pas le système pur du chef de l'École, sa doctrine intime; mais c'est le système tel qu'il voulait qu'il fût compris d'un prêtre, d'un catholique très-convaincu, dont l'intelligence et la science étaient très-limitées. Le voici formulé par l'abbé Fournié lui-même.

« Selon ce qui nous est enseigné dans les livres du christianisme, Dieu s'étant fait homme ou créateur de lui-même, après notre prévarication originelle, ayant fait en homme la volonté de Dieu, et, par là, surmonté tout l'esprit de Satan par lequel Adam s'était laissé surmonter, il reçut l'Esprit de Dieu, naquit de Dieu Homme-Dieu en union de Dieu, et se trouva devenu une même chose avec Dieu, selon ce qu'il a dit lui-même l'an 4000 en ces termes : Mon Père et moi sommes une même chose.... Qui me voit, voit Celui qui m'a envoyé.... Mon Père est en moi et je suis en mon Père.

« Puisque cet Homme, Jésus-Christ, est né de Dieu Homme-Dieu, pour avoir fait la volonté de Dieu (je ne m'arrête pas à faire remarquer le non-sens : *né de Dieu pour avoir fait la volonté de Dieu*), nous devons conclure que si, comme les livres saints nous le recommandent, nous faisons aussi la volonté de Dieu, nous naîtrons nous-mêmes pareillement de Dieu *Homme-Dieu* et nous entrerons en l'union éternelle de Dieu. En effet, à proportion que nous ferons la volonté de Dieu, nous recevrons son Esprit, parce que nous recevons toujours l'esprit de la chose d'après les enseignements de laquelle nous marchons. Et, à proportion que nous recevrons ainsi l'Esprit de Dieu, nous nous viderons d'autant de celui de Satan, que nous avons originellement reçu. De sorte que si nous faisons persévéramment la volonté de Dieu, recevant dès lors insensiblement toute la portion de son Esprit infini qu'il nous donne originellement à recevoir pour être un comme il est un, et être consommés en son unité éternelle, nous nous viderons de la totalité de l'esprit de Satan, nous sortirons de dessous toute l'ignorance qui nous dérobe l'entière connaissance de Dieu, et nous entrerons dans sa connaissance parfaite. Enfin nous deviendrons un comme Dieu est un, et nous serons consommés en l'unité éternelle de Dieu le Père, de Dieu le Fils et de Dieu le Saint-Esprit, conséquemment consommés dans la jouissance des délices éternelles et divines. »

C'est là, sous des ressemblances chrétiennes, un système qui dénature les textes en voulant en presser la lettre. Il y a plus, sous des apparences ultra-catholiques, l'abbé Fournié assigne à la Vierge Marie, au détriment de son divin Fils et Maître, un rôle que la religion désavoue, et la vraie doctrine qu'il donne, sous de trompeuses assurances, n'est autre chose que le panthéisme lui-même avec sa morale naturelle, panthéisme qu'on a reproché à tort à Saint-Martin, mais qu'on a fort bien pu prendre à l'école de dom Martinez.

CHAPITRE IV

Mode de recrutement pratiqué par dom Martinez. — Les débuts de l'abbé Fournié. — Ses visions. — Ses écrits. — Ses rapports avec Saint-Martin. — Leurs divergences.

Dans les textes que nous venons de voir, le système ou la doctrine de M. Fournié n'est, en effet, que le panthéisme de Martinez traduit par un prêtre, le panthéisme moins la théorie de l'émanation, sa source légitime. Et cela prouve que le maître s'accommodait à ses élèves de telle sorte qu'il n'enseignait dans chaque localité que ce qui pouvait aller à ses auditeurs.

M. d'Hauterive et M. Cazotte, qui furent aussi ses disciples à Paris, n'auraient peut-être pas accepté non plus des enseignements qu'il ne put ou ne voulut pas donner à M. Fournié, surtout le second, dont on connaît si mal la véritable pensée.

J'en infère autant pour les pratiques ou les opérations. On enseignait sans doute aux initiés de Paris la science et l'art de devenir prêtre ou épopte avec moins de formules et d'opérations théurgiques que n'en admettaient les jeunes officiers de la garnison de Bordeaux. Du moins M. Fournié, qui prend dans son livre le titre de clerc tonsuré, ne fut choqué de rien de ce genre. Dans une ville du Nord, travaillée par le scepticisme, on est naturellement plus froid que dans une cité méridionale où règne encore la foi. Il est possible aussi que M. Fournié, dans les renseignements qu'il nous donne, nous traite un peu comme Martinez de Pasqualis traitait ses élèves et ne nous dise que ce qu'il veut. Mais son récit sur la manière dont il fut saisi, recruté et initié, est très-simplement écrit, sans arrière-pensée et sans calcul de secte. Il ne se conçoit rien de plus naturel de la part d'un théosophe qui est en même temps théurgiste au degré que nous avons vu, et qui est même un peu plus, qui est émule de Swedenborg pour le domaine des visions. Voici ce récit.

« Quant à moi, chétif instrument de Dieu, en écrivant ce Traité dont je publie aujourd'hui la première partie, j'annonce sans déguisement, pour sa plus grande gloire et pour le salut de nous tous, hommes passés, présents et à venir, que par la grâce de Dieu je n'ai aucune connaissance des sciences humaines, sans pour cela être contre leur culture; que je n'ai jamais fait d'études, et que je n'ai pas lu d'autres livres que les saintes Écritures, l'Imitation de notre divin Maître Jésus-Christ et le petit livre de prières en usage parmi les catholiques sous le titre de Petit Paroissien. A quoi je dois ajouter que j'ai lu depuis environ un an deux ou trois volumes des œuvres de l'humble servante de Dieu, madame Guyon.

« Après avoir passé ma jeunesse d'une manière tranquille et obscure selon le monde, il plut à Dieu de m'inspirer un désir ardent que la vie future fût une réalité,

et que tout ce que j'entendais dire concernant Dieu, Jésus-Christ et ses Apôtres, fût aussi des réalités. Environ dix-huit mois s'écoulèrent dans toute l'agitation que me causaient ces désirs, et alors Dieu m'accorda la grâce de rencontrer un homme qui me dit familièrement : « Vous devriez venir nous voir, nous sommes
« de braves gens. Vous ouvrirez un livre, vous regar-
« derez au premier feuillet, au centre et à la fin, lisant
« seulement quelques mots, et vous saurez tout ce qu'il
« contient. Vous voyez marcher toutes sortes de gens
« dans la rue; eh bien! ces gens-là ne savent pas pour-
« quoi ils marchent, mais vous, vous le saurez. »

« Cet homme, dont le début avec moi peut sembler extraordinaire, se nommait don Martinets de Pasquallys.

« D'abord je fus frappé de l'idée que l'homme qui m'avait parlé était un sorcier, ou même le diable en personne. A cette première idée en succéda bien vite une autre à laquelle je m'arrêtai : « Si cet homme est
« le diable, me disais-je intérieurement, donc il y a un
« Dieu réel, et c'est à Dieu seul que je veux aller; et
« comme je ne désire qu'aller à Dieu, je ferai autant
« de chemin vers Dieu que le diable croira m'en faire
« faire vers lui-même. » De sorte que j'allai chez M. de Pasquallys, et il m'admit au nombre de ceux qui le suivaient.

« Ses instructions journalières étaient : de nous porter sans cesse vers Dieu, de croître de vertus en vertus, et de travailler pour le bien général. Elles ressemblaient exactement à celles qu'il paraît, dans l'Évangile, que Jésus-Christ donnait à ceux qui marchaient à sa suite, sans jamais forcer personne à les croire sous peine de damnation, sans imposer d'autres commandements que ceux de Dieu, sans imputer d'autres péchés que ceux qui sont expressément contraires à la loi de Dieu, et nous laissant bien souvent en suspens, s'il était vrai ou faux, bon ou mauvais, ange de lumière ou démon. Cette incertitude me brûlait si fort en dedans que, nuit et jour, je criais vers Dieu, pour que, s'il existait réellement, il vînt me secourir. Mais plus je me réclamais à Dieu, plus je me trouvais enfermé dans l'abîme, et je n'entendais pour toute réponse intérieure que ces idées désolantes : il n'y a pas de Dieu, il n'y a pas d'autre vie ; il n'y a que mort et néant. Ne me trouvant entouré que de ces idées, qui me brûlaient de plus en plus fort, je criais encore plus ardemment vers Dieu et sans discontinuer, ne dormant presque plus, et lisant les Écritures avec une grande attention, sans jamais chercher à les entendre par moi-même. De temps en temps il arrivait que je recevais d'en haut quelques lumières et des rayons d'intelligence ; mais tout cela disparaissait avec la vitesse d'un éclair. D'autres fois, mais rarement, j'avais des visions, et je croyais que M. de Pasquallys avait quelque secret pour faire passer ces visions devant moi, quoique néanmoins elles se réalisassent, peu de jours après, telles que je les avais vues. »

L'initiation avait donc donné au simple clerc des lumières d'en haut ou des rayons d'intelligence dès l'abord. Puis il en était venu jusqu'à des visions. Au début, ces visions ne méritaient pas bien ce nom : ce n'étaient que des *éclairs*. Elles passaient vite, trop vite à son gré. Il eût désiré les garder plus longtemps, mais il n'avait pas ce pouvoir. Bientôt elles se dessinèrent plus nettement, si nettement qu'elles l'incommodaient. Il eût même désiré alors que son maître l'en délivrât. C'étaient pourtant de véritables avertissements, puisqu'elles se réalisaient quelques jours après.

On n'est pas néanmoins plus raisonnable que ne le fut l'heureux visionnaire. Il était bien décidé à ne pas aller trop loin dans ce monde inconnu où il est si difficile de prendre pied. Il ne voulait y avancer qu'à bon escient, afin de pouvoir s'en retirer, dans le cas où il y ferait de fâcheuses rencontres. Mais il ne put ou ne voulut cependant pas empêcher son maître de le pousser en avant, et, au lieu d'avoir de simples visions sur ce qui devait arriver, l'abbé Fournié eut bientôt des apparitions. Qu'advint-il ?

« Je vécus ainsi plus de cinq ans dans de fatigantes incertitudes mêlées de grandes agitations, toujours désirant que Dieu fût, et d'échapper moi-même au néant, mais toujours enfoncé dans un abîme ténébreux, et ne me voyant entouré que de l'opposé de la réalité de l'existence de Dieu et conséquemment de l'autre vie; de sorte que j'étais tourmenté à l'extrême, et comme brûlé par mon désir de Dieu et par la contradiction de ce désir.

« Enfin, un jour que j'étais prosterné dans ma chambre criant à Dieu de me secourir, vers les dix heures du soir, j'entendis tout à coup la voix de M. de Pasquallys, mon directeur, qui était corporellement mort depuis plus de deux ans, et qui parlait distinctement en dehors de ma chambre, dont la porte était fermée, ainsi que les fenêtres et les volets. Je regarde du côté d'où venait la voix, c'est-à-dire du côté d'un grand jardin attenant à la maison, et aussitôt je vois de mes yeux M. de Pasquallys qui se met à me parler, et avec lui mon père et ma mère, qui étaient aussi tous les deux corporellement morts. Dieu sait quelle terrible nuit je passai! Je fus, entre autres choses, légèrement frappé sur mon âme par une main qui la frappa au travers de mon corps, me laissant une impression de douleur que le langage humain ne peut exprimer, et qui me parut moins tenir au temps qu'à l'éternité. O mon Dieu! si c'est votre volonté, faites que je ne sois jamais plus frappé de la sorte! Car ce coup a été si terrible que, quoique vingt-cinq ans se soient écoulés depuis, je donnerais de bon cœur tout l'univers, tous ses plaisirs et toute sa gloire, avec l'assurance d'en jouir pendant une vie de mille milliards d'années, pour éviter d'être ainsi frappé de nouveau seulement une seule fois.

« Je vis donc dans ma chambre M. de Pasquallys, mon directeur, avec mon père et ma mère, me parlant, et moi parlant à eux comme les hommes se parlent entre eux à l'ordinaire. Il y avait, de plus, une de mes sœurs, qui était aussi corporellement morte depuis vingt ans, et enfin un autre être qui n'est pas du genre des hommes.

« Peu de jours après, je vis passer distinctement devant moi et près de moi notre divin Maître Jésus-Christ, crucifié sur l'arbre de la croix. Puis, au bout de quelques jours, ce divin Maître m'apparut de nouveau et vint à moi dans l'état où il était lorsqu'il sortit tout vivant du tombeau où l'on avait enseveli son corps mort.

« Enfin, après un autre intervalle de peu de jours, notre divin Maître Jésus-Christ m'apparut pour la troisième fois, tout glorieux et triomphant du monde, de Satan et de ses pompes, marchant devant moi avec la bienheureuse Vierge Marie, sa mère, et suivi de différentes personnes.

« Voilà ce que j'ai vu de mes yeux corporels, il y a plus de vingt-cinq ans, et voilà ce que je publie maintenant comme étant véritable et certain. Ce fut immédiatement après que j'eus été favorisé de ces visions ou apparitions de notre divin Maître Jésus-Christ dans ses trois différents états, que Dieu m'accorda la grâce d'écrire, avec une vitesse extraordinaire, le traité dont on vient de lire la première partie. Conséquemment, je l'écrivis plusieurs années avant que l'on sût en France qu'il y avait un Swedenborg dans le monde et avant que l'on y connût l'existence du magnétisme. »

On voit que M. Fournié tenait singulièrement à n'être pas pris pour un imitateur des visionnaires ou des magnétiseurs de son temps.

Il n'est pas, dans tout ce que Saint-Martin a écrit sur l'école martinéziste, de pages plus instructives ni plus nettes que celles-là, et Martinez n'eut pas d'élève moins ardent, plus circonspect que ne le fut M. Fournié, malgré sa docilité et sa soumission. Il prie pour avancer, mais il ne fait pas un pas de lui-même.

C'est bien dom Martinez en personne qui est son initiateur et son vrai maître. C'est lui qui le conduit et le fait passer lentement par tous les degrés : instruction ; lumières d'en haut, qui fuient comme des éclairs ;

visions, qui se réalisent ; apparitions graduées, et enfin inspiration.

Dans l'ordre des apparitions, c'est Martinez lui-même qui, après sa mort, lui apparaît le premier.

Ce sont ensuite les parents de l'élève et sa sœur, avec un être supérieur, tous conduits par le maître.

C'est enfin Jésus-Christ lui-même en ses trois états les plus décisifs.

En matière d'apparitions, on n'est pas plus favorisé que ne le fut le jeune clerc, ni plus discret. Sur cet être supérieur, qui ne fut ni un trépassé, ni le Christ, il ne dit pas un mot.

Le degré sur lequel il donne le plus de détails après celui des *apparitions*, c'est celui de l'*inspiration*. « Il écrivit alors, *par la grâce que Dieu lui accorda*, la première partie de son traité avec une rapidité extrême. » Cette rapidité est l'effet d'un pouvoir supérieur qui, toutefois, ne dicte pas mais suggère ce qu'il faut écrire, et avec une vivacité telle qu'il fait négliger la forme.

Cela s'explique, ce me semble, par le désir de l'auteur de consigner ce qu'il a vu et entendu pendant que sa mémoire en est encore la pure et ferme dépositaire. Mais ce qui se comprend moins, c'est qu'il ait, plus tard, fait donner des soins au style et à la tournure de phrase de la première partie de son traité, au lieu de lui laisser sa naturelle rudesse et sa pure originalité. Il paraît que la première rédaction en était défectueuse au point d'être inintelligible.

« D'après ce que j'ai annoncé de ma complète ignorance des sciences humaines, nous dit l'auteur, on jugera bien que le traité, tout imparfait qu'il est encore par rapport à la tournure des phrases, était, lorsque je l'écrivis, bien différent, mais quant au style seulement, de ce qu'il est aujourd'hui. Pour le rendre intelligible, il m'a fallu trouver et j'ai trouvé, moyennant la grâce de Dieu, un homme qui s'est assujetti à rendre exactement le sens de mes paroles et les idées telles qu'elles sont énoncées dans mon premier écrit, ne changeant que certaines expressions absolument vicieuses, et les tours de phrases qui choquaient trop ouvertement les règles du langage les plus usitées parmi les hommes. »

Dans une note écrite sur mon exemplaire du rare écrit de Fournié, de la main de M. d'Herbort de Berne, l'ami d'un des plus chers correspondants de M. de Saint-Martin, je lis ce curieux renseignement :

« D'après une relation certaine que j'ai eue de l'abbé Fournié, par M. de V..., qui a été à Londres en juin 1819, et l'y a vu bien des fois, il n'a pas jugé à propos de faire paraître le second volume, vu qu'il contenait bien des choses qu'on ne peut point publier. »

Qu'était-ce que ces choses ?

C'était le rare privilége, mais la prétention commune de toute l'École, d'avoir reçu des communications ou plutôt des manifestations qu'il n'était pas permis de rendre publiques.

L'abbé Fournié avait-il eu, pour être tenu au silence, plus que des visions et des apparitions ?

Ou bien veut-il parler de ces détails sur les opérations théurgiques dont nous regrettons l'absence ; de ces indications sur les vertus et les puissances invoquées qui eussent mis celles-ci à la portée du vulgaire ?

Quoi qu'il en soit, que ceux qui ont eu des relations

avec les héritiers de l'abbé Fournié veuillent bien donner quelques soins à la recherche de son manuscrit. Il doit exister. Cette seconde partie de son livre était évidemment rédigée, puisqu'elle contenait, selon la déclaration de l'auteur, des choses *qu'on ne peut point publier*.

Ce qui me fait pencher vers l'opinion que les choses confisquées par l'auteur lui-même n'étaient ni des pratiques, ni des théories, mais bien des récits de visions avec révélations, c'est qu'en ceci l'abbé Fournié, plus sobre que le trop prodigue Swedenborg, reculait devant le détail, si courageux qu'il fût pour le fait général. Voici à ce sujet une de ses remarquables confidences.

« J'ajoute à ce que j'ai déjà dit concernant la première vision que j'eus de M. de Pasquallys, mon directeur, de mon père et de ma mère, que je ne les ai pas seulement vus une fois, de la manière que j'ai rapportée, ou seulement une semaine, ou un mois, ou un an; mais que depuis ce premier moment je les ai vus pendant des années entières et constamment, allant et venant ensemble avec eux, dans la maison, dehors, la nuit, le jour, seul et en compagnie, ainsi qu'avec un autre être qui n'est pas du genre des hommes, nous parlant tous mutuellement et comme les hommes se parlent entre eux.

« Je ne puis ni ne dois rien rapporter ici de ce qui s'est fait, dit et passé dans mes visions quelconques, depuis le premier moment jusqu'à aujourd'hui. Malheureusement on se moque dans le monde de toutes ces choses; on en nie la réalité, et on plaisante ou on veut bien avoir pitié de ceux qui les attestent, comme si c'étaient des fous absolument incurables. Il semblerait donc que d'après la manière dont les hommes ont reçu jadis et reçoivent encore ceux qui ont des visions, à commencer par les patriarches et les prophètes, j'aurais dû ne pas parler des miennes; mais la volonté et la vérité de Dieu doivent toujours l'emporter sur tout ce que les hommes pourront dire. »

On le voit, l'abbé Fournié est un voyant complet; c'est un être privilégié. Dans sa vie, ce n'est pas de quelques visions ou de quelques apparitions isolées qu'il s'agit, c'est d'un état permanent, d'un commerce intime avec des esprits, d'une communauté de pensées continuée avec eux pendant des années entières. D'entre tous les élèves de dom Martinez, il n'en est pas un second qui nous dise avoir joui d'un pareil privilége; et seul d'entre tous, le brave ecclésiastique du diocèse de Lyon se place de niveau avec ce même Swedenborg qu'il déclare si énergiquement n'avoir pas imité. Singulier siècle que le dix-huitième, dont la première moitié plonge avec amour dans tous les genres de criticisme, et dont la seconde, devenue toute sceptique, nous offre William Law en face de Hume, Swedenborg en face de Kant, Saint-Germain, Cagliostro et Martinez de Pasqualis en face de Diderot, de Voltaire et de Rousseau!

Soit que je considère la vie, soit que j'examine les théories de l'abbé Fournié, je le trouve, après Saint-Martin, dont il n'a pas le génie, l'homme le plus considérable de l'École; et il mérite incontestablement, non pas la seconde place dans les annales d'une œuvre qui jusqu'ici à peine l'a mentionné, mais la moitié de la première. On comprend Saint-Martin sans lui, mais on ne comprend sans lui ni l'École ni son fondateur. Son peu d'instruction lui a fait tort, mais cela même ajoute à l'intérêt qu'inspire l'exposé de sa doctrine.

J'ajoute, pour compléter ce que j'avais à dire sur son compte, qu'en 1819, il avait quatre-vingt-un ans. Il était donc né vers 1738 et avait soixante-trois ans, l'âge de la complète maturité, quand il publia son Traité en 1801. Il l'avait rédigé au moins vingt ans auparavant, à l'âge de quarante-trois ans. Il dit lui-même : *Il y a vingt-cinq ans*. Mais il se trompe un peu. Un instant auparavant, il donne la vraie date, en se rattachant à un fait très-facile à préciser pour lui, la mort de dom Martinez, arrivée, dit-il, depuis plus de deux ans. Cela indiquerait les années 1780 ou 1781, l'époque où son condisciple Saint-Martin écrivait son *Tableau naturel*. Cet écrit parut l'année 1782, mais, il faut le dire, les théories de leur maître commun sont beaucoup plus transparentes dans le traité de l'abbé Fournié que dans celui de son condisciple.

A quoi tiennent ces différences et comment les expliquer? Est-ce que toujours la diversité des systèmes sort du même enseignement? Est-ce que toujours des penseurs aussi distants les uns des autres que Platon et Xénophon naissent des leçons données par le même Socrate? Ou bien le gentilhomme d'Amboise et le prêtre du diocèse de Lyon auraient-ils été instruits par dom Martinez à deux époques très-différentes?

Au contraire, élèves tous deux et à la même époque du docteur portugais, Saint-Martin et l'abbé Fournié se rencontrèrent sans nul doute dans les mêmes réunions. Mais il est très-vrai qu'ils ne se connurent pas dans celles de Bordeaux. Ils ne se virent qu'à Paris, quand déjà Saint-Martin suivait son chemin. Aussi leurs relations ne furent jamais intimes. On le comprend, les opinions d'un prêtre non lettré étaient trop positives et son horizon trop borné pour l'ambitieux philosophe. Peut-être les visions et les apparitions swedenborgiennes, qu'il eut bientôt et qui à leur tour devaient paraître trop ambitieuses aux yeux de Saint-Martin, achevèrent-elles de les séparer. Le prêtre ne manquait pas d'une sorte de critique, pourtant. On l'a vu. Mais il avait contrairement au philosophe ces deux tendances : de trop priser le mysticisme de madame Guyon et de ne pas se tenir en garde au sujet de la région où Swedenborg avait ses entretiens avec les anges. En effet, ce qui prouve le mieux la distance qui les séparait et ce qui aurait blessé Saint-Martin, s'il avait pu le connaître, c'est le jugement de Fournié sur le célèbre visionnaire de Stockholm, dont Saint-Martin s'éloigne si hautement et que Fournié n'hésite pas à mettre au-dessus de tous les mystiques dont il parle.

« Dieu a bien voulu, dit-il, envoyer de temps à autre et jusqu'à ce jour des hommes extraordinaires et que nous dénommons les mystiques, du nombre desquels sont ceux dont j'ai déjà parlé, savoir, Jacob *Behmen*, madame Guyon et Swedenborg, qui ont aussi fait des conversions innombrables parmi les perdus d'entre nous. Je puis dire avec vérité que, dans mon émigration et sans remonter plus haut, j'ai vu, en Suisse et ici à Londres, quantité de personnes converties par les écrits de ces mystiques, qui ne sont tant décriés qu'à cause qu'on ne les lit pas attentivement et chrétiennement, mais seulement par un esprit de curiosité et dans la vue de les tourner en ridicule. Et parmi ces personnes, il y en a qu'on a toujours reconnues pour être versées dans les sciences humaines, qui m'ont dit que jusque-là elles n'avaient jamais pensé qu'il y eût un Dieu, conséquemment d'autre vie que la vie actuelle.

« J'ajoute avec la même vérité qu'ayant entendu lire de temps à autre quelques petites parties des écrits de Jacob Behmen, tout ce qui en est ainsi venu à ma connaissance m'a paru extraordinairement profond dans les voies de Dieu, bon en soi, mais abstrait pour des commençants. Et malheureusement il arrive qu'on se croit souvent avancé dans la carrière quand on commence à peine. Les extraits raisonnés qu'en a donnés William Law sont un peu plus clairs, à ce que m'ont dit des personnes déjà converties dans l'âme, lesquelles m'ont de plus assuré qu'elles avaient retiré un grand profit spirituel des ouvrages de M. Law. Le peu que j'ai lu de ceux de madame Guyon, à la sollicitation d'un de ses enfants spirituels, m'a semblé écrit par l'esprit de Jésus-Christ et très-bon pour toutes les personnes de tous les rangs et de tous les états.

« Enfin, d'après ce qu'on m'a lu et rapporté des ouvrages de Swedenborg, je pense, et ma propre expérience me persuade qu'il a réellement vu et qu'on lui a réellement dit dans le monde des esprits tout ce qu'il assure y avoir vu et entendu. Mais il paraît avoir reçu des hommes corporellement morts, soit mauvais, soit bons, ainsi que des bons et mauvais anges, tout ce qu'il rapporte d'après eux, et sans en avoir assez fait le discernement. On peut donc croire que Swedenborg a été parmi ces esprits, qu'il les a vus et qu'il a conversé familièrement avec eux. Dieu le permettant ainsi pour qu'il fût à même de nous instruire en écrivant leur histoire physique et morale, pour nous détacher par ce moyen de nos pensées matérielles et terrestres où nous avons indignement ravalé nos esprits et nos affections, et pour nous rappeler ainsi peu à peu aux idées spirituelles seules dignes d'occuper notre être spirituel de vie éternelle.

« Or nous devons avoir d'autant moins de peine à concevoir que Swedenborg a réellement été parmi les esprits bons et mauvais, et qu'il a rapporté ce qu'il a entendu en conversant avec eux, que c'est exactement de la même manière que nous serions entre nous si tout d'un coup Dieu venait à nous décorporiser entièrement. C'est-à-dire qu'étant ainsi décorporisés, nous concevons qu'étant des êtres de vie éternelle nous pourrions continuer à nous voir les uns les autres, et à parler des vérités éternelles et divines comme chacun de nous les regarde, les croit, les voit et en parle actuellement. »

Jamais Saint-Martin n'eût souscrit à de telles appréciations. Cependant, si différentes que fussent les vues des deux disciples les plus distingués de don Martinez, elles se touchaient en certains points. C'était de part et d'autre, dans deux voies parallèles, la même et sérieuse ambition de sortir du sensualisme ou du matérialisme en sortant du terrestre. Seulement le clerc tonsuré venait de plus loin que l'ancien officier.

En effet, pendant les années où les deux aspirants théosophes se rencontraient dans les réunions de dom Martinez, soit à Paris, soit à Lyon, Fournié n'était pas seulement un sceptique, comme il y en avait tant d'autres, c'était un incrédule, c'est-à-dire tout ce que Saint-Martin, qui n'avait jamais douté, comprenait le moins et détestait le plus. Tandis que son cri de guerre à lui était, Il y a un Dieu et j'ai une âme, le cri de combat qui retentissait dans la pensée du prêtre égaré se formulait audacieusement ainsi : « Il n'y a pas de Dieu ; il n'y a pas d'autre vie ; il n'y a que moi et néant. » Qu'y avait-il là pour attirer le jeune enthousiaste d'Amboise, avide de répandre l'exubérance de sa foi, impatient de conquérir, dans de nobles âmes, de vives sympathies à la grande cause pour laquelle il venait de quitter son uniforme?

Saint-Martin n'eut pas non plus de rapports intimes avec un autre membre du groupe parisien de Martinez, Cazotte, qui doit figurer dans l'histoire de la théosophie sous un jour nouveau et plus favorable qu'il n'a fait jusqu'ici.

Le très-digne et très-excellent Cazotte, qu'on prend tantôt pour un bonhomme fort crédule, tantôt pour une sorte de devin ou de prophète, suivant qu'on écoute sur son compte soit les inventions d'un spirituel mystificateur, soit les phrases traditionnelles de quelque recueil d'anecdotes, Cazotte, disons-nous, était un homme fort distingué.

CHAPITRE V

Suite des martinézistes. — Cazotte, sa conversion, sa propagande, ses prophéties. — Madame la marquise de la Croix et ses manifestations. — Saint-Martin et le comte d'Hauterive. — Leurs conférences à Lyon. — Les extases et les absences du comte.

1771—1778

Ancien administrateur fort distingué, écrivain d'infiniment d'esprit et de talent, de fécondité surtout, et homme d'une rare pureté de principes, Cazotte avait parlé un soir avec une certaine gravité de l'avenir de la France au milieu d'une société frivole. Il avait semé son discours de prévisions plus ou moins empreintes de vraisemblance. Après les événements, un auditeur bien connu mit dans sa bouche de terribles oracles, avec les noms et les circonstances fournies par l'histoire elle-même. Et voilà Cazotte devenu prophète, sans le vouloir.

Et il le restera pour beaucoup de gens, en France comme à l'étranger, où ses oracles sont cités avec la plus grande confiance. Quoique parmi nous bien des auteurs en connaissent parfaitement l'origine, on a toujours l'air d'y croire, et chez nos voisins leur authenticité sert d'argument à des théories aussi hasardées que sublimes, témoin l'un des ouvrages les plus cités du mystique Young ou plutôt Jung Stilling, pour lequel Saint-Martin exprima plusieurs fois les mêmes sentiments d'estime que Goethe et Lavater.

Cazotte était très-croyant au milieu de gens qui professaient le doute ou affectaient l'incrédulité. On l'appela crédule et bonhomme, deux des épithètes les plus cruelles parmi nous. Mais s'il est un Cazotte de la fable convenue, celui de l'histoire ne lui ressemble guère.

Cazotte, élevé à Dijon et à Paris par les plus habiles professeurs, s'illustra comme commissaire de la marine à la Martinique. Il s'y était lié, en vertu de ses goûts littéraires, avec le procureur général des Jésuites, le P. Lavalette. Ruiné par la banqueroute de ce hardi spéculateur et obligé de lui intenter ce fameux procès qui devint celui d'un ordre célèbre, Cazotte plaida avec tout le sentiment de son droit, mais aussi avec toute la reconnaissance due aux maîtres chéris de sa jeunesse, et se fit un des plus beaux noms de l'époque. Un héritage, un mariage, des écrits recherchés, que tout le monde connaît, lui firent, grâce à ses goûts modestes, une fort douce existence. Il se partageait entre Paris et sa campagne de Pierry, près d'Épernay. Un élève de Martinez de Pasqualis attiré chez lui par une des plus charmantes compositions qu'il eût publiées (le *Diable amoureux*), le croyant très-versé dans la science des démons, l'entretint de la pneumatologie de son maître et lui inspira le désir de l'étudier. Cazotte en profita d'une façon admirable, car il s'éprit d'amour pour le spiritualisme des textes chrétiens, pour les Évangiles et surtout pour la morale qu'ils enseignent. Il voua aux saintes lois du Christ un culte sincère. Ce culte charma sa pensée et sa vie, et il eût encore plus embelli l'une et l'autre, si Cazotte plus philosophe y avait apporté un esprit moins minutieux et s'il avait mieux compris qu'une époque aussi sceptique demandait moins d'expansivité. La sienne touchant à l'imprudence lui valut ces deux épithètes, *crédule* et *bonhomme*.

A soixante-dix ans, le *bonhomme*, sur quelques textes que lui traduisait un moine, écrivait ses *Contes arabes*; il y faisait entrer ses idées de spiritualité de manière à leur donner tous les genres d'attraits, tous ceux dont pouvait les revêtir une imagination brillante et un esprit charmant. A la même époque, Cazotte composait un conte original, la *Brunette anglaise*, qu'on attribua à Voltaire, et qui plut au point que le grand écrivain fit à l'auteur la malice de ne pas le désavouer. Ce tour inspira au spirituel vieillard, je parle de Cazotte, un poëme où il joua au premier poëte du temps, celui de le mystifier lui-même en lui prêtant son œuvre. Ce fut là, en effet, l'origine du prétendu septième chant de la *Guerre de Genève* dont Voltaire n'écrivit ni le cinquième ni le sixième.

Tel était Cazotte quand éclata cette révolution de 89 dont les principes purs étaient les siens, dont les fautes et les excès provoquèrent ses craintes les plus vives et dont les destinées lui firent imaginer, pour les combattre, mille moyens qu'avec cette même expansivité qu'il apportait dans son prosélytisme religieux, il communiquait à tout venant et partout. Il les consignait particulièrement dans sa correspondance avec un secrétaire de la liste civile, Ponteau. Ses lettres, saisies au 10 août, le firent arracher de Pierry et conduire ainsi que sa fille, qui était son secrétaire, à la prison de l'Abbaye. En vain cette fille héroïque, âgée de vingt ans, lui sauva la vie au 2 septembre, en l'entourant de ses bras et en criant aux massacreurs ces mots sublimes : « Vous n'arriverez au cœur de mon père qu'après avoir percé le mien. » En vain, ce cri de l'âme joint à la vue du vénérable vieillard fit reporter le père et la fille chez eux en triomphe. Réclamé par le tribunal institué pour juger les crimes du 10 août, Cazotte, séparé de sa fille, fut condamné à la mort, après un interrogatoire qu'il soutint pendant trente-six heures, et malgré les éloges que l'accusateur public et le juge se plurent à donner à ses soixante-douze années de vertus, le proclamant bon fils, bon époux et bon père. « Cela ne suffit pas, dit le président, et il faut encore être bon citoyen. » Avec un peu de justice, on lui aurait laissé le temps de le devenir. On ne voulut pas le soumettre à cette épreuve et Cazotte mourut le 25 septembre 1792, cette année même que nous verrons Saint-Martin passer si tristement à Amboise.

De tous les disciples de Martinez de Pasqualis, le spirituel Cazotte fut, avec l'abbé Fournié, celui qui l'honore le plus sous le point de vue que voici.

On a souvent suspecté les convictions religieuses du célèbre Portugais. On a dit qu'en dépit de ses concessions de langage, il était resté juif. Nous avons vu, en parlant de Fournié, que cette opinion ne doit pas se soutenir. A son tour Cazotte devient chrétien sincère sous la direction de Pasqualis et même il s'arrête là, l'Évangile lui suffit. Le maître eût peut-être désiré le conduire plus loin, l'élève ne s'y prêta pas, et la conduite de l'un et de l'autre, celle de l'élève qui s'arrête où sa conscience le veut, et celle du maître qui respecte sa réserve, n'en est que plus belle. Dans tous les cas le témoignage de l'abbé Fournié, qui nous apprend que Martinez s'appliquait sans cesse à mener à Dieu, au Dieu des chrétiens, gagne singulièrement par la vie de Cazotte, vie à ce point dévouée à la morale évangélique qu'il la pratique même minutieusement, et qu'il en respecte les délicates sévérités, même dans ses compositions les plus gaies. Cazotte, il est vrai, n'est pas martinéziste caractérisé dans ses publications; mais il y est toujours spiritualiste, et il l'est grâce à son maître, dont il répand l'enseignement à son point de vue, jusque dans ses *Contes arabes*. J'ai dit que son *Diable amoureux*, qui présente une pneumatologie si piquante, est une création de pure fantaisie et antérieure à son initiation.

Cazotte mérita et rencontra quelques sympathies de la part de Saint-Martin. Mais sa réserve sur les *grands* objets du théosophe ne plaisait pas à celui-ci; cela ne répondait ni à l'élan de ses aspirations ni à la vivacité de ses affections transcendantes.

D'une autre part les hardies allures du prosélytisme de salon de Cazotte choquaient ses habitudes. Cela sentait la profanation.

Sous ce double point de vue le comte d'Hauterive et la marquise de la Croix, qui appartenaient au monde aristocratique, répondaient mieux à ses vues comme à ses goûts.

La marquise de la Croix avait des dispositions mystiques qui se développèrent jusqu'à la mettre assez habituellement dans un état qui tenait le milieu entre la vision et l'extase, ce qu'on appellerait aujourd'hui un état de communication très-familière avec les esprits. Saint-Martin raconte lui-même qu'elle avait « des manifestations sensibles. » Cela veut dire qu'elle voyait des esprits ou qu'elle les entendait et leur parlait. Elle avait avec eux des rapports à ce point involontaires qu'on la voyait interrompre la conversation pour ces audiences hors ligne. Or, d'une part cela fascinait singulièrement le jeune enthousiaste et l'attachait, mais d'autre part son esprit, façonné par la lecture de Bacon et de Descartes, trouvait les preuves de la réalité de ces manifestations « négatives plutôt que positives. »

Toutefois, l'affinité des aspirations amena l'intimité des habitudes entre Saint-Martin et madame de la Croix, que nous retrouverons dans sa vie plus d'une fois encore.

Sa liaison avec le comte d'Hauterive fut également intime, surtout à Lyon.

Dès 1774, et très-probablement avant cette époque, M. de Saint-Martin s'était rendu à Lyon, l'une des grandes stations de son maître. A cette époque les Loges étaient considérées par les uns comme une sorte de sanctuaires de mysticité, par les autres comme un moyen d'honnêtes distractions, moyen un peu relevé par la bienfaisance. Beaucoup de Loges se décoraient du nom de cette vertu, nom assez récemment créé et substitué au mot de charité qu'on trouvait trop peu philosophique. Saint-Martin fit à la Loge de la Bienfaisance de

Lyon un cours dont quelques leçons ou plutôt quelques fragments ont été publiés dans ses œuvres posthumes (Tours, 1807). Elles ne sont remarquables que par les idées morales; il ne s'y trouve rien de tranché comme doctrine.

Dans les années qui suivirent celle que nous venons de nommer, Saint-Martin se livra, dans la même ville, avec le comte d'Hauterive à une série d'expériences dont il existe des procès-verbaux encore inédits, rédigés par Saint-Martin dans un style à ce point laconique qu'on ne voit pas aisément quel en était l'objet, des expériences mesmériennes ou des études théurgiques. Le laconisme étudié des procès-verbaux, qui souvent se réduisent à deux lignes insignifiantes ou bien à des formules énonciatives de quelque vérité générale, ne permet pas d'induction positive. Les conférences continuèrent pendant les années 1774, 1775 et 1776. A cette époque le mesmérisme en était encore à ses premières phases, aux fluides thérapiques et au magnétisme minéral. Mais il commençait à se transformer. On imposait la main depuis 1773. Mesmer ne fonda qu'en 1778 la société des magnétiseurs de Paris, et les succursales de Lyon, d'Ostende et de Strasbourg ne s'ouvrirent que plus tard; toutefois la clairvoyance se recherchait déjà. Seulement elle bornait ses prétentions à la vue de l'état physique des malades. De cette autre illumination, de ces visions surnaturelles et de ces perceptions lointaines qui furent l'ambition et la passion des phases suivantes, il n'en était pas question. Nul ne s'élançait encore dans ces régions supérieures où d'autres ont vu, depuis, tant de merveilles, et nul ne publiait de ces pérégrinations célestes où l'on voit Goëthe faire le catéchisme et Socrate présider le culte. Cependant l'attention des curieux a pu s'attacher dès lors à l'étude de ces phénomènes, qui s'adressaient à tout le monde dans leur nouveauté. M. de Saint-Martin avait de la personne de Mesmer une opinion peu favorable; c'était à ses yeux « un matérialiste, mais qui disposait d'une grande puissance. » On comprend donc l'importance qu'il y avait pour des spiritualistes tels que Saint-Martin et d'Hauterive, de s'assurer par eux-mêmes de la valeur d'une découverte qui occupait toute l'Europe. Encore aujourd'hui nous sentons le besoin de nous rendre compte, par nous-mêmes, de ce que ces phénomènes, et de plus étranges, offrent d'illusions ou de réalités. Au risque même de nous compromettre quelque peu aux yeux de la critique à parti pris et de la négation de l'inexpliqué quel qu'il soit, chacun veut, en un siècle d'investigation méthodique, si l'occasion est bonne, avoir raison par lui-même de faits beaucoup plus merveilleux et d'une plus grande portée que ceux du magnétisme thérapeutique ou extatique. Cela est juste, et lorsqu'il éclate dans une région quelconque du monde civilisé, dans une classe quelconque de la société, un mouvement d'une ambition plus haute encore que celle du cosmographe armé de ses lunettes et à la recherche des espaces infinis, l'indifférence serait une faiblesse aussi grande que la crédulité. Quand l'astronomie a, par ses télescopes agrandis, tant agrandi les espaces et multiplié les sphères, il est tout simple que la pneumatologie essaye à son tour de les peupler; il est tout simple aussi que l'esprit humain tente de faire marcher de pair ses progrès dans le monde spirituel avec ses progrès dans le monde matériel.

J'ai lieu de croire que les deux jeunes curieux, loin de borner leurs expériences à des recherches thérapeutiques, visaient aux découvertes pneumatologiques les plus hautes. La physiologie empirique ou rationnelle elle-même n'était à leurs yeux qu'une étude vulgaire. Ils étaient d'une école de théurgie, et le vrai but des théurgistes est moins la science de l'âme que celle des esprits. Saint-Martin était à ce sujet d'une exigence fabuleuse. Il trouvait Swedenborg lui-même, ce grand interrogateur du monde spirituel, plus fort dans la science des âmes que dans celle des esprits. Quand il conférait à Lyon avec d'Hauterive, on était loin encore des révélations qui se sont annoncées sous nos yeux, à l'Amérique et au monde moderne par la famille Foster; on était loin de la variété des procédés de communication inventés par les uns, perfectionnés par les autres, puis rendus inutiles par la généreuse impatience des esprits, par leurs dictées, par leurs écritures directes. Toutefois on se persuade peut-être avec trop de complaisance qu'on est aujourd'hui très au delà de l'ancienne connaissance du monde spirituel. D'abord le commerce des esprits a toujours été la passion de l'homme. Ensuite l'antique théurgie a sur le spiritisme moderne une supériorité incontestable. Celui-ci, réduit dans ses communications aux individualités de l'espèce humaine, à des parents et à des amis, s'adresse à des personnages éminents, sans doute, mais à de simples créatures qui ont appartenu à la sphère terrestre. La théurgie ancienne, beaucoup plus ambitieuse, se mettait hardiment en rapport avec les êtres les plus élevés de la grande et universelle famille des cieux.

C'est à ces hautes régions que s'élevaient les aspirations des deux théurgistes qui nous ont laissé des procès-verbaux trop discrets de leurs séances de Lyon. Je ne tire pas ces inductions positives de leurs notes si laconiques que j'ai sous les yeux, mais je vois dans leur correspondance qu'ils allaient réellement jusqu'à la recherche de rapports avec des esprits supérieurs à l'humanité. C'était la prétention de l'École de Pasqualis. Fournié nous dit positivement qu'il voyait son maître, ses parents et sa sœur, tous défunts, et quelqu'un qui n'appartenait pas à ce cycle purement terrestre. Il voyait aussi le fils de Dieu; et il supprime toute la deuxième partie des révélations qu'un instant il avait destinées au public.

Saint-Martin et d'Hauterive ne disent pas ce qu'ils virent; mais, plus discrets, ils ne furent pas moins ambitieux que Fournié. Les lettres de Saint-Martin ne laissent aucun doute à ce sujet en ce qui le regarde. Quant au comte d'Hauterive il restait si peu en arrière, que Saint-Martin se vit obligé de rectifier la tradition qui disait que son ami, non-seulement conversait avec le monde spirituel, mais allait trop loin quand il s'y élevait.

L'ambition de l'un et de l'autre était haute, en effet, et ils faisaient tous deux très-peu de cas des Agents intermédiaires, des Puissances subalternes, de la *région astrale*. Une personne digne de confiance qui rencontra le comte d'Hauterive dans l'émigration à Londres, vers 1790, apprit à un correspondant de Saint-Martin que nous citerons plus d'une fois, que le comte parvenait, à la suite de plusieurs opérations, à « la connaissance physique de la cause active et intelligente. » Cela veut dire à l'intuition ou la vue de Jésus-Christ, car c'est ainsi, c'est par les mots de *cause active et intelligente*, que cette école théurgique désignait le *Verbe*, la *Parole* ou le *Fils de Dieu*. Aussi cela semble-t-il s'accorder parfaitement avec les visions de l'abbé Fournié, et bien établir que telles étaient les prétentions de l'école de dom Martinez. Mais on attribuait de plus à M. d'Hauterive la faculté ou le privilége de se dépouiller de son corps au point de le laisser là pendant ses ascensions mystiques. On ajoutait même que cette séparation avait l'inconvénient de livrer le corps à des influences dangereuses. Saint-Martin, à qui son correspondant de Berne en écrivit avec le désir d'en savoir la vérité, donna un démenti formel à ces bruits, en ce qui concernait la *décorporisation*, mais il passa sous silence le fond de la question, ainsi que nous le verrons en son lieu. Cette circonstance, rapprochée de la teneur des procès-verbaux des deux amis, ne me laisse pour mon compte aucun doute sur la nature de leurs aspirations et sur celle de leurs idées à cette époque. On ne prête qu'aux riches.

Je ne pense pas, toutefois, qu'ils aient aspiré à voir le Fils de Dieu, qui, sous ce rapport, ne figure pas dans la doctrine et dans les écrits de Saint-Martin comme dans le volume de Fournié. Est-ce principe, est-ce réserve? Je n'en déciderai pas ici; car cette question reviendra à sa place, et elle sera facile à résoudre quand nous serons plus avancés dans nos études sur Saint-Martin, sur sa vie et ses écrits.

Quant aux conférences des deux amis, à Lyon, une

chose m'étonne. C'est que leur maître commun, dom Martinez, qui fut souvent avec eux dans cette ville, n'y soit point mentionné. Saint-Martin, qui n'avait pas goûté ses opérations théurgiques à Bordeaux, ne se souciait-il plus de se mettre en contact avec lui? Ou bien les deux jeunes gens étaient-ils bien aises de tenter ces voies téméraires pour leur compte, d'expérimenter avec une pensée d'examen plus libre, d'appliquer une critique plus indépendante et des idées plus détachées de la tradition, de la kabbale et du panthéisme de leur maître?

Je le pense.

Je ne vois plus en général, depuis Bordeaux, d'intimités suivies entre dom Martinez et M. de Saint-Martin. Je vois dans celui-ci une allure de plus en plus dégagée. Sa liberté, à l'égard des traditions de Bordeaux, n'est pas suffisante encore, mais déjà très-sensible, et l'on se ferait de la vie qu'il menait, soit à Lyon, soit à Paris, une idée très-imparfaite, si on le croyait toujours livré à la recherche de quelque société secrète ou limité au seul commerce avec le monde spirituel et avec les personnages mystérieux qui en déchiraient les voiles. Le monde qu'il voyait le plus était tout autre qu'un monde de théosophes ou de mystiques. Nous allons nous en convaincre en le suivant un peu dans ses relations les plus intimes.

†

CHAPITRE VI

Le grand monde. — Le premier ouvrage : *Des erreurs et de la vérité*. — L'école du Nord. — Les martinistes et les martinézistes. — Derniers rapports de Saint-Martin avec Martinez de Pasqualis. — Les Philalèthes et les Grands-Profès. — L'œuvre de Saint-Martin dans le monde. — Ses rapports avec madame la marquise de Lusignan et madame la maréchale de Noailles, les Flavigny, les Montulé, les Montaigu, etc., etc.

1771—1778

Aux approches de sa trentième année, M. de Saint-Martin se trouva fort bien établi dans le monde. Une figure expressive et de bonnes manières de gentilhomme, empreintes d'une grande distinction et de beaucoup de réserve, le produisaient avec avantage. Sa tenue annonçant à la fois le désir de plaire et celui de donner quelque chose, il fut bientôt très-répandu et recherché partout avec intérêt. Nous ne marquerons que ses liaisons essentielles, mais nous avertissons que, dans cette société si mêlée, si peu sérieuse là même où elle l'était encore un peu, si mondaine partout ailleurs, le rôle du gentilhomme de modeste maison et de petite fortune fut considérable dès le début. Né du monde et l'aimant, toujours spirituel et gai quand il lui convenait de l'être;

d'ordinaire théosophe grave, humble avec l'air d'un inspiré, il jouissait de toute la déférence que cette attitude donne dans les régions féminines. Il plut même en dehors de celles que séduit toujours la haute mysticité. Dans les cercles qui ne professaient que l'amour de cette philosophie un peu superficielle qui dominait le siècle, dans les cercles où l'on était ami de lumières faciles et favorable aux devoirs professés avec un air de supériorité et de bon ton, le titre de *philosophe inconnu* qu'il prenait était peut-être le meilleur à porter. Saint-Martin, pour le justifier en partie, exposait une doctrine d'autant plus propre à frapper les esprits qu'elle était plus opposée à celle du jour et mieux calculée pour en arrêter les frivoles aberrations. Dans l'occasion il irritait celles-ci en les heurtant avec autant de violence que d'amertume.

Au milieu de ces relations si multipliées où le jeune officier, car on est toujours homme d'épée quand on l'a été, se vit engagé, il mit en ordre le fruit de ses anciennes études et de ses nouvelles méditations sur le plus grave des problèmes, la Vérité. Dès qu'il fut un peu prêt, dès 1775, il imprima son travail à Lyon, sous ce titre, *Des erreurs et de la vérité*, par un philosophe inconnu, Édimbourg, 2 vol. in-8°.

Un traité sur la grande question de la nature de nos erreurs et de leur cause doit nécessairement aussi être un traité sur la nature et les sources du vrai, indiquer les moyens et les voies qui y mènent. C'est-à-dire qu'un ouvrage complet sur ce vaste sujet ne serait rien de moins qu'un système de philosophie, une théorie de l'intelligence humaine, une analyse complète de ses facultés et une recherche sérieuse du meilleur emploi qu'il convient d'en faire. Voilà ce que demandait le titre du premier ouvrage de Saint-Martin.

Toutefois ce n'est pas tout à fait dans ce sens ni à cette élévation que le théosophe de trente ans prend son sujet. Il s'attache essentiellement au point de vue religieux. Il a lu un livre fort médiocre, celui de Boulanger, l'*Antiquité dévoilée*, où l'auteur développe la vieille erreur, que la crainte est la mère de toutes les religions et que les catastrophes de la nature ont eu la plus grande part à ces terreurs. Révolté de cette théorie, il publie son ouvrage pour en faire justice. Une réfutation sérieuse devenait une apologie du christianisme, mais elle demandait une connaissance de l'antiquité, de sa philosophie et de ses religions que ne possédait pas Saint-Martin.

Dans son ouvrage essentiellement agressif, il s'en passe. Son point de vue est autre. Il réfute les théories du matérialisme et montre que la grande puissance qui se manifeste dans l'univers et qui le mène, sa cause active, est la Parole divine, le Logos ou le Verbe. Ce point de vue, il l'indique dans le titre même de son travail. C'est par le Verbe, c'est par le Fils de Dieu que le monde matériel a été créé tout aussi bien que le monde spirituel. Le Verbe est l'unité de toutes les puissances morales ou physiques. C'est par lui, si ce n'est de lui, qu'est émané, qu'est venu tout ce qui est.

Arrêtons-nous un instant pour dire ce que vaut ce début. C'est la doctrine apostolique, que tout ce qui est a été fait par le Fils de Dieu, que par lui a été réalisée la création de l'univers, né de la parole de Dieu ou du

Logos. Ainsi le portent les textes de saint Jean et ceux de saint Paul, que tout le monde connaît parfaitement.

Rien de plus légitime, de plus apostolique que cette doctrine de la part d'un philosophe qui professe pour les Écritures un culte aussi absolu que le fait Saint-Martin. Mais rien de plus étrange, de plus hardi que la liberté avec laquelle il mêle au dogme chrétien de la création, inconnu à la philosophie grecque, l'élément favori de la philosophie orientale, l'*émanation*, inconnue au christianisme. Or, *émanation* et *émané*, ce sont les mots favoris de Saint-Martin, comme c'étaient ceux de son maître Pasqualis. A ne s'en prendre qu'à sa terminologie, l'*émanation*, cette vieille théorie spiritualiste, aujourd'hui si bruyamment rajeunie au nom et au bénéfice du matérialisme, serait donc le système de Saint-Martin. Il y a plus, avec la théorie mère, le théosophe aurait adopté l'inévitable enfant, le panthéisme. On lui a souvent reproché cette déduction. Le reproche n'est pas fondé. Le panthéisme de Saint-Martin n'est pas plus celui des autres panthéistes connus que sa théocratie n'est celle des publicistes connus du droit divin. Mais sa théorie d'émanation jette le vrai jour sur sa théorie des Agents du monde spirituel. Émanés du Verbe, les Agents répandus dans les espaces créent et vivifient, règlent et mènent tous les êtres moraux, en leur communiquant l'étincelle de vie que le Verbe lui-même a prise au sein de Dieu. On se dirait parfois dans ces deux volumes en plein gnosticisme, et Saint-Martin s'y montre plus disciple de l'Orient qu'il ne pense.

Aussi les adversaires que Saint-Martin prenait à partie dans ces volumes, Voltaire à leur tête, le traitèrent avec colère. Ses amis, au contraire, voyant en lui un hardi et puissant champion de ce spiritualisme que le siècle semblait considérer comme définitivement perdu, se comptèrent et se groupèrent autour de lui avec une grande déférence. Martinez vivait encore au milieu d'eux, mais il n'imprimait rien, et le véritable public, le grand public, ignorait jusqu'à son existence. Le début de Saint-Martin, au contraire, semblait révéler un écrivain et plantait au moins un drapeau.

Faut-il attribuer à l'influence exercée par cet ouvrage la fondation d'une école de *Martinistes*, qui eut des partisans sinon très-nombreux, du moins très-ambitieux en Allemagne et dans plusieurs pays du Nord?

Je ne le pense pas. Il est très-vrai que plusieurs écrivains ont rattaché l'origine de cette espèce de secte à Saint-Martin. Mais l'ensemble de sanctuaires ou de loges qu'elle fonda ou qui en adoptèrent les doctrines plus ou moins secrètes se rattachait à Martinez de Pasqualis plutôt qu'à son disciple.

D'autres encore ont prétendu que les martinistes et les martinézistes se sont confondus dans une seule et même école. Je ne le pense pas. Les partisans du maître et ceux du disciple ont pu se rencontrer sur divers points et s'accorder en ce qui concerne les idées et les tendances générales; mais le fait est que Saint-Martin n'a point du tout fondé de secte. Et j'ai tout lieu de croire qu'en général on s'est exagéré l'importance de celle des martinézistes, car c'est ainsi qu'il convient d'appeler les disciples de dom Martinez pour les distinguer de ceux de Saint-Martin.

Pour ce qui regarde la France, sans doute les adeptes

de dom Martinez formaient des sociétés secrètes dans plusieurs villes de France, et Saint-Martin en fut membre lui-même à Bordeaux et à Lyon. Mais celle de Paris eut-elle une importance réelle? Fut-elle assez nombreuse pour mériter le nom de secte du vivant de Martinez? Fut-elle la mère et demeura-t-elle le centre commun de celles qui sont connues sous le nom d'école du Nord et qui, parmi ses partisans, compta un prince de Hesse, un comte de Bernstorf, une comtesse de Reventlow et le célèbre Lavater? Je crois que non, car Saint-Martin ignorait à peu près le caractère de celle-ci.

Quant à celle de Paris, elle se sépara et se fondit dans deux autres à la mort de Martinez : en celle des Grands-Profès et en celle des Philalèthes.

M. Gence, qui était parfaitement renseigné, nous dit que Saint-Martin refusa d'entrer dans l'une ou l'autre de ces dernières; et je ne pense pas qu'il fût sérieusement de la société mère. Voici mes raisons.

Déjà à Bordeaux, je l'ai dit, il y avait éloignement de la part du disciple pour les pratiques, les *opérations extérieures*, du maître. Autant la doctrine, le but et les tendances du mystérieux initiateur attiraient l'adepte, autant certains moyens, les cérémonies théurgiques ou magiques, répugnaient à son sens droit et pieux. Bientôt l'élève semble les avoir abandonnées, sinon pour toujours, au moins pour un temps. Je ne dis pas qu'il n'y soit jamais revenu, nous avons lieu de croire le contraire; mais il est certain qu'à cette époque ses goûts de spiritualité ne s'en accommodaient guère; qu'il suivit des études et qu'il noua des relations d'un tout autre genre que celles de son maître. Celui-ci tomba même dans une telle obscurité que ce fut à peine si son départ pour Saint-Domingue laissa une lacune en France. Saint-Martin écrivit, à la vérité, neuf ans après, que la mort le lui enleva quand à peine ils eurent commencé à marcher ensemble; mais c'est là une de ses nombreuses distractions. Le fait est qu'ils étaient plus d'accord à l'origine que sur la fin; et plus ils seraient restés ensemble, moins ils se seraient rapprochés. Le disciple différait singulièrement du maître. Loin de vouloir, à son exemple, cacher sa vie et végéter dans des assemblées mystérieuses, le *Philosophe inconnu* aspirait, en réalité, à être le philosophe connu. Et il méritait de l'être, sachant allier admirablement les deux choses les plus rares et les plus louables dans un savant, celle de penseur très-profond et celle d'homme du monde très-répandu. Reçu partout avec l'empressement que méritaient ces deux qualités, et se prêtant à cet empressement sans que l'un de ses deux mérites qui le firent rechercher nuisît à l'autre, Saint-Martin était fait pour le monde autant que pour la sérieuse philosophie qu'il aspirait à l'honneur d'y répandre.

En effet, M. de Saint-Martin, qui suivait le monde, où il eut ses relations propres et ses allures indépendantes dès l'origine, le charmait comme malgré lui. Il y était à son aise dès le début, et, si différentes que fussent ses vues et ses aspirations de celles qui y dominaient, il s'y intéressait à tout. Pour donner une idée un peu intuitive de ce qui en était, je transcrirai ici une page bien curieuse de son *Portrait*, une page que l'éditeur mal inspiré de 1807 a supprimée dans sa publication. Elle est de 1787; mais elle se rapporte à 1771, et elle nous le montre bien fidèlement à cette époque, si incohérente qu'en soit la forme.

« Je dois au moins une note sur la maison de Lusignan, qui m'a comblé de bontés, soit à Paris, soit à leur terre de Châtelier en Berry. Notre correspondance intime pendant un an sans nous être vus. Notre première entrevue au château, où l'on fut furieuse (on voit que pour Saint-Martin la maison de Lusignan est essentiellement madame de Lusignan) de m'avoir parlé comme à un vieillard, tandis que je n'avais que vingt-huit ans. Notre société de Paris, moitié spirituelle, moitié humaine (mondaine?) : les Modène, les Lauran, les Turpin, les Montulé, les Suffren, les Choiseul, les Ruffé, la respectable vieille mère Lusignan, morte en trois heures sans jamais avoir été malade,...... les Puymaudan (sans doute les aïeux de M. le marquis de Pimodan, mort à Castelfidardo), les Nieul (je conserve l'orthographe et ne mets que la ponctuation demandée absolument), les Dulau, dont le nom de la fille fait époque dans mon esprit (on voit que ce n'est pas le nom) ; les Bélabre, l'abbé de Dampierre, le jeune Clermont, tué à Paris le 10 août 1792 (mots évidemment ajoutés plus tard) ; le vieux bonhomme la Rivière, MM. de Worms et de Marjelai, M. Duvivier d'Argenton, l'abbé Daubez, M. de Thiange, cordon rouge et maître de la garde-robe de monseigneur d'Artois ;..... les Crisson, le chimiste Sage, le généalogiste Chérin, fort sur l'histoire ; les Culan, les la Cote, le sieur Rissi, lieutenant des invalides du château ; les des Écottais, la maréchale de Noailles ;... les Flavigny, les Tésan, les Montaigu,..... enfin la très-fameuse famille Ricé de Dombez. Sans parler des deux lettres que je garderai jusqu'à mon tombeau, de l'apprentissage d'écriture, du voyage à Bordeaux, des réflexions du boudoir, etc. En voilà assez pour que le souvenir de cette maison ne sorte jamais de ma mémoire. »

Je m'arrête dans la citation d'une note si fort empreinte de tout le désordre qu'ont jeté dans la rédaction des souvenirs aussi vifs que nombreux, d'une note écrite au moment où l'auteur se disposait à un voyage qui menaçait d'effacer ces impressions si douces; — je m'arrête, dis-je, dans la citation pour plusieurs raisons.

D'abord, dans ce que j'en donne, tout est dit sur les nombreuses relations de Saint-Martin à cette époque. En effet, il est bien évident que c'est de relations véritables qu'on nous parle; que ce n'est pas de quelques rencontres de hasard et sans intérêt faites une ou deux fois; qu'il s'agit, au contraire, de liaisons suivies avec des personnes dont on veut garder le souvenir.

Ensuite, et c'est ici la dernière de mes raisons, je ne suis pas sûr de bien comprendre tout ce qui suit.

Et voici ce que je suis sûr de ne pas comprendre du tout : « J'en ai fait connaissance à Chambéry, où elle s'est sauvée avec la maison chez qui elle demeurait depuis la séparation d'avec Nion, par les funestes suites de son second mariage. » De quoi s'agit-il?

Est-ce de toute cette maison respectable, est-ce de madame de Lusignan ou d'une autre personne?

Évidemment d'une personne qui s'était fait une seconde famille et s'était réfugiée chez des amis à la suite d'un second mariage, un mariage malheureux. Mais qui est cette personne? Est-ce madame de Lusignan?

a-t-elle fait un second mariage? s'est-elle appelée madame de Nyon? Mais, en ce cas, comment Saint-Martin peut-il ajouter ce qui suit? « Les Lusignan ont été les premiers à s'expatrier, » puisque, dans tous les cas, ce n'est pas à Chambéry et dans l'émigration qu'il en a fait la connaissance, car il n'a pas émigré et cette connaissance s'était faite dès l'an 1771. En effet, il n'avait que vingt-huit ans à la première entrevue avec madame de Lusignan, circonstance qui en fixe l'époque à sa sortie du régiment de Foix.

On le voit, il y a là bien des obscurités, mais si les problèmes en valent la peine, je ne doute pas qu'il ne se trouve, dans la famille même qui fut l'objet de tant d'affection de la part du philosophe, quelqu'un qui voudra bien prendre la peine de les éclaircir.

Quoi qu'il en soit d'ailleurs de ces sortes d'obscurités qui abondent dans toute biographie, et surtout dans toute biographie qui n'est qu'un « portrait, » ce qui demeure établi, c'est qu'à cette époque les relations de Saint-Martin étaient très-multipliées et très-excellentes; qu'il voyait le meilleur monde et qu'il y était sur ce pied d'intimité qui est l'attrait le plus propre à y attirer les âmes d'élite.

CHAPITRE VII

Rapports de Saint-Martin avec la marquise de Clermont-Tonnerre, mesdames d'Openoi et de Bezon, le général Duval, les Pontcarré, M. d'Etteville, Lalande, la marquise de Lacroix, le duc d'Orléans, le chevalier de Boufflers, le curé Tersac, le maréchal de Richelieu. — Ses apparitions à Brailly, à Abbeville, à Étalonde. — Son premier voyage d'Italie.

1771—1778

Saint-Martin se plaisait dans le monde et il y plaisait. Il s'y liait facilement; cependant il s'y maintenait en son caractère de philosophe très-religieux, très-spiritualiste, attachant pour le moins autant de prix au commerce des esprits qu'à celui des hommes. C'est ce qui ne se voit guère dans les relations qu'il vient de mentionner, mais aussi les noms cités n'épuisent pas la liste de ses amis.

Il faut d'abord y ajouter le nom de la marquise de Clermont-Tonnerre, qui le rechercha précisément pour profiter de ses études mystiques, et de qui il se laissa trouver avec empressement pour ce qu'il appelait lui-même sa *grande affaire*.

Si réservé qu'il soit dans ses notes sur ce dernier point, et si discret que soit à ce sujet le seul de ses biographes qui fût bien au courant de ses travaux intimes, il résulte néanmoins du peu qu'ils en disent, qu'après ses propres études, sa grande affaire, c'était son œuvre de missionnaire. Il s'en cache si peu qu'au contraire il fait bien entendre, de temps à autre, que sa mission est de communiquer, sinon l'ensemble de ses idées, de ce que nous appelons aujourd'hui son système, sa théosophie ou son mysticisme, du moins les grands principes de son œuvre, ce qu'il appelle *ses objets*. Plein d'ardeur, riche de fortes convictions, jouissant avec prudence des avantages d'une jeunesse bien gouvernée, excité par le succès et très-accueilli là même où il n'obtenait pas ce qu'il demandait, c'est-à-dire la direction de l'âme, sa propagande fut surtout active dans le monde élevé.

Il le confesse avec joie quand il réussit; avec douleur, quand il échoue.

Donnons quelque attention à certaines confidences de ses notes. Dans une de ces rédactions si sèches qu'il laisse sans date et sans style, il dit relativement à cette époque : « A Brailly, à Abbeville, à Étalonde près la ville d'Eu, j'ay formé des liaisons intéressantes avec mesdames d'Openoi, de Bezon; avec MM. Duval, Frémicourt, Félix, les Dumaisniel. »

« Frémicourt est un de ceux qui a été le plus loin dans l'ordre *opératif*. »

C'est-à-dire dans l'ordre de ces *opérations* théurgiques auxquelles Saint-Martin avait reproché à son maître de donner trop d'importance, et qu'il félicite Frémicourt d'avoir abandonnées, car il ajoute :

« Mais il s'en est retiré par le pouvoir d'une action bienfaisante qui l'a éclairé.

« Je n'étois point assez avancé dans ce genre ni dans aucun autre genre actif, pour faire un grand rôle dans cette excellente société ; mais on y est si bon qu'on m'y a accablé d'amitiés.

« Duval étoit un incrédule qui avoit résisté à tous les docteurs et à tous les théologiens. Il vint me voir à Paris, et Dieu permit qu'en deux ou trois conférences je lui fisse faire complétement demi-tour à droite; de façon qu'il est devenu aussi exemplaire qu'il l'avoit été peu autrefois. Je l'ai revu en 1792 lorsqu'il fut nommé colonel de dragons. Ses vertus m'enchantèrent, et je n'ay pu le définir autrement qu'en disant que c'est un corps de fer, un cœur de feu et une âme de lait. Ses connaissances ne me paroissent pas égaler ses vertus; mais qu'a-t-il à regretter en cela? Il est devenu lieutenant général. »

On *opérait* donc dans ces sociétés. Et outre le genre des *opérations* où Saint-Martin n'était pas fort et ne voulait pas l'être, il y avait d'*autres genres actifs*. Ceux-là, il les appréciait; si bien qu'il regretta de n'*y être pas assez avancé*. Il ne l'était assez dans *aucun genre actif*. Je ne veux pas essayer de soulever, sur ces genres, le voile qu'y jette sa discrétion; mais je veux constater qu'il s'attribue avec plaisir un rôle plus marqué dans le genre enseignant. D'un incrédule, du futur colonel Duval, il fait en deux conférences un croyant, dont quinze ans après les vertus l'enchantent.

A cette époque de première ferveur, toute autre affaire s'effaçait, aux yeux de Saint-Martin, devant sa mission morale ou religieuse. Les choses les plus saisissantes pour le vulgaire l'émouvaient peu ou point.

Loin de lui causer des sensations pénibles, le spectacle de la mort n'est pour lui que celui d'un progrès dans la vie intérieure; c'est pour l'âme le signal d'une véritable élévation. Aller à la mort par voie de sacrifice est de la force vraie et glorieuse.

« La maison de Pontcarré à Paris, dit-il, m'a offert le grand exemple d'une femme forte. Elle était fille de M. de La Tour, premier président d'Aix, et de mademoiselle d'Aligre. Elle s'est immolée à ce qu'elle a cru être son devoir envers ses parents, et elle a vu son terme (le terme de ses jours terrestres) avec le calme d'un héros.

« Son mari a eu quelque part à mes *objets*, par la communication que lui en avoit faite d'Hauterive, et il en avoit retiré d'assez bons fruits.

(Nous connaissons déjà le comte d'Hauterive, cet ami de Saint-Martin dont la tradition racontait des choses si merveilleuses, et dont l'âme, disait-elle, quittait le corps pour s'élever dans les régions suprêmes.)

« A la mort de sa femme, je le suivis à sa maison de campagne, où elle avoit voulu être enterrée dans le cimetière. J'avois été froid en voyant son cortége partir de Paris; je fus froid en voyant sa fosse. Je ne sçais pourquoi les morts ne m'attristent pas extrêmement. C'est peut-être par l'idée que j'ay eû souvent que la mort n'étoit qu'une promotion.

« Les cérémonies religieuses qui accompagnent les sépultures me touchent beaucoup davantage.

« J'ai revu, depuis, M. de Pontcarré à Rouen, et chez M. d'Etteville près Gaillon, où je fus bien fâché de ne pouvoir rester que trois jours, parce que j'avois l'espoir *d'y défricher utilement quelque terrein.* »

C'est nous qui soulignons, pour faire remarquer ce qui préoccupe Saint-Martin dans le monde, qu'il soit à Paris ou à la campagne.

Pour servir avec plus de succès la *grande affaire* dont il avait fait la sienne, Saint-Martin chercha aussi des relations avec les hommes de science les plus éminents. Il rechercha surtout l'astronome Lalande. Les astres jouent un grand rôle dans la théurgie, et Saint-Martin avait pris goût à ces mystérieuses élucubrations sur les nombres qui préoccupaient alors encore dom Martinez, son maître, et sur lesquelles un des mystiques allemands les plus distingués de cette époque, M. d'Eckartshausen, devait laisser deux volumes pleins des choses les plus étranges. Mais Saint-Martin ne put entretenir l'illustre astronome que du système du monde, et Lalande ne voulut pas entendre la moindre observation sur ce que le théosophe appelle ses puérilités : on se sépara peu satisfait l'un de l'autre, et pour toujours.

Repoussé de ce côté, Saint-Martin rechercha les écrivains distingués dans les lettres, comme il recherchait dans le monde les hommes qui y exerçaient une grande influence par leur esprit ou par leur rang. D'ailleurs, *il laissait là*, sans tenir à nulles satisfactions d'amour-propre, tous ceux qui ne répondaient pas à sa pensée, comme il fit du maréchal de Richelieu. En effet, il eut avec ce grand seigneur si renommé plusieurs conférences chez la marquise de Lacroix, et fut « assez content de sa judiciaire, » nous dit-il; mais il le *laissa là* à cause de son âge et de sa surdité, sans nous parler ni de sa gloire militaire si douteuse, ni de sa moralité trop constatée.

C'est ainsi qu'il vit, sans attachement aussi, le duc d'Orléans, non encore devenu célèbre dans les annales de la révolution, mais déjà le plus grand type, du moins le partisan le plus haut placé, des opinions et des principes qui allaient changer la face de la France. Le chevalier de Boufflers, dont l'esprit ravissait tout le monde, ne lui convint pas davantage.

M. de Saint-Martin vit avec plus de constance le marquis de Lusignan, dont la femme était une de ses meilleures amies et de ses relations les plus constantes.

Je m'arrête à ces noms, par la raison qu'ils suffisent à bien marquer la place que le jeune théosophe rechercha dans le monde. J'ajoute seulement que, dès lors et pendant toute sa vie, il eut peu de rapports avec le clergé. Sauf le curé de Saint-Sulpice et quelques autres prêtres d'un rang aussi secondaire, il ne voyait pas le sacerdoce. Du moins, je ne trouve pas dans ses pages confidentielles une seule mention de cette nature qui me frappe. Il aimait trop, à cette époque et toujours, la discussion libre de toute autorité pour soumettre ses idées à la plus absolue et la plus impersonnelle de toutes.

Quant à la discussion, la plus sévère des épreuves, loin de la fuir, il la cherchait, par une raison qu'on doit entendre de sa bouche, car il veut bien avouer qu'elle le fortifiait dans ses convictions.

« Quoique mes idées trouvent toujours à s'étendre, nous dit-il, et à acquérir avec toutes les personnes qui me font l'honneur de vouloir bien s'entretenir avec moi, ces mêmes idées n'ont jamais changé dans le frottement, et elles s'y sont souvent grandement confirmées. Je dois beaucoup en ce genre, particulièrement au marquis de Lusignan, au curé de Saint-Sulpice Tersac, au maréchal de Richelieu, au duc d'Orléans, au médecin Brunet, au chevalier de Boufflers, à M. Thomé, etc., toutes connaissances qui n'ont duré qu'un moment et n'ont été que des passades. » (Portrait 170.)

On n'est pas plus empressé à convenir qu'on aime bien à discuter, mais qu'on ne change pas d'opinion. Au surplus, la phrase emporte le biographe un peu au delà de la stricte vérité. Le marquis de Lusignan, qu'il met dans ces *passades*, n'y fut pas compris; Saint-Martin garda pour lui, comme pour madame de Lusignan, un long et profond attachement.

Dès cette époque, Saint-Martin, attiré de tant de côtés, le fut même hors de France, et sans que ni lui ni personne nous en dise la vraie raison.

En effet, dès 1775 il fit en Italie un voyage dont il parle peu, ne nommant que deux ou trois villes qu'il vit. J'estime que ce fut un voyage de recherche ou d'information en son sens, un essai de propagande. Les craintes qui agitèrent le voyageur semblent bien le prouver. Quelles autres raisons que ses desseins et ses projets avait-il pour se préoccuper, par exemple, de l'inquisition? son premier ouvrage, ou n'avait pas encore paru, ou, s'il était publié, ne le compromettait pas aux yeux du saint office. Or il se surveilla. Écoutons-en l'aveu.

« En 1775 je fis un voyage où je m'embarquai de Nice à Gênes. Il se trouva dans la felouque un inquisiteur de Turin avec qui je liai conversation, et à qui je parlai peut-être un peu trop franchement sur *certains objets* et certaines gens. Dans la route je lui demandai combien il y avait du lieu où nous nous trouvions à une ville que nous voyions devant nous ; il me répondit en français, mais en idiome italien : *Ils sont dics lieues.* Quand nous fûmes près de Gênes, il m'engagea beaucoup d'aller le voir à Turin, où je devais aller. Sur mon refus, il me pressa de dire pourquoi ; je ne me défendis que par des raisons d'affaires et par des honnêtetés. Mais depuis, réfléchissant sur nos conversations et sur les dangers que j'aurais pu courir à me trop approcher de cette sainte personne, il me vint dans la pensée que j'aurais pu lui répondre : *Ils sont dics raisons.* » (P. 355.)

M. de Saint-Martin avait donc été très-libre sur certaines personnes ou se croyait bien peu orthodoxe sur certains objets. Il craint et cache ses craintes sous les formes de l'enjouement. Mais ses craintes étaient exagérées. Il est vrai que dans les États pontificaux la peine de mort était suspendue sur la tête des adeptes de toute société secrète et en particulier sur la tête des francs-maçons ; il est vrai que cette loi, si étrange vers la fin du dix-huitième siècle, s'appliquait réellement de temps à autre ; mais ces égarements de la justice étaient rares. On ne sévissait que dans des circonstances extraordinaires et quand l'opinion, émue par des faits extraordinaires, y poussait l'autorité. Le procès d'un homme trop fameux et dont la vie est encore enveloppée de trop de fables, le procès de Cagliostro, qui fut une de ces exceptions sur la fin du siècle, ne doit pas nous induire en erreur à ce sujet. Saint-Martin, qui ne pouvait pas donner à la cour de Rome le moindre ombrage, n'avait pas à redouter le moins du monde l'inquisition de Rome, et encore moins son compagnon de voyage l'inquisiteur de Turin. Rome et Turin différaient de Madrid.

Ce voyage ne fut d'ailleurs qu'une course de peu de durée. Saint-Martin continua à Lyon ses séances mystérieuses avec le comte d'Hauterive, de 1774 à 1776, sans qu'on remarque des interruptions sensibles dans les procès-verbaux qui nous en restent. Aussi ne voit-on pas de fruits venus à la suite de cette courte apparition au delà des monts, et il ne tombe pas plus de jour sur ce voyage du côté de ce qui l'a suivi que du côté de ce qui l'avait précédé.

Il en sera bientôt tout autrement d'un second voyage en Italie, un peu plus prolongé, fait en compagnie de deux hommes connus par leurs pieuses aspirations et dont l'influence sur Saint-Martin a marqué dans sa vie.

CHAPITRE VIII

Séjour de Saint-Martin à Toulouse. — Ses rapports dans cette ville. — Ses projets de mariage. — Ses projets d'entrevues avec Voltaire et Rousseau. — Son séjour à Versailles, ses rapports avec M. Gence, etc. — L'initiation par les formes. — Madame la marquise de Chabanais.

1778—1787

M. de Saint-Martin entrait dans sa trente-cinquième année. Il se sentait jeune encore et il allait cesser de l'être. Plus d'une fois déjà, lancé par sa mission, sa propagande spiritualiste, dans de nombreuses relations et entraîné par des prédilections féminines qu'il ne se cachait pas, son cœur s'était épris : ses fréquentes exagérations en sens contraire nous l'attestent un peu malgré lui. Il avait des raisons considérables pour ne pas songer à un établissement, c'étaient sa mission même, ses grandes préoccupations, les facilités que le célibat donnait à ses déplacements multipliés et à ses relations de tout genre, son peu de fortune, la dépendance enfin où il se trouvait sous ce rapport à l'égard de son père. Et pourtant, pendant son séjour à Toulouse, vers 1778, il fut deux fois sur le point de s'engager. Ces deux impressions n'aboutirent pas ; moins fugitives que d'autres, il les considéra bientôt comme des épreuves et sur lesquelles il devait être d'une discrétion extrême, comme sur tout ce qui regardait ses affections intimes. Il n'en tira qu'une leçon : elles lui prouvèrent « une fois de plus qu'il n'était pas né pour une seule chose de la terre (pas même une seule), et qu'en vain le sort tenterait de l'y lier. » Telles sont ses expressions, et on ne saurait mieux prendre les faits accomplis ni les raconter d'une façon plus naïve.

« J'ai joui, nous dit-il, à Toulouse de la société d'une très-aimable famille, les Dubourg. Et j'ai eu occasion d'y voir MM. Villenouvet, Rochemontès, Quellus, Labadeus, Marade, homme de beaucoup d'esprit. Les charmantes promenades de Rochemontès me resteront longtemps dans la mémoire. La situation est magnifique. J'ai été frappé de la bonté des âmes pures que j'ai rencontrées dans la délicieuse famille Dubourg. Il y a été question de quelques velléités de mariage pour moi, premièrement avec l'aînée Dubourg, et ensuite avec une Anglaise nommée mademoiselle Rian. Mais tous ces projets se sont évanouis comme tous ceux qui n'ont tenu qu'aux choses de ce bas monde. Car mille expériences m'ont appris qu'en vain le sort tenterait de me lier à lui et que je n'étais né que pour une seule chose. Heureux, heureux si les circonstances n'eussent pas laissé si souvent ma faiblesse à elle-même et ne m'eussent pas exposé par là à descendre au lieu de monter comme je n'aurais dû cesser de le faire! 1778. » (Port. 303.)

Malgré le double attachement que Saint-Martin eut le temps de former à Toulouse — et ses affections n'y furent pas de celles qui naissent et passent comme des météores — je ne crois pas que son séjour s'y soit prolongé au delà de quelques mois. Si j'en juge ainsi, ce n'est point par la raison que je ne trouve pas d'association qu'il y ait fondée dans le sens de son œuvre; cela ne prouve rien, puisqu'il n'en a pas fondé non plus à Paris et qu'en général il aimait peu ces associations; — si j'en juge ainsi, c'est par la raison que je ne trouve pas d'élèves qu'il y ait formés, ni de relations permanentes qu'il y ait contractées. Or cela entrait fort dans ses vœux, ainsi que le font voir ses séjours à Lyon, à Strasbourg, à Paris et à Versailles. D'ailleurs on le retrouve bientôt à Paris, qu'il traitait volontiers comme font la plupart des personnes qui n'y demeurent pas, l'appelant son purgatoire, mais le quittant toujours avec regret et y revenant sans cesse avec empressement : car toute sa vie prouve ce que prouve celle de tant d'autres, une fois qu'on a habité Paris, on n'est plus précisément de Paris, mais on n'est plus chez soi hors de Paris.

En sa qualité de jeune écrivain aspirant à une grande influence et d'ailleurs porté à tous les genres d'enthousiasmes, admirant toutes les supériorités, il désirait vivement, à cette époque, entrer en relation avec le plus grand et le plus universel esprit du siècle, avec celui dont je ne dirai pas qu'il le gouvernait, nul ne gouverne un siècle, si ce n'est celui qui les gouverne tous, mais le premier d'entre tous les écrivains, celui qui avait l'influence prépondérante. Le maréchal de Richelieu, qu'il rencontrait dans le monde et qui le protégeait plus sérieusement que ne comportait la frivolité de ses habitudes ordinaires, avait parlé à Voltaire du premier ouvrage de son protégé, afin de le disposer à l'entrevue désirée par Saint-Martin. Le spirituel vieillard, qui n'avait rien à refuser au maréchal, son grand ami et son confrère à l'Académie, Voltaire, que flattait d'ailleurs tout hommage de ce genre, avait immédiatement répondu un mot de sa façon : « Le livre (*Des erreurs et de la vérité*) que vous avez lu tout entier, je ne le connais pas ; mais s'il est bon, il doit contenir cinquante volumes in-folio sur la première partie et une demi-page pour la seconde. » Quand il eut lu ce gros volume qui blessait toutes ses idées et condamnait toute son œuvre de propagande, il le critiqua avec dédain, brutalement; mais il se garda bien d'en dire sa pensée au maréchal de Richelieu. Ce fut dans une lettre à d'Alembert (22 octobre 1777), qu'il jeta son courroux. Cependant, il ne se refusa pas à l'entrevue qui lui fut demandée de nouveau par Richelieu. D'ailleurs six mois s'étaient écoulés depuis la lecture qu'il avait faite du volume de Saint-Martin, et sa mort (10 mai 1778) le dispensa de la visite de l'Illuminé, au moment où elle devait avoir lieu.

Il est à regretter que nous n'ayons pas, tracés de la plume de chacun d'eux, quelques mots d'appréciation réciproque à comparer aux récits de l'*entrevue Châteaubriand*.

Du côté de Saint-Martin, le désir de voir l'auteur des *Lettres philosophiques* était né d'une admiration sincère. On n'est pas plus juste que ne l'est Saint-Martin pour un écrivain qui blessait toutes ses tendances et condamnait, à son tour, toute son œuvre de propagande à lui : « Il est impossible, dit-il, de ne pas admirer cet homme extraordinaire, *qui est un monument de l'esprit humain...*

« Mais, l'homme n'étant pas parfait, peut-être est-ce ce goût si fin, si délicat, si parfait, qui a été le mérite dominant de Voltaire et qui a pris sur les autres dons, tels que l'élévation et l'invention, qui sont très-voisines l'une de l'autre. »

J'appelle un peu d'attention sur cette remarque si fine et si profondément vraie :

« Je ne puis lui pardonner d'avoir traité Rousseau comme il l'a fait. Voltaire n'était ni athée, ni matérialiste. Il avait trop d'esprit pour cela; mais il n'avait pas assez de génie ni de lumière pour croire à quelque chose de plus. »

Cela est encore d'un excellent observateur. Les pages de Saint-Martin, que je le dise ici très-universellement, sont toutes parsemées de ces sortes de points lumineux qui font l'effet d'autant de perles jetées sur un fond un peu sombre et trop souvent obscur.

Saint-Martin désirait plus vivement encore de faire la connaissance personnelle de l'écrivain que nous venons de l'entendre disputer aux attaques de Voltaire. J.-J. Rousseau lui inspirait des sympathies réelles par l'élévation de ses tendances réformatrices et par la fermeté de ses doctrines spiritualistes. Étudiant en droit, ses prédilections pour la loi naturelle l'avaient porté vers un illustre écrivain de Genève, Burlamaqui, dont le meilleur ouvrage, les *Principes du droit naturel et politique*, avait paru pendant son séjour aux écoles. L'*Émile* et le *Contrat social*, publiés presque à la même époque, à une année près, que le livre de Burlamaqui, offraient à Saint-Martin, dans un style entraînant, le développement philosophique des nobles théories qui le charmaient dans les ouvrages de l'érudit professeur. Les *Confessions*, qui parurent pendant les derniers loisirs de garnison du jeune officier, dans les années 1766 à 1770, achevèrent de le remplir d'enthousiasme pour un observateur aussi ingénieux de la vie intérieure, sans l'éblouir sur la lacune qu'on remarquait dans les aspirations morales de Rousseau. Dans tous ces volumes, écrits d'un style d'inspiration où les élans de l'âme semblaient avoir plus de part encore que ceux de la spéculation abstraite, il se retrouvait avec joie. C'était la peinture fidèle de cette même lutte morale, de ces mêmes combats, de ces mêmes défaites, de toutes ces alternatives de plaisir et de confusion, d'excès d'indulgence et d'excès de sévérité pour soi, qui formaient sa vie à lui. Saint-Martin voyait dans l'âme de Rousseau ce rayon d'en haut qui forme la vraie vie de tout homme dont le perfectionnement sérieux de soi est la grande affaire.

« A la lecture des confessions de J.-J. Rousseau, nous dit-il, j'ai été frappé de toutes les ressemblances que je me suis trouvées avec lui, tant dans nos manières empruntées avec les femmes, — la femme se rencontre volontiers sous la plume de Saint-Martin, — que dans notre goût tenant à la fois de la raison et de l'enfance, et dans la facilité avec laquelle on nous a jugés stupides dans le monde, quand nous n'avions pas une entière liberté de nous développer.

« Notre temporel a eu quelque similitude, vu nos positions différentes dans ce monde; mais sûrement, s'il s'était trouvé à ma place avec ses moyens et mon temporel, il serait devenu un autre homme que moi.

« Rousseau était meilleur que moi, je l'ai reconnu sans difficulté. Il tendait au bien par le cœur, j'y tendais par l'esprit, les lumières et les connaissances. C'est là ce qui nous caractérise l'un et l'autre. Je laisse cependant aux hommes d'intelligence à discerner ce que j'appelle les vraies lumières et les vraies connaissances, et à ne pas les confondre avec les sciences humaines, qui ne font que des orgueilleux et des ignorants. »

Quel beau jugement, quelle humilité ! Et quelle indulgence pour l'homme, si opposé que soit l'écrivain à la doctrine du juge ! Une entrevue entre deux personnages si soucieux de justice et de tolérance, si originaux l'un et l'autre, racontée par l'un et l'autre, eût offert aux contemporains et à la postérité un bien grand intérêt. Mais cette entrevue devait échouer comme la précédente et par la même raison.

Les larges tributs payés aux deux plus grands écrivains du siècle et aux plus illustres représentants des tendances religieuses que Saint-Martin avait à combattre, n'arrêtèrent point son activité sérieuse dans la lutte. De sa part, la guerre fut toujours aussi mesurée dans la forme que fervente au fond.

Il se rendit, vers cette époque, à Versailles et y fit un séjour sur lequel il ne nous donne, encore une fois, dans ses notes, que de très-légères indications, qui ne permettent de soulever qu'une partie du voile.

« Pendant le peu de séjour que j'ai fait dans cette ville de Versailles, dit-il, j'y ai connu MM. Roger, Boisroger, Mallet, Jance (Gence?), Mouet (Monet?). Mais la plupart de ces hommes avaient été initiés par les formes. Aussi mes intelligences étaient-elles un peu loin d'eux; Mouet est un de ceux qui étaient les plus propres à les saisir. »

Cela est bien concis et bien obscur au premier abord. Toutefois nous savons quelle mission Saint-Martin allait remplir à Versailles, il le fait bien entendre. Quelques mots mettront cette mission en son vrai jour. La ville de Versailles, dès cette époque, était un foyer de mouvements théosophiques et probablement déjà d'opérations théurgiques. Un peu plus tard, elle eut deux Loges ou deux associations d'adeptes qui prenaient, comme les véritables martinézistes, le titre de Cohen, que nous avons expliqué, ou celui de Philalèthes, c'est-à-dire d'amis de la vérité. Comme Saint-Martin lui-même, ils se rattachaient directement à dom Martinez de Pasqualis. Cela résulte des fragments de procès-verbaux que j'ai sous les yeux. S'étaient-elles greffées sur des Loges maçonniques ou se composaient-elles de membres tirés de ces Loges? Je ne saurais le dire. Je remarque bien dans ces fragments une sorte de terminologie qui est ordinaire aux Loges, mais j'y trouve quelque chose de plus, et surtout des idées de pneumatologie dont les Loges ne s'occupent pas. Les martinézistes, véritables ou dégénérés de Versailles, allaient plus loin que les Loges sous un autre rapport. M. Gence nous dit que, pour plusieurs d'entre eux, ce n'était pas la science du monde spirituel, c'était la recherche de la pierre philosophale qui les préoccupait, et que cette aberration éloigna Saint-Martin de leur société. Il paraît qu'à l'époque où Saint-Martin se rendit à Versailles ils n'en étaient pas encore là. Il voulut évidemment se mettre en rapport avec eux; mais dès ce moment il eut lieu de n'être pas satisfait de l'esprit qui les animait. Il distingua bien dans leurs rangs quelques personnes dont les noms lui sont restés chers. Il s'y attacha M. Gence, qui devait être un jour son biographe et son apologiste, comme celui d'un philosophe beaucoup moins célèbre, mais fort puissant aussi, j'entends Antoine Lasalle, dont les ouvrages sont si peu cités aujourd'hui, de quelque originalité qu'ils soient empreints. Saint-Martin remarqua avec peine que la plupart des adeptes de Versailles n'avaient *été initiés que par les formes*, c'est-à-dire par les cérémonies extérieures, cérémonies peut-être trop analogues à celles des Loges, qui lui donnaient si peu de satisfaction. En effet, quoiqu'il ait lui-même professé dans celles de Lyon pendant un moment, il se tenait généralement éloigné de la maçonnerie, malgré le rôle qu'elle jouait de son temps, malgré celui qu'elle jouait dans l'école de dom Martinez, et celui qu'elle jouait dans la vie de Cagliostro, peut-être même à cause de ce rôle. Le fait est que nous le verrons, à certaines époques de sa vie, se livrer à de véritables impatiences quand on lui parlera de Loges. Il y a déjà quelque chose de ce sentiment dans son observation sur les martinézistes de Versailles qu'il dit *initiés par les formes*. Il y ajoute d'ailleurs un mot de plus pour marquer la distance qui les sépare de lui : « *Mes intelligences étaient loin d'eux.* »

C'est à peine nous indiquer, mais c'est bien nous laisser entrevoir ce qu'il avait été faire au milieu d'eux. Saint-Martin, depuis la mort de Martinez ou le départ de France de son ancien chef, était sinon le successeur reconnu de ce dernier, du moins le principal initiateur à la doctrine de l'École. La communication de *ses intelligences* et le rejet sur l'arrière-plan des *formes* ou des cérémonies constituaient, on le voit, les deux points les plus essentiels de sa mission. Ce qui caractérise bien l'ère où Saint-Martin entre dès qu'il est séparé de son maître, c'est qu'il attache le plus grand prix et applique toutes ses facultés à cette initiation supérieure, à cette œuvre épurée où les formes font place au recueillement, les cérémonies et les opérations extérieures à la méditation, à l'élévation vers Dieu et à l'union avec lui. Il ne veut plus d'assujettissement aux Puissances et aux Vertus de la région astrale. A cet apostolat dans les voies intérieures il consacre son existence et dévoue toute son ambition. Il veut y réussir. S'il veut plaire, ce n'est pas pour sa personne ; c'est pour ses desseins de conquête, de vie spirituelle, qu'il recherche le grand monde, les grands écrivains, et les hommes de science comme les gens de lettres. Il ne s'agite pas. Dieu seul est sa passion, mais il est aussi la passion de Dieu. Il le dit, car il n'a pas mauvaise opinion de sa personne. Au contraire. Il pense, par exemple, que sa parole directe gagnera plutôt les âmes que tout autre moyen.

Mais il n'est ni vain ni suffisant. Il est humble, si humble qu'il en est timide. Il n'ignore pas qu'il a besoin, pour valoir tout ce qu'il est, qu'on l'encourage, qu'on le fasse, pour ainsi dire, sortir de lui-même. Ce fut à ses yeux le grand mérite d'une de ses meilleures amies, de madame la marquise de Chabanais, de le faire sortir de lui-même. C'est ce qui l'attacha si fortement à cette femme éminente, une des personnes à laquelle il portait le plus de reconnaissance pour les secours qu'elle donnait à son esprit par l'élan qu'elle lui imprimait. Tous ceux qui ont vécu dans le commerce spirituel des femmes apprécient, comme lui, l'influence de celles que distinguent à la fois une belle intelligence et les hautes inspirations d'une sincère piété. Mais nul n'a peut-être été plus heureux, sous ce rapport, que Saint-Martin. Aussi, s'il s'applique si peu à mettre de la reconnaissance dans ses appréciations de la femme, je crois que sa réserve même trahit une sorte de défiance à l'égard de sa sensibilité.

En effet, il la tient en état de suspicion et il l'enchaîne, de peur qu'elle ne s'échappe et ne franchisse les limites, comme cela lui arrive dès qu'il parle de celle de toutes les femmes qu'il a le plus aimée.

CHAPITRE IX

Relations de Saint-Martin avec la marquise de Chabanais, la duchesse de Bourbon et madame de B. — Une entrevue avec la maréchale de Noailles. — Un séjour auprès du duc de Bouillon. — La seconde publication : Le *Tableau naturel*.

1777—1778

Deux femmes ont le rare privilége de ne recevoir de la plume de Saint-Martin que des éloges, madame de Chabanais et madame de B. Et il paraît qu'elles ont exercé toutes deux sur sa pensée l'influence la plus heureuse ; qu'elles l'ont inspiré pour ainsi dire, c'est-à-dire qu'elles l'ont fait penser et fait parler avec une élévation et une facilité qu'il ne se retrouvait pas au même degré dans le commerce ordinaire de la vie. Le fait n'est ni extraordinaire ni même très-rare ; mais la manière dont Saint-Martin en parle mérite l'attention.

Voici ce qu'il nous dit de madame de Chabanais, une des plus éminentes d'entre ses amies spirituelles, mais non pas la première toutefois :

« Les personnes à qui je n'ay pas convenu ont été communément celles qui ne m'ont pas connu par elles-mêmes, mais par les opinions et les doctrines des autres, ou par leurs propres passions et par leurs propres préjugés. »

C'est un peu les maltraiter ou se traiter trop bien soi-même, ce semble.

« Celles qui m'ont laissé me montrer ce que je suis ne m'ont pas repoussé, et au contraire elles m'ont aidé à me montrer encore davantage. Parmi celles qui m'ont le plus fait sortir de moi-même, je dois compter la marquise de Chabanais. Bien entendu que ma B. est avant tout. »

La plus éminente de toutes les personnes qui *l'ont aidé le plus à se montrer*, c'est donc madame de B., que par abréviation Saint-Martin nomme souvent très-simplement *ma B.*

Qui est cette personne si éminente? qui est *ma B.?*

C'est ce que nous dirons un peu plus tard, et avec tout le développement que demande la question; mais, puisqu'il paraît que les rapports de Saint-Martin avec madame la duchesse de Bourbon remontent à cette époque, écartons à l'instant même la seule interprétation qui ait eu cours jusqu'à présent et qui est tout à fait fausse. J'entends celle qui prétendait reconnaître sous ces initiales madame la duchesse de Bourbon elle-même. M. de Saint-Martin était gentilhomme, de petite maison, il est vrai, mais bien élevé, et jamais il n'appela une princesse du sang *ma B*. Il fut l'ami intime de la duchesse de Bourbon; il fut en quelque sorte son directeur spirituel; mais ce n'est jamais dans un style d'intimité, c'est toujours dans le langage commandé par l'élévation du rang de la princesse, et avec les convenances que lui impose sa propre éducation, qu'il en parle. Et plus la sœur du duc d'Orléans, la femme séparée du duc de Bourbon, la mère du duc d'Enghien, dont il fut l'ami et le protégé, dont il eut l'honneur d'être l'hôte habituel quand il habitait Paris, et dont il demeura le conseiller intime toute sa vie, quelque lieu qu'il habitât, plus cette pieuse princesse, dis-je, essuyait d'infortunes, plus le langage de Saint-Martin devenait respectueux.

Cette relation remontait-elle aux premières années de l'indépendance de Saint-Martin, c'est-à-dire à l'époque même où il quitta le service? Je ne le pense pas. Antérieure aux voyages de Saint-Martin et à son séjour de Strasbourg, elle fut postérieure, je crois, à la grande intimité du théosophe avec madame de Lusignan et madame de la Croix. C'est chez ces deux dames, surtout chez la première, au Luxembourg, et non pas chez la princesse, au palais Bourbon, qu'il écrivit le second de ses ouvrages, le *Tableau naturel*, dont nous allons parler tout à l'heure. Or c'est le contraire qui aurait eu lieu, si sa liaison avec la duchesse de Bourbon avait été plus ancienne. Quoi qu'il en soit d'ailleurs de la date en question, deux autres relations de Saint-Martin doivent être indiquées ici pour donner une idée plus complète, soit du monde qu'il voyait à cette époque, soit de la manière dont il s'y posait, traitant de puissance à puissance avec les personnages les plus considérables, et au besoin même trop gaiement peut-être.

Il connaissait depuis plusieurs années déjà, nous l'avons vu au chapitre VI, madame la maréchale de Noailles. C'est dans ces dernières années, vers 1780, que cette connaissance devint plus intime. Saint-Martin eut le gouvernement de la pensée mystique de sa noble amie, y apportant ce degré de décente familiarité qui convient dans des amitiés toutes spirituelles. Il nous apprend lui-même que madame de Noailles, qui n'était pas savante, fut presque trop curieuse. Elle étudiait le livre *des Erreurs et de la Vérité*, et dans son impatiente ardeur à vouloir comprendre, elle alla le chercher un jour au Luxembourg où il dînait.

« Elle arriva, dit Saint-Martin, le livre sous le bras et rempli de petits papiers pour marques. Je sais que je n'entrai pas grandement en matière avec elle, et que même je lui expliquai les lettres F. M. (Franc-Maçonnerie) d'une manière cocasse et ridicule, que je me suis reprochée depuis. La personne qui était en tiers avec nous ne me laissait pas assez libre sur mon vrai sérieux pour que je le fusse aussi sur ma vraie gaieté; mais cela n'est point une excuse. »

Dans la seconde de ses belles relations pendant ces années, Saint-Martin trouva, au contraire, une capacité remarquable pour les choses abstraites et, sous ce point de vue, ces rapports l'intéressèrent vivement, à cause du rang de la personne et à cause de son entourage. La connaissance fut intime aussi, et dès le début.

« Le duc de Bouillon, écrit-il, chez qui j'allais passer quinze jours à sa terre de Navarre, en 1780, est un de ceux en qui j'ai trouvé le plus de justesse d'esprit et d'aptitude à saisir les choses abstraites.

« Je vis chez lui madame Dubarry, et je remarquais avec quelle affectation on parlait bas en sa présence. Quoique son règne fût passé depuis plusieurs années, on la traitait toujours en princesse et en favorite.

« Macdonald, ancien camarade à moi, était retiré chez le duc, dont il était parent [1]. Il y était bienvenu parce que le duc était en effet un excellent homme, et surtout avait une bien grande sensibilité. Je vis en lui un contraste bien frappant : il souffrait de voir seulement égorger un poulet; mais il a assisté d'un bout à l'autre au supplice de Damiens, parce que ce Damiens était l'assassin de son ami intime. »

C'est là réellement un trait de stoïcisme, car on sait quel fut ce supplice, et quel déluge de propositions barbares le crime de Damiens et la question du mode de sa punition provoquèrent de toutes parts.

Le duc fixe toute l'attention du théosophe dans la société; et ses excellentes dispositions pour les choses abstraites le charment à ce point, qu'à l'exception d'un seul et trop fameux personnage, il mentionne à peine le reste de la société.

L'on n'a pas besoin de dire que les *choses abstraites* que le duc de Bouillon saisissait si bien sont les choses du monde supérieur, les *grands objets* du théosophe. Il était tout simple que celui-ci fût heureux de voir sa pensée si bien accueillie par l'ami intime de Louis XV, puisque le duc de Bouillon jouissait de cette rare faveur avec une grande dignité. On sait que Louis XV s'attachait à peu d'hommes, même d'entre ceux que leur rang élevait le plus.

Sous le point de vue de l'œuvre, si ce n'est des études,

---

1. Ce n'est pas le duc de Tarente, sans doute, qui avait vingt ans de moins que Saint-Martin, et qui fit sa première campagne à l'âge de dix-neuf ans, dans le régiment irlandais de Dillon.

cette époque est, en général, une des plus belles de la vie de Saint-Martin. Et c'est une merveille de voir ainsi un gentilhomme de petite naissance et de fortune médiocre, un simple officier, sans doute très-studieux, mais peu instruit encore, philosophe peu remarqué comme tel et écrivain sans éclat, jouer, au seul nom de ses hautes aspirations et d'une piété peu mûrie, peu sensible, un rôle aussi considérable dans un si grand nombre des premières ou des meilleures maisons du pays. Sa sphère d'activité a des limites assez étroites ; son influence y est bornée, et si recherché qu'il soit dans le monde, il n'y est pas secondé, il n'y est pas compris. Les femmes, qui l'accueillent si bien, abaissent son esprit, dit-il, et sauf de rares exceptions, les hommes l'écoutent et le laissent comme une espèce de singularité. Dans la littérature, il n'a pour lui aucun des écrivains si nombreux, si brillants, si écoutés de cette génération sceptique ici, incrédule plus loin, matérialiste par-ci par-là, sensualiste partout. Au contraire, de ceux que tout le monde lit, chacun combat ses opinions et ses tendances. Dans ce siècle si charmant, tous convoitent la lumière sans doute, mais tous la veulent douce et agréable. On la rejette, si peu qu'elle soit austère de forme ou dure à entendre ; on la fuit surtout si elle se présente un peu nuageuse ou mystique. Or celle qu'apporte Saint-Martin dans son premier ouvrage est précisément cela. Elle est d'ailleurs si vieille qu'on la croyait morte.

Tout cela est vrai, et malgré tout cela Saint-Martin, à cette époque et au milieu de ce monde si frivole, fut recherché de ceux-là mêmes qui étaient le plus décidés à ne pas le suivre. On se plaignait sans doute de l'obscurité de sa doctrine, et l'on avait raison ; mais ce sont d'ordinaire ces voiles un peu calculés de la part de l'auteur qui piquent le plus la curiosité aristocratique. Quand on est du nombre des élus, on serait fâché que la doctrine fût plus claire ; elle ne serait plus alors un privilége ; accessible à la foule indiscrète, elle ne vaudrait plus l'honneur de la recherche.

Toutefois le petit nombre des élus, les véritables initiés du spiritualisme de Saint-Martin et tous ceux qui aspiraient à le devenir à leur tour voulaient sérieusement un enseignement plus net et plus direct. Jusque-là il n'avait exposé sa doctrine que dans un langage qui en dérobait la prompte et facile intelligence, si bien que le grand critique du siècle avait pu, au moment de mourir, sans trop d'injustice, frapper ensemble la forme et le fond de la même foudre. Il importait que la pensée du maître fût mieux posée, avec plus de clarté, moins de termes de théologie et surtout de théurgie. Les amis du théosophe eux-mêmes le lui disaient ainsi que ses amies. Madame de la Croix et madame de Lusignan étaient elles-mêmes à la tête de ces dernières. Du moins ce fut chez elles, partie chez la première, partie chez la seconde, qu'il se mit à rédiger un nouvel ouvrage, toujours dans le même sens que le premier, autre de forme, mais n'offrant pour le fond que le développement et la confirmation du premier.

Il y acquiesça et développa cette idée fondamentale, qu'il faut expliquer les choses par l'homme, et non pas l'homme par les choses.

Au premier aspect, ce n'est là qu'un paradoxe ambitieux; car c'est l'univers où nous sommes engagés, l'univers où nous ne sommes qu'un atome, qui nous explique; ce n'est pas l'atome, ce n'est pas l'homme qui explique l'univers. Mais d'abord Saint-Martin dédaigne réellement le paradoxe, quand même en apparence il semble l'aimer et, qui plus est, le prodiguer. Sa pensée n'est pas toujours vraie, mais il n'est rien de plus sérieux ni de plus sincère que sa pensée. Ensuite, celle qui forme le fond de son nouveau travail se prête réellement au plus bel enseignement du monde au moyen d'une simple explication.

En effet, nos facultés internes et cachées, dit Saint-Martin, sont les vraies causes de nos œuvres externes. Cela est facilement démontré. Eh bien, de même dans l'univers entier ce sont les puissances internes qui sont les vraies causes. La cause primitive des phénomènes externes est une puissance interne, et il est aisé de voir que l'étude de l'homme donne la clef de la science des choses. C'est que, loin de vouloir nous cacher la vérité, du moins les vérités fécondes et lumineuses qui sont l'aliment de l'intelligence humaine, loin de vouloir les dérober à nos regards, Dieu les a écrites dans tout ce qui nous environne. Il les a écrites dans la force vivante des éléments, dans l'ordre et l'harmonie de tous les phénomènes du monde. Mais il les a écrites beaucoup plus clairement encore dans ce qui forme le caractère distinctif de l'homme. Or, s'il a tant multiplié à nos yeux les rayons de sa propre lumière, ce n'est pas, certes, pour nous en interdire la connaissance. Au contraire. Aussi, étudier la vraie nature de l'homme et induire des résultats que donne cette étude la science de l'ensemble des choses, les apprécier aux rayons de la lumière la plus pure : tel est le grand objet du philosophe.

Et tel fut celui des volumes que Saint-Martin fit paraître à Lyon, en 1782, sous ce titre : *Tableau naturel des rapports qui existent entre Dieu, l'homme et l'univers*. Édimbourg, 2 vol. in-8°.

Cette nouvelle publication, beaucoup plus lucide que la première, ne le fut pas assez et ne répondit pas au grand désir de ses amis, ni au besoin de constante clarté qui est celui de tout lecteur, ni à ces habitudes de simplicité élégante et un peu populaire, commune, qui était le goût de l'époque. Aux yeux du public comme à ceux des amies spirituelles de l'auteur, le second ouvrage de Saint-Martin porte encore trop le cachet de quelques singularités trop chères à son auteur, et l'on put prévoir dès lors que c'était là, non pas une manière, mais une sorte de forme naturelle de sa pensée dont il ne se corrigerait jamais entièrement.

Il y a des partis pris, des locutions favorites auxquelles il devait renoncer difficilement. Ainsi Dieu est appelé tantôt le *premier mobile*, tantôt la *cause primitive*, tantôt *la vie*. Les forces de la nature sont qualifiées de *puissances supérieures*; les phénomènes, d'*actions*. Saint-Martin a d'autres idiotismes. Ainsi, pour pénétrer dans le *sanctuaire* des facultés divines, il faudrait connaître quelques-uns des *nombres* qui les constituent. Les nombres sont des *vertus*; le Verbe est le *type du symbolisme universel*, et la nature est l'œuvre universelle de ces facultés invisibles. Cela se rapprochait singulièrement, et comme par anticipation, de ce que l'auteur devait trouver plus tard dans Jacques Bœhme sur les principes et l'essence des choses. Ne nous arrêtons pas à d'autres singularités qui sont pourtant plus inexplicables peut-être. C'est ainsi que le nom de Lyon est encore une fois supprimé sur le titre du volume et remplacé par celui d'Édimbourg. Et, dans un *avis* que personne ne leur demandait assurément sous cette forme, les *éditeurs* déclarent : 1° qu'ils tiennent d'une personne inconnue le manuscrit de cet ouvrage ; 2° que la marge en est chargée d'un grand nombre d'additions d'une écriture différente de celle de l'auteur, et 3° qu'elles sont marquées de guillemets « afin qu'on pût les distinguer du travail lui-même, *dans le cas où elles venaient* (sic) *d'une personne à laquelle l'auteur avait prêté son manuscrit.* »

Voilà, pour un écrivain qui a débuté par un volume très-grave et très-philosophique sur les *erreurs* et la *vérité*, des paroles propres à faire naître bien des erreurs.

Au surplus, ces habitudes de pseudonymie affectée, qui ne sont plus dans nos goûts et qui n'ont plus de raison d'être pour personne, ne doivent être jugées qu'au point de vue des vieilles lois et des vieilles mœurs. Le fait est qu'elles n'ont jamais eu de motifs assez sérieux pour M. de Saint-Martin, dont la pensée fut toujours si réservée et le respect pour les choses saintes si profond. Quel intérêt avait-il à dérouter le lecteur sur le lieu d'impression de son ouvrage à une époque où les mauvais livres avaient seuls besoin du pavillon d'Amsterdam, de celui de Londres ou de celui de Lausanne ?

C'était donc par un autre ordre d'idées qu'il mettait en avant son Édimbourg ou d'autres noms fictifs, sur lesquels nous ne voulons pas insister; il y avait là peut-être quelque reste de ces habitudes maçonniques qu'ailleurs il aimait peu.

Par une timidité déplacée ou par une affectation de profondeur plus déplacée encore, ces nouveaux voiles déparèrent un grand nombre de pages, et, obscurités voulues ou non, ils en paralysèrent un peu le succès. Toutefois, sous le rapport du fond et de la composition comme sous celui du style, il y a dans ces volumes un progrès très-sensible. On y surprend des vues réellement admirables, témoin celles qui découvrent dans l'univers même « la preuve évidente de l'existence des puissances physiques supérieures à la nature. » Sans doute, au premier aspect, cette assertion est plus piquante que vraie; et l'on se demande avec surprise s'il y a bien dans la nature quelque chose de supérieur à la nature. En quel sens peut-il donc être dit que les puissances physiques, c'est-à-dire naturelles, sont supérieures à l'univers? Eh bien, la solution que Saint-Martin sait nous donner du problème qu'il pose si hardiment, plaît à la fois à la raison par le fond des idées et au goût par les attraits du style.

« Quel que soit le centre des révolutions des astres errants, dit-il, leur loi leur donne à tous une tendance à ce centre commun, par lequel ils sont également attirés. »

Cela est dit dans le sens de l'ancienne astronomie, qui n'admettait qu'un seul centre; mais cela est encore vrai dans la nouvelle, qui, à son tour, met l'hypothèse d'un centre commun au-dessus du fait de la pluralité des centres, quoique ce centre ne soit plus Alcyon. Mais continuons à écouter Saint-Martin.

« Cependant nous les voyons (les astres) conserver leur distance de ce centre, s'en approcher tantôt plus, tantôt moins, selon les lois régulières, et ne jamais le toucher ni s'unir à lui.

« En vain l'on oppose l'attraction mutuelle de ces astres planétaires, qui fait que, se balançant les uns par les autres, ils se soutiennent mutuellement, et résistent tous par là à l'attraction centrale ; il resterait toujours à demander pourquoi l'attraction mutuelle et particulière de ces centres ne les joint pas d'abord les uns aux autres, pour les précipiter tous ensuite vers le centre commun de leur attraction générale. Car, si leur balancement et leur soutien dépend de leurs différents aspects et d'une certaine position respective, il est sûr que, par leurs mouvements journaliers, cette position varie, et qu'ainsi, depuis longtemps, leur loi d'attraction aurait dû être altérée, de même que le phénomène de permanence qu'on leur attribue.

« On pourrait avoir recours aux étoiles fixes, qui, malgré l'énorme distance où elles sont des autres astres, peuvent influer sur eux, les attirer comme ceux-ci attirent leur centre commun, et les soutenir ainsi dans leurs mouvements.

« Cette idée paraîtrait grande, sage ; elle semblerait entrer naturellement dans les lois simples de la saine physique. Mais, dans le vrai, elle ne ferait que reculer la difficulté.

« Quoique les étoiles fixes paraissent conserver la même position, nous sommes si éloignés d'elles, que nous n'avons sur ce point qu'une science de conjecture.

« En second lieu, quand il serait vrai qu'elles sont fixes comme elles le paraissent, on ne pourrait nier qu'en différents endroits du ciel il n'ait paru de nouvelles étoiles, qui ensuite ont cessé de se montrer; et je ne cite que celle qui fut remarquée par plusieurs astronomes en 1572, dans la constellation de Cassiopée. Elle égala d'abord en grandeur la claire de la Lyre, puis Syrius, et devint presque aussi grande que Vénus Périgée, de sorte qu'on la voyait à la vue simple en plein midi. Mais ayant perdu peu à peu sa lumière, on ne l'a plus revue. D'après d'autres observations, on a présumé qu'elle avait fait des apparitions précédentes, que sa période pourrait être de trois cents et quelques années, et qu'ainsi elle pourrait reparaître sur la fin du dix-neuvième siècle.

« Si nous observons de telles révolutions, de tels changements, parmi les étoiles fixes, on ne peut douter que quelques-unes d'entre elles n'aient un mouvement. Il est certain aussi que la variation d'une seule de ces étoiles doit influer sur la région à laquelle elle appartient, et y porter assez de prépondérance pour en déranger l'harmonie locale.

« Si l'harmonie locale peut se déranger dans une des régions des étoiles fixes, ce dérangement peut s'étendre à toutes les régions. Elles pourraient donc cesser de garder constamment leur position respective, et céder à la force de l'attraction générale qui, les réunissant comme tous les autres astres à un centre commun, anéantirait successivement le système de l'univers.

« On ne voit point arriver de semblables désastres; et si la nature s'altère, c'est d'une manière lente, qui laisse toujours un ordre apparent régner devant nos yeux. Il y a donc une force physique invisible, supérieure aux étoiles fixes, comme celles-ci le sont aux planètes, et qui les soutient dans leur espace, comme elles soutiennent tous les êtres sensibles renfermés dans leur enceinte. Joignant donc cette preuve aux raisons d'analogie que nous avons déjà établies, nous répétons que l'univers n'existe que par des facultés créatrices invisibles à la nature, comme les faits matériels de l'homme ne peuvent être produits que par ses facultés invisibles ; qu'au contraire les facultés créatrices de l'univers, comme nos facultés invisibles, existent nécessairement et indépendamment de nos œuvres matérielles. »

N'est-ce pas là un ensemble d'idées propres à mettre la cosmologie dans la vraie voie, et tenir le compte qu'il faut de deux ordres de phénomènes, les uns forcés par les lois inhérentes à la nature, les autres non forcés et dépendants de ce gouvernement suprême, qui est, après tout, la loi véritable du monde et rend seule raison de la marche finale de tout? Car, si la cause primitive, disons plus simplement, si Dieu n'a pas abdiqué, son gouvernement, son règne subsiste. Or, du moment que l'on ne reconnaît plus dans l'univers que des phénomènes forcés, à quoi notre raison y réduit-elle le règne de la raison suprême? Qu'il me soit permis de ne pas insister ici sur un ordre d'idées que j'ai un peu développées dans un autre endroit (*Philosophie de la religion*, 2ᵉ vol.), mais aussi de me féliciter d'une rencontre si imprévue de mes pages avec un texte si remarquable du théosophe qui m'occupe.

En effet, ce texte prête à des inductions puissantes en

faveur d'une cosmologie essentiellement théiste, essentiellement corrective d'une cosmologie purement matérialiste.

C'est pour des fins un peu différentes, mais très-élevées encore, que le théosophe présente la belle série des idées que nous venons d'entendre, et il s'empresse de passer à une théorie qui lui tient fort à cœur, celle de puissances ou d'êtres supérieurs qui gouvernent les puissances ou les forces matérielles du monde comme notre âme gouverne notre corps. C'est pour lui une théorie de prédilection, qu'on peut lui laisser, mais une théorie fort ancienne et qui fait comme le fond de toute sa doctrine.

Voici comment il présente ses inductions en faveur de l'existence des puissances supérieures si nécessaires dans son système.

« De tous ces faits, il résulte que, si les œuvres matérielles de l'homme ont démontré en lui des facultés invisibles et immatérielles, antérieures et nécessaires à la production de ces œuvres, et que, par la même raison, l'œuvre matérielle universelle ou la nature sensible nous ait démontré des facultés créatrices, invisibles et immatérielles, extérieures à cette nature, et par lesquelles elle a été engendrée, de même les facultés intellectuelles de l'homme sont une preuve incontestable qu'il en existe encore d'un ordre bien supérieur aux siennes et à celles qui créent tous les faits matériels de la nature. C'est-à-dire, qu'indépendamment des facultés créatrices universelles et de la nature sensible, il existe encore hors de l'homme des facultés intellectuelles et pensantes, analogues à son être, et qui produisent en lui les pensées ; car, les mobiles de sa pensée n'étant pas à lui, il ne peut trouver ces mobiles que dans une source intelligente, qui ait des rapports avec son être ; sans cela, ces mobiles n'ayant aucune action sur lui, le germe de sa pensée demeurerait sans réaction, et par conséquent sans effet. »

J'ai dit qu'on peut lui laisser cette théorie et en faire abstraction. Et en effet, il la corrige par celle que veut la raison et qu'il professe avec beaucoup de netteté : le gouvernement absolu d'une seule volonté, d'une loi unique, d'un principe suprême.

« Le principe suprême, dit-il, source de toutes les puissances, soit de celles qui vivifient la pensée dans l'homme, soit de celles qui engendrent les œuvres visibles de la nature matérielle ; cet être nécessaire à tous les êtres, germe de toutes les actions, de qui émanent (mot fatal, plume qui trahit) continuellement toutes les existences ; ce terme final, vers lequel elles tendent, comme par un effort irrésistible, parce que toutes recherchent la vie ; cet être, dis-je, est celui que les hommes appellent généralement Dieu. »

Telles sont les considérations fondamentales par lesquelles Saint-Martin prouve que c'est bien l'homme et ce qui est en lui qui explique l'univers ou la nature des choses, que ce n'est pas celle-ci qui explique l'homme. L'homme est supérieur à la nature, tient aux puissances supérieures et plus essentiellement au principe suprême, *de qui émanent continuellemeut toutes les existences.*

Telle est en substance toute la théorie de Saint-Martin sur le rapport de l'homme avec Dieu et avec l'univers, théorie prise de haut, et qui serait dans le fond très-acceptable si elle nous était présentée en d'autres termes. Elle est alliée à une théorie sur les puissances spirituelles qui ne tient pas au principe et qu'on en peut détacher. Elle est fondée sur une idée non pas contestable seulement, mais si bien contestée qu'aucune philosophie n'ose plus la soutenir, l'émanation. Cela est vrai. Mais elle est étayée de quelques-unes de ces grandes hypothèses qu'aujourd'hui toute philosophie est un peu tentée de professer dans certaines limites. Écrite par une plume à la fois plus libre et plus nette que celle d'un théosophe, professée par exemple par l'homme de son temps que Saint-Martin admirait le plus, par Jean-Jacques Rousseau, qui savait à la fois blâmer l'incrédulité de son siècle et parler à ce siècle le langage de la raison la plus austère et la plus pure, cette théorie d'un spiritualisme à la fois très-fin et très-profond, qui place l'homme si haut en dépit du dogme de la chute, et le montre appelé à un rôle si éminent malgré son impuissance, répondait au rationalisme le plus ambitieux du jour. L'homme aime tant à faire Dieu à son image, qu'il fait volontiers de même pour l'univers. Il a toujours aimé à se qualifier de *petit monde;* un pas de plus, et il devenait le type du grand.

Qui sait? écrite par un de ces dictateurs de l'intelligence qui ont de si beaux priviléges, cette théorie produisait dans les esprits une de ces révolutions qui changent le cours des idées, fondent une école, illustrent une page de l'histoire, et comptent parmi les grands faits dans la pensée de l'humanité. Elle prévenait le livre d'un philosophe qui, sous nos yeux, nous présente le monde comme une volonté, de cet étrange Schopenhauer, qui vient de terminer une carrière à laquelle la renommée n'a pas fait défaut, si excentrique que fût sa marche.

On a dit de Saint-Martin que sa philosophie de la nature était l'idéalisme. Soit; mais ce fut le sien, et son idéalisme ne ressemble à celui de personne. C'est comme son panthéisme : on s'y heurte partout, mais toujours on y touche à l'idée d'un Dieu personnel; c'est comme sa théocratie, où domine toujours l'idée que le vrai sacerdoce est celui du vrai théosophe, mais que l'Église doit rester étrangère aux affaires de ce monde. En effet, il aime à la distinguer toujours de la religion, et pour lui l'Église est bien le spirituel sans le temporel.

Plus cette publication tranchait avec celles de l'époque à laquelle elle parut, plus elle pouvait faire de bruit et soulever de critiques. Il n'en fut rien. Dans le monde des lettrés nul ne voulut s'y attaquer, nul n'osa en faire l'éloge. Mais ce fut autre chose dans la sphère des intimes ou des initiés. Telle fut, aux yeux des martinézistes, l'importance de cette publication, qu'elle mit son auteur hors ligne, et qu'en 1784 la Société des philalèthes de Paris, considérant Saint-Martin comme le successeur naturel de Martinez, l'invita à s'unir avec elle pour l'achèvement de l'œuvre commune. Les travaux de cette Société avaient pour objet apparent la conciliation des idées de Swedenborg, qui voyait si familièrement les esprits, et celles de Martinez, qui ne disposait de leur puissance qu'au moyen de certaines opérations. Mais ces travaux étaient, en réalité, moins des études de pneumatologie que des recherches pour la découverte de quelques-uns de ces grands mystères dont se préoccupent si volontiers certaines associations plus ou moins secrètes. Le but réel des philalèthes était, suivant M. Gence, que nous avons encore connu, la recherche du grand œuvre. Les pages que j'ai sous les yeux, pages sauvées des divers naufrages de cette Société, ne justifient pas cette assertion; mais puisque ces sortes de choses ne s'écrivent pas, il est évident que le silence ne prouve rien. Au point de vue de ses études, de ses sympathies et de sa mission toute spiritualiste, l'appel des philalèthes ne pouvait guère flatter Saint-Martin, et il refusa de s'y rendre. Ses vues étaient à la fois autres que celles de dom Martinez, celles de Swedenborg, et même celles des conciliateurs de l'un et de l'autre. On voit, par son *Tableau naturel*, la gravité et la portée de ses études, et l'on comprend que si Swedenborg lui-même, qui était homme d'une science si haute, cessait dès lors de le satisfaire, bien qu'il étudiât encore, il ne pouvait plus désormais se souvenir des opérations de l'école de Bordeaux qu'avec quelque antipathie, ni prendre la moindre part à celles de l'école de Paris. S'il ne méprisait pas absolument les recherches alchimiques, il les mettait du moins bien au-dessous des opérations théurgiques, qui déjà l'intimidaient et lui répugnaient dans sa jeunesse. A l'époque où nous le suivons, il ne rompait pas encore avec les amis des sciences occultes, mais ce n'était pas dans leurs rangs qu'il cherchait ses partisans, et quelques succès que ses publications aient trouvés là, ils le flattèrent peu. Il demandait, au contraire, ceux du monde qu'il fréquentait, et ceux du public qu'il voyait avec douleur suivre ses adversaires.

Adversaires est le mot; car, se considérant lui-même comme le principal représentant de la spiritualité, il regardait les incrédules comme ses ennemis personnels.

Aussi, bien loin de songer à se dérober au grand public ou au grand monde, en se jetant au sein des associations secrètes et des œuvres mystérieuses de sa personne et avec ses lumières, avec celles auxquelles il aspirait si sérieusement, dans les sciences mathématiques comme dans les sciences morales, — loin de s'enfouir là, disons-nous, il cherchait le plus grand jour et suivait les travaux des plus illustres compagnies. Pour satisfaire son ambition la plus ardente, celle de trouver la clef de toutes les études humaines, il avait besoin d'en embrasser, d'en examiner au moins les sommités, et il tenta tout à coup très-résolûment d'aborder le monde savant, dont les préoccupations étaient les seules qui lui inspirassent un sérieux intérêt.

CHAPITRE X

Un programme politique de l'Académie de Berlin. — Saint-Martin publiciste. — Son concurrent Louis Ancillon. — Son entrevue avec Bailly. — Études sur le magnétisme. — Son nouveau séjour à Lyon, en 1785. — L'agent de Lyon.

1778—1787

Nous avons vu Saint-Martin faire sa propagande dans le grand monde, mais rechercher en même temps les gens de lettres et les savants les plus illustres. Il savait qu'on ne domine que de haut, et il visait haut. La prétention de marcher soit à la tête des écrivains populaires, soit à la tête des savants ou des penseurs, il ne l'avait pas; mais sachant bien qu'on n'agit pas sur l'opinion sans eux, tandis qu'on la gouverne réellement par eux, il désirait arriver au public avec eux.

Un corps illustre entre tous semblait alors marcher à la tête du mouvement philosophique, juge plus équitable que d'autres dans les graves questions du jour, un peu influencé peut-être par ce qu'on appelait alors les libres penseurs d'Angleterre, les philosophes français et les *éclaireurs* d'Allemagne, mais assez indépendant encore pour conserver un jugement sain et pouvoir décerner un suffrage honorable : c'était l'Académie de

Berlin, dont Mendelsohn, Bailly et Kant avaient animé les concours par leurs écrits. Une question très-grave avait été proposée par elle, en 1779, sur la demande de Frédéric le Grand lui-même, celle de savoir *s'il est utile au peuple d'être trompé.* L'Académie avait partagé le prix, avec une rare impartialité, entre deux concurrents qui donnaient deux solutions opposées, dont l'une soutenait hardiment qu'il est utile quelquefois de *laisser le peuple* dans l'erreur. Le retentissement de ce débat avait été immense.

Saint-Martin rêvait peut-être à une pareille publicité. Une simple Académie de province en avait donné une plus éclatante encore au brillant mais sérieux discours de J.-J. Rousseau, son type admiré. Aussi son parti fut-il pris sur-le-champ, quand son regard tomba sur cette question posée par l'Académie de Berlin : « Quelle est la meilleure manière de rappeler à la raison les nations, tant sauvages que policées, qui sont livrées aux erreurs et aux superstitions de tout genre? »

On critiqua cette question comme on avait critiqué celle de Frédéric II, dont elle fut comme une sorte de corollaire. Elle serait, en effet, très-sujette à critique si elle avait été formulée comme la rapporte un récent historien de l'Académie, car il met *les nations qui se sont livrées aux erreurs et aux superstitions.* Or, il n'est guère de sauvages ou de civilisés qui procèdent à ces tristes aberrations de propos délibéré. On fit contre la question des objections d'un autre genre; on la trouva trop vaste à la fois et trop locale. Trop locale, en ce qu'on la crut, d'une part, inspirée par cette tendance à tout rationaliser que représentait alors à Berlin un parti puissant, dont le libraire Nicolaï, directeur d'une feuille devenue célèbre, était l'organe le plus ardent; trop vaste, en ce qu'on pensa qu'il était, sinon impossible de rationaliser même les sauvages, du moins très-bizarre d'y songer. Il est facile, quand on veut prendre un peu le change sur le sens ou la portée d'une question, de se donner la satisfaction de juger des juges. Mais, en y regardant de près, Saint-Martin ne prit pas le change. Appréciant la beauté d'une question pareille et sa parfaite convenance, il résolut de la traiter. Une époque où l'esprit général était travaillé par le désir de se débarrasser de toutes sortes d'erreurs, lui semblait très-favorable pour attaquer celle de ces erreurs qui, à ses yeux, était la plus grave : la substitution de la raison humaine à la raison divine. Tout ne lui allait pas dans ce programme, mais ce programme se prêtait à sa grande préoccupation.

L'Académie de Berlin, en vertu de son institution même, devait suivre tout le mouvement de la pensée, appeler l'attention sur le plus grand problème de tous les temps, et s'occuper en particulier de l'œuvre des missions chrétiennes. Elle avait par diplôme le droit de mêler à la philosophie les plus grandes questions de la religion, et son programme, tout en se tenant dans les limites de son domaine légitime, rentrait parfaitement dans celui de Saint-Martin. Ce n'est pas, sans doute, l'objet essentiel du christianisme d'appeler les peuples à la raison, mais c'est, ce semble, l'effet certain, complet et universel de son triomphe. Or, rien ne répondait mieux que cette vérité à la pensée la plus chère au cœur de Saint-Martin.

S'attachant à cette belle question posée par une illustre compagnie, Saint-Martin la traita dans toute la profondeur et toute l'importance que lui donnait son point de vue d'illuminé. Il n'abdiqua dans ses pages aucune de ses idées religieuses, de ses vues fondamentales en matière de philosophie; il les exposa, au contraire, très-ouvertement et les proclama bien haut. La considération qu'on ne pourrait peut-être pas le couronner ne l'arrêta pas un instant. Ce n'étaient pas des prix qu'il voulait, c'étaient des juges, de la publicité, c'est-à-dire des partisans et des collaborateurs de son œuvre. Cela était si bien dans ses vœux, qu'aussitôt qu'on eut fondé en France une institution plus propre encore que l'Académie de Berlin à servir sa propagande, j'entends la classe des sciences morales et politiques de l'Institut national, il y rattacha autant que possible les grandes tendances de son âme, ses travaux et ses espérances. Car si l'on peut dire que le « philosophe inconnu » fuyait le monde, et s'il le disait volontiers lui-même, ce n'était qu'en ce sens qu'il ne s'y donnait et ne s'y engloutissait pas. Le fait est qu'il suivait avec la plus fine attention ce qui s'y passait, mais qu'il n'y transigeait qu'autant qu'il le pouvait, fidèle à ses principes. Son ouvrage des *Erreurs et de la Vérité* était à ses yeux un programme auquel il ne devait pas déroger, et, bien qu'il connût parfaitement la pensée de l'Académie de Berlin, non-seulement il était bien décidé à ne pas voiler la sienne, mais encore à abonder dans son sens. Tout son dessein était, non pas de se faire couronner, mais d'introduire dans le monde, sous un illustre pavillon, la grande doctrine qui le préoccupait, la doctrine de la profonde rupture qui tenait l'humanité éloignée de ses rapports primitifs avec son auteur.

Le mémoire qu'il envoya au concours s'attachait d'abord à donner une bonne définition de la raison, à montrer que pour y soumettre les hommes il faut les ramener à la condition et à la science primitive de l'espèce humaine. Cette science fut longtemps secrètement transmise de sanctuaire en sanctuaire et d'école en école, et elle établissait fortement cette spiritualité qui distingue l'homme de la bête, et qu'a si bien proclamée « Rousseau de Genève. » Puis l'auteur cherchait à dire « ce qui manque à l'homme lorsqu'il arrive sur la terre pour y remplir la loi commune à son espèce. » C'est, suivant lui, la connaissance « d'un lien secourable qui unisse l'homme et sa source par des rapports évidents et positifs. » Il cite encore le « philosophe de Genève » à l'appui de cette thèse, et conclut « que des lumières certaines sur nos relations primitives sont les seules connaissances qui aient sur nous des droits assurés. » Or, c'est en nous-mêmes que nous trouvons la clef de cette science, ce sont les rayons de la lumière divine qui éclairent notre intérieur. Faites reconnaître ce divin rayonnement, ce rapport primitif de l'homme avec Dieu, et vous aurez résolu le problème, vous aurez banni du sein de l'humanité les erreurs qui lui voilent le vrai, et ramené à la raison les peuples qui se sont livrés aux superstitions. Mais pour cela il faut que ceux qui doivent les guider s'éclairent les premiers. « Tant que vous regarderez, s'écrie-t-il, la nature et l'homme comme des êtres isolés, en faisant abstraction du seul principe qui les vivifie tous les deux, vous ne ferez que les défigurer de plus en plus, et tromper ceux à qui vous entreprendrez de les peindre. » Encore, quand le point de vue de Saint-Martin aura été adopté, ne faut-il pas s'imaginer qu'un homme ait le pouvoir de faire beaucoup pour le bien d'un autre. « De même qu'un arbre n'a pas besoin d'un autre arbre pour croître et porter ses fruits, mais qu'il porte en lui tout ce qu'il faut pour cela, de même chaque homme porte en lui de quoi remplir sa loi sans rien emprunter d'un autre homme. »

L'auteur termine par cette apostrophe à ses juges : « Si l'homme ne remonte pas lui-même jusqu'à cette clef universelle (qui a été indiquée), personne sur la terre ne viendra la déposer dans votre main, et je croirai vous avoir assez répondu si je vous ai persuadé que l'homme ne peut pas vous répondre. »

En un mot, il était impossible de faire une réponse plus originale, mais plus éloignée de la question.

Ce mémoire, Saint-Martin le sentit bien, fut donc tout autre chose qu'une solution, et il dit haut qu'il eût été au-dessous de lui d'en fournir une dans le sens du rationalisme dominant. Ce qu'il offrait, c'était un manifeste. Ce fut celui d'un spiritualisme bien antique, bien tombé, mais aspirant à l'empire sous des formes régénérées. Ce fut donc une déclaration de profonde dissidence avec l'Académie. On pense bien qu'elle ne voulut pas donner le prix à un travail qui lui faisait la leçon plutôt que de solliciter des sympathies, et qui déclarait, avec le ton du plus chevaleresque défi, que, si éloquente que pût être l'œuvre de l'auteur, et si supérieure à celle de ses concurrents, l'Académie ne devrait pas le récompenser « dès qu'il ne lui aurait pas apporté le secret le plus important, celui de *joindre à la science du précepte* la science de l'application ; secret difficile à communiquer, vu l'impossibilité où se trouve l'homme d'être utile à l'humanité quand il est réduit à lui-même. »

Je ne connais pas, de cette époque, de pages plus étranges, plus originales, plus piquantes que celles-là. Elles surprirent singulièrement l'Académie, qui remit cette question au concours et couronna, un an après, un mémoire de Louis Ancillon. C'était le père, je crois, de notre illustre contemporain qui ouvrit aussi sa brillante carrière de publiciste et d'homme d'État par des discours et des traités de morale. Louis Ancillon ne conquit par les siens qu'une place à l'Académie. Son fils Frédéric, qui mourut, en 1837, président du Conseil et ministre des affaires étrangères, était comme un second type plus marqué de cette rare union d'une science élevée et d'une haute piété qui avait distingué le père.

Simple pasteur de la paroisse française de Berlin, mais philosophe érudit, celui-ci avait puisé aux sources les meilleures, et surtout dans Platon, des solutions aussi acceptables du monde politique que du monde savant. Et si remarquable que fût le travail de son concurrent, soit par la sévérité ingénieuse de ses vues, soit par la loyauté austère de son langage, on doit convenir que la question fut traitée par lui avec plus de méthode qu'elle ne l'avait été par son spirituel concurrent. Toutefois, Saint-Martin, qui aime à répéter qu'il estime peu les livres et la science qu'on y puise, nous dit à ce sujet qu'il estime mal des succès dus à l'érudition. Et il a raison au nom de ses tendances et de ses habitudes. Mais en disant d'Ancillon : « Il a pris ses principes et ses solutions dans les livres, » fallait-il ajouter : « Je suis peu jaloux de son triomphe? » Plus ces sortes de choses se disent, moins elles persuadent, lors même qu'elles sont vraies, comme c'était le cas ici.

Le jugement du travail de Saint-Martin n'était pas encore porté par l'Académie de Berlin, quand l'Académie des sciences de Paris fut saisie d'une question qui présentait au monde civilisé un intérêt de polémique beaucoup plus vif, la question du magnétisme animal. Les amis de Mesmer, la reine Marie-Antoinette à leur tête, avaient enfin obtenu que l'Académie examinât les faits et donnât un avis dans le débat. Mesmer était docteur de la Faculté de Vienne, et il avait obtenu, soit à ce titre, soit à d'autres, la protection d'une princesse qui aimait à s'affranchir, au besoin, de toutes sortes d'entraves vieillies. Bailly était de la commission chargée du rapport, et Saint-Martin, sinon enthousiaste, du moins partisan de la *découverte* de Mesmer, continuée et passée du domaine pathologique dans le domaine pneumatologique, portait un grand intérêt au succès des expériences tentées. Il regardait l'ensemble des phénomènes magnétiques et somnambuliques comme appartenant à un ordre de choses inférieur, mais encore digne d'études suivies ; et il vit Bailly, pour combattre les préventions qu'il lui supposait. Bailly, qui avait été homme de lettres avant d'être homme de science, lui fit part de l'objection principale des adversaires. Il insistait sur la complicité possible du sujet magnétisé avec le magnétiseur, et sur l'extrême difficulté de faire le départ exact entre les faits qui tiennent à l'un ou à l'autre. Saint-Martin, pour faire tomber ses doutes, cita des résultats obtenus sur des chevaux traités par le magnétisme, et qu'on ne pouvait guère soupçonner de compérage. Surpris du fait, Bailly lui répondit, peut-être avec plus de pétulance que de gravité : « Eh ! que savez-vous, monsieur, si les chevaux ne pensent pas ? » — Et, là-dessus, Saint-Martin ne put s'empêcher de s'écrier à son tour : « Monsieur, vous êtes bien avancé pour votre âge ! »

Cette réplique, non pas inconsidérée, mais impossible, mit naturellement fin à la négociation. Saint-Martin ajoute à sa faute celle de la rapporter lui-même, non sans quelque complaisance, car il la qualifie d'étourderie, et celle d'appeler misérable le compte rendu par l'Académie. (Portr., 122.)

Il faut apprécier avec équité ces deux jugements, et se rappeler que Bailly n'était alors ni l'homme illustré par les nominations cumulées de trois Académies qui voulurent se l'associer, ni le personnage devenu si éminent depuis, soit au sein de nos assemblées politiques, soit à la tête de la commune de Paris. Loin de là, c'était encore le *bonhomme Bailly*, « aux traits tirés et anguleux, à la chevelure longue et touffue, qui, d'après une note contemporaine, surchargeait plutôt qu'elle n'ornait sa tête ; l'homme qui écoutait avec docilité, parlait peu, et proposait modestement ses doutes. »

Cela explique la possibilité du mot impossible que lui dit Saint-Martin, mais cela ne le justifie pas.

Peu après ces deux échecs, subis l'un à Berlin, l'autre à Paris, et qui ne demeurèrent toutefois stériles ni l'un ni l'autre, Saint-Martin reprit son œuvre de haute spiritualité à Lyon, une de ses résidences habituelles pendant cette période de sa vie. Était-il occupé d'études philosophiques ou religieuses, d'expériences magnétiques ou d'opérations théurgiques? On ne l'apprend pas bien nettement; mais, dans tous les cas, ses travaux étaient essentiellement mystiques. Il nous apprend bien qu'il fut à Lyon en 1785, mais c'est en passant et à propos de choses qu'il ne fait qu'effleurer, s'exprimant de façon à voiler plutôt qu'à révéler ses études.

« J'ay été très-chaste dans mon enfance, dit-il (Portrait, 346), et l'*agent de Lyon* m'a désigné tel lorsqu'il m'a vu dans ma racine en 1785. »

Mais qu'est-ce que voir un homme dans sa racine? Qu'est-ce que l'*agent de Lyon?*

Le mot d'*agent*, dans les lettres de Saint-Martin, désigne souvent une intelligence supérieure, bonne ou mauvaise. Si l'*agent de Lyon* en était une, était-il du premier ordre? Était-ce un *esprit* amené par la théurgie? En ce cas on le faisait donc parler par cette science!

En tout cas, la clairvoyance de l'*agent* et la croyance de Saint-Martin auraient été très-grandes toutes deux, puisque la première aurait vu le théosophe jusque *dans sa racine,* et que la seconde aurait si nettement accepté l'intuition.

Mais voilons plutôt ces mots énigmatiques avec l'auteur, qui se plaît, d'ailleurs, à voiler le tout, même sa *jeunesse*, puisqu'il l'appelle son enfance, et quittons ces faits d'une pneumatologie très-hasardée, pour nous attacher aux révélations éthiques très-positives qui les suivent, révélations qui jettent un bien beau jour sur l'œuvre morale, sur le débat intime qui s'accomplit dans l'âme du grand spiritualiste. En effet, s'il semble se dépenser tout entier dans son œuvre extérieure, mettre dans ses ouvrages, dans sa correspondance, dans sa propagande toute l'ardeur de son zèle et toutes les forces de son âme : mais au fond cela est peu de chose, et la véritable importance de sa vie n'est pas là. Ses théories, auxquelles il attache un si haut prix pourtant, ne sont pour lui que les moyens, les guides de ses aspirations réelles, et la grande affaire de son âme est dans sa pratique, dans l'application de ses principes à soi-même, en un mot, dans son perfectionnement moral. Voilà le point de vue sous lequel il faut envisager définitivement Saint-Martin, et à ce point de vue, c'est un grand type. Écoutons-le dès cette époque, à l'âge de quarante-deux ans.

« J'ay été très chaste dans mon enfance, et l'*agent de Lyon* m'a désigné tel lorsqu'il m'a vu dans ma racine en 1785. Si ceux qui devoient veiller sur moi m'eussent conduit comme j'aurois désiré de l'être et comme ils l'auroient dû, cette vertu ne m'auroit jamais abandonné, et Dieu sait quels fruits il en fût résulté pour l'œuvre auquel j'étois appelé ! Mes foiblesses en ce genre m'ont été préjudiciables, au point que j'en gémis souvent et que j'en gémirois encore davantage, si je ne sentois qu'avec du courage et de la constance nous pouvons obtenir que Dieu répare tout en nous.... » (Portr., 346.)

C'est une tradition reçue parmi les martinistes les plus instruits, et ils sont nombreux, que Saint-Martin est demeuré toute sa vie étranger aux fautes qu'il nous fait trop connaître par les souvenirs dont elles l'accablent. Mais si cette belle illusion doit tomber, du moins la leçon de moralité qui ressort de la chute n'en est que plus éloquente. Nous ne jetterons pas, dans une vie si belle sous mille rapports, marquée de tant de luttes généreuses et des plus nobles immolations, l'audacieux cri de joie, *felix culpa*, on ne peut être que très-douloureusement affecté de l'aveu que livrent ces lignes ; mais, certes, il est beau à l'homme de se relever ainsi de ces sortes de chutes. S'en relever comme a fait Saint-Martin, c'est s'en dégager comme il faut, en bonne compagnie et dans un noble but, par Dieu et pour Dieu, comme le veut la morale haute et sainte, comme le veut l'Évangile. Et, on le comprend, appréciées et réparées avec de tels sentiments, les défaillances mêmes servent de motifs aux plus ardentes aspirations vers la vraie grandeur.

Dans une vie pareille, les chutes mènent à l'amendement. Au mauvais fruit de l'arbre sauvage succède le bon fruit de la greffe incisive, et les amertumes qui ont châtié la voie coupable affermissent les pas enfin transportés dans la bonne. Si l'homme éprouvé est l'homme fort, le moraliste éprouvé n'est-il pas à son tour le moraliste vaillant, le moraliste par excellence? Au moins est-il certain que sa vie est la plus instructive. Qu'apprendre avec celui qui n'aspire vers rien, ne s'applique à rien, ne se reproche rien, et ne se corrige de rien? Qu'apprendre avec celui qui ne manie que ses théories, et jamais ne perfectionne son âme?

CHAPITRE XI

Voyage d'Angleterre. — William Law. — Le comte de Divonne. — La marquise de Coislin. — L'aristocratie russe. — Catherine II et les martinistes. — Correspondance avec le prince Repnin. — Second voyage en Italie. — Le prince Alexis Galitzin et Thieman. — La princesse de Wurtemberg, le comte de Kachelof et la visite au château d'Étupes. — Le voyage d'Allemagne.

On a souvent attribué la résolution de Saint-Martin de voyager à l'étranger à son goût exagéré des choses secrètes, et à son amour pour ces mystérieuses traditions dont plusieurs associations renommées se prétendaient les dépositaires. Il forma le dessein de voir le Nord, soit à Lyon, soit peu de temps après avoir fait dans cette ville le séjour dont nous venons de parler, et je ne pense pas que l'idée de visiter des sociétés secrètes fût étrangère à ce projet. Mais on se tromperait singulièrement en cherchant là le motif véritable de ses voyages. Pour prouver qu'il n'y songea guère, je ne veux pas rappeler son éloignement pour ces sortes d'associations. Pour indiquer ailleurs les raisons de ses excursions, je ne veux pas en appeler à son admiration légitime pour les travaux de Bacon, ni expliquer son séjour à Londres par son seul amour du grand monde et de la grande publicité. Je crois, au contraire, que dans un temps où Lavater se rendait à Copenhague pour visiter l'École du Nord, quelque pensée de cette nature a pu motiver aussi les déplacements de Saint-Martin ; mais ce fut, avant tout, le désir d'étendre sa sphère d'activité et celui d'élargir son horizon à plusieurs points de vue qui le décidèrent à voyager. Après ses deux échecs académiques, il devait sentir plus vivement que jamais le besoin de s'instruire davantage. Il devait aviser aussi au moyen de trouver dans la sphère aristocratique une compensation aux voies qui lui faisaient défaut dans la sphère littéraire. Ses notes viennent nous révéler partout cette pensée. Elles mentionnent beaucoup de grandes familles, mais pas une seule visite faite aux sociétés secrètes. Et, en allant de Londres à Rome, Saint-Martin n'eut pas même l'idée de passer par Copenhague, de suivre l'exemple de Lavater.

Nous donnerons, d'ailleurs, sur ces années d'une pérégrination plus ou moins constante, le peu de faits que nous tenons de lui-même, laissant à chacun le soin de les interpréter suivant son point de vue et le plaisir d'en tirer les inductions qu'ils autorisent dans le sens qui lui convient.

Quant aux motifs qui conduisirent le voyageur d'abord en Angleterre, ils se trouvent peut-être dans cette circonstance, qu'il savait l'anglais, tandis qu'avant son séjour à Strasbourg il ignorait toute autre langue du Nord.

A cette considération il s'en joignait de plus fortes. L'Angleterre était alors dans l'Europe entière le pays de la plus libre pensée, des institutions les plus populaires, des mœurs les plus originales. Dès le commencement du siècle, Voltaire l'avait mise à la mode parmi nous par ses *Lettres philosophiques*. Depuis leur apparition, on imitait volontiers, soit dans l'aristocratie, soit dans le monde savant, le voyage un peu forcé et l'admiration très-sincère du premier écrivain de l'époque. Le frère de madame la duchesse de Bourbon, princesse qui portait une estime si bienveillante à Saint-Martin, le duc d'Orléans, lui-même ami de Saint-Martin, était peut-être le panégyriste le plus décidé des mœurs et des institutions anglaises. Le philosophe, qui se préoccupait dès lors des plus hautes questions de morale et de politique, rencontrait donc l'invitation de visiter la nation anglaise dans tout ce qu'il voyait et admirait le plus.

A côté de ces attraits l'Angleterre en offrait d'autres à Saint-Martin : une suite notable d'écrivains mystiques, depuis Jane Leade, élève contemporaine de J. Bœhme et fondatrice de cette Société philadelphienne qui eut des affiliations dans tout le nord de l'Europe, jusqu'à William Law, traducteur du célèbre philosophe teutonique, ou plutôt auteur d'une nouvelle édition de la traduction anglaise la plus ancienne de ses œuvres.

William Law, ministre anglican, se faisait remarquer précisément à cette époque par la tendresse toute mystique qui respirait dans ses publications morales et religieuses ; et dans un pays où régnaient encore une foi ardente et une grande piété au milieu des bruyantes attaques des libres penseurs, un écrivain d'une si haute mysticité dut rencontrer de vives sympathies. Law jouit de cet avantage. Animé de tous ces sentiments de foi pénitente et d'humilité évangélique auxquels Saint-Martin lui-même s'appliquait en sa qualité de missionnaire chrétien, la propagande de Law avait en Angleterre un succès très-éclatant. C'était celle-là même que Saint-Martin faisait en France. Elle inspira le plus grand intérêt à l'auteur du livre des *Erreurs et de la Vérité*, et Saint-Martin aurait pu signer, sinon l'*Esprit de la prière*, du moins l'*Appel aux incrédules*, de Law, comme Law aurait pu signer les pages de Saint-Martin. Les deux théosophes se lièrent étroitement, et si Law conçut pour son noble visiteur une tendre affection, Saint-Martin cita volontiers à ses amis le nom ou les écrits de son frère d'outre-Manche.

Un ami de Saint-Martin, le comte de Divonne, ne tarda pas à compléter cette triade de fraternité mystique.

Ce fut sans doute Law qui amena Saint-Martin à M. Best, ce prophétique vieillard qui prodiguait les textes sacrés à ses visiteurs et qui prononça sur Saint-Martin des paroles si propres à faire plaisir au voyageur français. « Il a jeté le monde derrière lui, » s'écria M. Best. Et Saint-Martin, qui aimait à dire qu'il n'était pas de ce monde, qu'il n'y était venu qu'avec dispense, fut ravi de croire que ce qu'il recherchait encore avec tant de plaisir, le monde, il l'avait dès lors vaincu au fond du cœur. C'est lui qui nous le dit. Le vieillard ajouta : « Criez vers moi, et je vous enseignerai des choses grandes et sûres que vous ne savez pas. » Et le voyageur nous dit : *Cela se vérifia dans la quinzaine.* Mais il nous laisse ignorer la nature spéciale de cette prophétie, ainsi que le mode et les détails de son accomplissement. Saint-Martin eut-il des révélations extraordinaires, soit dans ses méditations, soit dans quelque société qu'il ne nomme pas?

Quant au monde vaincu, en écoutant encore un peu Saint-Martin, nous voyons ce qu'il en était réellement. Il nous apprend, en effet, lui-même qu'il vécut et se répandit à Londres dans le plus grand monde. Avant d'y aller, il s'était déjà trouvé en relation avec madame la marquise de Coislin, la femme de notre ambassadeur à Londres ; et ce fut elle, sans doute, qui l'introduisit, si ce ne fut pas même elle qui l'attira en Angleterre, autant que le pays lui-même. L'intimité de Saint-Martin et de madame de Coislin était assez grande ; et l'influence que la dame du monde exerça sur le philosophe fut plus forte que celui-ci ne l'eût voulue. « Elle aurait desséché mon esprit, » dit-il. Et il ajoute, dans son style figuré, qui devient quelquefois un peu bizarre, « Elle le grattait en-dessous et le déracinait. » Cela veut dire, sans nul doute, qu'elle cherchait à l'arracher au sol céleste où il prenait sa nourriture. Mais, si cela est bien vrai, madame de Coislin ne s'en doutait guère, et elle n'en avait certainement pas l'intention ; seulement elle cherchait à bien établir son ingrat protégé dans le monde. On peut en appeler à ce qu'elle fit pour qu'il profitât de son séjour à Londres dans l'intérêt de son œuvre. Et il paraît qu'elle y réussit.

« Avant d'aller en Angleterre, nous dit-il, j'avais fait connaissance, à Paris, chez madame de Coislin, de milord Beauchamps, fils de milord Erfort (Hereford), ci-devant ambassadeur en France. Je reçus de lui beaucoup d'honnêtetés en Angleterre. Nous allâmes ensemble à Windsor, où nous vîmes le fameux Herschell.

« Ce lord ne me cherchait que par rapport à mes *objets*. Mais je ne restais pas assez longtemps pour lui faire faire un grand chemin ; d'ailleurs le terrain, quoique bon, n'était pas vif.

« Sa femme était fort belle ; mais elle me parut, comme les autres Anglaises, avoir bien peur de perdre son douaire (?). J'ai mangé chez eux avec M. de Lauzun, M. Dutens et M. Horseley. »

Remarquons, en passant, le duc de Lauzun, fils du duc de Gontaut, et d'abord connu sous le nom de comte de Biron, qui afficha pour la reine Marie-Antoinette cette passion romanesque qui ne fit tort qu'à lui, et qui mourut sur l'échafaud en 1794, quoiqu'il eût fait d'une manière brillante la guerre d'Amérique sous les ordres du marquis de Rochambeau.

« Je demeurais chez le prince Galitzin et Thieman, qui eurent tant de bonté pour moi que j'en ai honte.

« Quelqu'un dont j'aurais, je crois, tiré meilleur parti si j'en avais eu le temps, était M. de Woronsow, ambassadeur de Russie à Londres. Il me fit aussi beaucoup de politesses, et dans le peu de conférences que nous eûmes ensemble je trouvai en lui un fort bon esprit.

« J'aurais plusieurs notes à faire sur les Russes dans ce recueil, dans lequel mon portrait est un peu lié à celui des autres. »

On le voit, en apparence Saint-Martin portait ses vues de conquêtes dans la sphère aristocratique et n'y appréciait qu'une seule chose, la susceptibilité qu'il y trouvait pour *ses objets*.

Toutefois, en réalité, il était beaucoup moins exclusif qu'il ne se dépeint lui-même. Au besoin, il recherchait encore plus l'aristocratie de la science que celle de la naissance. Peu lui importait, en effet, l'élévation du rang ou toute autre circonstance, quand il s'agissait de ses *grands objets*. Pour servir sa cause, il ne dédaignait aucune relation ni aucune classe de la société, bien décidé, comme il nous l'a dit au sujet du maréchal de Richelieu, à ne s'attacher qu'à ceux qui s'attachaient à lui *et à l'objet de ses prédilections, laissant là* les autres, en Angleterre comme en France.

Voilà pourquoi il préféra, à Londres même, les Russes aux Anglais.

Les Russes, comme tous les peuples de race slave, se montraient, à ce qu'il paraît, ce qu'ils sont toujours, plus naturellement enclins que d'autres au mysticisme, et non-seulement spiritualistes, mais volontiers théosophes. Saint-Martin s'affectionna surtout au prince Alexis Galitzin et à un M. Thiéman, qu'il met sur la même ligne que le prince.

Dans ses notes sur l'Angleterre, il se promettait de revenir sur les Russes en général; mais il n'entendait s'occuper que de ceux qui s'étaient pris à ses grandes aspirations. Il a tenu parole, et son *Portrait* donne les noms des Russes les plus distingués qu'il avait vus à Londres. Il cite à leur tête ce même comte de Kachelof qu'il revit un an après dans le pays de Montbéliard, et qui fit avec lui la charmante excursion d'Étupes, dont il sera question tout à l'heure. Mais quel était ce seigneur? Le nom de Kachelof, me dit un écrivain d'une autorité toute spéciale, ne se trouve pas dans les listes de la noblesse russe. Faut-il lire Kouchelof ou Kochelef? Saint-Martin, qui s'autorisait des habitudes de son temps pour ne pas y regarder de trop près, joint à ce nom ceux d'un Zinovief, de deux Galitzin, d'un Maskof, d'un Stavronski, d'un Vorontsof et d'une comtesse Rasoumoski.

Ce Mascof n'est peut-être autre que le comte Markof qui a joué, au commencement de ce siècle, un rôle considérable à Paris. Stavronski était ambassadeur ou ministre de Russie à Naples. Celui des Vorontsof ou Woronzow que Saint-Martin connut et qu'il crut très-digne de le suivre sur ses hauteurs spéculatives, se nommait Simon Romanovitch. Il était à Londres depuis qu'il avait quitté Venise, en 1784, et il s'y trouvait encore en 1789, au moment où éclatèrent les premiers grands faits de la révolution française. Il faut le distinguer de son frère Alexandre, le chancelier, avec lequel la *Biographie universelle* semble le confondre. Leurs deux sœurs figurent d'une manière éclatante dans la chronique du palais et dans l'histoire des grandes catastrophes de Saint-Pétersbourg : l'aînée, comme favorite de Pierre III et sur le point de devenir impératrice; la cadette, la princesse Daschkow, qui a laissé des mémoires, comme favorite de Catherine II. C'est elle qui conseilla à sa maîtresse de se défaire de son mari pour éviter une répudiation, et d'oser occuper seule le trône impérial.

Ces Russes qui firent à Saint-Martin un accueil si empressé à Londres, étaient-ils des martinistes ou des martinézistes ? En d'autres termes, étaient-ce des amis personnels de Saint-Martin seulement, ou bien des adeptes initiés à ce qu'on appelait alors l'École du Nord, c'est-à-dire cette vaste affiliation rattachée à dom Martinez qui comptait dans le Nord des Loges ou des sociétés diverses et un centre à Copenhague? C'est ce qu'on nous laisse ignorer. Toutefois un fait que Saint-Martin met en avant à cette occasion semble prouver qu'il s'agit d'amis ou de sectateurs de dom Martinez. En effet, il ajoute à sa note ce curieux détail : « Leur impératrice, Catherine II, a jugé à propos de composer deux comédies contre les martinistes, dont elle avait pris ombrage. »

Il paraît évident que Saint-Martin, dans cette note, ne parle pas de ses adhérents à lui en employant le mot de martinistes. Il ne se voit pas attaqué lui-même comme chef de ce parti. Il entend donc, sous le nom de martinistes, ce qu'alors tout le monde entendait sous ce nom, c'est-à-dire les martinézistes. Ce n'est qu'un peu plus tard, en effet, qu'on a confondu les uns et les autres sous la même désignation, sous ce nom mal fait de *martinistes,* qui jette dans l'erreur.

Saint-Martin est d'ailleurs blessé du fait qu'il reproche à Catherine II. Il se voit personnellement compris dans les épigrammes de l'impératrice. Et il avait raison de penser qu'il l'était, puisqu'il passait pour martinéziste au point que, peu d'années après, Martinez ayant disparu, il fut pris réellement pour le chef de la secte. Le mot leste, *leur impératrice,* laisse percer son humeur. Ami de la tolérance, du plus grand principe de son siècle, il ajoute, peut-être avec quelque plaisir : « Ces comédies ne firent qu'accroître la secte. » Il y avait là un succès né d'une agression, et par conséquent de quoi flatter un ami de la liberté.

Toutefois ce qui suit est écrit avec plus de plaisir encore.

« Alors l'impératrice chargea M. Platon, évêque de Moscou, de lui rendre compte du livre des *Erreurs et de la Vérité*, qui était pour elle une pierre d'achoppement. Il lui en rendit le compte le plus avantageux et le plus tranquillisant. Malgré cela, quelque instance que m'aient faite mes connaissances pour aller dans leur pays, je n'irai pas pendant la vie de la présente impératrice. Et puis j'arrive à un âge où de pareils voyages ne se font plus sans de sérieuses réflexions.

« Plus l'homme avance en âge, moins le temps est sa propriété. »

C'est là une de ces belles pensées que le théosophe jette dans ses pages comme les génies sèment les perles, un peu partout. Mais aller en Russie, où il trouvait d'excellentes dispositions, n'était-ce pas, à son point de vue, une belle mission à remplir? Et devait-il se dérober à l'invitation au nom de ces considérations personnelles qui arrêtent le vulgaire? Fallait-il, en rejetant les vœux de l'aristocratie russe, ressembler à l'un de ses plus grands adversaires, à Diderot refusant de se rendre à ceux de la souveraine qu'il proclamait la Sémiramis du Nord? On n'est pourtant pas mieux inspiré que ne le fut Saint-Martin en résistant à ses amis de Russie. Car les mêmes personnages qui, à Londres, voyaient si assidûment le théosophe dans l'intimité, ne jouissaient plus de la même liberté ni à Saint-Pétersbourg, ni à Moscou, ni même dans leurs terres.

Les grands procédés du prince Alexis Galitzin, qui fit avec Saint-Martin, ou plutôt qui lui fit faire à ses frais et en sa compagnie un voyage en Italie, n'en sont que plus beaux; ils montrent un attachement sincère pour l'homme dont l'autocratrice raillait le maître et un rare degré d'indépendance à l'égard de sa souveraine.

Saint-Martin, n'écrivant sur sa vie intime que des notes rapides, des notes pour lui seul, ne nous dit pas jusqu'à quel point il a trouvé accès pour ses idées spéculatives auprès des Anglais eux-mêmes, Law et lord Hereford exceptés. Il ne nous peint non plus ni l'Angleterre politique ni l'Angleterre ecclésiastique.

L'une ou l'autre a-t-elle sérieusement fixé son attention ou ses sympathies?

L'anglicanisme ou l'Église anglicane ne pouvait pas lui aller. Dans les institutions du pays il trouva avec joie la réalisation de quelques-uns de ses principes; mais il s'en éprit beaucoup moins que plusieurs de ses amis. Le fait est qu'au bout de quelques mois il se laissa facilement entraîner d'Angleterre en Italie, à la différence de son ami Divonne, qui ne voulut plus se séparer du digne Williams Law, une fois qu'il l'eut vu. Il fit son voyage d'Italie dès 1787, et ce séjour à Londres fut réellement trop court pour les nombreuses relations que Saint-Martin y forma, soit avec des familles d'Angleterre, où les intimités ne se nouent qu'avec le temps, soit avec des familles de Russie, où elles suivent des voies plus françaises. Pour cultiver tant soit peu ces rapports, il eût fallu y consacrer un temps beaucoup plus considérable. Or Saint-Martin nous dit lui-même, dans une note datée de 1787, qu'il fut en Italie dès cette année.

Il nous apprend une chose plus étrange : c'est que, dès 1787, il vit à Chambéry une nombreuse société venue là de France par suite de la révolution française.

L'émigration ne remontant pas si haut, on est tenté de supposer une erreur de date, ou d'admettre un peu de confusion dans les souvenirs de deux voyages différents. Mais Saint-Martin n'est pas retourné en Italie depuis 1787, et la difficulté subsiste. Je l'ai déjà signalée en parlant de ses relations avec madame de Lusignan et d'autres familles qu'il dit y avoir vues dans l'émigration. Il est d'ailleurs hors de doute que Saint-Martin passa à Parme ladite année. Il note, qu'il le fit sans voir *les Flavigny* qui s'y trouvaient, et que déjà nous avons ajoutés à la longue liste de ses relations.

Le fait est qu'il fut à Rome dès l'automne de 1787.

Quels sont ceux de ses amis de 1775 qu'il revit en Italie, et quelles dispositions *pour ses objets* y trouva-t-il au début de la nouvelle ère qui s'ouvrait alors, non pas pour la France seulement, mais par elle pour l'Europe?

Ces dispositions étaient autres, évidemment, car Saint-Martin osa cette fois se rendre à Rome, où il n'avait pas été douze ans auparavant, ne voulant pas même alors se montrer à Turin; mais il garde à ce sujet un silence absolu. Nous parlons des dispositions religieuses seulement. Car, quant à la politique, elle n'entrait pour rien, à ce qu'il me semble, dans les idées qui motivèrent ce voyage.

Déjà la monarchie française était affaiblie au point qu'elle se croyait écrasée par le chiffre de ses dettes, chiffre dont on rirait aujourd'hui; déjà, dans le pressentiment de sa décadence, les uns déclaraient la vieille politique aussi impuissante à répondre aux exigences du siècle qu'aux nécessités de l'État, tandis que les autres ne trouvaient de salut que dans le maintien de ses institutions et dans celui de ses principes. La France préoccupait l'opinion générale, et le gouvernement inquiétait lui-même les esprits en convoquant coup sur coup l'assemblée des notables et celle des états généraux sans aucun plan arrêté ou réalisable. Mais de tout cela les trois voyageurs n'ont nul souci, et Saint-Martin, qui devait, dans quelques années, creuser si profondément le problème de l'organisme social, n'a pas l'air de se douter, à cette époque, du rôle de publiciste qui l'attend.

Il fit à Rome ce qu'il avait fait à Londres. Il rechercha ce qui flattait le plus ses goûts et répondait le mieux à ses aspirations; mais, n'y trouvant ni théosophie, ni mysticisme, ni théurgie, il vit le monde, le plus grand monde, moins le pape, je crois.

Avec le prince Galitzin, ou seul, il fréquenta le prince de Lichtenstein, le comte de Tchernichef et d'autres Russes. Dans la société française, qui était nombreuse et distinguée, il vit le cardinal de Bernis, « le jeune Polignac, » le comte de Vaudreuil, le commandeur Dolomieu, M. et madame de Joinville, le bailli de la Brillane, ambassadeur de Malte, le comte et la comtesse de Fortia, « le grand Narbonne et son neveu, » plusieurs évêques et l'abbé de Bayanne. Dans la société italienne, il vit les cardinaux Aquaviva, Doria, Buoncompagnon, la princesse de Santa-Croce, la princesse Borghèse, le duc et la duchesse Braschi.

Il eût été difficile de voir un monde meilleur ni plus de monde.

J'ignore, d'ailleurs, tout détail de quelque intérêt sur la vie intime qu'il mena à Rome. Il ne note aucune de ces conférences qui donnent de la physionomie à son voyage de Londres. Le seul indice de son activité mystique se trouve dans un mot du prince Galitzin au comte de Fortia : « Je ne suis véritablement un homme que depuis que j'ai connu M. de Saint-Martin. » Dit à Rome et à M. de Fortia, ce mot a son sens, et l'on peut être également certain de ces deux choses, c'est qu'un voyage avec le prince Galitzin et avec Thieman avait pour but essentiel *les grands objets* des trois théosophes, et qu'ils n'eurent pas de succès réels à noter.

Le séjour de Saint-Martin à Rome ne se prolongea pas plus que celui qu'il venait de faire à Londres, et on doit regretter vivement que sa plume ne nous peigne pas un peu, à son point de vue, où en était le monde qu'il y voyait au moment où approchait le procès de Cagliostro, 1790. Mais, quand même il se fût trouvé encore en Italie quand se déroula devant le saint office la vie du célèbre thaumaturge, je doute qu'il eût écrit une note de plus sur ce personnage. Il l'avait rencontré à Lyon, et la manière dont il signale ses hauts faits dans cette ville nous prouve que les antipathies pour lui étaient très-profondes.

Dès 1788, Saint-Martin se trouve dans une résidence d'été des anciens princes de Montbéliard. Voici comment. Avant ses voyages d'Angleterre et d'Italie, il avait été présenté, à Paris, à madame la duchesse de Wurtemberg, qui avait marié sa fille Dorothée au grand-duc Paul Pétrowitsch. Elle résidait d'ordinaire dans le pays de Montbéliard. Il alla dans cette petite principauté rendre à la souveraine titulaire une visite dont le véritable objet était, non assurément l'accomplissement d'un devoir de politesse, ni un vulgaire moyen de distraction, mais un intérêt que nous devons complétement ignorer. Il borne sa note à quelques détails que nous nous laisserons conter par le voyageur lui-même, car on ne saurait ni mieux peindre, ni parler pleurs avec plus d'enjouement.

« En 1788, j'allai avec un très-digne ami à moi, M. de Kachelof, à Montbéliard, chez madame la duchesse de Wurtemberg, que j'avais connue précédemment à Paris. Elle nous traita comme elle avait traité le grand-duc de Russie, son gendre. Pendant les deux jours que nous y fûmes, on ne cessa de nous fêter. Je me rappellerai toute ma vie le déjeuner que nous y fîmes tous les trois, dans la grotte, au château d'Étupes. J'y éprouvai un sentiment si pur et un attendrissement si vif que je ne pus m'empêcher de pleurer. »

Cela marque évidemment un entretien sur les objets de prédilection de Saint-Martin.

« Comme on ne peut approcher les grandeurs royales sans être titré, la duchesse me faisait comte toutes les fois qu'elle me parlait. Alors je disais gaiement à mon compagnon de voyage : Il faut sûrement que nous soyons quelques empereurs déguisés, à la manière dont on nous traite. »

Saint-Martin, qui aime ces sortes de détails dans l'occasion et qui brille comme peintre quand il s'y lance, aime aussi à glisser ainsi sur l'essentiel. Pas un mot sur le motif de cette excursion, sur l'entretien de la grotte, si touchant pour lui, et où ne fut admise aucune des dames de la princesse. Mais cette circonstance et son émotion laissent deviner une conférence sérieuse que le narrateur ne veut pas indiquer.

Saint-Martin ne nous apprend pas où il a quitté le prince Galitzin et Thieman. Il ne nous dit pas non plus d'où il vient en allant visiter Étupes avec son ami russe, M. de Kachelof, ni où il va en quittant la résidence d'été de madame la duchesse de Wurtemberg, résidence qui, depuis, a complétement disparu du sol de la France, les acquéreurs du château d'Étupes n'ayant su le convertir ni en une fabrique ni en une filature.

Plusieurs écrivains parlent d'un voyage en Allemagne et en Suisse que Saint-Martin aurait fait en société du prince, à la suite ou au début de leur voyage d'Italie. Mais a-t-on traversé l'Allemagne et la Suisse pour passer les Alpes? s'est-on un peu arrêté dans ces deux contrées? Je l'ignore. Ce qui me frappe, c'est que Saint-Martin est allé à Rome par Gênes dans l'automne de 1787 et qu'il se retrouve, comme nous venons de voir, dans le pays de Montbéliard dès 1788, et au milieu de la belle saison, puisqu'on y dîne dans une grotte. Je ne vois donc pas, entre cette visite et le voyage d'Italie, un intervalle suffisant pour un voyage d'Allemagne. Saint-Martin serait-il allé en Allemagne avant de se rendre à Strasbourg? Je ne le pense pas, par une raison très-simple, c'est que je ne trouve aucune de ces traces réelles qu'un peu de séjour en Allemagne aurait infailliblement laissées après lui. Des mystiques et des théosophes célèbres, MM. Jung Stilling et d'Eckartshausen à leur tête, faisaient alors parler d'eux dans toutes les contrées germaniques. Lavater remplissait la Suisse du bruit de sa renommée. Or Saint-Martin, qui aurait commencé ses visites par eux, s'il avait vu leur pays, n'apprit à les connaître qu'à Strasbourg, et plus tard par sa correspondance avec le baron de Liebisdorf, un de ses plus savants admirateurs. Ce ne fut, en effet, qu'à Strasbourg qu'on lui fit comprendre l'importance que la lecture des ouvrages de Bœhme en langue allemande offrirait à un théosophe pour le progrès de ses études.

Tout cela réduit le voyage de Suisse et d'Allemagne à sa plus simple expression, c'est-à-dire à une simple traversée en chaise de poste, si ce n'est à une supposition tout à fait gratuite.

Sur ces pérégrinations du théosophe nous n'avons, ainsi que je l'ai dit, que de courtes indications, des listes de noms et quelques traits anecdotiques. Point d'observations générales, rien de cette critique philosophique, aucun de ces aperçus généraux, qu'il était si facile à une intelligence aussi élevée de jeter sur le papier à une telle époque. Il était même difficile de résister à ces sortes d'appréciations, quand l'Europe tout entière se sentait travaillée de théories qui voulaient passer des écoles et des livres dans le monde des réalités, quand elle était tout envahie d'aspirations qui prétendaient franchir le foyer intime, l'âme des peuples, pour s'établir dans leurs institutions.

Saint-Martin n'était pas étranger à ce mouvement; il allait bientôt s'en faire un des plus éloquents conseillers; mais son moment n'était pas venu.

CHAPITRE XII

Le séjour de Saint-Martin à Strasbourg. — Sa rencontre avec madame la duchesse de Bourbon. — Ses relations avec les savants et les mystiques : Oberlin, madame de Bœcklin, R. Salzmann, mesdames d'Oberkirch, de Frank, de Rosemberg, la comtesse Potoka. — Ses nouvelles études. — Sa conversion au mysticisme de Bœhme. — Le paradis, l'enfer et le purgatoire terrestres de Saint-Martin.

1788—1791

Les trois années que Saint-Martin alla passer à Strasbourg ont été à la fois les plus décisives pour sa doctrine et pour ses idéalités. Je ne veux pas dire pour ses affections, ce qui d'ailleurs se confond tout naturellement dans une âme mystique.

Il s'écoula bien peu de temps entre son voyage d'Italie et son arrivée à Strasbourg, dont il est facile de déterminer la date. Saint-Martin nous apprend lui-même qu'il fut arraché de cette ville par un ordre de son père, après un séjour de trois ans, au mois de juin 1791, à l'époque de la fuite de Varenne. Prises à la lettre, ces deux indications fixent son arrivée au mois de juin 1788. Or, en la rapprochant de sa visite à Étupes, il en résulte qu'il ne se trouve pas d'intervalle pour un voyage en Allemagne, qui aurait eu lieu à cette époque et qu'il me paraît difficile d'admettre, ainsi que je l'ai déjà dit.

Saint-Martin ne dit pas un mot sur les motifs qui ont pu l'engager à se diriger sur Strasbourg en quittant Rome, à s'y établir malgré d'anciennes habitudes qui l'attachaient à Lyon en dépit des apparences, et malgré ses prédilections réelles pour Paris. Mais il est aisé de comprendre qu'il avait entendu parler de Bœhme par ses amis de Londres et qu'on l'avait entretenu à Étupes des facilités qu'il trouverait à Strasbourg pour faire connaissance avec l'illustre théosophe. Strasbourg était d'ailleurs un des principaux théâtres des expériences mesmériennes et venait d'être celui des initiations si fameuses et des cures si extraordinaires du comte Cagliostro. Alfieri venait à peine de quitter l'Alsace qu'il avait habitée, ainsi qu'avaient fait Voltaire et Gœthe, et que Rousseau avait voulu visiter avant eux. Jamais un ensemble d'excitations plus séduisantes pour un aussi vif admirateur des grands écrivains du siècle et pour un adepte de Martinez ne s'était encore rencontré ; et si la princesse de Wurtemberg ne l'a pas mis elle-même au courant des attraits littéraires et mystiques qu'il trouverait là, c'est peut-être à la baronne d'Oberkirch, qui visitait souvent Étupes, qu'il faudrait attribuer son pèlerinage vers la vieille cité du Rhin.

D'après sa note sur Strasbourg, la maison de la spirituelle baronne fut une de celles qu'il y fréquentait habituellement.

A ne consulter que cette note, ou du moins à ne la consulter qu'un peu superficiellement, il y rechercha surtout le monde aristocratique et quelques hommes d'études. Mais avec un peu plus d'attention on voit très-bien que ce qui l'intéresse réellement, c'est ce qu'il appelle ailleurs *ses objets*.

Son premier point de vue est d'ailleurs assez morose et son jugement général sur les personnes avec lesquelles il se trouve en rapport à Strasbourg, un peu sévère, je ne dis pas injuste.

« J'ay vu des hommes qui n'étoient mal avec personne, mais dont on ne pouvoit pas dire non plus qu'ils *y* étoient bien; car ils n'avoient pas assez de *mesures développées* (termes favoris de Saint-Martin) pour être saisis de ce qui est vrai et vif, ni choqués de ce qui est mal et faux. C'est à Strasbourg où j'ay fait cette observation. »

Cela est dur. Je dois même faire remarquer que si telles sont les premières lignes du voyageur, rien ne m'autorise réellement à dire que les sentiments qu'il y exprime ne furent que ses premières impressions.

Fussent-elles transitoires ou permanentes, qu'est-ce qui a pu les motiver?

Strasbourg, il y a soixante-dix ans, et avant les trois ou quatre révolutions essentielles qui en ont fait une ville française de mœurs comme de langue et de nationalité, avait conservé des habitudes de froideur et de réserve très-propres à nous expliquer les rudes appréciations de l'observateur. Je ne veux pas même rappeler, pour le justifier, que c'est le commun penchant des voyageurs de généraliser leurs rapides observations. En effet, chacun se passe à son tour le privilége de s'y laisser aller, et si tous se moquent de ce coureur de chaises de poste du dernier siècle qui trouvait que les femmes de Troyes avaient les cheveux roux, ceux de la maîtresse de poste du relais de Troyes étant d'un blond animé, tous sont plus ou moins entraînés par la force des choses à ces généralisations téméraires. Saint-Martin a donc pu très-légitimement formuler son jugement tel qu'il a fait; car, après tout et tel qu'il est, il va fort bien à toutes les villes du monde : c'est le portrait du cœur humain pris en un moment de brouillard.

Après la sentence morale vient, sous la formule accoutumée de Saint-Martin, l'énumération des personnages principaux, ou plutôt des principales maisons qu'il a fréquentées; car, pour lui, c'est presque toujours la famille qui est l'essentiel, c'est rarement le chef.

« Et icy, dit-il, je dois me rappeler au moins les noms de plusieurs personnes qui m'y ont intéressé ou que j'y ai vues (le nom de ma chère B... est à part de tous ces noms). »

En effet, il nomme les familles de Frank, de Turckheim, d'Oberkirch, de Baltazar, de Mouillesaux, d'Aumont, de Klinglin, de Lutzelbourg, de Saint-Marcel, Lefort, Falkenheim, Delort, et quelques autres. Mais il fait l'énumération de ces noms uniquement parce qu'il a besoin d'en graver le souvenir dans sa mémoire; il n'y ajoute rien ou presque rien pour nous, quoiqu'il pose un peu au fond, comme tous ceux qui rédigent leurs souvenirs.

Parmi les personnes qu'il vient de nommer, il y en a qui figurent un peu dans l'histoire locale. La baronne de Frank, à la tête de sa maison de banque, a longtemps exercé une sorte de mécénat auquel il n'a manqué qu'un Horace; le nom de la baronne d'Oberkirch a reçu un beau lustre par des Mémoires pleins d'esprit et d'imagination qu'a publiés son petit-fils, le comte de Montbrison ; la famille de Klinglin a joué un rôle dans quelques-unes des plus considérables révolutions du pays ; celle de Turckheim, qui a figuré dans plusieurs de nos chambres législatives, a fourni dans la personne du baron Jean d'Altdorf un diplomate et un historien estimé.

En vrai militaire, Saint-Martin cite ceux des officiers de la garnison qui portaient un nom un peu distingué : Mercy, Murat (ce n'était pas le futur roi des Deux-Siciles), Tersac, de Vogué, Chasseloup, d'Hauterive (ce n'était pas l'ancien condisciple, le mystique ou l'extatique ami de Saint-Martin), Laborde, etc.

Saint-Martin, dont la note est trop courte, ne mentionne parmi les savants qu'il a vus, que l'antiquaire Oberlin, le frère du célèbre apôtre du Ban de la Roche, Blessig, Haffner, le P. Ildefonse, bénédictin d'Ettenheim, et un professeur d'astronomie et de mathématiques dont il ne se rappelle plus le nom.

En vrai amateur de musique, car il cultivait le violon, il ajoute à ces savants le nom de Pleyel avec l'épithète de *fameux*.

A ces noms, qu'il donne la plupart altérés, qu'ils soient allemands ou français, Saint-Martin joint encore ceux de quelques étrangers plus ou moins illustres qu'il connut à Strasbourg, tels que le comte de Welsberg, ancien ministre à Vienne ; M. Wittenkof (Wittinghof, de Courlande, parent de madame la baronne de Krudener).

Au premier aspect on dirait que Saint-Martin n'est allé en Alsace que pour en visiter les familles les plus notables ; et tout ce qu'il aurait fait à Strasbourg ressemblerait singulièrement à ce qu'il avait fait à Londres, à Rome, à Toulouse, à Lyon ou à Versailles.

Et pourtant il s'y est passé quelque chose de plus; car cette même note, qui débute d'un ton si maussade et si peu flatteur, se termine ainsi :

« Je dois dire que cette ville de Strasbourg est une de celles à qui mon cœur tient le plus sur la terre. »

Que s'y est-il donc passé pendant les trois ans qu'il l'a habitée? et quels charmes la vieille cité des bords du Rhin avait-elle pu offrir à son cœur, pour qu'il y tînt plus qu'à nulle autre sur la terre?

A cette époque la jeunesse russe, allemande et scandinave de la plus haute aristocratie s'y rencontrait aux cours d'histoire et de diplomatie de Koch, futur législateur et futur tribun, avec la jeune aristocratie de France. Metternich s'y coudoyait avec Galitzin et Narbonne. Une grande aisance, une ample et cordiale hospitalité, des mœurs peut-être plus douces et plus pures qu'ailleurs régnaient encore dans les plus honorables familles de la société. Un reste d'institutions électives et délibérantes demeurait à l'ancienne *ville libre et impériale*. Tout cela pouvait plaire à l'esprit de Saint-Martin ou se prêter à ses vues de propagande, s'il voulait renouer ses relations avec la noblesse russe, qui l'avait comblé d'hommages à Londres et appelé à Saint-Pétersbourg. Mais tout cela n'a pas dû suffire pour le charmer au point qu'il l'a été.

On n'est pas davantage dans la vraie voie quand on s'imagine qu'il faut chercher son secret dans une courte phrase de sa note que je n'ai pas encore signalée, et qui nomme, parmi les personnes qu'il voyait, la baronne de

Rosemberg, « qui voulait m'emmener à Venise pour fuir la révolution de France; la belle comtesse de Potoka, qui m'avait promis de m'écrire et qui n'en a rien fait. »

Sans doute, Saint-Martin aimait la société des femmes distinguées par de hautes aspirations de mysticisme ou de piété. Il s'y attachait profondément et même avec enthousiasme : il nous le dira et le prouvera tout à l'heure. Mais il se défiait beaucoup de celles qui n'arrivaient pas à un sérieux progrès dans la spiritualité, ou qui ne s'y prêtaient pas. Il ne se passionnait pas le moins du monde pour celles qui l'arrêtaient dans son développement propre, si sincère que fût, d'ailleurs, son amitié pour elles, témoin madame la duchesse de Bourbon elle-même, dont il parle toujours avec estime, jamais avec chaleur. Il nous faut même remarquer que cette princesse se trouvait à Strasbourg en même temps que lui, et qu'il ne la nomme pas même. Or, si jamais elle eût mérité une mention exceptionnelle, c'eût été en ce moment. Elle venait d'Étupes et s'était établie sur les bords du Rhin pour des raisons de famille et des raisons politiques. Quoique séparée de son mari, qui émigra de bonne heure avec son père, le prince de Condé et son fils le duc d'Enghien, elle était avec lui dans les meilleurs termes où elle pouvait être. De plus, et sans nul doute, le désir de trouver à Strasbourg les pieuses consolations de M. de Saint-Martin, dont elle aimait la direction, avait pesé dans la balance pour lui faire prendre le chemin de l'Alsace. Aussi Saint-Martin, qui avait pour elle une de ces amitiés qui ne se démentent jamais, lui faisait-il habituellement à Strasbourg le sacrifice des heures de recueillement qu'il aimait le plus, celles du soir. Il l'accompagnait volontiers au spectacle, qu'il aima toujours, quoiqu'il s'en privât souvent pour des plaisirs plus doux à son cœur charitable.

Mais, malgré cette affection si sincère, ce ne fut pas la présence de la princesse qui fit de la ville de Strasbourg le séjour préféré du théosophe. Qu'on en juge par ses belles confidences sur l'influence qu'elle exerçait sur son esprit, confidences qui s'étendent sur ses principaux attachements, et confidences qui nous feront bien comprendre, je crois, l'amitié si exceptionnelle qu'il voua à la personne qu'une seule fois il nomme en toutes lettres, et qu'il désigne d'ordinaire par les mots, ma B... ou ma chérissime B....

Ces confidences nous feront voir en même temps ce que nous devons penser réellement de toutes ces prédilections féminines qui paraissent jouer un rôle si considérable dans la vie du grave mystique.

« Plusieurs personnes ont été funestes à mon esprit, mais non pas de la même manière. La première voulait absolument le faire mourir d'inanition; la seconde, qui était ma tante, voulait ne le nourrir que de vent; la troisième, qui est W..., opérait sur lui comme un étouffoir; la quatrième, qui est madame de La Cr..., lui mettait les fers aux pieds et aux mains; la cinquième, qui est madame de L..., lui eût été utile si elle n'avait pas voulu le couper en deux; la sixième, qui est madame de Cosl..., le grattait en-dessous et le déracinait; la septième, qui est madame de B... B..., lui mettait un cilice pointu sur tout le corps. »

Cette appréciation, qui est peut-être un peu plus symbolique et surtout plus épigrammatique qu'il ne fallait, est fine, à la fois sérieuse pour le fond et railleuse pour la forme.

A l'exception de la troisième de ces diverses et piquantes individualités, et à l'exception de la première, qu'il ne veut pas même laisser deviner à son lecteur — car ses réticences témoignent qu'il n'écrit pas pour lui seul — nous mettons facilement les noms complets. Et sans bien comprendre peut-être toute la portée de ces épigrammes figurées, nous nous faisons une idée suffisante de la nature de ces rapports mystiques. Madame W... nous reste aussi inconnue que le personnage qu'il ne veut pas nous livrer du tout. Saint-Martin nomme un prince Woronzow, mais il ne nomme pas la princesse, que d'ailleurs, en sa qualité d'étrangère, il n'aurait pas pu traiter bien convenablement d'étouffoir. On reconnaît du premier coup madame de La Croix, mais on ne voit nullement comment cette grande dame, qui prenait si bien son vol et donnait si gracieusement audience aux esprits au milieu même de la compagnie dont elle était entourée, mettait l'esprit de son ami aux fers. Était-ce quand il composait près d'elle ses belles pages du *Tableau naturel?* On ne comprend pas davantage comment madame de Lusignan, chez qui il composa une partie du même ouvrage, coupait son esprit en deux. Était-ce pour en retenir sur la terre au moins l'un des deux ? Madame de Coislin, car c'est d'elle qu'il s'agit au n° 6, en dépit de l'orthographe, jouait un rôle plus dangereux encore pour l'esprit de Saint-Martin : elle le détachait du monde céleste où il avait jeté racine, en grattant le sol sous la racine même. Madame la duchesse de Bourbon, nommée la dernière, se bornait du moins à faire souffrir son esprit; mais elle le faisait souffrir, car elle lui mettait un cilice pointu sur tout le corps, figure un peu hardie pour un esprit, mais qui exprime la douleur que la princesse faisait éprouver à son ami, à la voir dans sa crédulité consulter des somnambules et d'autres praticiens d'un ordre inférieur.

Dans tous les cas, ce n'était pas la personne qui suivait si mal le théosophe dans les hautes sphères de la spiritualité et arrêtait ainsi le libre développement de son esprit, ce n'était pas madame la duchesse de Bourbon, qui, par sa présence, répandait sur la ville de Strasbourg cette magie qui la fit qualifier de *paradis*. Quels autres attraits ou quels développements inattendus, Saint-Martin, qui n'appréciait les villes, comme les personnes, que d'après leur rang dans l'ordre de ses *objets* et de ses grandes aspirations, Strasbourg lui a-t-il donc présentés?

Il ne le dit pas nettement, mais il le fait deviner en vingt endroits, où éclate un sentiment unique dans son âme, un sentiment qu'il ne confond avec aucun autre. Il a trouvé à Strasbourg une source de spiritualité, non pas inconnue, mais inabordée jusque-là, Jacques Bœhme. Cette source, un théosophe très-savant, Rodolphe Salzmann, et une femme très-aimable, madame de Bœcklin, la lui ouvrirent en l'initiant à l'étude de cet illuminé, et en le décidant à apprendre l'allemand, les anciennes traductions, française ou anglaise, du philosophe teutonique ne pouvant lui donner aucune idée de tout ce que renfermaient les originaux.

A ces deux personnages, dont l'un devait prendre la première place dans les affections de Saint-Martin, et dont l'autre eut la même place dans celles de Young-Stilling, il s'en joignit plusieurs autres, qu'on ne nomme qu'en passant. Ce sont le major de Meyer, le baron de Razenried, madame Westermann, et une personne que le voyageur ne désigne que par le nom de la rue qu'elle habitait.

C'est ce groupe de six personnages très-divers, mais très-liés entre eux, auxquels se rattachaient assurément bien d'autres, qui embellit la vieille et savante cité aux yeux du théosophe. Et je vais essayer de coordonner le mieux qu'il me sera possible ce qu'il m'a été donné de recueillir sur chacun d'eux, les prenant dans l'ordre inverse de leur importance pour Saint-Martin.

La personne qu'il ne nomme pas, mais qui figure dans la correspondance de madame de Bœcklin avec la baronne de Razenried, portait un nom allemand très-poétique, mais aussi difficile à écrire qu'à prononcer pour un débutant tel que Saint-Martin. Elle s'appelait mademoiselle Schwing (aile), et son esprit s'élevait volontiers dans les plus hautes régions du monde spirituel. Elle avait des visions ou des apparitions qui ressemblaient plus à celles de Swedenborg qu'à celles de l'abbé Fournié; elle voyait, non pas comme ce dernier, des esprits d'un ordre supérieur, mais des trépassés; elle en suivait les progrès ou l'élévation successive dans l'autre monde, à la grande joie de leurs familles et de ceux de ce monde qui s'intéressaient à leur sort.

La dame Westermann avait ces dons de seconde vue qui étaient jadis si communs dans certaines contrées de l'Allemagne, de la Suède et de l'Écosse. Elle voyait, en esprit, suivant les traditions que je consulte, les événements qui se passaient à de grandes distances, et il circulait à ce sujet, dans le cercle des intimes de Saint-Martin, des récits fort extraordinaires. Dans sa note, le théosophe prend d'abord à l'égard de la voyante une attitude de réserve. Il lui donne avec un peu de dédain l'épithète de cordonnière, étrange dans la bouche d'un admirateur enthousiaste de Bœhme, le cordonnier. Il semble mettre le crédit qu'il lui accorde sous le pavillon d'un autre, en disant qu'elle avait la confiance de Salzmann. Le fait est qu'il change un instant après, qu'il ne manque pas lui-même de la consulter, sur l'avis de madame de Bœcklin, *lors de l'aventure romanesque*, et qu'il finit par constater qu'on lui répondit *assez juste*, mais qu'il ne dit pas un mot sur cette aventure.

Le troisième personnage mystique qu'il nomme, le baron de Razenried, noble étranger arrivé en France très-souffrant, à l'époque où l'on opérait à Strasbourg sous l'installation de M. de Puységur les grandes cures magnétiques, avait trouvé dans cette ville un *médecin d'une vive clairvoyance*, une jeune fille d'une rare beauté, et avait fini par lui offrir sa main et son nom. A la grande joie de la famille, la jeune baronne, d'origine très-bourgeoise, n'avait pas tardé à prendre le ton et les manières de la meilleure compagnie, le goût des lettres et des saines études. Nous avons sous les yeux des *Vues sur le ciel étoilé* qu'elle doit avoir écrites d'inspiration, comme Jacques Bœhme écrivait la plupart de ses traités. Elles ne portent pas plus le cachet de la science que celui de la révélation; mais quand l'astronomie était moins avancée, elles ont pu faire le charme du cercle intime de la belle baronne. Si elles ne font plus celui de personne par leur valeur scientifique, elles peuvent plaire à tout le monde par l'élévation de la pensée et même par l'éclat d'un style que madame de Razenried était loin de mettre dans ses pages ordinaires, ses lettres familières, par exemple.

Le major de Meyer, que Saint-Martin met à la tête de tous ses amis de Strasbourg, querellait ces *Vues* au nom de l'astronomie savante. Il leur accordait cependant, comme aux expérimentations magnétiques, un intérêt sérieux. A la différence de son neveu, Frédéric de Meyer, écrivain plus connu, il était d'une nature mi-sceptique, mi-croyante; mais dans sa correspondance, que j'ai sous les yeux, il cite des textes de Saint-Martin avec autant de sympathie que son neveu le fait lui-même dans ses lettres et dans ses *Feuilles périodiques pour la culture supérieure de l'intelligence.*

Le personnage qui fut, je crois, le principal initiateur de Saint-Martin à l'étude du philosophe teutonique, Rodolphe de Salzmann, comme l'appelaient ses correspondants d'Allemagne depuis qu'il avait reçu de la cour de Saxe-Meiningen des lettres de noblesse et un brevet de conseiller de légation, titres dont il n'a jamais fait usage pour son compte, — Salzmann était un savant avancé dans le mysticisme ordinaire et dans la haute théosophie. Il faut le distinguer de son cousin Daniel Salzmann, l'ami de Goethe et de Herder, singulièrement célébré par le premier et par les biographes de l'incomparable poëte. Insister ici sur la distinction des deux Salzmann, dont aucun n'a marqué dans les lettres françaises, quoique l'un des deux ait été journaliste pendant quarante ans, serait chose inutile. Qu'il nous soit permis seulement de dire en passant, dans l'intérêt de la critique historique et pour l'appréciation de la valeur réelle de ce qu'on appelle l'autorité du témoignage, que les propres concitoyens et les amis des deux les ont si souvent confondus ensemble qu'enfin ils les ont fondus en un seul et même personnage. L'excellent Schubert, un des principaux mystiques de notre temps et celui-là même qui s'est fait remarquer en France par une touchante biographie de madame la duchesse d'Orléans, raconte très-sérieusement qu'il a visité en 1820 le mystique Salzmann, l'ami de Gœthe. Or, l'ami de Gœthe était mort en 1812, et Schubert n'avait jamais eu avec lui le moindre rapport; il n'en connaissait le nom que par les mémoires si poétiques de Gœthe, et il était persuadé que son ami véritable, Salzmann le mystique, qu'il a réellement visité en 1820, portait encore sur sa noble physionomie d'*aigle* les traces du génie qui avait charmé le poëte. Or, Rodolphe Salzmann n'avait jamais eu de relations avec Gœthe.

Si Saint-Martin se rendit à Strasbourg pour y étudier le mysticisme allemand, et en particulier les écrits de Bœhme, traduits en anglais par son ami Law, il n'y pouvait mieux s'adresser qu'à Rodolphe Salzmann. Issu d'une de ces anciennes familles de sa ville dont la plus haute ambition était de figurer dans le ministère évangélique, dans une chaire de l'université ou sur la chaise curule d'un *Quinze* ou d'un *Treize*, le jeune théosophe, après de solides études de droit et d'histoire, avait habité l'Allemagne et fréquenté la plus savante de ses écoles, celle de Gœttingue, avec son élève, le baron de Stein, depuis le célèbre ministre de Prusse. Jouissant d'une fortune indépendante et partageant ses loisirs entre des travaux de religion et de politique, il dirigeait, quand Saint-Martin le rechercha, un journal et écrivait des volumes de haute piété, c'est-à-dire de mysticisme et de théosophie. Il publiait beaucoup sans jamais mettre son nom à aucun de ses ouvrages. Une correspondance assez étendue, mais très-intime, avec les mystiques de Lyon, de Genève, de la Suisse allemande et de l'Allemagne en général, le mettait d'autant mieux au courant, qu'il dirigeait lui-même « la librairie académique. »

Toutes ces études lui avaient donné une entière familiarité, d'une part avec les textes sacrés, d'autre part avec ceux de Jane Leade, de Pordage, de Law, de Swedenborg et de Jacques Bœhme. Il possédait surtout les interprètes des écrits apocalyptiques et il affectionnait particulièrement les questions qui jouent un rôle si considérable dans ces textes. Rien n'allait mieux à Saint-Martin. La scrupuleuse exactitude de l'érudition germanique ne l'effarouchait pas. Grandes furent un instant les sympathies des deux théosophes. Mais il y avait des divergences sur des questions essentielles, soit de théorie, soit de pratique, et même sur le principe très-mystique de la fuite du monde, fuite que Saint-Martin, homme du monde, voulait tempérée, et que Salzmann, homme de cabinet, voulait absolue; fuite que le premier aimait plus en théorie, le second plus en pratique. D'un autre côté, Salzmann voulait contenir le mysticisme dans ces limites évangéliques où se mouvait l'âme à la fois tendre et ambitieuse de Fénelon, un peu entraînée par les extases de madame Guyon; Saint-

Martin, au contraire, ne goûtait pas madame Guyon, parlait peu ou point de Fénelon, et ajoutait volontiers à la portée légitime des saintes Écritures les traditions occultes de son ancien maître, dom Martinez. Enfin, Salzmann, tout en tenant beaucoup à l'existence du monde spirituel et à la science de nos rapports avec lui, rejetait absolument la théurgie, dans ses opérations comme dans ses principes. Saint-Martin, au contraire, blâmant les opérations, professait les principes de l'art. D'ailleurs, la piété sincère et les sérieuses aspirations qui devaient rapprocher les deux théosophes ne les unirent pas. La stoïque austérité de l'un, si adoucie qu'elle fût dans ses formes et dans son langage, contrastait trop avec l'humble et gracieuse tenue d'âme de l'autre, pour que leurs rapports prissent les caractères de l'intimité et les conditions de la permanence. Au moment de la séparation, ce fut, non pas à Salzmann que Saint-Martin donna son portrait, mais à madame Salzmann, femme d'un grand caractère, d'une rare prudence et plus sceptique que croyante, mais pleine d'admiration pour la séduisante humilité du mystique. Après leur séparation ils n'échangèrent plus que quelques lettres. A la correspondance de Salzmann Saint-Martin préféra celle du baron de Liebisdorf, qui sympathisait avec ses principes théurgiques et l'aidait dans ses traductions de Bœhme; à la correspondance de Saint-Martin, Salzmann préféra celle du conseiller Young-Stilling, qui sympathisait avec ses doctrines millénaires et l'assistait dans ses études pneumatologiques.

La première, la plus grande place dans les affections spirituelles de Saint-Martin, fut prise par madame de

Bœcklin ; c'est à elle qu'il aime à rapporter le plus fécond événement de sa vie d'études, la connaissance du théosophe de Gœrlitz. Et de même qu'il mit le célèbre philosophe teutonique au-dessus de tous ses autres maîtres, il mit madame de Bœcklin au-dessus de toutes ses autres amies. D'après mes notes, il a donné trois fois son portrait, et je viens de nommer celle des trois personnes qui a reçu de sa main la charmante gouache aux traits fins et inspirés que j'ai recueillie. Madame de Bœcklin est la seconde ; mais je dois dire que dans la pensée de Saint-Martin il n'y avait pas de comparaison possible entre elle et les deux autres. La place que cette aimable Allemande occupait dans son âme est, je crois, unique même dans l'histoire du mysticisme. Du moins je n'y connais pas d'autre Égérie qui ait été l'objet, de la part d'un théosophe, de sentiments aussi élevés, rendus dans des termes aussi vifs que le sont ceux de Saint-Martin parlant de madame de Bœcklin.

Il la célèbre tantôt d'une façon attentivement choisie, tantôt héroïquement familière. C'est elle qui est *ma B.*

Dès le début de sa note sur Strasbourg, il dit sur les noms qu'il veut fixer dans sa mémoire : « Le nom de ma chère B. est à part de tous ces noms. » Et dès le début de leur liaison son amie B. est son oracle. « Ma B. me fit consulter la cordonnière Westermann, lors de l'aventure romanesque. » Ces deux lignes sont, à la vérité, tout ce que madame de Bœcklin obtient de lui dans cette note. Mais si Strasbourg est pour lui la ville de France par excellence et son paradis, c'est grâce à madame de Bœcklin. Et s'il regarde comme un malheur, comme une catastrophe, d'être arraché de Strasbourg, c'est qu'il lui faut se séparer de madame de Bœcklin. On ne saurait le dire mieux qu'il ne le fait.

« Un des traits de celui qui n'a cessé de me combattre (on verra qui), est ce qui m'arriva à Strasbourg en 1791. Il y avait trois ans que j'y voyais tous les jours mon amie intime; nous avions eu depuis longtemps le projet de demeurer ensemble sans avoir pu l'exécuter; enfin nous l'exécutons. Mais au bout de deux mois, il fallut quitter mon paradis pour aller soigner mon père. La bagarre de la fuite du roi me fit retourner de Lunéville à Strasbourg, où je passai encore quinze jours avec mon amie; mais il fallut en venir à la séparation. Je me recommandais au magnifique Dieu de ma vie pour être dispensé de boire cette coupe; mais je lus clairement que, quoique ce sacrifice fût horrible, il le fallait faire, et je le fis en versant un torrent de larmes.

« L'année suivante, à Paques, tout était arrangé pour retourner près de mon amie, une nouvelle maladie de mon père vient encore à point nommé arrêter tous mes projets... » (Port., 187.)

Comment qualifier et comment expliquer ce langage?

Serait-ce là un feuillet arraché de quelque roman sentimental du dernier siècle? Gœthe, violemment séparé par ordre de son père d'auprès de mademoiselle Frédérique Brion de Sessenheim, aurait-il peint autrement son désespoir?

Dans tous les cas, Alfiéri se séparant à Rome de la comtesse Albany ne gémit pas plus pathétiquement.

C'est là peut-être faire un rapprochement téméraire. Mais il ne saurait compromettre M. de Saint-Martin, car il ne peut y avoir eu d'autre affection entre lui et

Charlotte de Bœcklin qu'un amour purement platonique. En effet, c'est en vain qu'on admettrait, pour la plus facile des explications, la plus simple des hypothèses, un de ces sentiments profanes qui se glissent d'autant plus facilement dans les âmes mystiques qu'elles sont plus disposées à de saintes tendresses et moins défiantes en raison même d'une pureté qu'aucune défaillance n'a pu éclairer encore. D'abord M. de Saint-Martin n'est pas un novice. Il se connaît en attachements. Nous l'avons vu, ceux de sa jeunesse, encore trop présents à sa pensée, sont une des plus amères douleurs de sa vie. Il se les reproche, et il n'étalerait pas avec tant d'abandon, il ne glorifierait pas d'une manière si éclatante la plus nouvelle de ses faiblesses, si elle ressemblait aux plus anciennes. Sans doute il y a bien des nuances dans l'amitié, et il est évident que jamais Saint-Martin n'a eu des sentiments et des mots pareils pour aucun homme; mais il aime les traits saillants et les figures hardies. D'ailleurs la preuve qu'il ne s'agit dans tout cela que d'une de ces amitiés exaltées et de ces tendresses mystiques qui se conçoivent si bien dans le commerce des âmes spirituelles, c'est que madame de Bœcklin, née la même année que Saint-Martin, et par conséquent âgée de quarante-huit ans, était alors mère de plusieurs enfants et grand'mère; que l'aînée de ses filles était mariée depuis quelques années à M. de Montrichard, qui fut depuis lieutenant général. Madame de Bœcklin, même beaucoup plus jeune, n'eût pas prêté davantage à de communes inductions, et si avancée qu'elle fût en âge, son rare mérite explique parfaitement le style de son ami. Allemande bien née, trèsinstruite, portant avec honneur et avec un grand air, avec l'air de son caractère un peu impérieux, un des beaux noms de l'Alsace, belle encore, elle joignait à ces avantages tous les attraits de la bonté la plus aimable et la plus aimante. Mais elle se fût bien gardée de nourrir une passion dont elle connaissait les violences et les châtiments par la vie du frivole époux dont elle était séparée, et dont elle avait à commander les respects par sa conduite. Sa position était difficile. Protestante de naissance et devenue catholique par des considérations de famille, elle sut, avec toute la délicatesse de tenue que donnent le monde, l'étude et son sexe, concilier les égards dus aux prêtres qui la dirigeaient avec les convictions évangéliques qu'elle gardait. Je vois dans ses lettres qu'elle accorda fort bien, avec les goûts de mysticité qu'elle avait pris, les habitudes d'une grande liberté d'esprit. Elle se nourrissait de Jacques Bœhme, et traitait le théosophe Salzmann comme un maître vénéré. Elle distinguait, elle aimait Saint-Martin plus qu'aucun autre, mais aucun indice ne prouve que son exaltation ait jamais égalé celle de Saint-Martin. Dans une correspondance intime, qu'elle commença quatre ans seulement après la mort de Saint-Martin et qui dura jusqu'en 1818, avec sa meilleure amie, la baronne de Razenried, le nom de Saint-Martin n'est pas mentionné une seule fois. Elle parlait de lui avec les rares amis de sa modeste vieillesse, mais peu et sans que jamais sa parole permît d'en induire autre chose qu'un sincère attachement, je le sais, et elle mettait infiniment au-dessus de lui leur maître commun, Jacques Bœhme, dont elle demeura la docile élève.

Sans doute, pour mieux apprécier ces rapports, c'est sa correspondance avec son ami continuée jusqu'en 1803 qu'il faudrait pouvoir consulter, et j'espère bien qu'elle n'est pas détruite; mais, jusqu'à ce jour, tous les efforts que j'ai pu faire pour la retrouver sont demeurés stériles. Et, à vrai dire, si ceux qui la possèdent veulent bien, dans l'intérêt d'une curieuse étude à faire et d'une belle amitié à produire au grand jour, consentir à la faire connaître, je suis bien assuré qu'elle ne compromettra personne. Une amie de Saint-Martin aimait à lui dire que ses yeux étaient doublés d'âme, et je crois bien que cette amie est celle dont il s'agit; mais la réponse même de Saint-Martin montre combien la remarque de madame de Bœcklin était pure. Elle avait aux yeux de son ami le grand mérite de reproduire sous une forme acceptable les remarques trop vives et trop directes que les regards de mesdames de Menou et de la Musanchère lui avaient adressées dans sa jeunesse à Nantes. Je ne crois pas d'ailleurs que la correspondance désirée ajouterait beaucoup de traits nouveaux à la physionomie de ces rapports, telle que nous la connaissons.

Pour le reste, il ne doit entrer dans l'idée de personne de vouloir discuter une question de goût, à savoir si madame de Bœcklin avait bien réellement, sur toutes les personnes de son sexe, cette supériorité que lui attribue un juge éminent, élevé à bonne école et recherché des femmes les plus distinguées de son temps. A mon jugement, la correspondance de madame de Bœcklin avec madame de Razenried n'explique pas l'enthousiasme, mais justifie fort bien la sérieuse permanence de l'amitié de Saint-Martin, amitié dont il donne lui-même les motifs et dépeint le caractère. En effet, c'est le progrès que madame de Bœcklin lui a fait faire dans la haute spiritualité, le rare don qu'elle possédait de l'élever par sa parole, si ce n'est par sa seule présence, dans les plus hautes sphères de la mysticité, don qu'il ne paraît avoir trouvé au même degré dans aucune autre de ses amies — c'est là ce qui la mettait pour lui hors ligne, ravissait son esprit, et faisait de Strasbourg un paradis qui lui rendait insipide tout autre lieu.

« Il y a, nous dit-il dans ses notes, trois villes en France dont l'une est mon paradis, et c'est Strasbourg ; l'autre est mon enfer (Amboise), et l'autre est mon purgatoire (Paris).

« Dans mon paradis, je pouvois parler et entendre parler régulièrement des vérités que j'aime ; dans mon enfer, je ne pouvois ni en parler, ni en entendre parler, parce que tout ce qui tenoit à l'esprit y étoit antipathique : c'étoit proprement un enfer de glace ; dans mon purgatoire, je ne pouvois guère en parler, et je n'en entendois jamais parler que de biais ; mais encore valait-il mieux en entendre parler de biais ou de bricole que de n'en entendre parler du tout : aussi je me tenois dans mon purgatoire quand je ne pouvois pas aller dans mon paradis. » (Portr., 282.)

Le grand moyen employé par la magicienne célébrée si solennellement pour charmer en même temps qu'élever l'esprit de son ami, ce fut absolument le même qu'en chrétienne convaincue et sévèrement conduite par les épreuves, elle emploie aussi dans sa correspondance avec son amie : la parole des textes sacrés gravés dans sa mémoire par l'éducation de sa jeunesse, parole qu'elle ne cessait de lire et qu'elle cite, devenue mystique et catholique, comme aurait pu le faire la huguenote la plus biblique du seizième siècle. C'est là, sans nul doute, ce qui explique quelques-uns des plus beaux et plus emphatiques éloges que son ami prodigue aux saintes Écritures, et le sincère amour qu'il leur porte, quoiqu'il les déserte ou les dépasse sans cesse pour ses doctrines propres. Il est sensible à l'autorité de ces textes ; mais il faut que ce soit son amie qui les lui cite pour qu'il en ressente toute la puissance dans ses épreuves, ses peines et ses douleurs. Écoutons-le, à ce sujet, sur une des années les plus graves de sa vie :

« Vers la moitié du mois de septembre, l'an 1792, j'ay été rappelé, par autorité de mon père, de mon paisible séjour de Petit-Bourg à Amboise. Sans les puissants secours de mon ami Bœhme, et sans les lettres de ma chérissime amie B..., j'aurois été anéanti dès les premiers moments que j'ay été rendu dans ma ville paternelle, tant étoient nuls les soins que j'avois à y rendre et les appuis que j'avois à y attendre. Encore, malgré ces deux soutiens, j'ay éprouvé de telles secousses de néant, que je puis dire avoir appris à y connaître l'enfer de glace et de privation. Cependant j'y ai trouvé aussi quelques légers tempéraments, et j'en parlerai dans des articles à part ; mais, hélas ! combien ces tempéraments sont faibles en raison de ce qu'il me faudroit ! Mon Dieu ! mon Dieu ! que votre volonté soit faite ! Ma chérissime amie me manda à ce sujet le passage de saint Paul (I Cor., VII, 20) : *Que chacun reste dans la vocation où Dieu l'a appelé.* Il y a un grand sens pour moi dans cette citation ; car j'étois sous cette même puissance lorsque l'on m'a ouvert la carrière. »

J'avoue, pour mon compte, qu'ici je ne comprends pas tout. Saint-Martin se plaint des secousses de néant qu'il a éprouvées, par la raison qu'il avait si peu de devoirs à rendre à son père et si peu d'appuis à attendre des gens d'Amboise. Le sentiment de son inutilité et la privation si subitement venue de tout ce qui l'avait charmé à Strasbourg, ont pu lui peser; mais sage et pieux, ayant Bœhme et les lettres de son amie, comment s'est-il laissé aller à ce qu'il appelle des *secousses de néant?* Qu'est-ce que ces secousses? Sont-ce encore de ces idées de mort, de ces éblouissements d'esprit, de ces aberrations de cœur qui l'avaient légèrement secoué dans d'autres occasions? Est-ce là ce qui explique le recours de son amie à la voix des textes sacrés, à cette solennelle parole : Que chacun reste dans la vocation où Dieu l'a appelé? Ou bien ne s'agit-il que d'amener le théosophe à se résigner au rôle que Dieu lui donne auprès de son père? Mais alors que veulent dire ces mots énigmatiques : « J'étais sous cette même puissance quand on m'a ouvert la carrière. » D'ordinaire il désigne ainsi l'époque de son initiation à Bordeaux. Avait-il alors des *secousses de néant?* Et à quelle puissance les attribuait-il?

Que de mystères il reste toujours dans la vie de l'homme, même de celui qui se peint avec le plus de modestie et de sincérité!

On dira peut-être que l'amour des saintes lettres et ce culte de Bœhme, que madame de Bœcklin sut inspirer à son ami, n'expliquent pas tout ce qui est en question; que les mêmes textes sacrés cités au théosophe par le plus éloquent des prêtres ou le plus saint des fidèles, par saint Paul lui-même, n'auraient pas fait sur lui la même impression qu'en lui arrivant par la plume d'une femme d'un grand air et belle encore. J'en conviens, et j'ajouterai qu'au dire de plusieurs personnes, la parole de cette femme avait tous ces rares attraits d'esprit et de douceur qui sont comme les priviléges de son sexe. Mais je n'admets pas que cela éclaircisse en rien la question, car Saint-Martin, qui se plaint si poétiquement de l'influence funeste que les femmes, y compris madame de Bourbon, ont exercée sur son esprit, n'aurait jamais rendu des hommages aussi éclatants à des qualités essentiellement féminines. Et il nous dit très-sérieusement que madame de Bœcklin n'était pas femme.

« Souvent j'ay remarqué que les femmes, et ceux des hommes qui se laissoient féminiser dans leur esprit, étoient sujets à nationaliser les questions de choses, comme le ministère anglois a voulu nationaliser la guerre qu'il nous a faite en cette présente année 1793. Elles songent plutôt à mettre à couvert leur individu que la vérité et la justice. J'excepte toujours de ce jugement ma délicieuse amie B..., qui n'est pas femme. » (Portr., 348.)

Cela coupe court à toute hypothèse qui voudrait voir des faiblesses où il n'y eut que des affections sublimes.

En somme, il demeure bien constant que ce fut une heureuse mortelle que madame de Bœcklin de Bœcklinsau, née Charlotte de Rœder! Unique dans les annales de l'humanité, à toutes les grâces de son sexe elle a joint toutes les qualités du nôtre! Elle a eu du nôtre tout ce qui le distingue le plus, l'autorité et toutes les vertus de l'esprit! Et cela au jugement du plus illustre de ses amis et du plus célèbre des mystiques de notre âge.

Cependant ce ne fut pas elle seule, et ce ne furent pas les seules études qu'elle fit faire à Saint-Martin qui amenèrent dans les vues de son ami le progrès et la révolution philosophique qu'il date de Strasbourg.

Ce fut d'abord sur les conseils d'un personnage qu'il ne nomme même pas dans sa note sur cette ville, qu'il entreprit l'ouvrage qu'il y écrivit. Ce furent ensuite quelques circonstances spéciales qui modifièrent profondément sa pensée. Il y a donc lieu de compléter, par toutes sortes d'indications, sa note très-incomplète sous plusieurs rapports.

En effet, M. de Saint-Martin, arrivé dans la vieille cité des bords du Rhin avec des vues assez étroites en matière de science, d'histoire, de philosophie et de critique, en sortit au bout de trois ans avec des lumières générales qu'aucune femme, si distinguée qu'elle fût, ni aucun homme, n'avait pu lui donner, et il n'a pu les tenir que de l'ensemble des idées et du mouvement au sein duquel il avait vécu, observateur d'un esprit très-délié, d'une âme susceptible du plus rapide et plus considérable développement.

CHAPITRE XIII

Suite du séjour de Saint-Martin à Strasbourg. — Ses relations avec le chevalier Silferhielm. — Nouveaux ouvrages de Saint-Martin : l'*Homme de désir*, le *Nouvel Homme*. — Saint-Martin et Schelling. — L'*Ecce Homo* écrit pour la duchesse de Bourbon. — La transformation philosophique de l'auteur.

1788—1791

Le neveu de Swedenborg, attiré à son tour par la vieille ville impériale du Rhin devenue française, mais recevant avec distinction un grand nombre d'illustres étrangers, y rencontra Saint-Martin et prit sur lui un grand ascendant. Ce fut au commencement du séjour de Saint-Martin à Strasbourg, époque où celui-ci en était encore aux idées et aux ouvrages du théosophe scandinave. Il se lia donc avec Silferhielm dans l'intérêt de ses plus chères études, et écrivit d'après ses conseils son ouvrage, le *Nouvel Homme*. Plus tard, initié à la science de Bœhme, il aurait suivi dans la composition de son écrit la direction de ce dernier, qui s'occupait d'un monde spirituel très-différent de celui de Swedenborg.

En effet, c'est avec les esprits des défunts que le savant minéralogiste de Stockholm entretenait volontiers son commerce le plus intime, tandis que les aspirations de Bœhme s'élevaient beaucoup plus loin, et que ses inspirations descendaient de plus haut. Mais à cette époque, Swedenborg était encore pour Saint-Martin un guide d'autant mieux suivi qu'au moment même où il se rencontrait avec le parent du célèbre Voyant, on venait de publier, sinon le plus complet, du moins le plus facile des Exposés de sa doctrine que l'on ait en français, l'*Abrégé des ouvrages d'Emmanuel Swedenborg*. Cet ouvrage, publié à Stockholm d'après le titre qu'il porte, me semble réellement avoir paru à Strasbourg, si j'en juge par tout l'aspect typographique.

Il y avait alors dans cette ville une forte clientèle pour le merveilleux de tout genre. C'était peu d'années auparavant que Strasbourg avait reçu Cagliostro avec un enthousiasme qui effaçait toutes les manifestations les plus éclatantes dont le célèbre Sicilien avait été l'objet ailleurs. On comprend, d'après cela, les sympathies qui accueillirent le voyageur suédois et l'ascendant qu'exerça dans certains cercles le neveu de l'homme du siècle qui partageait encore, même après sa mort, avec Cagliostro et Lavater les hommages que les amis de la science céleste prodiguaient si généreusement à ceux qu'ils croyaient bien initiés aux mystères de l'éternité. Le chevalier Silferhielm plaisait par lui-même, abstraction faite de la personne de son oncle ou des attraits de sa doctrine. Ses paroles étaient empreintes elles-mêmes de cette simplicité qui distingue le volume que je viens d'indiquer et qui parle de la vie des cieux sans aucune affectation de mystère, ni dans les idées ni dans le langage. Loin de là, c'est un singulier laisser aller qui y domine. D'abord toute cette dogmatique céleste est tirée des textes de Swedenborg et, en place de toute démonstration savante, appuyée uniquement sur les visions qu'il a eues. Puis, ces visions n'ont rien de bien mystérieux ni de très-étrange. C'est d'une part la terre avec ses habitudes, ses idées, ses mœurs, son idiome et son écriture, transportés dans les cieux ou dans les enfers. Ce sont d'autre part les enfers et les cieux avec leurs habitants, leurs vues et leur langue, transportés sur la terre. Il en résulte que, loin de s'y sentir trop surpris, on ne se trouve pas assez dépaysé.

Or telles ne sont pas du tout les allures ordinaires de Saint-Martin, ni celles de son maître dom Martinez et de ses amis. Ils aiment les termes abstraits et mystérieux. Ils ont un style de convention ; ils prennent les mots *astral, centre, incréé, cause active et intelligente, nombres, mesures* et autres en leur sens. Dans l'exposé de la doctrine de Swedenborg, au contraire, chaque chose est nommée par son nom reçu. Le mystère n'y est pas absent ; mais il est dans la pensée plutôt que dans la phrase. En effet, Swedenborg dit expressément : « Le sens spirituel est caché dans tous les termes et dans tous les passages de l'Écriture ; voilà pourquoi elle est sainte et divinement inspirée. »

Il y avait donc dans le commerce du baron de Silferhielm et dans la doctrine qu'il professait, dans ces commentaires surtout que transmet la tradition orale, un double attrait, le mystère dans la pensée et la simplicité dans le langage. Voilà l'ascendant que Saint-Martin subit quand il composa, à la demande du chevalier, son quatrième ouvrage, le *Nouvel Homme*.

Ce volume ne parut qu'en 1796, mais il fut écrit à Strasbourg, et il nous fait voir où en était son auteur à cette époque. En effet, grâce à cette simplicité de langage qu'aimait le chevalier, il s'y trouve des pages d'une parfaite clarté et d'un style excellent; mais pour ce qui est de la doctrine, elle en est plus haute et plus belle en apparence qu'en réalité.

En voici l'idée fondamentale.

L'âme de l'homme est primitivement une pensée de Dieu; mais l'homme n'est plus ce qu'il fut dans sa primitive jeunesse. Il est le vieil homme, et il faut qu'il devienne le nouvel homme, l'homme primitif; il faut du moins qu'il devienne ce qu'a voulu la pensée créatrice. Pour rentrer dans sa vraie nature, qu'il apprenne à penser par son vrai principe. Dans cette pensée est son renouvellement, et dans ce renouvellement sa puissance, sa gloire. Elle donnera à ses sens obscurcis, emprisonnés, l'ouverture qui leur manque. Elle donnera à son être l'éclosion, que dis-je, l'explosion qu'il réclame. Elle le rendra semblable à Dieu tout-puissant, maître de l'univers, car au fond, bien au fond, l'homme, c'est la pensée divine.

Cette doctrine n'est ni celle des textes sacrés ni celle de la pure raison. Mais, on le sait, nul mystique ne se contient dans les limites de l'un ou l'autre de ces deux domaines; il est, au contraire, de la nature même du mysticisme de les franchir tous deux avec la même confiance. Mais le point de départ de ces vues essentiellement métaphysiques est essentiellement biblique et rationnel. Seulement la portée de tous les éléments qui en fournissent le fond est forcée.

En effet, l'homme ou son âme est bien une œuvre de la pensée divine; cela est de bon christianisme et de saine philosophie; mais elle n'est pas une pensée de Dieu. Une pensée de Dieu est de Dieu et reste à Dieu. Elle ne s'altère pas; elle ne devient pas un homme, ni le vieil homme, ni le nouvel homme. Pris à la rigueur, le langage de Saint-Martin enseignerait réellement ce panthéisme mystique qu'on trouve chez tous ceux des théosophes de l'Orient et de l'Occident du moyen âge et du nôtre qui, à force de vouloir glorifier la Divinité en tout, la confondent avec tout. Mais ce n'est pas ainsi qu'il l'entend. L'homme est pour lui une création de la pensée divine et non pas une pensée de Dieu. Saint-Martin se lance parfois dans les voies de l'extase, mais il ne va pas jusqu'au panthéisme; il ne professe ni celui de la Kabbale ni celui de la Gnose, ni celui de Xénophane ni celui de Spinosa. Loin de là, il combat dans ce livre même le spinosisme, qui lui fait horreur comme à Malebranche. De nos jours soyons sobres en condamnations, le passé nous en dispense, il a fait œuvre pour deux. Nous aimons l'exactitude; mais en pressant les termes, respectons la pensée. En développant nos dons d'investigation dans la voie des suspicions, nous finirions par voir du panthéisme dans bien des textes, même dans les plus apostoliques; et je crois vraiment, tant nous sommes devenus farouches, que nous ne permettrions plus à personne de parler comme saint Paul, qui dit aux épicuriens et aux stoïciens d'Athènes, sur les hauteurs de l'Aréopage, sur la place du Grand-Marché : « C'est en lui (Dieu) que nous sommes et que nous nous mouvons. »

Saint-Martin dit à la vérité des choses étranges, inacceptables pour les esprits critiques. Il affirme que *Dieu même ne prend corps que par son opérer ;* que le Mikrothéos, l'homme, le petit Dieu, répond au Makrothéos, au grand Dieu ; que l'homme est esprit divin; que la créature doit continuer, dans sa région à elle, la pensée, la parole et l'œuvre de Dieu. Il ne s'agirait que de l'interpréter, dans des textes de ce genre, avec un peu de bonne volonté pour le trouver tout à fait schellingien. Par exemple, il dit bel et bien : « Le premier moment de la création est la distinction de la créature du Créateur. Le second moment est la réunion dans la différence. » Cela donnerait à qui le voudrait absolument le principe même du système de l'identité. Mais, on le sait, nul ne résiste à un interprète bien décidé à trouver dans quelques textes, un peu forcés, d'une part, un peu aidés de l'autre, ce qu'il y cherche. On a pratiqué ce système à l'égard de Schelling et de Saint-Martin, et l'on a trouvé entre les deux penseurs d'étonnantes analogies. Et pourtant Saint-Martin, qui a pu friser l'Allemagne en chaise de poste et habiter à Strasbourg au moment où Schelling publiait ses premiers écrits, n'a jamais lu une page ni professé une théorie quelconque de son illustre contemporain. Il offre avec Schelling des analogies frappantes, cela est vrai, mais elles sont facilement expliquées par la source commune où ils puisèrent tous deux avec trop de confiance, j'entends le *philosophe teutonique.*

Toutefois, à l'époque où le *Nouvel Homme* fut écrit, Saint-Martin connaissait peu ou point les ouvrages de Bœhme, et ce ne fut pas là qu'il puisa ses apparences de panthéisme. Il les avait prises à l'école de Bordeaux.

Quant à son *Nouvel Homme*, il nous apprend que plus tard il aurait fait son livre autrement. Cela ne se comprend pas très-bien. Il en conçut le projet et l'esquissa dans les premiers mois de sa rencontre avec le neveu de Swedenborg, mais il ne l'acheva qu'au temps où il suivait avec tant d'ardeur l'étude de Jacques Bœhme. L'ascendant du célèbre théosophe devrait donc s'y faire sentir par la raison que la nouveauté des impressions ou des idées en accroît l'influence; et puisqu'il ne publia l'ouvrage que six à sept ans après, il avait bien le temps d'y corriger ce qui ne lui allait plus en 1796.

Deux raisons me font croire, en effet, que dans l'intervalle il le retoucha plus qu'il ne dit. C'est d'abord l'esprit de l'ouvrage lui-même considéré dans ses affinités avec le théosophe teutonique (voir surtout p. 422). C'est ensuite la déclaration de l'auteur, qu'il aurait dû l'écrire autrement tout entier. On ne s'aperçoit de la nécessité de se corriger à ce point qu'en essayant de le faire sérieusement. D'ailleurs, pourquoi aurait-il donné en 1796 un livre composé en 1789, et n'exprimant plus sa véritable doctrine? Aussi, de fait, cela n'est pas. Au contraire, le *Nouvel Homme* est, à peu de chose près, le véritable miroir de toute sa philosophie.

Toutefois, un livre inspiré par le neveu de Swedenborg doit porter quelque peu le cachet de la doctrine de ce dernier, et ce cachet s'y fait voir réellement dans quelques points de vue fondamentaux. Ainsi, Saint-Martin nous y dit que l'univers, l'univers temporaire ou sensible, le *petit monde*, est détaché de l'univers éternel, du *grand monde*, et par là même détaché de l'ange de celui-ci; mais qu'il cessera d'exister dans sa différence, dès qu'il sera complétement rempli de l'éternité. C'est par l'*organe homme*, répondant à l'*organe Dieu*, que s'accomplit ce magnifique *procès*. Notre rentrée dans la pensée divine tient à l'avénement de celle-ci dans notre âme, ou, pour conserver le style figuré de l'auteur, notre résurrection avec Dieu ne peut avoir lieu que par l'ensevelissement de Dieu en nous. Son avénement en nous fait le *nouvel homme* en nous. Nous avons perdu la *filialité de Dieu*, le Fils de Dieu nous la rend; il nous rend Dieu en nous ramenant à Dieu.

Tout cela se ressent des théories de Swedenborg. Mais le reste est bien de Saint-Martin, et quelques-unes des vues les plus essentielles de l'ouvrage sont d'un théosophe qui va son chemin à lui.

Saint-Martin ébaucha à Strasbourg un second ouvrage qu'il publia plus tard, et encore sous un titre biblique, *Ecce homo*. Il le composa, non pas à la demande, mais pour les besoins spéciaux de madame la duchesse de Bourbon; et il nous apprend lui-même, dans sa curieuse lettre à Kirchberger du 28 septembre 1792, le dessein qu'il y poursuivait. La piété un peu étroite de la princesse, son penchant à s'aider de toutes sortes de moyens, sa foi exagérée aux merveilles des magnétiseurs et aux oracles des somnambules, ne trouvaient que trop d'aliments dans la ville où Cagliostro avait fait si aisément tant de miracles, et M. de Puységur tant de cures. Les appréhensions et les bouleversements de l'époque enfantaient une rare curiosité et de singulières investigations sur l'avenir. La princesse, très-préoccupée de sa position personnelle depuis l'émigration d'un mari sorti de

France avec son père et son fils, nourrissait volontiers ses dispositions naturelles pour tous les genres de crédulité. Elle inquiéta Saint-Martin. Il eut à ce sujet, nous dit-il, *une vive notion*. Cela signifie-t-il que son amitié lui fit voir avec une grande netteté son devoir d'éclairer la princesse ? ou bien veut-il nous dire que sa pensée conçut très-clairement l'idée du moyen qu'il fallait employer ? En examinant la brochure qu'il écrivit, j'incline pour ce dernier sens.

Quoi qu'il en soit, il y peint avec une éloquence émue et souvent très-heureuse, les splendeurs dont était vêtu l'homme entrant dans la création, les misères où il est tombé en écoutant le principe du désordre qui ne cesse de lui faire sentir sa puissance, et la gloire à laquelle il est assuré d'aller s'il se laisse rappeler dans la vraie voie.

L'*Ecce homo* est ainsi le *Nouvel Homme* sous une forme plus populaire. Et Saint-Martin est puissant dans le rôle de peintre de la décadence humaine. En sincère Juvénal de l'humanité, il est très-incisif quand il aborde les *fausses missions* et les *fausses manifestations* du temps. Les *fausses missions*, ce sont les clairvoyances et les cures merveilleuses du magnétisme ; les *fausses manifestations*, ce sont toutes ces apparitions que des esprits de la région astrale font à ceux qui, par des moyens quelconques, savent se mettre en rapport avec eux. C'est le principe des ténèbres qui les a souvent mises en avant, et les met toujours en avant selon la diversité des temps. « Un des signes particuliers qui doit nous mettre en garde au sujet de ces missions extraordinaires, c'est ce fait, que le plus souvent ce sont les femmes qui sont choisies de préférence aux hommes pour être comblées de faveurs. Ces missions en promettent toujours à leurs agents.... Or, pour quelques hommes qui remplissent des rôles dans plusieurs de ces merveilles et de ces manifestations, les femmes s'y glissent en foule et sont presque partout employées pour en être les organes et les missionnaires. Avec une habileté qui nous jette dans des aberrations bien funestes, le principe des ténèbres fait qu'avec de simples *puissances spirituelles*, de simples *puissances élémentaires* ou *figuratives*, peut-être même avec des puissances de réprobation, nous nous croyons revêtus des puissances de Dieu! C'est par là que ce perfide principe nous voile notre titre humiliant d'*Ecce homo*, qu'il entretient en nous l'orgueil et l'ambition de vouloir briller par *nos* puissances. C'est ainsi que fit la *Servante des Actes!* »

Saint-Martin, dans ce passage, fait allusion à la pythonisse de Philippes, esclave qui enrichissait ses maîtres par les prédictions qu'elle vendait pour de l'argent. Ce fait allait à merveille aux desseins de l'auteur. Il établissait ces trois points : que les esprits qui communiquent ce don choisissent pour organes les femmes; que ce sont, ou peuvent être tout aussi bien de mauvais génies que de bons; qu'en ce cas, au lieu de chercher à les garder et au lieu de les suivre, il faut les chasser comme fit saint Paul de l'esprit de Python.

La circonstance qu'une servante nourrissait ses maîtres par ce commerce, ajoutait à la force de la leçon tirée de cet exemple.

Toutefois, Saint-Martin ne veut pas aller trop loin. Il ne veut pas dire qu'il n'y a point de bons esprits qui se communiquent aux hommes; qu'il faut rompre tout commerce avec le monde spirituel; que tous ceux qui en transmettent les oracles sont des imposteurs. Saint-Martin, qui pense le contraire, ne veut pas enseigner des choses semblables; et vers la fin de son opuscule, comme effrayé de sa vivacité, il adoucit les traits un peu enflammés qu'il a lancés d'une main si vigoureuse. Il proclame sa foi à l'innocence des agents de ces missions, de ces manifestations et de ces promesses. Il admet ce qu'on appelle des choses extraordinaires, et en particulier le pouvoir de faire des cures merveilleuses.

Il croit si bien aux miracles et en veut si sérieusement, que tout à coup il en vient à une agression fort vive, et fort inattendue ici, contre les ministres de la religion, pour cause de négligence ou d'impuissance à l'endroit du merveilleux. De quatre pouvoirs que leurs fondateurs ont exercés, ils en ont laissé tomber deux : *celui de connaître les mystères du royaume de Dieu* et *celui de guérir les maladies*. Ils n'exercent plus que celui d'*opérer la Cène du Seigneur* et de *remettre les péchés*.

Le mot *opérer la Cène* est bizarre; mais, je crois l'avoir déjà fait remarquer, Saint-Martin appelle volontiers les actes du culte des opérations.

Viennent ensuite des conseils aux *hommes de désir*, c'est-à-dire aux âmes qui aspirent à reprendre les splendeurs de leur grandeur originelle, l'image de Dieu, de ce Dieu qui, dans son abaissement terrestre et au dernier jour de sa manifestation, fit dire de lui, avec dédain, les mots : *Voilà l'homme!* Ces mots, on les aurait dits avec adoration, si l'on avait connu celui qui en fut l'objet. On les dirait aussi avec admiration de l'homme, s'il reprenait sa puissance primitive.

Ces conseils terminent le petit opuscule fait pour une princesse qui en avait si grand besoin.

Saint-Martin publia, pendant son séjour à Strasbourg, un autre ouvrage écrit dans cette ville où il voyait tant de monde dans une assez grande intimité. Commencés à Londres, sur les instances de M. Thiemann, sous le titre de l'*Homme de désir*, titre emprunté aux textes et au langage de dom Martinez, ses deux petits volumes parurent à Lyon en 1790. J'ignore si l'auteur se rendit lui-même dans cette ville pendant son séjour en Alsace, ou s'il en confia l'impression à ses amis. Il paraît qu'il aimait à publier à Lyon, où il avait des relations de librairie et des partisans dévoués.

On qualifie cet ouvrage de Recueil d'hymnes, et ce sont réellement des pages d'une ardente aspiration vers l'état primitif de l'âme ; ce sont réellement des pages inspirées, d'un style élevé et en quelque sorte davidique : mais ce n'est pas de la poésie. Quant au mérite de création, c'est à peine si l'on y surprend une idée peu attendue ou une image nouvelle. On ne doit pas y chercher non plus un progrès bien sensible dans la pensée. C'est, toutefois, le travail d'un philosophe profondément religieux. Quelques personnes, le célèbre Lavater et le fidèle baron de Liebisdorf à leur tête, en ont proclamé l'excellence : le second, avec abandon; le premier, en avouant qu'il n'en comprenait pas toujours la doctrine. L'auteur lui-même nous dit qu'il y a semé çà et là, comme par une anticipation prophétique, des germes que l'étude ultérieure de Jacques Bœhme a plus tard mieux développés dans sa pensée. Voir au bout de quelque temps dans ses propres pages un peu plus qu'on n'y avait vu en les écrivant, est une bonne fortune si rare, qu'il faut s'en applaudir partout où elle se rencontre. Toutefois l'auteur ne se laisse aller à ces aveux qu'on pourrait prendre pour de l'amour-propre, qu'en recevant les éloges si flatteurs et si vifs du savant baron de Berne et de l'éloquent prédicateur de Zurich. Je crois, d'ailleurs, que le phénomène s'explique assez naturellement. Il peut nous arriver aisément, lorsqu'au bout de quelque temps, et après de notables progrès, nous relisons nos propres pages, de voir avec les nouvelles clartés qui se sont faites dans notre pensée les questions traitées imparfaitement autrefois. Dans ce cas, si nous distinguons bien les différentes époques de nos méditations et les différents états de notre esprit, nous ne nous faisons aucune illusion, et loin d'attribuer à notre passé des perspectives prophétiques, nous y voyons plutôt nos anciennes ténèbres. Si, au contraire, nous ne démêlons pas avec soin le passé et le présent, il est tout simple que nous croyions avoir été plus prophètes que nous ne le fûmes.

Ce qui s'est passé dans l'esprit de Saint-Martin au sujet de son *Homme de désir*, s'explique aisément par la raison qu'en peu de temps il a fait de sensibles progrès.

En effet, le célèbre théosophe en a fait en Alsace de plus grands qu'il n'a pensé lui-même. Son séjour dans cette ville s'était prolongé pendant trois ans, lorsqu'il en fut arraché si *violemment* par un ordre de son père. La douleur qu'il en éprouvait et l'empressement qu'il mit à y retourner, au nom de « la bagarre de Varennes » qui, certes, n'avait rien à faire dans cette affaire, montre dans tout son jour le prix qu'il attachait à cette résidence. La seule vraie et grande raison de cet attachement, ce n'est pas dans son cœur et dans ses relations avec madame de Bœcklin, malgré ce qu'il en croit et ce qu'il en dit, c'est dans son esprit et dans ses conquêtes faites à Strasbourg qu'il faut la chercher. Madame de Bœcklin, la spirituelle Allemande qui lui a fait apprendre la langue de Bœhme, n'est que le symbole le plus sensible de sa transformation, que l'objet chéri auquel sa mystique tendresse aime à rattacher son enthousiasme. Saint-Martin a éprouvé à Strasbourg, avec l'aide d'une âme grande et affectueuse, la plus noble jouissance d'un noble esprit, le sentiment d'une puissante modification. Et tour à tour il attribue cette modification aux écrits d'un théosophe qui le transporta dans une sphère supérieure à celle où il avait vécu jusque-là, et à ses entretiens avec la personne qui lui ouvrit ces nouveaux horizons.

Ce serait là bien assez, je crois, pour expliquer son enthousiasme pour Strasbourg en même temps que la transformation qu'il y subit, mais ce n'est pas tout : ce n'est pas même le plus essentiel pour expliquer les deux.

Habituellement très-grave et très-réservé au nom de sa raison, très-soumis au nom de sa foi, M. de Saint-Martin était par sa nature entière vif jusqu'à la pétulance, gai jusqu'à l'épigramme, actif au point de tout embrasser, d'une prodigieuse réceptivité d'esprit et de cœur. Son esprit, formé par l'*Art de se connaître soi-même* d'Abbadie, par les *Méditations* de Descartes et par le *Contrat social* et l'*Émile* de Rousseau, — son esprit ainsi formé, très-impressionnable et très-excité, avait été profondément frappé du spectacle de la libre Angleterre. Tout à coup transporté en Italie, il passe de Rome, sans transition, dans une ville française de nom, mais allemande et protestante de pensée ; une ville où se plaisait singulièrement une colonie française très-nombreuse et très-puissante, mais pleine de curiosité et de déférence pour les nouveautés où elle se trouva mêlée et qu'elle n'avait pas même soupçonnées de loin. A ce moment cela donnait à Strasbourg le plus singulier aspect. Des étrangers distingués par la naissance et par la fortune, attirés par l'amour de cette espèce de France encore si allemande et si cordiale de mœurs, mais déjà si française de sympathies et d'idées, ajoutaient aux agréments du commerce et aux sources d'instruction. En général, cette époque était belle. On était en 1788. C'était l'aurore des plus vives aspirations de la pensée nationale à ses plus glorieuses destinées. Les utopies de la raison, car elle aussi a ses utopies, n'étaient pas exclues de ce mouvement universel mais d'ailleurs très-pacifique des esprits. Des accents émus, retentissant sur les rives un peu agitées de la Seine, faisaient vibrer tous les cœurs parmi ces Français des bords du Rhin, si jeunes encore dans les annales du pays. Dans les contrées voisines, le mouvement, un peu autre, n'était pas moins beau. Il était plus grave. C'était l'ère des plus grands et plus hardis enseignements de la philosophie allemande. Le magnifique complément de la *Critique de la raison pure*, celle de la *raison pratique* parut au moment même où le *Philosophe inconnu*, déjà célèbre, venait de s'installer à Strasbourg. Il ne savait pas encore l'allemand, et il ne le sut jamais assez bien pour lire facilement les écrits de Kant. Mais ces écrits étaient lus, sinon dans toutes les familles qu'il voyait, du moins dans celles dont il s'honorait le plus d'être accueilli. Or ils remuaient tout, changeaient toutes les études et donnaient à toutes les idées une importance que jusque-là on n'accordait pas aux produits abstraits de la pensée. On respirait ces hardiesses d'examen et de critique, ces nobles vertus de l'esprit, non pas seulement dans les ouvrages de philosophie, mais dans les livres de morale, de politique et de littérature. Strasbourg, il est vrai, n'offrait pas de penseurs éminents, pas d'écrivains nationaux. Il y a quatre-vingts ans, ses poëtes et ses orateurs, bégayant à peine le français, publiaient leurs œuvres en allemand et même en Allemagne. Toutefois on eût dit que, Français de conquête depuis sept générations sans l'être ni de mœurs ni de langue, ils s'impatientaient eux-mêmes de leur étrange situation. Aussi les principes et le mouvement national tout entier de 1788 et 1789 ne rencontrèrent nulle part en France, pas même à Paris, plus de bruyantes sympathies et ne firent éclater plus de verte jubilation qu'à Strasbourg. L'esprit protestant, très-heureux de son droit d'examen, qui n'est pourtant le monopole de personne, l'esprit philosophique, très-plein de ses récentes libertés et de ses prochaines perspectives de triomphe, s'y appuyaient l'un l'autre, flattés là même où l'on se défiait un peu de ces libertés et de ces perspectives qui d'ailleurs ont toujours eu pour elles, les unes et les autres, la même légitimité.

Voilà l'atmosphère, si nouvelle pour lui, que Saint-

Martin revenu d'Italie se sentit d'autant plus heureux de respirer qu'elle différait davantage de celle d'où il sortait, et qu'il y était mieux préparé par la lecture de Rousseau et l'étude de Burlamaqui. Aussi, loin de s'y trouver dépaysé, il s'y mouvait avec une volupté inconnue, jouissant d'un bien-être spirituel que rien ne venait troubler. On était libre dans ce pays, point hardi ; assez philosophe, point déiste. De ces tendances vers le sensualisme vulgaire qui descendaient ailleurs jusqu'au matérialisme et touchaient à l'athéisme, il n'y avait pas même de représentant en Alsace. Or c'étaient là les deux aberrations que Saint-Martin détestait le plus et qu'il s'irritait davantage d'avoir à combattre.

Telles sont les vraies causes de la transformation qu'il sentit dans tout son être, et voilà le secret de son enthousiasme pour l'heureuse personne qui fut pour lui la personnification de Strasbourg. *Ma chérissime B.* n'est pas un mythe, mais elle est un symbole dans la vie du théosophe.

Les résultats ou les fruits positifs de sa métamorphose philosophique sont pour l'observateur attentif aussi sensibles que ceux de sa transformation mystique. Les trois ouvrages composés ou ébauchés en Alsace portent des traces nombreuses d'habitudes nouvelles, plus pures, plus sérieusement spéculatives. La résolution si grave qu'il devra prendre quelques années plus tard, d'embrasser la carrière de l'enseignement; son entrée aux écoles normales pour s'y préparer, la lutte qu'il y soutiendra, non pas au nom du spiritualisme contre le matérialisme, mais au nom du rationalisme contre le sensualisme; la science et la fermeté qu'il mettra à réfuter un maître célèbre et habile : voilà les fruits et les résultats de sa transformation philosophique.

Cependant trois années de disette succédèrent aux trois années d'abondance qui firent le charme de toute sa vie et la plus douce consolation de ses dernières années ; et du *paradis* des bords du Rhin il faut maintenant passer avec Saint-Martin dans l'*enfer* des bords de la Loire, à Amboise. Nous avons vu avec quelle douleur il se sentit arracher de Strasbourg par les ordres de rappel de son père. Ces ordres furent pourtant son salut. Il ne trouva dans son humble ville natale ni les Lebas, ni les Saint-Just, qu'il aurait rencontrés à Strasbourg, précédés de fanatiques plus inexorables, et suivis de plus grossiers imitateurs. S'il avait pu prolonger d'une seule année son séjour dans cette ville où sans cesse il brûlait de retourner, quelle aberration, quels crimes et quels vides il y aurait trouvés en place de tous les enchantements qui avaient ravi son âme avide d'enseignements et faite pour tous les genres de lumières !

CHAPITRE XIV

Séjour d'Amboise. — Correspondance avec madame de Bœcklin et avec le baron de Liebisdorf. — Lettre sur le 10 août. — Mort du père de Saint-Martin. — La marquise de l'Estenduère. — Mademoiselle de Sombreuil. — Notes sur la mort de Louis XVI.

1791—1793

Saint-Martin, rappelé par son père qui se croyait à l'article de la mort, quitta définitivement Strasbourg dans les premiers jours de juillet 1791, pour se rendre auprès de lui à Amboise. Il paraît que son père se rétablit assez bien pour demander peu de soins et le laisser tout entier aux douleurs de sa séparation de Strasbourg. Ces douleurs sont vives et éloquentes. De son *paradis* il est tombé en son *enfer;* car Amboise est son enfer, et c'est un enfer de glace. N'étaient l'étude de son *chérissime* B (œhme) et les lettres de sa *chérissime* B (œcklin), il ne saurait supporter son exil. Car il y est en exil. La résidence de son choix, le pays de son cœur, c'est l'Alsace. Auprès de ses attachements pour ce paradis pâlissent même ceux de Gœthe et d'Alfieri. Il le dit sur tous les tons, et sa peine est sincère; c'est la privation de ses plus grandes jouissances. Il a bien les écrits de son maître avec lui, mais il sait trop peu l'allemand pour les comprendre sans l'aide de son amie, dont la parole complaisante et douce aplanissait les difficultés et prêtait de la magie même à celles qui ne trouvaient pas de solutions.

On comprend Saint-Martin. Au lieu de cette élite d'officiers, de savants, de femmes du meilleur monde, d'adeptes enthousiastes ou d'initiateurs distingués, qu'il vient de laisser dans une grande ville confluente de la France et de l'Allemagne, élite à laquelle de vives affections prêtaient les plus séduisants de tous les charmes, il était réduit à la société d'un vieillard assez souffrant, mais peu malade et pas martiniste le moins du monde. Dans une âme aussi tendre, aussi avide de communications de tout genre, d'une activité si ardente dans sa mission et dans son œuvre, cette souffrance fut vive. La ressentir, ce n'est pas d'une pusillanimité qui s'abandonne, c'est d'une force exubérante qui se débat dans l'emprisonnement.

Toutefois, la situation, d'abord sévère, s'adoucit bientôt. Et six mois après l'arrivée de Saint-Martin dans sa ville natale, c'est-à-dire dès le mois de janvier 1792, s'il se sent encore brisé, il commence cependant à voir que cette épreuve est voulue, qu'elle entre dans le plan, ou, comme il dit, dans le décret de celui qui le mène. Il est ingénieux à prêter à Dieu des vues de bienveillance sur sa personne. C'est sa destinée d'*approcher* du but et de ne pas y *atteindre*. S'il fût resté à Strasbourg un peu de temps encore, il y atteignait. Or, c'est ce qu'il ne fallait pas; c'eût été aller plus loin qu'il ne convient à un être de condition humaine.

« Presque toutes les circonstances de ma vie m'ont

prouvé qu'il y avoit sur moi un décret qui me condamnoit à ne faire qu'approcher de mon but et à ne le pas toucher; mais je n'avois pas encore découvert l'esprit de ce décret. C'est aujourd'hui, 31 janvier 1792, que cette connoissance m'a été donnée. Elle m'apprend que ce décret a été porté sur moi par une prudence de la sagesse; car si j'avois eu des circonstances aussi favorables que mon esprit étoit facile, j'aurois percé plus loin qu'il ne convient à un être en privation, et j'aurois communiqué ce qui doit peut-être rester encore caché, tant mon astral étoit transparent. Je ne parle pas des sciences humaines dans lesquelles j'aurois pu aussi trop séjourner, et qui m'auroient pu nuire en plus d'un sens. »

Pour comprendre le risque sublime que lui faisait courir sa céleste *transparence*, il faut se rappeler ce que nous avons dit de *son astral* dès notre premier chapitre; et il faut convenir, à la vue de ces appréciations de soi-même, qu'on ne se résigne pas de meilleure grâce ni avec plus d'esprit au bénéfice de son amour-propre.

Mais, ô les vaines illusions que celles de l'homme! Saint-Martin n'est pas résigné du tout, et bientôt nous touchons à une recrudescence de nostalgie. Rappelez-vous ce texte : « A Pâques tout étoit arrangé, écrit-il dans son *Portrait*, pour retourner auprès de son amie, lorsqu'une nouvelle maladie de mon père vint encore, à point nommé, arrêter tous mes projets. » Et voyez ce que valent les consolations les plus ingénieuses qu'on se prodigue : tant que votre cœur est malade, véritable Rachel des montagnes d'Éphraïm, il ne veut pas être consolé. Tout à l'heure, c'était par suite d'un admirable décret de Dieu que le philosophe avait été retiré de Strasbourg, où son esprit allait inévitablement *trop loin*. Il en était bien convaincu, et pourtant, sans cette circonstance qu'il déplore, il allait à Strasbourg ; il risquait hardiment d'atteindre « au but dont il était dans sa destinée d'approcher sans y atteindre. » L'homme le plus pur est un abîme d'inconséquences tant qu'il n'a pas eu son 31 janvier !

Il y eut pour Saint-Martin d'autres consolations pendant ces années de privations ; il alla souvent de son enfer en son purgatoire, à Paris, et il y publia, cette année, le *Nouvel Homme* et l'*Ecce homo*, écrits à Strasbourg, comme nous l'avons dit.

Il y vit souvent sa pupille spirituelle, madame la duchesse de Bourbon, qui, après avoir quitté Strasbourg, résidait tantôt au palais Bourbon, tantôt à son château de Petit-Bourg. Saint-Martin se rendant tour à tour au château et au palais, y demeurait, du moins au palais, lors même que sa royale amie en était absente. Il s'y faisait adresser ses lettres. Il ne retournait à Amboise que dans les intervalles de ces voyages, continuant partout ses études favorites, la lecture du grand mystique allemand.

Il se trouvait à Paris auprès de son illustre hôtesse, lorsque le plus enthousiaste de tous ses lecteurs, le baron Kirchberger de Liebisdorf, entama avec lui cette correspondance si remarquable de mysticité, de confidences et de réticences théosophiques, qui se prolongea pendant sept ans, et qui, roulant d'abord sur les premiers ouvrages de Saint-Martin et sa *première école*, eut bientôt pour principal objet les écrits de Bœhme. S'ajoutant à sa correspondance avec madame de Bœcklin, si malheureusement demeurée introuvable jusqu'ici, ces communications si régulières et si constantes furent pour Saint-Martin la source de grandes satisfactions et peut-être celle de quelques études qu'il n'aurait pas faites sans l'impulsion reçue de son adepte. Liebisdorf, membre du conseil souverain de Berne, et de plusieurs commissions cantonales ou municipales, était un homme de beaucoup d'esprit, très-instruit, d'une vive curiosité, questionneur comme un Allemand qui veut savoir tout ce qu'on sait, sans façon avec de bonnes manières, possédant bien son Kant et les sciences naturelles ; mais gâté par d'illustres amitiés, par celle de Bernoulli surtout et par les éloges prématurés que Rousseau avait donnés à sa jeunesse. Tout cela cependant ne laissait pas que de plaire à Saint-Martin, cela embellissait singulièrement une relation née du sein d'une admiration sincère. Sa correspondance très-consciencieuse avec le spirituel et croyant Bernois devint une des grandes affaires de sa vie. Ceux qui en ont eu de semblables les ont quelquefois considérées comme une de leurs missions les plus sérieuses, et d'autres ont rompu les leurs de peur de ne pas suffire à des occupations moins douces mais plus impératives.

Dès sa première lettre (28 mai 1792), le savant baron aborde les questions qu'ont fait naître dans sa pensée les écrits de Saint-Martin.

« Vous avez souvent, dit-il, couvert d'un voile des vérités importantes ; l'auteur des *Erreurs et de la Vérité* ne se refusera pas à quelques éclaircissements. Je crois avoir deviné ce que vous entendez sous la dénomination de *Cause active et intelligente*, et compris le sens du mot de *Vertus*. La première est la vérité par excellence, mais c'est la connaissance physique, connaissance qui ne soit sujette à aucune illusion, qui me paraît le grand nœud de l'ouvrage des *Erreurs*. Nos sens et notre imagination parlent quelquefois si haut, et notre sentiment intérieur peut être si multiplié, que nous ne sommes pas toujours en état d'entendre la voix douce et délicate de la vérité. Comment arriver avec certitude à cette connaissance physique de la Cause active et intelligente?

« Les Vertus sont-elles des aides?

« Et comment la connaissance physique des Vertus mêmes devient-elle possible?»

Voilà les premières questions de Liebisdorf.

Vient encore la prière de vouloir bien lui indiquer les livres *sortis de la plume* de Saint-Martin.

Il aurait fallu un traité et non pas une simple lettre pour répondre à tout cela. Saint-Martin se tire d'affaire comme on fait. Il donne des politesses, des textes bibliques, des conseils en style figuré, et quelques indications bibliographiques. Il a voulu être court, et il a écrit une lettre très-longue. Pour modérer un peu l'ardeur trop pressante de son adepte, il a insisté particulièrement sur un point, *le temps que demande toute bonne végétation, même sous le meilleur des jardiniers*. Il a pris beaucoup de peine sans avoir pu donner de solutions positives. Il le sent, et il fait comprendre au baron que le mysticisme est moins une brillante étude ou une rapide initiation qu'une sainte pratique et un sérieux amendement.

« Ne soyez pas surpris, lui dit-il, que je ne puisse vous envoyer d'éclaircissements plus positifs sur un objet qui ne consiste que dans l'exercice et dans l'expérience. »

Ce qu'il répond de plus intéressant pour nous à son nouvel ami, c'est ce qui fait connaître ses études. Il lit sans cesse, avec une traduction anglaise, celui dont il dit « n'être pas digne de dénouer les cordons de ses souliers, cet homme étonnant qu'il regarde comme la plus grande lumière qui ait paru sur la terre après Celui qui est la lumière même. » C'est Jacques Bœhme qu'il entend.

La correspondance continue sur ce ton pendant plusieurs années. Ici, d'élève à maître; là, d'adepte à initiateur. Toutefois elle se modifie sans cesse, si insensiblement que ce soit; vers la fin il s'y glisse un ton très-différent de celui des commencements. Ce ne sont plus des questions de la part de l'un, des instructions de la part de l'autre, ce sont des communications fraternelles de tous deux. Quoique le magistrat de Berne garde le mieux qu'il peut son premier rôle, celui de disciple, parfois il arrive néanmoins qu'il fait à son tour le maître. Cela est d'ailleurs amené surtout quand il s'agit de la traduction du célèbre théosophe de Gœrlitz, pour laquelle Saint-Martin consulte sans cesse à Berne comme à Strasbourg. Ce n'est donc pas à tort que les rôles sont quelquefois intervertis. Si l'adepte n'est jamais plus avancé que l'initiateur, il est toujours plus érudit et il ne manque jamais de cette urbanité dont on se piquait alors dans les cercles de leurs « Excellences de Berne, » comme disaient leurs agents et leurs sujets de la Suisse française.

Cette correspondance, que je ne compare à aucune autre qui soit publiée, mais qui a de singulières analogies avec celle de Young-Stilling et de Salzmann, inédite, et que j'ai entre les mains, fut un grand bien pour le cœur comme pour l'esprit de Saint-Martin, je l'ai dit. Ce fut son meilleur travail et sa plus grande distraction au milieu des émotions du temps et au sein des regrets que ne cessait de lui donner le séjour de Strasbourg.

Ces regrets continuèrent longtemps à dominer toute sa pensée. Au 10 juillet 1792, il écrit encore ces mots : « Je dois dire que cette ville de Strasbourg est une de celles à qui mon cœur tient le plus sur la terre, et que, sans les sinistres circonstances qui nous désolent dans ce moment, je m'empresserois bien vite d'y retourner. » Avouons-le, il fallait des trésors d'amour pour certaines personnes et les plus généreuses aspirations vers certaines études pour entretenir à ce point sa douleur ou le sentiment de ses privations.

D'ailleurs sa fermeté fut absolue, et si l'idée de calmer ses regrets en retournant à Strasbourg lui vint plus d'une fois, celle de fuir les orages du jour au delà des frontières de la république ne lui vint jamais. D'une impassibilité stoïque à l'endroit des plus grands et des plus terribles faits du temps, ou plutôt d'une entière confiance en la protection toute spéciale dont il était l'objet de la part de Dieu. Calme et même radieux, d'une sérénité extraordinaire au sein de tout ce qui pouvait être péril pour d'autres, Saint-Martin voyait sans effroi, sinon sans émotion, la main de la Providence s'appesantir sur le pays et sur la dynastie, sur les institutions vieillies, les chefs et le peuple égarés. Espérant toujours au nom de ces lois éternelles dont il avait préféré l'étude à celle de la jurisprudence vulgaire, dès l'école de droit; le regard élevé vers un horizon supérieur et beaucoup plus reculé que celui de la multitude, il traversa les plus brûlantes années de la révolution, profondément touché, mais pas troublé un seul instant. Il méditait les mêmes problèmes, il poursuivait la même mission, il gardait les mêmes amitiés. Il n'avait pas besoin, pour demeurer fidèle au sol de la patrie, des nécessités qui l'enchaînaient à Amboise, des devoirs qui le liaient au palais Bourbon, de l'autorité des opinions de son père ou de l'ascendant des sympathies de sa royale amie. C'est à peine si les violentes commotions qui ébranlent la terre de France à cette époque, font de temps à autre abréger les lettres des deux correspondants. Dès l'origine de la révolution, quand elle n'était encore qu'une tentative de belles réformes, Saint-Martin s'est attaché aux nobles inspirations du pays. Cela n'étonne personne. Ce qui surprend, c'est qu'il en parle avec la même fermeté en 1792 qu'en 1789. Lorsque tant d'autres philosophes, gens de lettres, hommes d'État et hommes de guerre, se détournent avec effroi d'événements pleins de terreur, il ne voit encore que des principes à distinguer d'accidents. Le 12 août 1792, il écrit à son ami de Paris, où il s'est trouvé le 10 à l'hôtel de madame la duchesse de Bourbon, une lettre qui est à la fois un monument de prudence dans la conduite et de fermeté dans les principes. Il est profondément frappé, mais point abattu; il n'est pas même étourdi du coup qui l'a atteint; il écrit non pas en philosophe qui pose, ni en historien ému, mais en homme religieux et en citoyen convaincu, qui sait ce qu'il doit, ce qu'il veut et ce qu'il peut.

Lettre de Saint-Martin à Kirchberger.

Paris, 12 août 1792.

« Je ne puis vous écrire qu'un mot, Monsieur, dans les circonstances présentes que le bruit public fera sans doute parvenir à votre connoissance. Je me borne à vous dire que je me trouve enfermé dans Paris, y étant venu pour y rendre des soins à une sœur à moi qui y passoit, et je ne sais ni quand, ni si j'en sortirai. J'ai besoin de toutes mes facultés pour faire face à l'orage, ainsi je n'ai pas le loisir de répondre à votre lettre du 25 juillet, ce sera pour un autre moment. Je vous dirai seulement que j'ai connu M. d'Hauterive, et que nous avons fait nos cours ensemble; j'ai connu aussi M. de La Croix : ce sont toutes des personnes de beaucoup de mérite.

« Au sujet de la lumière cachée dans les éléments, lisez, 47e Epiter de Bœhme; 13-16, quand vous aurez ses trois principes, lisez, ch. 15, 2, 48, 50, et ch. 10, 41.

« Adieu, Monsieur, une autre fois je vous en dirai plus long. Vous pouvez cependant m'écrire si vous avez quelque chose à me communiquer, et je recevrai vos lettres avec plaisir, mais n'y parlez que de notre objet. »

Les lettres de Berne adoucissaient les amertumes du séjour d'Amboise, elles ne les ôtaient pas de dessus le cœur de Saint-Martin. Il alla souvent au château de Petit-Bourg ; mais son père le rappelait sans cesse, et il fallut le courrier de Strasbourg pour soutenir son courage. Nous avons déjà dit qu'il se laissa aller quelquefois aux tristesses et au découragement, aux secousses de néant, et qu'il n'a fallu pour le consoler et le raffermir rien de moins que la parole de Dieu, citée par la meilleure de ses amies.

L'année 1793 apporta de sérieuses modifications dans cette vie si puissamment agitée par des secousses énigmatiques. Deux graves événements vinrent saisir Saint-Martin désolé de son isolement à Amboise : la mort du roi, dont il avait quitté le service il y avait plus de vingt ans, mais qui l'avait fait chevalier de Saint-Louis par les mains du prince de Montbarey, et la mort de son père, dont il était le garde-malade un peu malgré lui.

Il nous apprend qu'il était à Amboise le 21 janvier. Il en mentionne sur son journal le terrible événement dans le style du jour, et comme si quelque émissaire d'un comité révolutionnaire regardait le bout de sa plume par-dessus ses épaules, il met *supplice de Capet*. Le mot *Louis*, qu'il avait mis d'abord, est biffé dans cette note pour faire place à la désignation chère au langage qui a cours forcé, comme du papier-monnaie.

Le même mois il perdit aussi le père qu'il avait toujours aimé et honoré, qu'il venait de soigner en fils dévoué, le cœur tout saignant, mais avec une entière soumission. Il sentit cette perte comme il le dit à son ami de Berne, quoique sa mort fût prévue. C'est à tort que dans plusieurs écrits on rapporte ce fait à l'année 1792. Saint-Martin en fixe la date lui-même dans sa lettre du 13 février 1793 au baron de Liebisdorf. Cette séparation fut adoucie pour le théosophe par les témoignages d'affection d'une sœur très-chérie, madame la marquise d'Estenduère, à laquelle il venait de donner, au milieu des plus vives agitations de Paris, des preuves d'un tendre attachement, et par le redoublement d'amitié que lui témoigna « sa cousine de Sombreuil. »

Cette cousine, qu'il visitera quelques années plus tard dans la terre de Sombreuil, était-ce l'héroïque mademoiselle de Sombreuil qui sauva son père au 2 septembre comme l'héroïque fille de Cazotte sauva le sien, et pour un temps seulement? Je ne le pense pas, car après sa sortie de prison, à la suite du 9 thermidor, mademoiselle de Sombreuil se réfugia à Berlin, et ne revint en France avec son mari, le marquis de Villelume, qu'en 1815.

Désormais plus libre de sa personne et maître de son patrimoine, qui d'ailleurs était médiocre, quoiqu'il comprît deux maisons de campagne, celles d'Athée et de Chaudon, Saint-Martin projetait tantôt d'aller voir en Suisse son cher correspondant, tantôt de vivre plus souvent à Paris et à Petit-Bourg, sans parler de vœux encore plus chers à son cœur, et sur lesquels sa plume, par cette raison même, est encore plus discrète. Mais il fallut s'enchaîner à Amboise.

Saint-Martin s'y trouvait au mois de mars, ainsi qu'aux mois d'avril, juin et juillet.

Le 7 mars, il y donne deux cent soixante-dix livres à la nation pour l'équipement des trois cent mille soldats de la république.

Mais les jours étaient mauvais et le temps était à la tourmente, même à Amboise, et malgré ses dons patriotiques, son sincère dévouement aux plus purs principes et la juste prudence qu'il apportait dans ses relations, sa correspondance devint suspecte. On vient de voir les *soumissions* de son style intime. Ses lettres n'étaient pas plus téméraires. Madame la duchesse de Bourbon y était devenue la citoyenne B., comme dans celle de l'abbé Barthélemy madame la duchesse de Choiseul était devenue la citoyenne C. Le frère de la princesse était simplement *Égalité*. Malgré ces précautions, malgré ces faits, Saint-Martin fut mandé, au mois d'avril, devant les autorités d'Amboise pour rendre compte d'une lettre de Kirchberger. Il réussit à en disculper des expressions dont le sens mystique avait inquiété l'autorité; mais il s'impatienta de ces tracasseries, et il pria son ami d'adopter pour l'avenir une simplicité extrême. Il mit le *veto* sur les lettres de son ami Divonne, qui était émigré et lui demandait à la fois des nouvelles de la princesse et des solutions sur les mystères numériques, deux choses dont la seconde était aussi dangereuse que la première. C'était au moment où le duc d'Orléans allait porter sa tête sur l'échafaud. Une seule lettre de plus de Divonne pouvait lui faire perdre le fruit de tous ses sacrifices et de sa plus prudente conduite. Une seconde épître de Liebisdorf fut renvoyée au comité de surveillance générale à Paris, et ne parvint à Saint-Martin qu'avec le cachet rouge de ce dernier. S'il en venait une de Londres ou de Munich, où Divonne allait tour à tour, c'était un péril réel.

La plus rude des épreuves qui vinrent atteindre Saint-Martin à Amboise après la mort de son père, ce fut la suspension de la plus chère de ses correspondances, celle de Strasbourg. Il nous apprend le fait lui-même. « On y fait comparaître, nous dit-il, à des comités *ad hoc*, toutes les personnes à qui on écrit. Les lettres sont lues en leur présence, et on ne les leur rend que quand elles ne contiennent rien de suspect. La personne avec qui j'ai correspondance ne peut se faire à ces usages, et nous sommes convenus que je ne lui écrirai que lorsqu'elle pourrait lire mes lettres sans sortir de chez elle. » (Lettre au baron de Liebisdorf du 21 juillet 1793.)

Dès qu'il eut mis un peu d'ordre dans ses affaires, celles de la succession de son père, Saint-Martin se hâta de chercher quelques consolations auprès de ses amis les plus éprouvés, madame la duchesse de Bourbon à leur tête.

CHAPITRE XV

Séjour de Saint-Martin à Petit-Bourg. — Le décret relatif aux gens suspects et le certificat de civisme. — Nouvelles études mystiques. — La Sophie céleste. — Son union avec le général Gichtel. — L'union de Sophie céleste et de la Vierge. — Les manifestations physiques à l'École du Nord. — Lavater, le prince de Hesse et le comte de Bernstorf. — Le catalogue des livres du district d'Amboise. — L'appel de Saint-Martin à l'École normale.

1793—1794

D'Amboise, Saint-Martin fit des excursions, des apparitions ou des séjours un peu prolongés à Petit-Bourg, aux mois d'août, de septembre et d'octobre.

Il y était au moment où parut le « décret sur les gens suspects. » On sait que le 6 janvier 1793, la Convention avait décrété que les avoués, hommes de loi et huissiers, auraient à produire un certificat de civisme pour être admis à exercer leurs fonctions. On sait que le 1er avril elle avait fait un autre décret sur les déserteurs et les gens suspects, exigeant des certificats de civisme d'autres catégories de citoyens. Le 12 août, elle vota le *décret relatif aux gens suspects*, ce décret qui portait arrestation de tous les suspects et déclarait suspects : 1° les partisans de la tyrannie ou du fédéralisme; 2° ceux qui ne pouvaient pas justifier de l'acquit de leurs devoirs civiques; 3° ceux à qui l'on avait refusé des certificats de civisme; 4° les fonctionnaires destitués et non réintégrés; 5° ceux des anciens nobles, ensemble les femmes, mères et filles, qui n'avaient pas constamment manifesté leur attachement à la révolution. Nous passons le reste. Ce que nous rappelons suffit pour faire comprendre toute l'élasticité de l'acte. Élasticité terrible, qu'expliquait, mais sans la justifier, la situation du pays, élasticité que n'affaiblit pas l'application dans certaines localités, et que l'histoire même, devenue impartiale, devra toujours reprocher d'autant plus vivement à cette énergique et violente assemblée qu'elle sut voter pour toutes sortes d'intérêts publics une plus belle série de décrets, et les jeter au milieu des mesures les plus vulgaires avec une plus magnifique grandeur et une plus téméraire suffisance.

Saint-Martin, surpris par ce décret à Petit-Bourg, était bien convaincu, et avait lieu de l'être, qu'il ne le regardait pas. Il écrivit cependant au procureur de sa commune, dans le style du temps et comme il le fallait, avec une grande noblesse. C'est une des plus belles lettres qui nous soient restées de lui, disons même la plus belle, puisque nulle autre n'est à ce point empreinte des deux plus pures vertus du citoyen, la soumission aux lois du pays et le plus ferme sentiment de la dignité personnelle. Cela n'exclut ni l'habileté de la rédaction ni la finesse de la pensée. Nous y frisons même de très-près le plus gai des sophismes. La voici textuellement[1] :

Au citoyen Calmelet fils, procureur de la commune, à Amboise, département d'Indre-et-Loire.

A Petit-Bourg, près Ris, à Ris, département de Seine-et-Oise.

Le 22 septembre 1793.

Quoique je ne me croyé suspect sous aucun rapport politique, cependant, citoyen, depuis le décret dernier sur les gens suspects je pense qu'il est prudent à moi de prendre les précautions qui sont en mon pouvoir.

Vous connoissez mes sentiments patriotiques, mais vous connoissez aussi mes œuvres civiques, et quoique j'aimasse mieux les taire que de les publier, je crois que le moment est venu de les avouer. En conséquence, je vous rends la parole que je vous avois demandée, et je viens vous prier de demander en mon nom à la commune l'attestation de cette contribution volontaire de 1250 ₶ dont elle ne connaît pas l'auteur ; et en outre l'attestation de deux autres dons antérieurs pour lesquels je suis porté sur ses registres, sçavoir pour les 200 ₶ que j'ai données le 16 septembre 1792, et pour deux autres cent livres que j'ay données dans le courant de l'hiver : pour que je puisse m'en rappeler la date.

Je vous serai infiniment obligé de m'envoyer au plus tost l'attestation de ces trois articles revêtue de toutes les signatures et formalités requises. Cette pièce peut me servir en cas de besoin.

Je ne sçais s'il seroit à propos de demander un certificat de

---

[1]. Je dois une copie de ce document et l'autorisation de le publier à l'heureux possesseur de l'original, M. Taschereau, administrateur en chef de la Bibliothèque impériale.

civisme. Je compterois bien sur celui de la municipalité, puisqu'elle m'en a déjà accordé un dont je n'ai pas jugé à propos de faire usage; mais je ne pourrois me promettre la même certitude de la part du district dans les circonstances actuelles, tout irréprochable que je suis. Le décret frappe sur ceux à qui on en auroit refusé, et il ne frappe point sur moi, puisque je n'en ay point demandé, comme n'étant point fonctionnaire public et n'ayant point de traitement de l'État. Or si j'allois en demander un aujourd'hui et qu'il me fût refusé, ce seroit me mettre de gayté de cœur dans la gueule du loup.

Cecy est une consultation que je vous fais et sur laquelle je vous prie instamment de ne me citer en aucune façon, en cas que vous veuilliez prendre des informations. Je vous serai obligé de me mander votre avis et, sur toute chose, je vous le répète, de ne me point mettre en avant.

Adieu, cher concitoyen. J'ay reçu votre aimable lettre, et je vous prie de me conserver toujours la même place dans votre amitié et dans celle des personnes qui veulent bien s'intéresser à moi.

Saint-Martin.

Mille choses, s'il vous plaît, au citoyen Justice et à l'abbé.

Saint-Martin, en se dispensant de solliciter un certificat de civisme, fut plus brave que ses amies de Strasbourg, dont l'une, celle-là même à laquelle il avait donné son meilleur portrait, la plus riche et non la moins aristocratique, se hâta d'acheter un certificat de civisme de son cordonnier et au titre de *servante*[1], tandis que d'autres, plus alarmées encore, passaient le Rhin. S'en remettant à l'appréciation de l'officier pu-

---

1. Nous avons ce document entre les mains.

blic de sa commune, Saint-Martin demeura à Petit-Bourg jusqu'en octobre. Il y était à cette époque avec son ami Gombaut, et il rapporte dans ses notes la mort de la reine, comme il a rapporté en janvier celle du roi, même laconisme, même soumission au style qui a cours forcé dans la république :

« J'étais à Petit-Bourg lors de l'exécution d'Antoinette le 16 octobre 1793. »

A la fin de la belle saison, Saint-Martin quitta le cercle de Petit-Bourg jadis si nombreux et si animé (grâce à la maîtresse de la maison, assistée de deux charmantes sœurs, la comtesse Julie de Sérent et la baronne de Sérent, spirituelles et instruites l'une et l'autre), maintenant réduit aux plus intimes et peu rassuré sur l'avenir de chacun d'eux. Il retourna dans sa petite ville pour régler ses affaires de succession, afin de pouvoir la quitter aussitôt que l'horizon viendrait à s'éclaircir, mais bien résolu à profiter du calme qu'elle pourrait lui offrir tant que l'orage continuerait à gronder sur Paris.

Il y avait d'ailleurs dans ces épreuves le bien qu'elles portent toujours avec elles pour les âmes pieuses. « Je vous félicite plus que jamais, dit Saint-Martin à son ami, de respirer l'air de la paix politique. Les circonstances veulent que j'en respire un autre : je me soumets et j'adore. Alors je trouve une paix qui vaut bien celle de la terre. Mais il me faut veiller pour qu'elle soit durable. »

Nous pouvons regretter qu'on n'ait pas laissé à Saint-Martin et à ses amis la liberté la plus entière de s'écrire leurs opinions même politiques, car elles étaient bien sages; mais leurs études mystiques gagnèrent beaucoup à cette interdiction, et, sous ce rapport, leur correspondance de ces années est plus intéressante qu'à aucune autre. Ils redoublèrent d'ardeur. Les deux amis d'Amboise et de Morat s'enfoncèrent à qui mieux mieux dans la traduction de Bœhme ; le baron y ajouta l'étude du successeur de Bœhme, Gichtel, et le philosophe celle de son imitateur, Law.

Ils s'enquirent aussi de Jane Leade, de son ami Pordage et de Saint-Georges de Marsay; mais ils ne les abordèrent pas sérieusement. Saint-Georges, le maître de M. de Fleischbein, aurait dû intéresser spécialement le baron. Il avait souvent visité la Suisse et habité Berne. Il y avait laissé de nombreux admirateurs. A son tour le comte de Fleischbein, son élève, avait formé Dutoit-Mambrini, cet éloquent prédicateur de Lausanne, ce fécond écrivain qui prépara les voies aux deux correspondants, et dont les leçons, appréciées dans toute la Suisse française, disposèrent les esprits à Lausanne, à Genève, à Coppet et à Divonne en faveur des écrits de Saint-Martin. Ils ne prirent eux-mêmes qu'une connaissance imparfaite des écrits si remarquables de Dutoit, ce maître vénéré d'Alexandre Vinet; tant ils s'absorbèrent dans l'école de Bœhme, se proposant de continuer, l'un le théosophe Bœhme, l'autre le *général Gichtel* lui-même.

Le savant baron, le plus croyant des hommes, raconte à son ami la vie de l'enthousiaste Gichtel (lettre du 25 octobre 1794). Il lui dépeint en style très épithalamique l'union, avec Sophie Céleste, de ce théosophe qui ne se croyait pas moins *inspiré* que son maître et plus avancé dans la voie de la réintégration. Il dépeint la première visite que lui fit sa divine fiancée le jour de Noël, en 1673 ; le ravissement du bienheureux mystique, qui vit et entendit *dans le troisième principe* cette vierge d'une beauté éblouissante. Il lui apprend qu'elle l'accepta pour son époux, consommant avec lui ses noces spirituelles dans des délices ineffables. Suit la renonciation du bienheureux époux spirituel, par ordre de Sophie, à toutes les femmes terrestres, riches et belles, qui le pressaient de les épouser.

On voit que cette beauté céleste, qui n'est autre que la sagesse en personne, la sagesse hypostasiée des gnostiques, avait fait un peu de chemin depuis les premiers siècles de notre ère ; qu'elle s'était faite chrétienne et théosophe ; mais que l'imagination des mystiques en avait fait très-peu. C'était là encore la vieille poétique des amants de la gnose ; car toute cette poétique de Bœhme et de Gichtel venait d'eux. Eux aussi célébraient des banquets éternels avec Sophie céleste dans le *Plérôme* de la félicité suprême.

Le colonel ajoute — car Liebisdorf fut colonel — qu'en 1672, lorsque Louis XIV vint jusqu'aux portes d'Amsterdam, Gichtel, qu'il appelle *notre* général, « se servit de ses propres armes, qui chassèrent les étrangers, et que, *par après*, il trouva dans les papiers publics les noms des régiments d'infanterie et des escadrons de cavalerie qu'il avait vus, comme face à face, poursuivant l'ennemi hors du territoire de la république. »

Cette lettre est une des plus longues et des plus curieuses de toute la correspondance. L'excellent Saint-Martin y répond le 29 brumaire.

« J'ai lu avec ravissement les nouveaux détails que

vous m'envoyez sur le général Gichtel; tout y porte le cachet de la vérité. Si nous étions près l'un de l'autre, j'aurais aussi une histoire de mariage à vous raconter, où la même marche a été suivie pour moi. »

On le voit, les pieux amis s'attachèrent à la légende de ce *mystique général* avec de singulières prédilections, et ces deux gentilshommes, l'un colonel et membre de la commission militaire de son pays, l'autre ancien officier du régiment de Foix, philosophes tous deux, rient sous cape de la grande erreur de Louis XIV, « qui était bien loin de s'imaginer que ses nombreuses armées avaient été battues à Hochstett, Ramillies, Oudenarde et Malplaquet, par des généraux qui ne sortaient pas de leur chambre. »

C'est l'extatique Gichtel qui est pour le colonel de Morat, pour l'ancien ami de J.-J. Rousseau, le premier de ces généraux.

Le 29 novembre 1794, Kirchberger répond à Saint-Martin pour lui exprimer toute la joie avec laquelle il vient d'apprendre que son ami goûte ses légendes.

« La partie de votre lettre où vous me parlez du général Gichtel m'a procuré une très-grande satisfaction; vous avez donc aussi connu son épouse personnellement?

« Les lettres de cet homme rarissime me fournissent bien des jouissances; il y a bien des choses à son égard que je n'ai pas insérées dans ma dernière. »

Rien ne saurait mieux témoigner que ces lettres des puissances de croire tout à fait extraordinaires qui s'étaient développées dans les deux correspondants. Saint-Martin ne cède en rien au baron. Il va même plus loin, puisqu'il écrit qu'il a fait lui-même un mariage semblable à celui du *général*.

En revanche, le gentilhomme protestant de Berne l'emporte bien sur le gentilhomme catholique d'Amboise dans une question de dogme.

Du moins, l'année précédente il avait professé sur la Vierge Marie une doctrine d'une exaltation que Saint-Martin avait été obligé de tempérer.

Voici ce débat. Selon l'ancien ami de Rousseau, Marie n'est pas tout simplement la fille sans tache de sainte Anne; elle est, de plus, la Sophie céleste qui est substantiellement descendue en elle et s'est unie à elle. De là sa puissance sur la terre et dans les cieux.

Cela va bien au delà de la foi chrétienne la plus croyante. Et la réponse corrective de Saint-Martin n'est guère plus exacte. Voici ce qu'il répond à son ami.

« Personne ne peut vous blâmer de considérer la Vierge comme un être très-secourable; mais elle ne sera jamais médiatrice que pour ceux qui n'auront pas porté leurs regards plus haut.

« Elle est pure, elle est sainte, elle a eu sa part à la *Sophie*, comme tous les saints et tous les élus. Nous devons nous trouver très-heureux quand Dieu permet qu'elle nous tienne compagnie et qu'elle vienne s'agenouiller avec nous pour le prier (expression que je tiens d'un prédicateur très-catholique de l'Église romaine, et que j'ai insérée, je crois, quelque part dans le *Nouvel homme* ou dans *Ecce homo*) : mais jamais on ne doit la croire indispensable pour personne. Son œuvre est accomplie, puisqu'elle a donné naissance au Sauveur et qu'elle nous a ouvert la source éternelle de la vie.

Elle a infiniment plus fait par là qu'elle ne peut faire désormais.

« D'ailleurs, elle n'a pas donné naissance au Verbe, mais au Christ. Ainsi, elle ne pourroit jamais donner naissance au Verbe en nous....

« Il faut laisser à chacun la mesure de foi qu'il peut porter. Quant à vous, Monsieur, qui ne voulez considérer que les avantages qu'on peut tirer de son commerce, je ne crois pas, je le répète, devoir vous les contester, mais je crois pouvoir vous dire que vous connoissez un plus grand élu qu'elle, qui est son Fils. » (Lettre du 21 juin 1793.)

Rien de plus piquant que cette leçon de modération donnée par la mysticité catholique à la mysticité protestante. Si ce n'est pas la doctrine de l'Évangile, elle est, du moins, plus simple et plus claire que celle du gentilhomme bernois. Mais c'est de la petite mysticité, et l'on n'aurait pas une idée suffisante de la grande, de celle qui a le plus de prix aux yeux des deux amis, si je m'arrêtais là. Je pourrais hésiter cependant ; mais quand on veut faire connaître purement la portée des systèmes et la valeur réelle des hommes, c'est la vérité telle qu'elle est qu'il faut donner. Je continue donc à suivre ce débat un instant encore.

Le baron ne se rend pas aux raisons de son maître ni à l'autorité du prédicateur qu'on lui cite. Il répond :

« Vous dites, et entièrement dans mon sens, que Marie n'a point donné naissance au Verbe, mais à Christ.... Tout comme dans l'ordre inférieur et temporel, rien n'est produit que sur un fond, sur une vierge ; ainsi, dans l'ordre le plus sublime, l'ordre divin, le Verbe est engendré éternellement sur un fond qui, quoique substance, est un *néant infini :* la Vierge, la Sagesse divine, Sophia.

« C'est cette vierge divine qui s'est unie hypostatiquement avec l'humanité de Marie ; c'est sur ce fond divin que le Verbe a été engendré dans Marie. Et c'est encore la même Vierge divine unie à l'humanité de Marie, qui peut entrer dans nos cœurs et servir de fond sur lequel le Verbe s'engendre. »

Une génération assise sur un *néant infini !* Mais comment la faire accepter de la raison ? Pour accepter, la raison n'exige pas la compréhensibilité ; cette vieille pruderie a fait son temps. Mais l'intelligence humaine, pour accepter, pour pouvoir accepter avec raison, exige impérieusement l'absence de tout ce qui implique contradiction, de tout ce qui est absurde. Or, le néant n'étant rien, ne saurait être ni fini ni infini, ni le fond de quoi que ce soit.

Aussi le baron de Liebisdorf serait-il fort embarrassé de soutenir son *néant infini* contre son correspondant, s'il n'avait pour soi une autorité plus haute que la sienne, la plus haute de toutes pour Saint-Martin.

En effet, « c'est Bœhme qui prouve que le néant n'est pas autre chose que Sophia, la Sagesse éternelle ; que Sophia est visible comme un esprit pur, élémentaire, subtil et sans corps..... C'est pour cela, dit-il, que le corps de la Vierge n'a pas, après sa mort, subi la loi générale de la corruption. »

Ces assertions, permises à Bœhme, vu son éducation philosophique, ne l'étaient pas à Liebisdorf, élève de Kant. Aussi Saint-Martin ne s'y rend pas. C'est pour lui à la fois trop de métaphysique et trop de physique.

« Quant à la Sophia, je ne fais aucun doute, dit-il, qu'elle ne puisse naître dans notre centre ; je ne fais aucun doute que le Verbe divin n'y puisse naître aussi par ce moyen, comme il est né par là dans Marie. Mais tout ceci se passera *spirituellement* pour nous, et si nous pouvons le sentir de cette manière, nous ne le voyons jamais alors qu'intellectuellement.... Tout ce qui se présentera plus physiquement et à l'extérieur ne viendra pas de nous ni de notre propre centre.... Ainsi, le Verbe, Sophie, la Marie même, qui peuvent se manifester à l'extérieur, seront le Verbe, Sophie et la Marie, déjà transformés avant nous. Notre œuvre personnelle est de faire renaître toutes ces choses-là en nous, non plus par une génération en être externe..., mais par la renaissance intime de nous-mêmes, qui doit nous rendre semblables à tous ces êtres par la sainteté, la pureté et par la *lumière.* »

C'est distinguer parfaitement et dissiper d'un seul coup, par un seul rayon, tous les brouillards enfantés par les vaines allégories où se perdent Bœhme et ses élèves.

Kirchberger voulait que Sophie se manifestât *extérieurement* et *physiquement*, puisqu'elle avait fait cette apparition à Jane Leade. Il tenait aux *manifestations extérieures* ; il prétendait à la *connaissance physique de la cause active et intelligente*, c'est-à-dire du Verbe ; il voulait aspirer la Sophie céleste jusque dans l'air de l'atmosphère émané de la terre végétale.

« L'air atmosphérique doit renfermer l'élément pur, le corps de la Sophie, la terre végétale. Par conséquent, en respirant l'air, nous devons pouvoir nous alimenter, physiquement même, du corps céleste de la cause active et intelligente; et si notre cœur s'ouvre, il peut et doit à chaque respiration recevoir la nourriture pure, spirituelle, qui est renfermée dans cette manne divine. Ainsi l'air seroit le grand véhicule. »

On voit que le savant de Berne avait des réminiscences de cosmogonie ancienne jusque dans sa théologie chrétienne : il y avait là quelques souvenirs trompeurs de la théorie de l'âme du monde et de ses rapports avec celle de l'homme émanée d'elle; mais on n'est pas plus matérialiste que ce mystique qui veut aspirer *Sophie* et le *Verbe* jusque dans l'air.

Cela ne peut aller au théosophe d'Amboise.

Il réplique d'abord, en ce qui concerne le précédent de Jane Leade, et bien doucement, mais avec autorité.

« Instruit comme vous l'êtes aujourd'hui, vous devez être sûr que nulle tradition ou initiation des hommes ne pourra jamais vous répondre de vous mener aux communications pures...; il n'y a que Dieu seul qui les donne. »

Il est également ferme sur la question elle-même, la jouissance physique de Sophie au moyen de la respiration de l'air atmosphérique; mais il est ferme au nom d'une érudition toute mystique que je me garderai bien d'expliquer au lecteur, tant elle est merveilleuse pour la pensée et emblématique pour le style. « Le mot de terre végétale s'étend, dit-il, à toutes les régions. Il y a une terre végétale matérielle, c'est celle de nos champs; il y a une terre végétale spirituelle, qui est celle de l'élément pur; il y a une terre végétale spirituelle, qui est la Sophie ; il y a une terre végétale divine, qui est l'Esprit-Saint…

« Vous voyez que nous avons sûrement (?) les mêmes notions et les mêmes idées sur cela. Quant à la possession de cette terre sainte, je ne puis vous indiquer aucun moyen d'y parvenir que ceux ci-dessus et dont je vous ai amplement parlé dans toute notre correspondance. C'est là où je vous renverrai toujours, pour que vous vous consacriez tellement à chercher Dieu que vous n'attendiez rien que de lui. »

En désespoir de cause, le baron aux abois fait intervenir deux autorités à l'appui de son goût pour le physique.

La première, ce sont quelques anciens amis de Bâle très-avancés, à sa grande surprise, *dans la théorie et dans la pratique des communications sensibles.*

La seconde autorité qu'il produit en faveur de ses idées sur les communications sensibles, c'est la relation écrite par Lavater d'un voyage qu'il avait fait à Copenhague pour y prendre connaissance de faits très-merveilleux qui s'y passaient, selon ses amis, le prince de Hesse et le comte de Bernsdorf. Le document était singulièrement choisi. Ce triste épisode de la vie de Lavater ayant très-justement affligé sa famille et ses amis, un ami tel que Liebisdorf devait s'interdire d'y puiser. Mais dans sa disette d'arguments, il ne recule pas devant une sorte de profanation, et emprunte à la relation du célèbre théosophe de Zurich précisément ce qu'il y a de plus étrange. Il est vrai que pour lui c'en sont les trois faits les plus frappants.

Le premier, c'est que l'École du Nord avait des manifestations physiques, des apparitions de la *Cause active et intelligente.*

Le second, c'est qu'elle avait des apparitions de saint Jean ; si bien qu'elle enseignait même le prochain avénement ou le prochain retour de saint Jean. Ce fait est digne d'attention au moins sous un point de vue : c'est que les membres de l'École du Nord se soient occupés du retour de cet apôtre au moment même où deux des philosophes les plus célèbres d'Allemagne, Fichte et Schelling, prenaient saint Jean pour le symbole de l'Église incessamment appelée à remplacer celle de saint Pierre, qui, suivant eux et beaucoup de théologiens du Nord, avait fait son temps.

Le troisième fait que Liebisdorf prend dans le même document, et qui charme fortement ses réminiscences de spéculation grecque, pythagoricienne surtout, c'est que l'École du Nord enseignait cette même migration des âmes que professa l'école de Pythagore avec d'autres sanctuaires de l'Égypte et de l'Orient.

Ce fait aussi mérite notre attention, en ce que le spiritisme enseigne aujourd'hui, sous le nom de *réincarnation*, ce que les théosophes de Copenhague professaient, il y a soixante-dix ans, sous le nom de *rotation* des âmes.

On voit, d'ailleurs, aisément l'avantage que le dialecticien de Berne voulait tirer, pour sa théorie d'intime communion avec Sophie et le Verbe, de cette doctrine d'affinité et de réapparition des âmes. Il hésitait, comme Lavater, sur la métempsycose, mais il donna sept raisons, sept arguments, pour justifier sa croyance au reste, et pour justifier les voyants de Copenhague, qui

« étaient persuadés, dit-il, que ces manifestations étaient des signes et des *émanations* de la cause active et intelligente. »

Pour ajouter plus de poids à ses arguments, Liebisdorf fait sonner beaucoup de noms et de beaux. A ses amis de Bâle et au plus illustre des Suisses depuis la mort de Rousseau, au très-mystique Lavater, il ajoute quelques personnes du premier rang dans une cour du Nord. Il met enfin, ce que nous devons remarquer un peu, ces mots curieux : « Ce n'est pas celle (la cour) dont vous m'avez parlé dans une de vos lettres, et dont le cabinet ne fait pas un pas sans consultations physiques. » (Lettre du mois de décembre 1793.)

Il y avait donc à cette époque tout un cabinet, un conseil de ministres, qui gouvernaient d'après des consultations physiques !

Mais, soit dit à l'honneur de Saint-Martin, qui veut croire, mais un peu en philosophe ; qui est mystique, mais avec intelligence, tous ces noms, ces témoignages et ces autorités n'y font rien. Il ne veut pas qu'on aspire Sophie dans les émanations de la terre végétale ; il attache peu de prix aux manifestations physiques ; il ne nie pas les apparitions de saint Jean, mais il les soumet aux règles d'une saine critique, et il repousse catégoriquement la rotation des âmes.

En général, pour ceux qui suivent les deux jouteurs spirituels, soit dans ce débat, soit dans d'autres, rien de plus piquant que leur lutte. A la moindre idée qu'émet le Français, qui est tout entier à la spiritualité, mais qui aime les expressions empruntées aux sciences physiques, le Bernois, qui est plus versé que lui dans ces études, se jette sur cette pâture offerte à sa curiosité pour la développer en son sens, en la transplantant sur son domaine et la traduisant en son style. Puis il la renvoie à son auteur à ce point matérialisée, que celui-ci, aussi embarrassé dans l'aveu que dans le désaveu de la compromettante paternité, a une peine infinie à la rétablir en son sens primitif.

Cette lutte continue pendant des années, et Saint-Martin ne s'impatiente un peu que de temps à autre, quand son ami le consulte sur toutes sortes de choses sur lesquelles il n'aime pas à s'engager dans le moment, telles que la question des loges maçonniques et « d'autres bagatelles de ce genre, » selon le mot un peu blessant du penseur d'Amboise.

Un fait qu'il me semble curieux d'observer, c'est le calme avec lequel les deux théosophes discutaient ces questions pendant que la France troublée suivait avec anxiété les péripéties de sa régénération sociale, rapides comme les sillonnements de l'éclair. Au sein même de toutes ces commotions, et à la vue de cette série d'institutions nouvelles qui se développaient avec une irrésistible puissance, en dépit des passions nationales irritées et attisées par celles de l'Europe, non moins agitée que la France — au milieu de tous ces conflits, de toutes ces guerres, et debout sur toutes sortes de ruines, celle de leur fortune comprise, ils songent à leur œuvre morale comme s'il n'y avait d'essentiel que cela.

C'est bien là le point de vue moral par excellence. Ils discutent le détail, mais ils sont d'accord dès qu'il s'agit de leur sainte cause.

Je viens de montrer un peu davantage les torts de l'un

des deux. Pour les effacer, que je cite ces belles lignes qu'il jette au milieu d'un débat où il n'a pas raison :

« Quant à la proposition fraternelle du projet de traduction, je l'accepte, autant que je puis y contribuer, de tout mon cœur, parce que je compte sur les secours de la Providence et sur le vôtre. Ce que je pourrai faire n'ira pas loin, parce qu'il y a des temps où je suis noyé dans les affaires, et que j'en ai beaucoup plus que mes foibles moyens peuvent expédier. Et si je ne me fiois pas sur la bonne Providence, je perdrois courage. D'abord, après mon arrivée dans ma ville natale, différents comités absorberont, avec les assemblées du grand conseil, tout mon temps. Un de mes principes est de suivre notre vocation, quand même les devoirs qu'elle impose paroîtroient minutieux ; mais, malgré cela, il y a des saisons dans l'année où les affaires publiques n'exigent pas un aussi grand travail, alors comptez sur moi, je croirai impérieusement employer mon temps en vous aidant de mon mieux dans votre louable projet. Je vous embrasse de tout mon cœur, et vous sollicite instamment de ne me pas oublier dans vos bonnes prières.

Signé : KIRCHBERGER.

En général, c'était la mission de Saint-Martin de défendre la spiritualité contre le matérialisme des mystiques dans sa correspondance avant d'avoir à la défendre contre les sensualistes à l'École normale.

Il devait arriver à cette école dialecticien un peu exercé ; mais il eut à passer auparavant par une légère persécution et par un travail fort instructif pour un futur professeur, si l'on peut appliquer cette épithète à un élève de l'École normale.

La persécution fut petite, et Saint-Martin n'en gémit pas. Il se trouvait à Paris, après son séjour à Petit-Bourg dont nous avons parlé, lorsqu'il fut atteint par le décret du 27 germinal an II (1794), qui éloignait les nobles de la ville de Paris. Il se hâta de quitter. Ce fut sans murmure, mais avec le sentiment d'une situation aggravée. Dès le 30 germinal, il écrivit à son ami pour l'informer de son départ.

« Je pars en vertu du décret sur les castes privilégiées et proscrites. Et c'est parmi elles que le sort m'a fait naître. *Nous ne parlerons pas d'affaires publiques.* Vous savez que je n'en parle pas ordinairement, et *c'est moins le moment que jamais.* »

Il ne bouda pas et ne fut pas maltraité dans son pays. On l'aimait, on le vénérait à Amboise. Dès le mois suivant, le 27 floréal de l'an II, il fut chargé de dresser le catalogue des livres et manuscrits tirés des maisons ecclésiastiques de son district supprimées par la loi.

Il aimait peu les livres et les bibliothèques ; il se plaisait à dire des choses sévères à ce sujet ; mais il avait une idée si haute de l'œuvre du temps, de la révolution, qu'il fut heureux de s'y trouver pour quelque chose. Il considérait sa *besogne comme une pitié ;* mais la transformation qui s'accomplissait en France, il la qualifiait de « grand mouvement, ayant un grand but et un grand mobile. » Il s'acquitta donc de sa tâche « comme d'une mission importante et profitable pour son esprit. » Il avait raison. Il y trouva de l'instruction et des « jouissances délicieuses pour son cœur. » Une de ses lettres déborde des « joies qu'il a éprouvées en suivant, dans la Vie de la sœur Marguerite du Saint-Sacrement, ce qu'il appelle « les développements magnifiques qu'elle a eus. »

D'ailleurs la manière dont son travail fut apprécié par l'administration locale et par le comité de l'instruction publique lui donna une grande satisfaction et amena pour lui, de la part des autorités de son district, une marque d'estime plus considérable. Il fut choisi par cette administration, et de bons esprits aimeraient à voir rétablir les districts en place des sous-préfectures, pour le candidat qu'elle devait envoyer à l'École normale. Il accepta encore, si singulière que fût cette vocation adressée à un homme de son âge.

Le dévouement de Saint-Martin dans ces deux occasions est peut-être ce qui montre le mieux sa pensée politique. Telles sont la pureté et la fermeté de cette pensée qu'elle flétrit les excès et les violences du jour, mais s'attache aux principes et au dessein général; elle ne se refuse pas l'épigramme même sanglante sur les fautes ou les horreurs, mais elle s'associe au travail « quand il ne s'agit ni de juger les humains ni de les tuer. »

Ce sont là les propres paroles du philosophe.

CHAPITRE XVI

Saint-Martin appelé à l'École normale. — Ses anciens amis de Paris. — Les nouveaux. — Le baron de Crambourg. — Le baron de Gleichen, disciple du comte de Saint-Germain. — La mission de Saint-Martin à l'École. — L'enseignement de Garat, l'analyse de l'entendement. — La bataille Garat : Saint-Martin champion du spiritualisme. — La dissolution de l'École.

1794—1795

Si occupé qu'il fût de sa correspondance avec Berne, de ses études sur Bœhme et de sa commission bibliographique, Saint-Martin banni de Paris souffrait dans sa solitude. Très-réduit dans ses revenus, n'ayant qu'une seule servante, ne voyant plus madame la duchesse de Bourbon, n'écrivant plus à madame de Bœcklin, qui ne voulait pas prendre connaissance de ses lettres au bureau de la police, il trouva Amboise un peu plus enfer que jamais. « Ne pensons jamais, » s'écrie-t-il dans un de ces moments de douleur et de souffrance morale que connaissent toutes les âmes sensibles et qui assurent leur plus pur développement, — « ne pensons jamais à demeurer ici-bas plus ou moins longtemps; mais travaillons sans cesse à devenir prêts à en sortir. *Amen.* »

Ce cri lancé, il gronde doucement son heureux ami de Berne, qui a négligé, ce lui semble, une occasion précieuse de fortifier une belle âme dans la vraie voie. La fille de Lavater réclamait sa direction spéciale, et il n'était pas allé la voir. Saint-Martin portait un vif intérêt à mademoiselle Lavater, jeune personne d'un esprit très-distingué, adorant son illustre père, tout en voyant ses erreurs. Quant à lui, Saint-Martin, il n'aurait pas hésité. De son côté, le baron, qui aimait ce genre de direction, si j'en juge par sa correspondance avec mademoiselle Sarazin de Bâle et mademoiselle Lavater elle-même, correspondance que j'ai sous les yeux et dont la rare et sage délicatesse est admirable, le baron, dis-je, avait les meilleures raisons du monde de ne pas intervenir en personne dans ce moment. D'abord la spirituelle Nanette allait donner sa main à M. Gessner, le futur président de l'Église de Zurich; ensuite il s'était établi une réserve extrême dans les rapports entre le père et la fille, précisément à la suite de ce voyage à Copenhague dont j'ai parlé au chapitre précédent.

Ces tributs payés à leur situation, les deux amis s'enfoncent ensemble, plus que jamais, dans leurs discussions favorites. Ils les assaisonnent de remarques lexicologiques et grammaticales que soulève le travail qu'ils poursuivent en commun, la traduction de Bœhme; et quoiqu'il ne s'agisse que des principaux traités du philosophe teutonique, leur correspondance leur offre toujours le même attrait. Leur admiration pour ce penseur original va toujours croissant. C'est à ce point que le grand Newton doit nécessairement en avoir lu les écrits, puisqu'on trouve là le germe de la « magnifique » théorie de la gravitation !

Ils en étaient à ces doux échanges sur le merveilleux génie du grand théosophe et sur les exploits du *général* Gichtel dont j'ai parlé tout à l'heure, quand survint à Saint-Martin cet appel à l'École normale qui marque comme un des plus grands faits dans sa vie d'études. En effet, si court que son séjour ait été dans une école fondée pour donner aux futurs professeurs de la république la science et la méthode, il amena dans les vues du théosophe une révolution semblable à celle qu'y avait produite le séjour à Strasbourg, ou plutôt il en forma le véritable complément. Tout, dans cet épisode de la vie de Saint-Martin, mérite l'attention : les dispositions avec lesquelles le sérieux penseur âgé de plus de cinquante ans y entra, le rôle qu'il y joua, le projet avec lequel il s'en alla quand elle fut dissoute.

Dans la même lettre où il dit à son ami qu'il a lu avec ravissement les nouveaux détails sur le *général* Gichtel, il lui apprend sa nomination à l'école.

« Il est très-possible, lui dit le futur professeur, que je parte avant pour aller passer l'hiver à Paris. Voici pourquoi. Tous les districts de la république ont ordre d'envoyer à l'École normale à Paris des citoyens de confiance, pour s'y mettre au fait de l'instruction, qu'on veut rendre générale; et quand ils seront instruits, ils reviendront dans leur district pour y former des instituteurs. L'on m'a fait l'honneur de me choisir pour cette mission, et il n'y a plus que quelques formalités à remplir pour ma propre sûreté, vu ma tache nobiliaire qui m'interdit le séjour de Paris jusqu'à la paix. Comme je ne crois pas que cela souffre de difficulté, je présume que je pourrai être rendu à Paris dans trois semaines au plus tard... Mais faites toujours en sorte que j'aie de vos nouvelles avant que de partir.

« Cette mission peut me contrarier sous certains rapports. Elle va me courber l'esprit sur les simples instructions du premier âge. Elle va aussi me jeter un peu dans la parole externe, moi qui n'en voudrois plus entendre ni proférer d'autres que la parole interne. Mais elle me présente aussi un aspect moins repoussant, c'est celui de croire que tout est lié dans notre grande révolution où je *suis payé pour y voir la main de la Providence*. Alors il n'y a plus rien de petit pour moi, et ne fussé-je qu'un grain de sable dans le vaste édifice que Dieu prépare aux nations, je ne dois pas résister quand on m'appelle. » (Lettre du 29 brumaire an III.)

Il nous dira ailleurs, et d'une manière bien piquante, comment il est payé personnellement pour voir la main de Dieu dans la révolution ; ici, remarquons surtout les raisons qui le décidèrent, contre l'attente même de ceux qui l'avaient choisi, d'accepter à cinquante-deux ans le rôle d'un étudiant, avec l'engagement de ne le quitter que pour celui d'un professeur de l'État.

« Le principal motif de mon acceptation est de penser qu'avec l'aide de Dieu je puis espérer, par ma présence et mes prières, d'arrêter une partie des obstacles que l'ennemi de tout bien ne manquera pas de semer dans cette grande carrière (d'enseignement) qui va s'ouvrir, et d'où peut dépendre le bonheur de tant de générations.

« Je vous avoue que cette idée est consolante pour

moi. Et quand je ne détournerois qu'une seule goutte du poison que cet ennemi cherchera à jeter sur la racine même de cet arbre qui doit couvrir de son ombre tout mon pays, je me croirois coupable de reculer. »

On sent là un souffle descendu sur le prophète du haut de ces régions dont les ordres ne se discutent pas; et de quelque opinion qu'on soit sur les idées elles-mêmes qui inspirent de tels dévouements, ces dévouements, on les respecte et on les admire.

A un autre point de vue on voit avec bonheur Saint-Martin arriver à un changement dans sa situation. Ni le séjour d'Amboise, ni celui de Chaudon, où il s'était réfugié après la Terreur, ne lui convenait plus. Il se disait ou se croyait le Robinson de la spiritualité, et cet isolement lui pesait : il aspirait à en être le François Xavier, le missionnaire. Il ne pouvait donc rien lui arriver de plus désirable, au sortir de sa besogne bibliographique, qui l'avait tant instruit, que ce qui se présenta tout à coup, un appel au professorat. Une chaire dans le nouvel enseignement qu'on allait donner à la nation, quelle tribune plus favorable pouvait-il souhaiter? Et n'était-il pas juste qu'après avoir été proposé pour l'éducation de l'héritier du trône, il fût employé à celle de la nation, désormais appelée à se gouverner elle-même? En effet, en 1791, quand Saint-Martin sortait de Strasbourg, plein d'enthousiasme pour ce qu'il avait vu et appris dans la savante cité, on l'avait porté, avec l'abbé Sieyès, dont les principes politiques lui allaient en partie, et avec Condorcet et Bernardin de Saint-Pierre, dont il détestait les tendances déistes, sur la liste des personnes parmi lesquelles on devait choisir l'instituteur du jeune dauphin.

Dans un ordre d'idées qui avaient leur entraînement, Saint-Martin se rendit à Paris le plus tôt qu'il put. Il s'y installa, rue de Tournon, *maison de la Fraternité*. Peu de jours après il alla monter sa garde au Temple, où végétait encore le jeune prince dont il avait dû devenir le précepteur, privé de sa liberté, de sa famille, de toute instruction, souvent même du nécessaire.

Ses souvenirs entraient assurément pour quelque chose dans le choix du poste où il monta sa garde; mais le simple et calme dévouement avec lequel il remplit ses devoirs politiques en toute circonstance suffit pour expliquer le fait. Il mentionne cette faction, qui pouvait lui donner des émotions si vives, avec la même sobriété que ses autres actes patriotiques.

Quel que fût l'âge de Saint-Martin, je ne pense pas qu'on soit jamais entré à l'École normale, ni alors ni depuis, avec un plus grand désir d'apprendre, une plus vive aspiration à l'enseignement, des dispositions meilleures et des points de vue plus élevés. *Il s'honore d'un emploi si neuf dans l'histoire des peuples, d'une carrière d'où peut dépendre le bonheur de tant de générations.* La mission le contrarie sous certains rapports, mais il veut apporter son grain de sable au vaste édifice que Dieu prépare aux nations; car il est encore persuadé, comme Mirabeau dans ses plus beaux jours, que la Révolution française fera le tour du globe.

Saint-Martin voit toujours la Révolution de haut, et abstraction faite des accidents, quels qu'ils soient, il lit dans les grandes destinées de son pays celle de l'humanité. Elle se déroule à ses yeux avec une terrible impétuosité, mais ses fins majestueuses flattent et séduisent toutes ses espérances; il voit d'autant plus en véritable philosophe, qu'il voit en homme plus convaincu. Si, dans sa lettre au baron de Liebisdorf, une figure un peu vive nous avait surpris, on trouverait dans ses notes intimes quelques mots qui expliqueraient la *goutte de poison* jetée sur les racines de l'arbre. La figure est d'ailleurs fort transparente : Il espère trouver, au milieu de ces deux à trois mille professeurs futurs, l'occasion de faire quelque chose pour ses objets.

Il la trouvera, en effet, et ne manquera pas d'en profiter avec zèle et avec éclat. Mais l'homme s'agite, et Dieu le mène. Saint-Martin acquit à l'École ce qu'il ne cherchait pas, non pas une philosophie complète, mais cette philosophie très-méthodique qu'il n'aimait pas, qu'il haïssait beaucoup, qu'il connaissait peu, et dont il fut bien aise, un jour donné, de pouvoir se servir contre ceux-là mêmes qui s'étaient chargés de la lui enseigner.

Les retards qu'éprouva l'ouverture de l'École lui permirent de revoir son Paris, et il fut tout heureux de s'y retrouver avec un grand nombre d'anciens amis. Son *Portrait* les nomme dans un pêle-mêle qui ne peint guère que lui-même, ce qui est, d'ailleurs, l'objet de cet écrit.

« A ma rentrée dans Paris pour l'École normale, y est-il dit, j'ai retrouvé avec plaisir plusieurs personnes de ma connoissance, telles que les Davaux, Archebold, Vialettes, Bachelier d'Agès, La Ramière, Sicard, Lizonet, les Desbordes, les Mion, Marade, ma bête, Corberon, Clémentine, Maglasson, Heisch, le jeune homme d'Hervier,

Mailly, Gros, Stall, Maubach, les Orsel, Ségur, Gombauld, Grosjean, d'Arquelay, Menou. »

Maubach, qui fut payeur général à Besançon, et Gombauld, conseiller à la Cour des aides, étaient pour Saint-Martin de véritables *frères de la foi*.

« J'en ai connu plusieurs autres pour la première fois, tels que Nioche, Isabeau, Bodin, Monlord, Lacroix le mathématicien, les Montejean, miss Adams, White, Beaupuy, Berthevin, La Tapye, Laroque, le couple Tiroux, Falconet, les Lacorbière, Krambourg, Chaix, Relud.... » (C. 40, 44.)

De tous ces personnages, les uns très-connus, les autres très-obscurs, le plus à remarquer pour nous c'est Krambourg, c'est-à-dire le baron de Frisching, car Krambourg n'est qu'un pseudonyme ou du moins qu'un des noms qu'il prenait. D'une famille patricienne de Berne et appelé à jouir d'une belle fortune, bien élevé par un excellent précepteur, mais gâté par les flatteries de sa mère, qui en raffolait, il passa sa jeunesse et mangea son héritage à mener en France la vie d'un homme à bonnes fortunes. Quand cela fut fait, il eut envie de s'amender, et Liebisdorf ne manqua pas d'éclairer Saint-Martin à son sujet. « Les femmes ont rapetissé son esprit, et son malheureux penchant pour elles lui a fait faire un écart qui passoit toute borne. »

C'était rendre à Saint-Martin, en 1795, le service que le théosophe avait rendu à Liebisdorf en 1794, au sujet du baron de Gleichen, émule ou disciple du mystérieux comte de Saint-Germain, qui était le fils d'un juif portugais et d'une princesse connue de Louis XV.

Aventurier comme son type, le baron de Gleichen était

très-connu de Saint-Martin ; mais il en était peu estimé, et Saint-Martin ne cessait de prêcher le baron de Liebisdorf à son sujet. « C'est un homme qui a beaucoup d'esprit, lui dit-il, surtout de l'esprit de cour et de l'esprit du monde. Il a frappé à toutes les portes ; il a entendu parler de tout, il a tout lu ; avec cela je ne pourrois pas vous dire en quoi il est entré.... Enfin, c'est un homme tellement habitué à voir du faux et de l'erreur, qu'il ne cherche que cela. Ce qui m'a fait dire de lui, dans le temps, qu'il donneroit trente vérités pour un mensonge. A-t-il changé depuis? Je le souhaite. »

Le portrait n'est pas flatté, mais, il faut en convenir, il est esquissé de main de maître. Plus tard, le peintre ajoute ce trait : « Si vous me parlez de G., que ce soit toujours sans le nommer, je vous prie. Et surtout qu'il se garde bien de m'écrire : je ne puis recevoir ses lettres. »

Au surplus, le portrait est chargé, et si ce baron de Gleichen est le personnage de ce nom qui a publié en allemand les *Hérésies métaphysiques* dont on a extrait les *Essais théosophiques*, parus à Paris en 1793, nous avons de lui un portrait plus fidèle : c'est celui qu'il a tracé lui-même dans ses *Mémoires*, qui sont inédits à la vérité, mais dont le *Mercure étranger* a donné un curieux extrait (tome I*er*, page 243).

Au surplus, rien ne marque mieux que cette pureté de jugement des deux amis la ligne austère et sainte qu'ils suivaient, et qui les sépare de tous ces personnages douteux qu'on rencontre à cette époque essayant des rôles qui ne sont pas faits pour eux, mais les abordant tous, y compris ceux de prophètes et de maîtres.

Peut-être d'entre ces amis que Saint-Martin eut le temps de visiter à son aise avant l'ouverture de l'École, aucun, à l'exception de l'abbé Sicard dont il devait y suivre le cours de grammaire générale, ne se préoccupait de l'objet spécial qui l'avait amené à Paris; et bientôt il s'impatienta d'autant plus des lenteurs qu'on apportait aux commencements des cours, qu'il sentait davantage les privations que lui imposaient, en l'absence de sa royale hôtesse, la médiocrité de sa fortune et les malheurs du temps. Il les sentait en homme d'une organisation fort délicate; mais, en se recueillant, il les supporta en philosophe.

« Nos entreprises studieuses, écrit-il au 4 janvier 1795, ne commenceront que dans quinze jours. On ne sçait même trop quelle tournure elles prendront, car le projet n'est pas mûr. Il s'éloigne déjà du but simple de son institution qui faisoit mon attrait. Ainsi, je ne puis vous répondre en rien de ce résultat, et pour cela faire, il me faut voir venir. En attendant, je gèle ici faute de bois, au lieu que dans ma petite campagne (à Chaudon) je ne manquois de rien. Mais il ne faut pas regarder à ces choses-là. Faisons-nous esprits, il ne nous manquera rien; car il n'y a point d'esprit sans parole, et point de parole sans puissance : réflexion qui m'est venue ce matin dans mon oratoire, et que je vous envoie toute fraîche. »

On voit que ces privations ne lui ôtèrent pas sa douce gaieté. Son *oratoire* est une charmante figure. D'un autre côté, ses études ne lui ôtent rien de son goût pour les spéculations de la haute mysticité, qui se dessinent plus poétiques que jamais, et lui offrent, pour ainsi dire, plus d'attraits au milieu des arides travaux de la science que dans les solitudes enchantées de la campagne.

« Je crois bien, » dit-il à son correspondant, qui était si heureux de lui avoir fait connaître le *général* Gichtel et sa céleste épouse, — « je crois bien, lui dit-il, avoir connu celle dont vous me parlez, non pas aussi particulièrement que lui. Mais lors du mariage (projeté) dont je vous ai parlé, il me fut intellectuellement mais distinctement dit : « Depuis que le Verbe s'est fait chair, nulle « chair ne doit disposer d'elle-même sans qu'il en donne « la permission. » Ces paroles me pénétrèrent profondément, et quoiqu'elles ne fussent pas une défense formelle, je me refusai à toute négociation ultérieure.... »

Aussi assure-t-il son ami que c'est toujours avec un nouveau plaisir qu'il l'entend parler de GICHTEL. Seulement, comme il s'agit d'un général allemand et de secrètes alliances, il lui recommande de nouveau d'être très-prudent dans ses lettres, très-réservé et très-net dans son langage, pour qu'on ne prenne pas le change sur les affaires mystérieuses qui en sont l'objet. Il ne fallait qu'une phrase malvenue pour devenir suspect et compromettre la liberté, sinon les jours, même d'un élu de tout un district et d'un futur maître de la jeunesse républicaine.

L'École fut ouverte à la fin de janvier. Saint-Martin, qui en avait mal auguré dès en arrivant, fut peu satisfait des débuts.

« Quant à nos écoles normales, dit-il, ce n'est encore que le *spiritus mundi* tout pur, et je vois bien celui qui se cache sous ce manteau. Je ferai tout ce que les circonstances me permettront pour remplir le seul objet que j'ai eu en vue en acceptant, mais ces circonstances sont rares et peu favorables. C'est beaucoup si, dans un mois, je puis parler une ou deux fois, et si chaque fois je puis parler cinq ou six minutes, et cela devant deux mille personnes à qui, auparavant, il faudroit refaire les oreilles. Mais je laisse le soin à la Providence de disposer de la semence et de la culture ; je ne ferai que ce que je pourrai faire, et je n'y puis rien si elle ne juge pas à propos que j'en fasse davantage. Je n'attends donc plus de ceci tout ce que mon désir m'en avoit fait espérer. Cependant il en peut toujours sortir quelque chose ; si peu que ce soit, il ne faut pas que je m'y refuse. »

Il n'obtient la parole que rarement et pour peu de temps ; mais il la prendra chaque fois qu'il le pourra, et fera ce qui dépendra de lui pour combattre l'esprit du siècle ou plutôt celui qui se cache *sous son manteau.*

Fera-t-il quelque chose d'important par ses résultats ?

Saint-Martin s'en remet à la Providence. Il prie, il observe, il se prépare au combat. Il ne suit pas un cours de philosophie tel qu'il lui en faudrait un et tel qu'il devait s'en faire un jour à cette école. Il n'a que des leçons d'idéologie, Condillac corrigé, non par Destutt de Tracy et Laromiguière, mais par Garat. Il n'en profite que pour s'exercer à combattre ; et au lieu d'étudier Descartes ou bien Malebranche et Leibnitz, qu'il semble ignorer, il s'attache plus que jamais au spiritualisme théosophique de Bœhme. Il recherche ceux de ses camarades qui savent l'allemand, et les consulte sur les difficultés que lui présentent les textes de son guide, se félicitant de retirer au moins ce fruit de ses sacrifices.

« Je profite de leur secours (celui de ses camarades de Strasbourg), écrit-il, pour me faire expliquer le mot de notre ami Bœhme que je ne comprends pas. Ce sera toujours un avantage que j'aurai retiré de mon voyage. »

Là-dessus, il se trompait fort heureusement. Un mot allemand bien compris ne fut pas tout ce qu'il gagna à l'École normale ; il y devint meilleur philosophe qu'il ne pensait. Ayant lu dans sa jeunesse Descartes, Bacon et Burlamaqui, il apportait aux études spéculatives de grandes facilités. Il avait suivi pendant les belles années de sa vie, en admirateur sincère, les pages les plus charmantes de Voltaire, et tous les écrits de l'homme éloquent dont la politique inspirait les générations révolutionnaires, comme sa morale et sa pédagogie avaient fasciné les générations précédentes. Saint-Martin était au courant des plus grands débats de l'époque. Quand il avait affaire aux gens du monde, il appelait philosophie ce que le monde appelle ainsi, quelques idées sur la liberté de la conscience ou de la pensée, et cet ensemble de croyances très-tempérées que le dernier siècle empruntait à toutes les religions et que nous désignons par le mot de déisme. Avec les représentants de la science sérieuse, Saint-Martin comprenait fort bien l'étendue et la gravité des problèmes de la pensée humaine. L'art de la méditation haute et sûre, de l'investigation féconde et digne de confiance, grâce aux règles infaillibles d'une infaillible méthode, avait tous ses hommages. Mais l'histoire de cette science lui était étrangère, et je ne sais pas si je dois dire bien franchement, qu'à cet égard il ressemble à tous les gens du monde, qui croient avoir trop d'esprit eux-mêmes pour avoir besoin d'en demander encore à d'autres, ces autres fussent-ils Platon ou Leibnitz.

En somme Saint-Martin n'apprit pas à fond la science de l'enseignement sérieux, mais il entrevit au moins à l'École normale les moyens de l'acquérir.

Il prit un tel goût à la discussion méthodique que lui avait un peu montrée le collége, qu'il s'y essaya toutes les fois qu'il put, et un jour avec beaucoup de confiance, trop d'empressement peut-être. La philosophie n'était pas professée par un philosophe : Garat, esprit distingué, lucide et facile, assez éloquent et trop satisfait de lui-même, trop imitateur de Condillac et des professeurs d'Édimbourg, réduisait sa science à l'étude de l'entendement humain, sur lequel on publiait traité sur traité depuis le commencement du siècle. Le titre même de la chaire de Garat ne demandait que cela, et l'ancien ministre enseignait, non pas une maigre psychologie, mais une très-maigre théorie de l'intelligence. Il faisait abstraction des autres puissances de l'âme, de sa nature véritable et de ses rapports avec les êtres de même classe ou analogues, inférieurs ou supérieurs, comme de son origine et de ses fins, de ses destinées présentes ou à venir. C'était l'erreur du temps. L'Allemagne elle-même avait vu Kant accomplir en son sein une révolution singulière, et lui démontrer que la critique de la raison pure était toute la philosophie. En effet, cette critique n'autorisait ni une sérieuse théologie, ni une psychologie spéculative, les arguments *contre* l'existence de Dieu et l'immortalité de l'âme ayant tout juste le même poids que les arguments *pour*. Kant, il est vrai, réédifiait avec soin, dans une seconde étude d'une grande profondeur aussi, dans sa Critique de la raison pratique, ce qu'il avait démoli avec tant d'attention dans sa Critique de la raison pure. Mais à cette époque, l'isolement des écoles et des peuples était étrange encore. Nous ne traduisions que les penseurs anglais; et, plusieurs années après, le prince de Pentecorvo, occupant le Hanovre, n'accorda qu'un feuillet à Charles de Villers pour l'exposé du système de Kant. Nous n'en étions plus, il est vrai, à Condillac. Toutes les facultés de l'âme ne se réduisaient plus, en 1795, à celle de sentir, toutes ses opérations, à des sensations transformées. La science de l'entendement ne se bornait pas à l'étude de la sensation, mais elle se complaisait à faire valoir cette faculté.

A chaque leçon de philosophie, le *Robinson de la spiritualité* — Saint-Martin se traitait comme tel — se trouva en présence d'un enseignement dont l'étroitesse blessait précisément celles des facultés de son âme qu'elle contestait avec le plus de frivolité. L'idéologie sensualiste avait, en effet, ce désavantage, que plus elle s'efforçait de corriger le sensualisme pur et net de Condillac, plus elle en découvrait l'insuffisance, les défauts, les lacunes. Un beau jour, la langue de Saint-Martin se délia, et il profita de son tour de parole pour attaquer directement la doctrine du maître. C'était un jour de conférence, et dans ces séances les auditeurs non-seulement étaient autorisés, mais invités à présenter leurs observations. Il n'y eut donc rien d'extraordinaire dans la conduite de Saint-Martin. La composition de l'École était, d'ailleurs, exceptionnelle; et pour comprendre ce qu'il fit d'un peu spécial en engageant un débat sur le fond et sur l'esprit général de l'enseignement, ce que ne fit aucun de ses camarades, il faut considérer que Saint-Martin, à l'École, était plus âgé que son professeur ; qu'il était ancien officier, ancien chevalier de Saint-Louis, écrivain très-admiré dans plusieurs pays de l'Europe, et très-gâté dans l'ancien grand monde. De plus, à cette séance, ou plutôt dans cette conférence tenue aux jours où les élèves prenaient la parole pour demander des éclaircissements ou présenter des doutes et des objections, Saint-Martin ne demanda que la modification de quelques locutions exagérées, telles que celles-ci : *Faire nos idées* ou *créer nos idées*, ces mots impliquant un pouvoir qu'il réservait à une faculté naturelle mais tout intérieure.

Pour être plus sûr de sa parole, Saint-Martin avait écrit ses objections, mais il n'avait pas pu en achever la lecture. Dans une autre conférence, celle du 9 ventôse 1795, il en présenta la suite dans une note écrite en forme de lettre. Il lut cette fois avec plus de fermeté, et demanda trois modifications nouvelles :

1° Il voulut une reconnaissance formelle du *sens moral*, avec une place distincte dans la description des éléments essentiels de la nature humaine ;

2° Il signala la nécessité d'une parole première donnée à l'homme dès la création, citant à l'appui de son opinion ce mot de Rousseau : La parole a été une condition indispensable pour l'établissement même de la parole ;

3° Il insista sur la convenance de mettre la *matière non pensante* à sa place véritable.

A cette seconde séance il fut mieux écouté qu'à la première, et il fit une impression qu'on put qualifier de succès. Dans tous les cas et abstraction faite du résultat, on ne peut qu'admirer le courage de l'auditeur quand on considère à la fois le talent du professeur dont il se fit un adversaire et la haute position que Garat avait prise dans l'opinion comme ministre de la justice, président du conseil exécutif, ministre de l'intérieur et commissaire général de l'instruction publique.

Garat n'était pas un penseur, mais c'était un des plus habiles écrivains de son temps. Brillant orateur, il éblouit plutôt qu'il ne satisfit l'assistance par les solutions qu'il lui offrait sur les problèmes débattus et les modifications demandées. Dans le compte rendu de cette séance, il donna à sa réplique, comme cela arrive naturellement, un peu plus d'étendue qu'elle n'en avait eu en réalité. Alors Saint-Martin fit avec complaisance ce que son maître avait demandé dès l'origine, c'est-à-dire qu'il entra plus amplement en matière, et rédigea une lettre très-méditée et très-digne d'être lue encore. On ne saurait trop signaler, dans l'histoire de notre philosophie, le mérite de ce petit travail et la vive impulsion vers le spiritualisme qu'en reçut la pensée française. Saint-Martin y réfute l'idée fondamentale de Condillac, sa théorie de l'entendement réduite à celle de la sensation, l'extension démesurée donnée à celle-ci, l'hypothèse si facile et si étrange de la statue. Il montre encore mieux la supériorité de Bacon sur le disciple dégénéré de Locke, et signale la supériorité plus importante du spiritualisme sur l'idéologie.

Garat ne voulant pas continuer une polémique où il n'espérait pas de conquête, et ne voulant pas faire de concession, laissa tomber le débat, si ce fut un débat.

Le fait est qu'il n'y eut pas de discussion ou d'argumentation en forme; et les deux conférences où les adversaires exposèrent leurs opinions ne semblent pas même avoir présenté l'espèce d'animation qu'offrent chaque jour telles soutenances de thèses à la Sorbonne. Si les contemporains appelèrent toute l'affaire la *bataille Garat* (voyez le compte rendu dans le tome III des *Débats de l'École normale*), c'est que le tout se passa comme à la face de la France. Du moins on avait envoyé à l'École ce qu'on avait trouvé dans chaque district d'hommes les plus propres à entrer dans l'enseignement, les uns déjà un peu formés par les épreuves de la vie, les autres impatients d'entrer dans la lice. Leurs professeurs étaient les personnages les plus éminents dans la science et la littérature; les spectateurs du combat, si l'on veut employer ce mot ambitieux, étaient appelés, par le décret même qui créait l'institution, à répéter dans toutes les parties de la république les leçons qui leur étaient faites. Les cours de l'École prenaient de cette double circonstance une nuance de gravité que l'enseignement, chose si grave d'ailleurs, n'a pas toujours.

En effet, il s'agissait, pour deux à trois mille auditeurs qui allaient professer, de savoir à quelle doctrine il fallait donner la préférence. La philosophie n'est jamais un terrain neutre, c'est toujours la guerre entre l'erreur et la vérité. C'était alors la guerre la plus décisive. Il s'agissait des titres du matérialisme et du sensualisme proclamés en face de ceux du spiritualisme; il s'agissait de ceux du rationalisme et du naturalisme proclamés en face de la religion révélée. Et il n'y avait plus de philosophie d'État, pas plus que de religion d'État. La volonté monarchique ayant fait place à la souveraineté républicaine, chacun était appelé désormais à parler au seul nom de la vérité, de la conscience et de la raison rendues à leurs droits.

Ce n'était peut-être pas ainsi que l'avaient entendu les souverains de 1793; mais déjà la mort violente des hommes de violence avait permis de proclamer de beaux principes, et la pensée, un moment foulée aux pieds avec audace, était rendue, sinon à toute cette liberté qui fait son orgueil, mais à ce sentiment de sa dignité qui fait sa grandeur. Les deux interlocuteurs, animés également de ces nobles émotions, parlèrent avec une grande énergie et conquirent une attention profonde. Il n'y avait peut-être pas deux camps avant le débat, mais après il y eut deux partis qui les regardèrent comme leurs champions. Du moins on commenta l'incident avec toute la chaleur que comportait une lutte où se trouvaient engagées toute la philosophie et la morale, aussi bien que la religion.

On comprend facilement que chacun des deux champions se soit attribué la victoire ; et si Saint-Martin nous apprend que les plus grands succès ne furent pas du côté du professeur, il n'en faut pas conclure que les compliments firent défaut à l'ancien ministre, au futur ambassadeur, au président à venir de la section des sciences morales et politiques de l'Institut. S'il n'en mérita pas de bien grands pour ses leçons sur l'analyse de l'entendement consignées dans les procès-verbaux de l'École, il en obtint de très-sincères pour l'honnêteté de ses procédés dans toute cette affaire.

Quant à Saint-Martin, qui aimait ses idées et ses travaux

à lui, en raison de la pureté de sa pensée et de l'énergie de ses convictions, il trouva jusque dans sa petite taille et dans la haute position de son antagoniste, un parallèle biblique tout fait dont il ne manqua point de s'emparer :

« J'ai jeté une pierre au front d'un des Goliaths de notre École normale en pleine assemblée, et les rieurs n'ont pas été pour lui, tout professeur qu'il est. » (Lettre du 19 mars 1795.)

Il fallait des distractions et des consolations de ce genre au studieux écolier qui se rendait si régulièrement, depuis quelques mois, de la rue de Tournon au Jardin des Plantes, où se faisaient les cours de son École. Il se trouvait peu édifié de ses leçons. Dès l'origine il avait mal auguré de cette œuvre; il n'avait cessé depuis d'en prédire la chute. S'éloignant chaque jour de son but simple et sérieux, elle ne devait pas vivre.

Dès le 9 floréal, il écrit à son ami : « Nos écoles normales sont à l'extrémité, on les enterre le 30 de ce mois. Je m'en retournerai chez moi, à moins que je ne me gîte dans les environs de Paris, ce qui a été de tout temps mon envie. Mais, dans les secousses où nous sommes encore, peut-on former aucun projet? »

Saint-Martin, qui ne devait trouver un gîte définitif aux environs de Paris que huit ans plus tard, mais pour toujours, partit au plus tôt pour Amboise. Ce ne fut pas pour y rester, car Amboise était toujours son *enfer de glace;* il n'y avait aucune liaison *en son genre*, et il en avait à Paris du commerce le plus doux. Il ne voulait donc aller dans son pays que pour y terminer quelques affaires, et retourner ensuite à Paris où « un de ses amis lui a proposé un arrangement qui doit rendre son existence un peu plus gracieuse qu'il ne l'avait eue depuis cinq mois, et qui le détournera moins de *sa besogne.* »

Il aurait bien voulu se rendre à l'invitation de Liebisdorf et aller habiter la Suisse; mais « nos finances, lui dit-il, dans l'état où elles sont, arrangent mal les petits rentiers comme moi, et, dans le vrai, il me faudrait peut-être vendre tout mon bien pour pouvoir vivre un ou deux ans dans les pays étrangers. »

CHAPITRE XVII

La sortie de l'École normale. — Le projet de professorat : la chaire d'histoire à Tours. — Amboise. — Lettre sur la révolution française. — Saint-Martin précurseur de Joseph de Maistre comme publiciste. — La théocratie. — Babel. — M. de Witt.

1795—1796

Nul n'était entré à l'École normale avec plus d'illusions et des dispositions meilleures que Saint-Martin ; nul, je crois, n'en sortit avec plus de tristesse. Toute cette perspective d'un corps enseignant de deux à trois mille hommes d'un âge mûr, emportant du même foyer les mêmes lumières et les répandant avec la même ardeur ; cette autre perspective moins élevée, mais plus douce peut-être, d'occuper lui-même dans ce corps un rang utile à une sainte cause ; l'espoir enfin, si prosaïque qu'il fût, de s'instruire un peu sérieusement, tout cela était perdu : il fallait y renoncer.

Que faire, et où chercher des compensations ?

Un instant Saint-Martin eut l'idée de demander une chaire d'histoire dans cette même ville de Tours où il avait exercé une magistrature si stérile et si passagère. C'était, de toutes les chaires qu'il pouvait occuper, celle pour laquelle il se sentait le plus de vocation; mais il y était trop peu préparé pour donner à son projet toute la suite qu'il méritait.

Se créer des compensations aux espérances évanouies est toujours chose difficile; mais Saint-Martin trouva de grandes consolations dans sa correspondance et auprès de ses amis. Son esprit avait d'ailleurs trop d'activité pour ne pas se livrer immédiatement à d'utiles travaux. Il fit si bien qu'en le suivant au moment même où il sortait de son école l'âme attristée, le corps brisé par la fatigue et les privations, nous arrivons, si ce n'est aux plus beaux jours de sa carrière, du moins à l'époque du plus grand développement de sa pensée.

En effet, le théosophe, sans renoncer à ses études favorites, tout à coup revint à d'autres qu'il avait déjà abordées en 1784, et s'appliqua à des questions de politique, de gouvernement, d'organisation sociale. A l'âge de maturité où il était arrivé, et grâce aux circonstances où il s'était trouvé, ainsi qu'aux événements qui avaient mûri son esprit, il traita ces questions si délicates, mais si séduisantes aussi, avec une assurance toute nouvelle.

J'ai dit que l'École normale ayant été fermée le 30 floréal an IV, il se rendit à Amboise dès le mois de prairial. A peine arrivé, il fit comme à Paris, il y remplit ses devoirs de citoyen. Nommé membre de l'assemblée des électeurs du département dès le mois de vendémiaire, par ses concitoyens aussi satisfaits du rôle qu'il avait joué à Paris que de son empressement à revenir au milieu d'eux, il accepta sa mission malgré tout ce qu'il avait fait dans les voies de la modestie pour éviter leurs suffrages. Ces suffrages donnés, il y déféra avec une grande docilité.

Aurait-il fait de même si les électeurs l'avaient porté à la députation? Je n'en doute pas.

« Être électeur, ce n'est pas être député, et je ne serai employé que pendant huit ou dix jours, » dit-il à son ami de Berne. Cela prouve qu'il appréciait le temps, mais non pas qu'il eût refusé de le donner à son pays.

Mais puisque les marques de confiance qu'on lui donna en le chargeant du classement des livres du district, en le désignant pour l'École normale et en le portant dans le corps électoral, indiquent qu'avec les soins nécessaires il pouvait devenir le collègue de Garat dans les Chambres, pourquoi ne prit-il pas ces soins?

Par la seule raison qu'il laissait Dieu seul disposer de lui. Ce n'est assurément pas l'ambition qui lui a manqué, ce n'est pas non plus le dévouement. S'il allait à la représentation nationale, il lui était très-facile aussi de devenir le confrère de son professeur à l'Académie des sciences morales et politiques; malgré les préventions qu'inspiraient ses tendances, son mérite personnel le portait infailliblement à l'aréopage des sciences spéculatives. Il ne l'ignorait pas, mais il respecta son principe.

En le voyant s'occuper tout à coup de questions politiques et publier ses réflexions sur les plus graves problèmes, les plus débattus d'entre ceux du temps, on dirait bien qu'il ambitionnait sérieusement les deux plus hautes positions où pouvait l'appeler son génie. Et, certes, il ne faut pas dire le contraire dans la seule vue de ne pas le compromettre. A ses yeux, comme aux nôtres, tout citoyen s'honore en s'offrant à la patrie pour les fonctions où le portent son patriotisme et ses talents, et tout publiciste peut aspirer à s'asseoir parmi les penseurs du pays qui ont mission d'élucider la science des mœurs ou charge de voter les lois les meilleures que demande le pays. L'art d'améliorer les unes et les autres par les seuls moyens qu'indique la raison, est la plus belle d'entre toutes les œuvres humaines. Mais si bien que Saint-Martin comprît cette ambition, ce ne fut pas pour arriver au Corps législatif ou à l'Institut qu'il s'occupa de politique à la sortie de l'École normale, puisqu'il s'en était occupé dès 1784. Or, dès lors, au lieu de suivre le programme de l'Académie de Berlin, il avait suivi le sien. Ce fut dans les mêmes sentiments d'indépendance et de dignité personnelle qu'il s'en occupa en 1795 : en effet, ce ne fut pas selon le courant des idées du jour, ni pour s'assurer les suffrages de son district, ce fut selon les inspirations de sa conscience et pour faire tomber sur les débats du temps quelques-unes de ces vérités éternelles qui sont le flambeau de toutes les autres. Jeter au milieu de ces utopies toutes terrestres qui n'ont pour but que la prospérité matérielle, et pour mobile que ce bien-être qui ne saurait donner le bonheur, jeter au milieu d'elles des théories morales et religieuses propres à montrer que le but de la vie et la santé du corps social sont dans les voies spirituelles, voilà l'ambition qui l'entraîna.

Il avait surtout celle d'indiquer d'autant plus sûrement le remède qu'il prétendait mieux révéler l'origine du mal qui travaillait la société, mal qui, suivant lui, la travaillera tant qu'elle n'aura pas pris la loi divine pour règle suprême de toutes les lois humaines. Tel fut le véritable but de sa *Lettre à un ami sur la Révolution française*.

Saint-Martin n'y donne pas une science sociale très-facile, d'application directe, immédiate. Mais il y est à la même hauteur, dans la théorie comme dans la pratique. Son point de vue est le suprême. Il est tout à Dieu, de qui tout vient et à qui tout doit aller. Les hommes, rois ou prêtres, ne sont ni rois, ni prêtres, ils ne sont ni autorités, ni lumières, s'ils ne sont pas dans cette voie, qui est pour lui la seule vraie.

C'est là de la théocratie, et de la plus caractérisée, sans nul doute. Toutefois la théocratie de Saint-Martin est comme son spiritualisme, *sui generis*. On l'a dit le véritable précurseur de la théocratie contemporaine, de celle de Joseph de Maistre et de ses disciples, qui ont plus emprunté de lui qu'ils n'en ont l'air. Cela peut se soutenir comme on a soutenu que Saint-Martin fut le véritable précurseur du spiritualisme de Royer-Collard. Il a été dans la voie où ces deux hommes éminents sont entrés avec tant d'autorité et ont figuré avec tant d'éclat. Mais s'il a été dans la même voie que le célèbre chef de l'école spiritualiste, avant lui, il ne se voit pourtant nulle trace d'une influence exercée par l'un sur l'autre. Maine de Biran peut avoir lu Saint-Martin, mais j'ignore si Royer-Collard a pu le lire avec quelque sympathie. Leurs principes étaient opposés en ce point du moins, que Saint-Martin rejetait ce qui était reçu généralement, tandis que Royer-Collard l'adoptait plus volontiers. De là l'éclectisme de l'un et le mysticisme de l'autre. Quant à M. de Maistre, sa politique est de la théocratie ultramontaine, et non-seulement sacerdotale, mais essentiellement pontificale, tandis que celle de Saint-Martin n'a rien de commun avec Rome, avec le pape, avec le sacerdoce. C'est la politique du christianisme, je ne dis pas le plus pur et cherché le plus haut, mais je dis le plus exagéré, porté le plus loin. En effet, cette politique, c'est le règne de Dieu transporté du ciel sur la terre, c'est le gouvernement de l'homme par la loi divine, c'est le rétablissement entre Dieu et l'homme du rapport primitif. Or, suivant l'Évangile, c'est bien là le règne de Dieu et sa monarchie céleste, mais ce n'est pas la monarchie terrestre, ou le règne des lois humaines.

Si donc on a été injuste à l'égard de Saint-Martin en ne pas lui revendiquant les théories auxquelles M. de Maistre n'a fait, dit-on, que mettre le cachet de son génie, on a été plus injuste encore en lui prêtant les idées sacerdotales de l'illustre auteur de l'ouvrage du Pape.

Sans doute il y a de certaines analogies de foi et de tendances morales entre le théosophe et le diplomate de Saint-Pétersbourg ; mais limitées aux choses secondaires, elles n'ont point d'importance réelle, et pour apprécier la politique du premier il faut nettement le séparer du second.

La première des publications politiques de Saint-Martin, la *Lettre à un ami sur la Révolution française*, n'est pas un ouvrage ; ce n'est qu'une brochure. Il ne la publia qu'en 1795, mais elle fut écrite avant son entrée à l'École normale, imprimée et en partie distribuée avant sa sortie. Et loin d'avoir été inspirée par l'ambition, elle avait été demandée par quelques amis de l'auteur. C'est, sur un si grand sujet, une publication bien petite, bien imparfaite, mais la question y est prise « dans sa racine et dans ses fondements. »

« Pour mener la révolution, cette grande crise de la société, à ses fins véritables, il faut en faire une régénération de l'humanité en son état primitif, en son point de départ. Il faut donc commencer par envisager la véritable origine de toute société. Or, à cet égard nos théories sont complétement fausses, et pour que les nations se renouvellent, il faut que d'abord la science elle-même se corrige. »

C'est, en effet, la grande et simple prétention de Saint-Martin de redresser les idées que les écrivains les plus admirés du temps, Condorcet, Rousseau, et Montesquieu lui-même, avaient données à tout le monde sur les conditions primitives de l'homme. De l'état de nature, de la vie du sauvage vivant de la chasse ou de la pêche, l'homme a passé, suivant eux, à la vie de berger et de cultivateur, se nourrissant du lait de son troupeau et des fruits de son champ. De ces hypothèses étayées de quelques traditions et embellies de toutes les fictions possibles; de tous les charmes du talent, Saint-Martin est l'adversaire prononcé. Mais le premier d'entre ceux qui, depuis, sont entrés dans la lice avec le plus d'éclat, il tomba en combattant une grande erreur dans une autre non moins grande. Celle qu'il attaquait n'était qu'une erreur historique; ce qu'il soutint fut une erreur philosophique : ce fut de confondre la religion et la politique, de croire que le but de l'organisation sociale est essentiellement moral. Sans doute les lois éthiques président au monde moral tout entier, mais dans ce monde chaque science a son domaine. Ce qui est la mission essentielle de la religion n'est pas la mission essentielle de la politique. *Le but véritable de l'association humaine*, dit Saint-Martin, *ne peut être autre chose que le point même d'où elle est descendue par une altération quelconque.* La maxime paraît imposante, mais elle ne soutient pas l'analyse. Qu'est-ce que le point d'où l'association humaine est descendue? Y a-t-il eu sur la terre une nation primitive? Adam, avant sa chute, en fut-il une? Est-ce d'une altération de la société ou d'une altération de la nature humaine que parlent nos textes sacrés?

Évidemment de la seconde. Et évidemment aussi, c'est à la religion, ce n'est pas à la politique qu'il appartient de rétablir l'homme dans sa primitive condition et dans sa relation originelle avec son principe.

Mais en s'expliquant d'une manière plus nette, en montrant la place véritable de la politique, Saint-Martin rentrait dans le vrai. La politique peut aider la religion. Par ses institutions elle doit la protéger, la servir; par ses lois elle doit tendre vers celles du monde moral. Il est donc utile qu'elle les connaisse et les pratique, qu'elle s'élève à toutes les hauteurs de la philosophie elle-même. On pourra bien affirmer, dit la *Lettre sur la Révolution française*, que cette révolution n'aboutira qu'autant qu'elle saisira les principes et y tiendra de toutes ses puissances.

Ce fut là, en mettant dans cette voie, malgré ses exagérations et le ton un peu déclamatoire de l'époque, que Saint-Martin mérita bien, non de la république qui ne l'écouta point, mais de la science. Et rien de plus religieux ni de plus élevé que ses vues sur les principes de la société humaine, ses buts ou ses fins. C'est sans contredit à cette source que M. de Maistre a pris quelques-unes des plus belles idées qu'il a présentées avec tout l'attrait de son style et développées de manière à former une ferme théorie dans ses écrits, soit les *Considérations*, soit le *Principe générateur des constitutions politiques*. Et plus ces vues si religieuses adoucissent et modifient heureusement la forme si rigoureuse de la politique de l'Écriture sainte, mieux elles auraient dû préserver Saint-Martin, parlant du clergé et de l'influence qu'il a perdue sur les générations du temps, de quelques-unes de ces duretés qui échappent à sa douleur. Plus tôt et plus tard, beaucoup plus tard, l'histoire pouvait se montrer sévère pour certaines aberrations; mais le moment où le clergé sortait de ses plus cruelles épreuves était mal choisi pour lui dire, « que la Providence saura bien faire naître une religion du cœur de l'homme... qui ne sera plus susceptible d'être infectée par le trafic du prêtre et par l'haleine de l'imposture, comme celle que nous venons de voir s'éclipser avec les ministres qui l'avaient déshonorée. »

Ne va-t-il pas, lui le fier gentilhomme, prodiguer à ces ministres, dans le jargon du jour, le trope le plus hardi qu'il y trouve et les qualifier d'*accapareurs des subsistances de l'âme?*

Au reste, ce n'est pas là le langage naturel de Saint-Martin, c'est celui de ses mauvaises heures; et en parlant de ses notes sur les plus terribles événements de la révolution, j'ai déjà trop signalé la faiblesse qu'a sa plume de s'accommoder au style du moment, pour qu'il soit nécessaire de m'y arrêter un instant de plus. Ce qui explique, un peu, l'impétuosité qu'il faut lui reprocher beaucoup, c'est sa douleur de voir la religion elle-même proscrite, dit-il, à cause de ses ministres, et le *gouvernement de France, au lieu de marcher sous l'égide de la prière, forcé pour sa sûreté à rompre toute espèce de rapport avec cette prière, à être ainsi le seul gouvernement de l'univers qui ne la compte plus parmi ses éléments.*

Je n'ai pas besoin non plus de faire remarquer que dans sa douleur Saint-Martin se réfute lui-même. Si, comme il le dit, la France seule fut *forcée à rompre,* ce n'était donc pas la faute de la religion, qui continuait partout ailleurs ses rapports avec la politique, c'était tout au plus celle du clergé qui la représentait en France. Mais, dans ce cas, il n'était pas besoin d'une religion nouvelle; il ne fallait qu'un clergé épuré par les épreuves de l'époque. Or le creuset d'où sortait celui de France pouvait paraître suffisant aux yeux des plus exigeants.

Si cela fait tache dans la *Lettre sur la Révolution française,* cela n'ôte rien à la hauteur des principes. Ceux-ci sont aussi purs, aussi éternels qu'ils sont élevés. Ce que veut Saint-Martin, c'est ce que veut la raison, la philosophie la plus nette : le règne de la loi divine, l'établissement de l'ordre divinement voulu dans le monde, ou son rétablissement, s'il a cessé d'exister, et partout où il cesse d'être, surtout dans les rapports de l'homme avec son principe.

Voilà la théocratie de Saint-Martin. Il la qualifie de *divine*, et il l'oppose à la *théocratie infernale.* On s'est mépris sur ce mot, on l'a appliqué à la théocratie sacerdotale ou pontificale. Il s'adresse « à l'Église et à son immuable autorité, » a-t-on dit. C'est une erreur que je me fais un devoir de relever. Il y a pour Saint-Martin deux ordres de choses : l'un divin, où règne la loi de celui qui est le prince de la lumière ; l'autre, infernal, où règne celui qui est le prince des ténèbres. C'est cet empire-ci qu'il appelle la *théocratie infernale*.

Cela doit modifier singulièrement, du tout au tout, les jugements excessifs qu'on a portés sur quelques-uns des siens. Ce qui est le véritable sujet de son travail, c'est la destinée de l'humanité sur la terre, bien plus qu'une simple révolution faite en son sein.

« Ne croyez pas que notre révolution française, dit l'auteur à son ami, soit une chose indifférente sur la terre ; je la regarde comme la révolution du genre humain, ainsi que vous le verrez dans ma brochure. C'est une miniature du jugement dernier, mais qui doit en offrir tous les traits, à cela près que les choses ne doivent s'y passer que successivement, au lieu qu'à la fin tout s'opérera comme instantanément. La France a été visitée la première, et elle l'a été très-sévèrement, parce qu'elle a été très-coupable. Ceux des pays qui ne valent pas mieux qu'elle ne seront pas plus épargnés quand le temps de leur visite sera arrivé. »

« Je crois plus que jamais que Babel sera poursuivie et renversée progressivement dans tout le globe, ce qui n'empêchera pas qu'elle ne pousse ensuite de nouveau un rejeton qui sera déraciné au jugement final ; car, dans l'époque actuelle, elle ne sera pas visitée jusqu'à son centre. » (Lettre de Saint-Martin à Liebisdorf, du 30 prairial an III.)

Quelle est cette Babel ?

C'est ce que Saint-Martin n'a pas besoin de dire à son correspondant de Berne, et ce qu'il ne se souciait pas de dire dans sa brochure. Nous ne pouvons que l'approuver pour une réserve qui est de bon goût. Peut-être les mystiques, qui aiment à être prophètes, à comprendre les signes du présent et à y déchiffrer l'avenir, feront-ils encore mieux de renoncer enfin à tous ces oracles qui ne se lassent pas, mais se discréditent à prédire des fins qui font toujours défaut, y compris celle du monde, si souvent annoncée depuis dix-huit siècles, et toujours ajournée de génération en génération.

Saint-Martin ne parlant que politique fut au contraire vraiment prophète, et il le fut dans un style magnifique quand il s'écria : « La marche imposante de notre majestueuse révolution et les faits éclatants qui la signalent à chaque instant ne permettent qu'aux insensés ou aux hommes de mauvaise foi de n'y pas voir écrite en traits de feu l'exécution d'un décret formel de la Providence. »

Quelle sensation cet écrit a-t-il faite? quelle influence a-t-il exercée?

Les amis de l'auteur, madame de Bœcklin à leur tête, accueillirent la brochure avec les plus sincères éloges, et l'auteur, qui avait consacré plusieurs années à la méditer, fut d'accord avec eux du fond du cœur. Mais, ainsi que ses amis, il fallut bien se résigner à voir les grandes affaires du jour absorber l'attention publique. Saint-Martin vit tout aussitôt qu'il ne fallait pas compter sur un grand succès en France ; mais il espérait mieux de l'Allemagne, et demanda à son savant ami de Berne ce qu'il attendrait lui-même d'une traduction. Ce qui explique cette idée, c'est une proposition que son ami lui avait faite. En effet, Kirchberger, qui suivait de près les travaux et les progrès du rationalisme allemand, et l'activité un peu fébrile de ses partisans exaltés, les éclaireurs, avait parlé dans plusieurs de ses lettres des intrigues auxquelles ils se livraient à ce sujet. Il avait prié Saint-Martin d'entretenir de cet état de choses ses amis de Paris, de les inviter à réfléchir sur les moyens de le combattre, ou du moins de ralentir la marche des adversaires de la foi. Saint-Martin, qui ne connaissait pas l'Allemagne, avait d'abord décliné sa compétence et celle de ses amis; mais il se ravisa et pensa que son travail même pourrait faire quelque bien sur la rive droite du Rhin. De là sa proposition à Liebisdorf, de le faire traduire en allemand.

M. de Witt, ambassadeur des états généraux près des cantons, fut chargé, par son collègue de Suède, de la remise au baron de deux exemplaires de la brochure.

Celui-ci l'apprécie avec d'autant plus d'enthousiasme qu'il l'a plus impatiemment attendue, et la déclare, non pas une brochure, mais bien l'ouvrage le plus parfait qui ait paru sur la Révolution française. « Une page de ce livre contient plus de vérités que six mille volumes qui ont fatigué la presse sur cet événement. Vous avez donné la solution des plus grandes difficultés dans la théorie de l'ordre social... » Cela était de nature à consoler l'auteur de bien des froideurs qu'il rencontrait à Paris. Toutefois et quant à l'essentiel, Liebisdorf ajouta lui-même : « Mais après mûre et solide réflexion, je ne pourrais en aucune manière vous conseiller de choisir l'époque actuelle pour le faire traduire en allemand. »

On le voit, le baron savait payer son tribut à la vérité

de la situation, comme il le payait à l'amitié. Il connaissait l'amour-propre d'auteur, et savait que si celui de Saint-Martin ne le cédait à aucun autre, la sérénité de son âme n'avait point d'égale.

Et, en effet, le philosophe prit dans sa conscience les suffrages qu'il ne trouvait pas dans son pays.

« Quant à mon écrit sur la politique, écrivit-il, il n'a encore jamais reçu autant d'honneurs que ceux que vous lui faites; à peine l'a-t-on regardé dans mon pays. Ma nation n'est pas plus mûre qu'une autre pour les profondes notions : aussi ne les ai-je exposées que par condescendance pour un ami qui me pressait d'écrire; mais je sentais bien qu'en mettant en avant la pierre de l'angle, il fallait qu'elle fût rejetée. Je n'en crois pas moins avoir fait une œuvre dont le grand maître se souviendra; et c'est tout ce qu'il me faut. »

CHAPITRE XVIII

La science des nombres. — Les découvertes du mystique Eckartshausen. — L'ouvrage posthume de Saint-Martin, *Des Nombres*. — Une théorie sur les médiums, ébauchée en 1795. — La huitième planète. — L'envoi de dix louis. — L'échange des portraits.

1795

Rien de plus intéressant que ces aveux si sincères d'un auteur, et ces sympathies si ingénieuses du plus tendre de ses amis. Le Bernois a celles d'une femme. Pour les deux amis, la politique était d'ailleurs une affaire très-secondaire, et leur correspondance demeura essentiellement consacrée à leurs objets de prédilection. Le baron ramassait de tous les côtés, à Londres, en Allemagne, à Saint-Pétersbourg et en Suisse, les bonnes nouvelles et les bonnes publications qui pouvaient intéresser le théosophe, et Saint-Martin, qui refaisait un peu sa santé à la campagne, près de Tours, reprenait ces nouvelles en sous-œuvre, redressait les exagérations de son ami sur certains points, allait quelquefois lui-même un peu plus loin sur d'autres et charmait son imagination comme celle de son ami sur les merveilleux résultats obtenus au moyen de la science des nombres.

D'autres fois il recevait à son tour, avec la docilité d'un élève, les leçons de son disciple : par exemple, quand celui-ci lui communiquait ses idées sur les mystères que M. d'Eckartshausen ne cessait de découvrir.

Ce mystique était l'objet d'une sorte de culte pour Liebisdorf. Saint-Martin n'avait pas encore quitté Paris et les cours de l'École normale, quand le baron lui exprima le désir de le mettre en rapport avec son ami de Munich. (Lettre du 12 avril 1795.)

Il lui apprit, à cette occasion, un fait qui devait bien tenter sa curiosité : c'est que le théosophe de Bavière, « après bien des travaux et des souffrances, était parvenu au terme. » Mais, qu'on ne s'y trompe pas ; il n'était pas arrivé au terme de ses jours, mais seulement au terme de ses vœux les plus élevés dans ce monde :

« Il avait été gratifié d'une manifestation bien remarquable. »

Nous ignorons malheureusement la nature de cette manifestation. A la demande du baron, l'heureux épopte lui rend compte de la manière dont il y est parvenu ; mais il ne nomme que son amour pour le Verbe et jette le voile sur le reste. L'auteur du *Nuage sur le Sanctuaire* s'était ouvert bien des sanctuaires et en avait peut-être créé une bonne partie, mais mieux que personne il savait aussi les couvrir de nuages. Qu'avait-il vu ? Il ne se serait pas contenté d'une apparition de quelque défunt, de quelque ange ou de quelque apôtre, fût-ce même saint Jean. Comme l'École du Nord, il aurait visé plus haut. A-t-il vu, comme elle, la Cause active et intelligente, ou le Fils de Dieu, comme dit tout simplement l'abbé Fournié ? A-t-il, comme le *général*

Gichtel, célébré de saintes fiançailles avec la Sagesse céleste, et joui des ineffables félicités de sa présence sensible? Son âme, dégagée des liens du corps, s'est-elle élevée dans les régions divines comme celle de son ami Divonne? A-t-il reçu, sur le moyen de s'élever dans ces régions sans péril, quelque communication extraordinaire? Ou bien est-il parvenu, enfin, à *faire parler les nombres?* Non : « Depuis le 15 mars il a reçu d'en haut diverses instructions ; mais il ne peut pas expliquer comment elles lui arrivent, les mots nécessaires n'existant pas dans la langue. » (Lettre au baron du 19 mars 1795.) Son grand secret, il ne le dit pas à son ami ; mais il lui parle souvent de ses découvertes dans les domaines auxquels touchent nos deux dernières questions, et sur l'ascension de l'esprit dans la région pure, d'Eckartshausen écrit bien nettement ceci :

« Dans l'espace qui sépare ce monde du monde céleste, il y a le monde mitoyen, qui est le plus dangereux, parce que la plupart des hommes qui cherchent à s'élever au monde supérieur doivent nécessairement traverser le moyen et qu'ils ignorent qu'il est rempli de piéges et de séductions. »

C'est bien là ce qu'enseignaient les gnostiques, et c'est pour cela qu'ils se gravèrent dans la mémoire une série de prières et de supplications à faire aux esprits qui gouvernent ces régions, à telle fin d'en obtenir le libre passage. Nous avons donné ces formules dans notre *Histoire du Gnosticisme,* et nous ne nous arrêterons pas ici pour signaler des analogies de la théurgie ancienne avec la théosophie moderne. Nous achevons de citer :

« L'homme (ou l'âme) qui n'a pas avec soi un guide

fidèle et instruit qui lui montre le chemin le plus sûr pour passer et l'empêcher de rester trop longtemps dans ce lieu d'illusions et de prestiges, peut s'y perdre, car il est entre le bien et le mal.... Le monde a ses miracles, ses visions et ses merveilles particulières. Il est rempli d'inspirés et d'illuminés qui sont sur les frontières (*in finibus*) du prince des ténèbres se montrant en ange de lumière, si bien que les élus mêmes en seraient séduits s'ils n'étaient armés. » (Lettre à K....)

Quant à la science des nombres, l'illustre théosophe de Munich possédait réellement l'art de *les faire parler*, si nous en croyons son ami.

« Il envisage et emploie les nombres comme les échelons pour monter plus haut; il m'a paru qu'ils sont entre ses mains un instrument intermédiaire pour communiquer avec les Vertus; il les indique dans son livre pour résoudre des problèmes de tous les genres. Je crois même que par eux il reçoit des réponses articulées (?) qu'il traduit alors dans notre langue vulgaire. Ce n'est pas que de temps à autre il ne jouisse, à ce qu'il m'a paru, de quelques faveurs plus immédiates, et qu'il ne voie directement, sans intermède, dans le monde pneumatique, ce qui correspond au second principe de notre ami Bœhme. Il appelle cela, dans une de ses lettres, « l'Étoile levée. » Alors les idées et la langue ne ressemblent plus à nos idées et à notre langue vulgaire. »

Pour donner à Saint-Martin une idée plus vraie de la bienheureuse *manifestation* d'Eckartshausen *arrivé au terme*, Liebisdorf lui avait envoyé, sans la traduire, la lettre même qu'il avait reçue de Munich, le priant de lui en dire son avis. Saint-Martin répondit (le 30 prairial an III) d'une manière très-convenable. Mais il ne partage pas l'enthousiasme de Liebisdorf sur la manière dont Eckartshausen faisait parler les nombres. Plus tard il déclina l'offre de son ami, de mettre à sa disposition les deux volumes in-8° où cette science est exposée dans tous ses détails, et même il plaignit un peu, je le dis avec peine, le théosophe allemand, de n'avoir suivi sur les arcanes des nombres qu'une méthode très-imparfaite, celle de l'*addition*, tandis que la seule qui fût complète, c'était celle de la multiplication qu'il suivait lui-même (2 fructidor 1795).

« Quant à ses nombres, qu'il (Eckartshausen) regarde avec raison comme une échelle, je crois que s'il ne les manipule que par l'addition, il les prive de leur plus grande vertu, qui se trouve dans la multiplication...

« Chaque nombre exprime une loi divine, soit spirituelle (bonne ou mauvaise), soit élémentaire, comme vous pouvez le voir dans le livre des dix feuilles, etc. Suit une longue et obscure explication que je supprime. On peut voir d'ailleurs le *Livre des Nombres*, ouvrage posthume de Saint-Martin, autographié par les soins de M. Léon Chauvin en 1842, et imprimé en 1861 par ceux de M. Schauer. Et si l'on veut bien consulter la préface que j'ai mise à la tête de cette dernière publication, on verra que le livre si clos des *Nombres* n'est pas même celui des travaux les plus indéchiffrés encore du théosophe.

Cette double réponse si sincère, qui réfute ou passe sous silence la lettre trop célébrée par Liebisborf, ne refroidit pas l'enthousiasme de ce dernier pour les supériorités de son ami de Munich; mais elle lui délia la langue sur la science des nombres et sur les deux volumes où il l'exposait. Il avoue à Saint-Martin qu'il ne se sent aucun goût décidé pour l'étude de ces nombres qui parlent à Munich. Il était trop poli pour ajouter, ou à Amboise. Car l'excellent baron, lors même qu'il faisait un peu le capable, observait d'ailleurs les formes. Sa lettre nous fait voir en même temps que, dès 1795, la théorie des *médiums* était bien ébauchée.

« Je vous avoue volontiers, dit-il (lettre du 9 septembre de cette année), que je ne me sens aucun goût décidé pour l'étude de ses nombres. Supposons un moment, d'après sa manière d'envisager la chose, que la connaissance des signes primitifs l'ait conduit à des formes, à des milieux; qu'un de ces milieux (médiums) lui ait procuré une manifestation. Soit, mais l'ennemi n'a-t-il pas aussi un médium? Ce médium n'est-il pas l'esprit du monde? Et ce dernier ne se joint-il pas très-volontiers au médium de l'opérateur, etc., etc.? Ce sont là mes conjectures, mandez-moi si je me trompe! Outre que ces voies donnent ordinairement encore ce que l'on ne demande pas et dont on ne sait que faire, je sais qu'il y a aussi des personnes qui travaillent tout à fait élémentairement. En laissant tomber un rayon du soleil sur dix verres de cristal mystérieusement rangés, elles obtiennent par la réfraction de ce rayon, à ce qu'elles prétendent, la manifestation des vérités et des vertus immuables. Avez-vous ouï parler de cette voie?

« Il y a quinze années qu'une expérience semblable aurait excité toute ma curiosité; à présent, je ne sais comment je suis fait, elle excite toute mon indifférence. »

Voilà bien, et sur les nombres, une leçon en règle

donnée au maître par l'élève. Ce n'est pas la seule ni la plus forte. En voici une autre.

Saint-Martin est un peu contrarié par la découverte d'Uranus. Une huitième planète renverse bien des idées, en dérangeant un nombre sacré, plein de mystère et en jouissance depuis tant de siècles. Le baron n'en est pas ému au même degré.

« Qu'Uranus appartienne à notre système planétaire et à nul autre, s'empresse-t-il de répondre, ce qui n'est pas encore bien clair, eh bien! ce sera une planète de plus. Les saintes Écritures parlaient d'après ce qui frappait les sens et non d'après le scientifique. »

C'était là le vrai. Mais ce qui montre combien on a fait de chemin depuis soixante-dix ans, là où l'on a marché, c'est qu'à cette époque cela n'était guère accepté.

Au milieu de ces communications scientifiques, le désir des deux amis de se voir, désir qui ne se devait réaliser jamais autrement qu'en effigie, s'accroissait sans cesse. Saint-Martin aspirait au calme de la Suisse, à des jours de paix passés à Morat, où se trouvait la terre de son ami. Il y accompagnerait, « du peu qui lui reste de sa force sur le violon, la fille du baron, dont le piano fait les délices des soirées d'automne. » Saint-Martin voudrait voir aussi le théosophe de Munich, qui a su écrire les deux volumes sur les nombres. Il ne serait pas fâché non plus de saluer à Zurich Lavater, à qui « il destinerait volontiers un exemplaire de sa Lettre sur la Révolution. »

Mais quand l'ami de Berne, avec toute la chaleur de sa tendresse et la vivacité de son caractère, « pria Saint-Martin de se mettre en route, on ajourna. Le moment n'était pas encore venu où il eût été prudent de quitter, même pour peu de semaines, le sol de la France. » Le baron fut bien obligé de se rendre à cette raison, malgré toute l'ardeur de ses aspirations d'adepte et de ses affections d'amitié. Son âme généreuse sut se créer un dédommagement. Il informa son ami, que « l'or étant si rare en France, il a fait une tentative de lui faire passer dix louis dans une lettre séparée. » Et comme pour se faire pardonner cette familiarité qui pourrait blesser, il ajoute qu'il a donné la *brochure sur la Révolution* à un magistrat de Berne, très à même de l'apprécier. Mais il avoue qu'il ne l'a pas donnée à Lavater, et cela par une raison à laquelle on ne comprend rien. On sait combien Lavater professait de sympathies pour les principes de la révolution, quelle lettre il écrivit à ce sujet, et combien il aimait, lui le ministre de Dieu, le poëte et l'orateur sacré, à se mêler de la politique de son pays. Eh bien ! Liebisdorf ne lui a pas donné la brochure, vu que « le Zurichois n'y entendait rien. » Le mot est pour le moins aussi déplacé qu'il est dur. La « Lettre de Lavater à la grande nation » n'est pas sans doute d'un grand publiciste, mais le célèbre écrivain aimait singulièrement et entendait fort bien les vues religieuses que Saint-Martin présentait comme les vraies bases d'une politique sérieuse. Pour apprécier le bizarre jugement de Liebisdorf, il faut savoir qu'autant le digne Bernois affectionnait mademoiselle Lavater, dont l'esprit était si élevé et l'âme si pieuse, autant il était de glace, lui l'enthousiaste, pour l'enthousiaste Lavater.

Il n'était pas possible d'offrir un peu d'argent à un ami avec plus de délicatesse que n'y mettait le gentilhomme de Morat. Il eût été impossible aussi d'accepter avec plus de réserve et plus de fierté convenable que ne le fit le gentilhomme d'Amboise. « Plus habitué à donner qu'à recevoir, écrivit celui-ci, il ne renvoie pas le cadeau ; d'abord un peu pour ne pas afficher lui-même une fierté qu'à l'occasion d'un don semblable il a blâmée dans J.-J. Rousseau ; mais surtout pour ne pas priver un ami des douces jouissances d'une bonne action. »

En même temps il envoya pour la somme « dont il était sûr de n'avoir pas besoin, un de ses fermiers venant de le payer en métal, un récépissé qu'il espérait bien aller retirer en personne, en rapportant le gage si précieux de leur amitié. »

Signalons cette lettre, qui est du 8 nivôse an IV, à tous ceux qui aiment M. de Saint-Martin, et surtout à ceux qui ont des préventions à son sujet.

Il n'est pas beaucoup d'âmes plus belles sur la terre. La sienne est économe et large, fière et humble, délicate et forte. C'est l'harmonie des vertus qui semblent se faire contraste. Touché comme il l'est du procédé si délicat et du sentiment si tendre de son ami, il lui donna un témoignage d'attachement qu'il ne prodiguait pas, son portrait.

Nous avons vu à quelles amitiés il l'avait accordé, huit ans auparavant, en s'arrachant, sur les ordres de son père, aux mystiques attraits de la ville de Strasbourg.

Le portrait jouait à cette époque un rôle d'une importance qu'il a complétement perdue dans nos mœurs. Il figurait volontiers à la tête des volumes les plus affectionnés de leurs auteurs, et en relevait, sinon la valeur, du moins le prix vénal. On échangeait le portrait avec ceux auxquels on demandait une place dans les souvenirs les plus chers. Nous jouons au portrait à bas prix ; mais c'est à peine si nous sentons encore toute la douceur de ces échanges symboliques alors si bien appréciés, ou du moins si bien célébrés.

L'ami de Saint-Martin fut si touché, à son tour, du cadeau qui lui parvint, et de l'accueil qu'on avait fait à son faible don, « qui n'a été qu'un premier essai, » qu'il en parla avec effusion. Il pria « son cher frère » de le regarder comme son fermier, « les propriétaires de France qui jouissent de vingt à trente mille livres de rente, mais ne sont pas cultivateurs eux-mêmes, n'ayant pas dans les circonstances de quoi se pourvoir du nécessaire. » Dans sa reconnaissance pour un portrait si gracieusement donné, l'aimable Bernois avait fait crayonner le sien à la hâte, et il s'empressa de l'offrir en échange de celui qu'il avait reçu.

Où trouver de nos jours des procédés aussi délicats et aussi gracieusement empressés? Nous sommes aujourd'hui vraiment loin du dix-huitième siècle, même de sa fin.

CHAPITRE XIX

La science complète de Saint-Martin. — Un retour vers l'école de Martinez. — Un nouvel écrit politique : l'*Éclair sur l'association humaine*. — Projets d'entrevue avec le baron de Liebisdorf, d'Eckartshausen, Young-Stilling. — Les Stances et le roman. — Excursions à Petit-Bourg, Champlâtreux, Sombreuil et Montargis. — Rencontre avec Cadet de Gassicourt.

1795—1797

Si charmants que fussent, d'ailleurs, ces épisodes dans la vie de Saint-Martin, ce n'y furent que des épisodes. Son *grand objet* était toujours le même, étudier la vie spirituelle de l'homme pris dans sa perfection idéale ou plutôt dans sa nature primitive, le saisir dans les rapports purs de l'âme avec le principe même du monde spirituel, et enseigner à ceux qui ont des oreilles pour entendre l'art de les amener à cette perfection.

C'était là, pour lui, de toutes les études, la seule qui méritât d'occuper sérieusement l'homme; et comme son grand ami Bœhme était à ses yeux le meilleur professeur de cette science, il revenait sans cesse à ses écrits, si l'on peut dire qu'il les quitta jamais. Et à l'entendre, ce travail n'était vraiment pas pour lui peine perdue. Bœhme, nous dit-il dans une sorte d'énumération un peu plus oratoire peut-être qu'on ne s'y attendrait de sa part dans une chose aussi intime et aussi grave, Bœhme lui avait donné, *dès cette époque*, « la nature de la substance même de toutes les opérations divines, spirituelles, naturelles, temporelles ; de tous les testaments de l'Esprit de Dieu, de toutes les Églises spirituelles, anciennes et modernes ; de l'histoire de l'homme dans tous les degrés primitifs, actuels et futurs ; du puissant ennemi qui, par l'astral, s'est rendu le roi du monde. » (Lettre du 29 messidor 1795.)

Il faut l'avouer, on n'est guère aussi savant ; il semble qu'à peine Dieu lui-même puisse l'être un peu plus. Et si l'heureux disciple de l'obscur Bœhme connut la substance même de toutes les opérations divines ; s'il connut l'histoire de l'homme dans tous les degrés de son existence, même future, c'était bien le plus habile des mortels que son heureux maître. Aussi, il eût été tout simple qu'à pareille école Saint-Martin oubliât entièrement son premier initiateur ; et c'est avec une légitime surprise qu'on voit tout à coup qu'il y tenait toujours.

« J'ai remarqué hier, avec grand plaisir, écrit-il à cette époque même, qu'il (Bœhme) appuyait le point de doctrine admis dans ma première école, sur la possibilité de la résipiscence du démon lors de la formation du monde et de l'émanation du premier homme. » Singulière préoccupation de la part de Saint-Martin dans ce moment ! Mais singulière fascination aussi, que celle que le grand théurgiste de Bordeaux exerçait encore sur le plus instruit de ses adeptes au bout de vingt ans ! En effet, Saint-Martin, dont nous avons constaté l'éloignement de ce qui méritait si peu ses sympathies, se dit heureux au bout de ce temps, de voir une des opinions les moins importantes de dom Martinez approuvée et d'avance autorisée par le théosophe de Gœrlitz. Ne va-t-il pas jusqu'à reprendre son ancien culte pour ce personnage dont il s'était détaché avec tant de sens et de raison !

En effet, voici ce qu'il avoue dans cette même lettre (11 juillet 1796) :

« Notre première école (celle de Bordeaux) a des choses précieuses. Je suis même tenté de croire que M. Pasqualiz, dont vous me parlez, et qui, puisqu'il faut vous le dire, était notre maître, avait la clef active (?) de tout ce que notre cher Bœhme expose dans ses théories, mais qu'il ne nous croyait pas en état de porter encore ces hautes vérités. Il avait aussi des points que notre ami ou n'avait pas connus, ou n'avait pas voulu montrer, tels que la résipiscence de l'être pervers à laquelle le premier homme aurait été chargé de travailler, idée qui me paraît encore digne du plan universel, mais sur laquelle cependant je n'ai encore aucune démonstration positive, excepté par l'intelligence. »

Qu'on remarque le dernier mot. L'*intelligence* donnait ce dogme à Saint-Martin, mais cette autorité ne lui suffisait pas pour admettre une doctrine beaucoup plus ancienne que Martinez ou Bœhme, puisqu'elle remonte à Origène, ainsi que je l'ai dit ailleurs (*Philosophie de la Religion*, t. II, vers la fin). Pour être assuré, il attendait qu'une autre autorité eût parlé.

« Quant à Sophie et au roi du monde, il (dom Martinez) ne nous a rien dévoilé sur cela, et nous a laissé dans les notions ordinaires de Marie et du démon. Mais je n'assurerois pas, pour cela, qu'il n'en eut pas la connoissance, et je suis bien persuadé que nous aurions fini par y arriver si nous l'avions conservé plus longtemps ; mais à peine avions-nous commencé à marcher ensemble que la mort nous l'a enlevé. »

Ici les souvenirs de Saint-Martin se confondent. Quand Martinez quitta la France pour aller mourir à Saint-Domingue, Saint-Martin, après l'avoir suivi pendant plusieurs années, s'était singulièrement éloigné de lui.

« Il résulte de tout ceci que c'est un excellent mariage à faire que celui de notre première école et de notre ami Bœhme. C'est à quoi je travaille, et je vous avoue franchement que je trouve les deux époux si bien partagés l'un et l'autre, que je ne sais rien de plus accompli. Ainsi prenons-en tout ce que nous pourrons ; je vous aiderai de tout mon pouvoir. »

Rien de plus étrange que ce retour du théosophe instruit aux errements d'un théurgiste égaré. En général, on voit par cette correspondance qu'il y a, dans le fond, un autre Saint-Martin beaucoup plus mystique que celui qui s'est fait connaître dans ses écrits livrés au public ; beaucoup plus enclin aux doctrines ésotériques et même au commerce des esprits, qui est le but pratique, le but essentiel de ces doctrines.

Toutefois, le patriotisme terrestre du théosophe l'emporta encore une fois sur ce goût de la patrie céleste, et les plus belles solutions qu'il put trouver dans ses études spéciales, il eut hâte de les offrir encore une fois comme le grand remède au mal du temps, à l'état d'épreuves et d'incertitudes où il voyait son pays. Cet état devait prendre une fin glorieuse : telle était sa plus ferme conviction, et cette douce perspective consolait toutes ses douleurs. Les crises où se débattait la France avaient jeté le philosophe dans la pauvreté, et les finances ruinées de la république menaçaient aussi la fortune de son ami, qui avait placé ses économies dans nos fonds publics. Saint-Martin s'en affligeait, mais il ne s'en prenait pas à la grande cause des principes. Sa fidélité à celle-ci fut inébranlable.

« Je n'en crois pas moins assurée, dit-il, l'issue de notre révolution, qui tient, comme je l'ai exposé dans ma brochure, à des bases inconnues à ceux qui, dans ce grand drame, ont été passifs ou actifs. »

C'était prendre les choses de haut, mais juger avec un peu de dédain tant d'esprits distingués qui avaient figuré dans le drame depuis 1789. Au moins fallait-il indiquer plus clairement ces *bases inconnues*. Dans sa première brochure, la *Lettre sur la Révolution française*, il n'en avait donné qu'un premier aperçu. Au milieu de ses travaux de missionnaire, confiné dans son pays natal, où il ne fit que de temps en temps son métier de philosophe, où il n'y eut que par intervalles « quelques petits poulets qui venoient lui demander la becquée, » son bonheur fut avant tout de s'occuper de l'état moral et politique de la France. Ce fut toutefois sans négliger l'humanité en général. Les peuples lui semblaient plus à plaindre et les gouvernements plus à éclairer que jamais. Il entreprit de faire l'un et l'autre dans sa nouvelle brochure, en s'exprimant avec plus de netteté que dans la première et plus de douceur qu'il n'en mettait dans ses lettres à son ami. En effet, pour avoir toute sa pensée, il faut comparer les lettres avec la brochure. Dans l'intimité, sa pensée est assez sévère. Il regarde tout simplement les puissances temporelles comme « des mannequins du démon. » Voici du moins ce qu'il écrit à Liebisdorf, tout en composant les pages de son *Éclair sur l'association humaine*.

« Combien ne me féliciterois-je pas moi-même, si les circonstances me permettoient d'aller partager quelques moments vos loisirs. Mais le roi de ce monde (c'est bien le démon), qui n'a qu'un sceptre de fer, ne s'occupe qu'à briser ses sujets, ou plutôt ceux qui ne veulent pas l'être, et nous sommes obligés continuellement de nous réfugier dans un autre royaume que le sien, pour trouver la paix et la liberté au milieu même de toutes les privations. Nos puissances temporelles, qui ne sont que ses mannequins, ne me paraissent pas prêtes à se concilier. Je me persuade qu'elles ne croient pas de leur gloire de se reposer de leurs brigandages avant de s'être saignées au blanc, et la paix me paroît impossible auparavant, à moins que nos derniers succès en Italie ne leur fassent faire des réflexions. »

De la part d'un écrivain aussi pacifique et aussi mesuré, cela nous paraît vif et peu équitable aujourd'hui. Mais il faut apprécier ce style d'après les émotions du temps, et surtout savoir que c'est aux puissances étrangères et nullement à celles qui menaient alors la France que s'appliquait le langage de Saint-Martin. Il ne cessa d'attendre beaucoup de la révolution française. La république ne le gêna pas et n'ébranla pas un instant sa confiance, je l'ai dit : il en aimait les principes, en pardonnait les excès, et en escomptait les victoires dans l'intérêt de l'humanité. De ses victoires, il espérait la paix; de ses principes, le triomphe de ses doctrines les plus chères. Ses excès étaient des châtiments, ou voulus de la Providence, ou permis par elle. Le publiciste avait des amis visités par les épreuves de ce jugement de Dieu; mais ses intérêts, ses relations, ses affections les plus tendres n'émurent jamais sa pensée politique au point d'y porter le trouble ou l'inconstance. Le beau-père de sa plus illustre amie, le prince de Condé, fut pour lui ce qu'il était pour la France, un ennemi. Liebisdorf a voulu un jour le rassurer sur le projet d'une prochaine invasion de la France par ce prince. Il lui marquait que Condé était incapable d'y songer sans y être autorisé par l'Autriche, et que l'Autriche n'y était pas disposée. Il désirait que, de bouche en bouche, ces nouvelles, données de Berne, arrivassent au gouvernement, qu'il croyait inquiet. Et bien étourdi fut-il quand il reçut de Saint-Martin, qui devait servir de porte-voix dans cette communication officieuse, ces fières paroles : « Je n'ai jamais eu d'inquiétude sur l'armée de Condé... Je la regarde comme une figure dont on voudroit faire un épouvantail. »

Loin de se laisser émouvoir par des considérations de ce genre, soit pour son pays, soit pour sa personne, Saint-Martin voulait à cette époque même aller jouir du calme des champs, en Suisse, à Morat, auprès de son ami. Déjà il s'était concerté avec son cher correspondant sur la forme et la teneur de son passe-port; déjà il avait pris l'engagement de visiter en passant « la respectable prisonnière (madame la duchesse de Bourbon), » lorsqu'il changea tout à coup d'idée et ajourna son voyage au printemps de 1797. Alors il commencerait sa tournée par Strasbourg, « où il avait, dit-il, une liaison intime. » En attendant, il allait toujours se mettre en route pour visiter quelques amis et passer l'hiver avec eux.

C'était soumettre la tendresse de Liebisdorf à une assez rude épreuve. Pour la flatter un peu, Saint-Martin lui envoya une de ces pièces de vers qu'il faisait aussi facilement qu'irrégulièrement, ses Stances sur l'origine et la destination de l'homme, composition toute didactique qui offre peu de poésie, mais des vues très-élevées. Déjà publiée, et quinze ans auparavant, cette pièce était retouchée avec quelque soin, comme le méritait un si grand sujet; mais telle que l'auteur l'envoya et telle qu'elle est restée, elle ne fait qu'effleurer la question. Sans avoir la prétention de la traiter, Saint-Martin pouvait facilement y mettre plus d'idées, plus de poésie et surtout plus de nouveauté.

En général on est surpris, au milieu d'une correspondance si sérieuse et à une époque si grave, de voir un tel théosophe offrir à un tel mystique une lecture aussi légère. Mais on n'est pas, avec cela, au bout des surprises qu'ils vous ménagent dans leurs lettres. En effet, de son côté, le philosophe de Morat s'occupait d'un roman. Il voulait y mettre son mysticisme, comme Fénelon avait mis dans *Télémaque* sa politique. C'était bien ce type qui agitait sa pensée, si modeste qu'elle se fît devant le chef-d'œuvre de l'archevêque de Cambrai, et si humble qu'elle se crût en se rabattant sur le *Voyage du jeune Anacharsis*, pour éviter une comparaison trop redoutable.

C'est un des goûts dominants du savant Bernois, comme de beaucoup d'autres, de faire des plans d'ouvrages. Mais c'est aussi son habitude de s'y livrer d'abord avec un singulier enthousiasme et de s'en détacher avec froideur en fin de compte, tandis que c'est un des traits distinctifs du caractère de son ami de faire ses livres sans en parler beaucoup, d'en calculer longuement les difficultés et les moyens d'exécution, de s'y consacrer avec une admirable constance, et d'y attacher le plus grand prix. — Je fais abstraction de ses vers, dont il ne faisait que le cas qu'ils méritent.

Il est, en général, peu de vies qui soient plus d'une pièce que la sienne, et s'il y modifie un de ses desseins, c'est à bon escient. Jamais on n'a su mieux que lui subordonner les choses secondaires aux principales.

Pendant qu'il combinait ses projets de voyage en Suisse en prenant par l'Alsace ou par Marseille, et s'y acheminait, en idée, par des visites faites à ses amis dans leurs campagnes, il écrivait et polissait cet *Éclair sur l'association humaine*, qui devait compléter sa *Lettre sur la Révolution française* et devenir le meilleur de ses ouvrages politiques. Mais tant il mit de soins et de lenteurs que le jour où tout fut mis au net et où il voulut ramasser ses feuillets pour les porter à l'imprimeur, on en était en octobre. Et alors, « C'est trop tard, dit-il à son adepte, pour voyager. »

En effet, ses amis quittaient leurs champs pour Paris. Il en fit autant, et mit sous presse, laissant là sa *liaison intime de Strasbourg*, la *respectable prisonnière de Marseille* et son excellent ami de Berne.

Remplir sa grande mission à Paris valait mieux que jouir du calme de Morat. L'état moral de Paris réclamait le théosophe, et l'on y avait besoin de lui plus qu'en

Alsace ou en Provence. Paris était une « autre Babylone, perdue de mœurs. »

Cependant Saint-Martin y trouva tant d'amis et de travaux qui l'y retinrent, qu'il gémit du fardeau et de la multiplicité de ses occupations, comme ferait un ministre à portefeuille dans l'État le plus constitutionnel du monde.

Ses vrais amis de Paris, qui étaient-ils ? Était-ce déjà Gilbert, le médecin des armées, à qui il s'attacha plus tard au point de lui léguer ses livres ? Était-ce encore Gombault, l'ancien magistrat au conseil des aides, dont il cite souvent le nom ? Étaient-ce d'anciens camarades, des condisciples de Bordeaux ou des disciples ?

Nul n'avait plus de relations sérieuses que lui, ni de relations moins exclusives. Toutefois, ce n'étaient plus toutes ces grandes dames d'autrefois qui préoccupaient alors sa pensée. Il est vrai que l'illustre prisonnière de Marseille, « la princesse infortunée qui cherchait naguère encore un asile comme une colombe égarée, » finit cette année même par retrouver des châteaux et des terres en attendant des palais, mais en ce moment elle résidait obscurément à Petit-Bourg. D'autres, comme l'incomparable Charlotte de Bœcklin, qui habitait toujours dans le pays de Bade sa hutte de Diersbourg, n'étaient pas encore rentrées en France. On ne trouve donc pas d'amitiés féminines un peu en relief à cette époque de sa vie ; on remarque, au contraire, une sorte de retour vers ses affections viriles. Il renoue ses relations avec le comte de Divonne, errant en Suisse, en Allemagne et en Angleterre, tout dévoué aux mystiques écrits de Law, mais heureux d'apprendre de Saint-

Martin que madame la duchesse de Bourbon et la comtesse Julie de S. l'aiment encore de toute leur amitié ancienne; plus heureux encore, en raison de ses études devenues si sérieuses, de la tendresse que Saint-Martin lui témoigne et qu'il n'avait point portée à ce degré jusque-là. Saint-Martin s'attacha encore à deux étrangers illustres qu'il n'avait jamais vus, mais dont le baron et madame de Bœcklin lui avaient souvent parlé, le conseiller d'Eckartshausen et le professeur Young-Stilling. Il leur fit adresser ses écrits et leur exprima son admiration pour leurs travaux, ainsi que son désir de les connaître personnellement. Il revient si fréquemment dans ses lettres à ces deux noms, ainsi qu'à celui de Lavater, qu'on doit signaler dans ses amitiés une modification réelle : plus de simplicité et une gravité pure de tout mélange.

Quant aux occupations de Saint-Martin à cette époque, elles furent aussi simples et aussi graves que ses relations. Il écrivait ses lettres au baron et à madame de Bœcklin et corrigeait les épreuves de sa seconde brochure. C'est ce travail sur la politique du jour qui était la grande affaire du philosophe; on sait qu'il attachait beaucoup de prix à ses publications.

« Je vous avouerai — écrit-il le 1er novembre 1796, au baron, qui désirait qu'il vît le baron de Gleichen (le fameux imitateur du comte de Saint-Germain) qui a laissé des mémoires si curieux et dont nous avons déjà parlé dans un chapitre précédent comme d'un homme que Saint-Martin aimait peu — « Je vous avouerai que je suis encore ici pour quelque temps, et que j'ai probablement le temps d'y recevoir de vos nouvelles. Il m'est venu des idées assez neuves sur le noyau radical de l'association humaine, pour que je n'aie pu résister à les mettre par écrit. Mes amis m'ont pressé ensuite de les publier, et je me suis laissé aller à leurs désirs. On est donc occupé en ce moment à l'impression de cet écrit, qui sera à peu près aussi volumineux que ma *Lettre à un ami sur la Révolution française*. Mais il n'embrasse pas autant d'objets que cette lettre, qui en embrassait peut-être trop. Il aura peut-être un autre inconvénient, celui de ne pas frapper assez fortement les yeux vulgaires. Au reste, je ne fais cette œuvre que pour acquitter ma conscience, qui se sent portée à propager de son mieux le règne et la souveraineté de Dieu; et quels que soient l'opinion des hommes et le fruit qu'ils tireront de mes faibles efforts, j'aurai rempli ma tâche, que je me plais à croire qui me sera comptée auprès de notre souverain Maître. Cela suffit pour m'encourager et me faire prendre patience sur les événements, quels qu'ils puissent être. »

A ces raisons qui le retenaient à Paris pendant les derniers mois de 1796, il vint s'en joindre d'autres qui l'y fixèrent encore pendant les premiers mois de l'année suivante. Il avait à peine achevé de corriger son *Éclair*, qu'il se mit à un autre travail, plus considérable, qui devait porter le titre de *Révélations*.

A l'entendre, ce fut pour lancer le premier et rédiger le second qu'il ajournait sans cesse les bouillantes impatiences de le voir que lui manifestait son ami de Berne.

« En attendant, pour vous dire à quoi je m'occupe, je vous avouerai, lui écrit-il le 30 avril 1796, que j'ai entrepris, un peu pour moi, un peu à la sollicitation de mes amis, un ouvrage qui a pour titre : *Révélations na-*

turelles... De l'aveu de ceux à qui j'en ai fait part (lu des fragments), il s'y trouve déjà quelque eau salutaire pour rafraîchir l'ardeur de la soif... »

« Quand cela sera fait, si on le juge digne de l'impression, et que les *moyens pécuniaires nous soient rendus,* je le publierai... » Et ici, de nouveau, un regard vers le grand mystique dont nous venons de parler.

« Votre ami Young est bien obligeant de m'accorder sa bienveillance pour mon simple désir qu'il lise son compatriote Bœhme... »

Young, le célèbre théosophe, l'ami de Gœthe et de Lavater, était avec Frédéric de Meyer, H. de Schubert, François de Baader et Justinus Kerner (l'auteur de la *Visionnaire de Prévorst*), un des plus sincères admirateurs de Saint-Martin en Allemagne. Il ne suivit pas beaucoup le conseil du théosophe de lire Bœhme. Ses prédilections le portèrent, d'abord vers Saint-Georges de Marsay; puis vers Swedenborg et enfin vers la Bible seule.

« Quant à sa surprise que j'aie pu m'occuper ainsi pendant les affreux orages qui ont déchiré ma patrie depuis huit ans, elle cesseroit s'il avoit, comme moi, vu les choses de près; s'il savoit qu'il y a eu des cantons de la France qui à peine se sont aperçus de l'orage, et que mon pays natal a été du nombre. Cependant je ne puis nier la surveillance particulière de la Providence à mon égard dans ces temps désastreux. »

Le moyen de trop presser et d'attirer en Suisse, comme malgré lui, un homme que la Providence se chargeait elle-même de si bien conduire! Son ami le sentit. D'ailleurs, Liebisdorf fut si charmé du nouvel écrit de Saint-Martin qu'il se résigna encore une fois et calma ses impatiences comme il put. Mais il en attendait l'auteur avec d'autant plus de vivacité qu'il espérait voir son enthousiasme pour l'écrivain plus partagé.

Il le fut en Suisse et dans le Nord plus qu'en France, et à Lyon et à Strasbourg plus qu'à Paris. Saint-Martin lui-même manda cet effet dans la même lettre.

« Mon ouvrage (l'*Éclair*) ne fait aucune espèce de fortune, si ce n'est auprès de quelques bonnes âmes comme la vôtre. Le reste rougirait d'y jeter les yeux. Il y a cependant quelques journaux qui en ont dit du bien. Mais c'est une faible recommandation. Au reste, je m'y suis attendu d'avance; j'ai fait cet ouvrage pour le compte de mon interne, et non pas pour celui de mon externe, et je suis bien tranquille sur mon payement.

« Je vous en adresse trois exemplaires : un pour vous, un pour notre ami Divonne, et l'autre pour qui vous voudrez. »

L'*Éclair* méritait, non pas une destinée plus brillante, mais un examen plu sérieux. Il y avait tant d'âmes souffrantes et blessées par les malheurs du temps, les persécutions, les supplices, l'exil, la gêne, la pauvreté, l'absence de la plus efficace des consolations; il y avait tant d'esprits élevés, d'écrivains courageux, peu satisfaits d'une littérature où la religion était à peine mentionnée pour mémoire, quand elle n'était pas bannie tout à fait, qu'on ne comprend pas bien comment d'aussi belles pages que celles de Saint-Martin ont pu passer presque inaperçues. Sans doute beaucoup de gens en voulaient encore à la religion et à l'Église, contre lesquelles il était encore un peu de mode et de tradition de s'élever; mais cela était déjà bien passé dans les régions sereines. Et si, dans leurs imprudentes ardeurs, quelques ministres des autels avaient jadis fait trop grande leur part dans les affaires du monde, pourquoi ne pas profiter des lumières du jour pour la faire juste? D'ailleurs, Saint-Martin, qui n'exagérait pas en faveur du clergé, qui donnait au contraire dans les idées opposées, aurait pu plaire par ce côté. Il partait en religion comme en politique du point de vue humain, du point de vue psychologique, que dès lors on semblait préférer, et qu'on a définitivement préféré depuis en morale et en général dans toute la philosophie. Et il était éloquent. Comment ne pas écouter un homme qui vous dit :

« Ce sera toujours l'âme humaine qui me servira de flambeau; et, cette lampe à la main, j'oserai marcher devant l'homme dans ces obscurs souterrains où tant de guides, soit trompés, soit trompeurs, l'ont égaré, en l'éblouissant par des lueurs fantastiques, et en le berçant jusqu'à ses derniers instants avec des récits mensongers, mille fois plus pernicieux pour lui que l'ignorance de son premier âge. Les publicistes n'ont écrit qu'avec des idées dans une matière où ils auraient dû n'écrire qu'avec des sanglots, sans s'inquiéter de savoir si l'homme sommeillait ou non dans un abîme. Ils ont pris les agitations convulsives de sa situation douloureuse pour les mouvements naturels d'un corps sain et jouissant librement de tous les principes de sa vie; et c'est avec ces éléments caducs et tarés qu'ils ont voulu former l'association humaine et composer l'ordre politique... Je suis le premier qui ai porté la charrue dans ce terrain, à la fois antique et neuf, dont la culture est si pénible, vu les ronces qui le couvrent et les racines qui se sont entrelacées dans ses profondeurs. »

Nous l'avons dit, pour faire valoir tout leur prix à des vues alors si rares et si élevées, il a fallu le style de M. de Maistre, l'ascendant de sa position et la faveur des circonstances, la Restauration.

Quant au nouvel ouvrage qui devait succéder à l'*Éclair*, et qui empêchait Saint-Martin de se rendre aux vœux de son ami à l'époque convenue, ce n'était plus un écrit politique, c'était un traité de philosophie religieuse. Saint-Martin, pressé au sujet de son contenu par l'ami qui vivait de chacune de ses pensées, évita de s'expliquer sur la nature de son travail, mais il répondit avec une grande sincérité sur le succès qu'il pouvait espérer. « Il ne se flattait plus d'être écouté dans son pays. On y prêchait dans le désert, en demandant que la politique ne fût pas séparée de la morale ; mais, à la demande de ses amis et au nom de sa mission, il ferait de son mieux. » N'entrant dans aucune indication précise, il surprit assurément Liebisdorf en le priant de garder pour lui seul ce qu'il lui en disait. Rien ne peint mieux sa discrète pensée et son esprit de réserve.

Cet ouvrage très-futur n'était pas non plus la véritable raison qui l'empêchait de faire le voyage tant promis. Nulle part ailleurs il ne l'eût médité plus à son aise que sous les frais ombrages qui bordent le lac si placide de Neufchâtel. A la manière même dont il ajourne sans cesse, on voit qu'il est partagé entre des désirs qu'il aime à montrer et des obstacles qu'il ne veut ni dire ni laisser entrevoir. Le passe-port pris, il avait d'abord trouvé la saison trop avancée ; le printemps venu, il lui avait fallu distribuer l'*Éclair*. Cette distribution faite, il était libre. S'il ne partit pas, c'est qu'évidemment il avait d'autres raisons que cette distribution, la composition nouvelle, les devoirs de l'amitié ou les besoins moraux de Paris, et des raisons qu'il ne pouvait dire. L'aimable baron les devina : quand il eut répondu à tous les prétextes de son ami, il supplia que les frais de la visite fussent pour lui seul. Dès ce moment, Saint-Martin fut bien obligé de laisser là ses faux-fuyants. Mais rien ne put fléchir sa généreuse indépendance, et loin d'accepter l'offre la plus sincère du monde, poussé à bout il mit ses hésitations sous le pavillon d'une raison qui ne souffrait pas de réplique : l'*absence d'une suffisante clarté*. Entre mystiques, il n'y avait pas à cela de réponse possible. Le baron se rendit avec toute sa pieuse et sincère générosité. « Il ira voir Saint-Martin en France, sans renoncer à l'espoir de le voir en Suisse. »

Cette promesse, il la réalisa aussi peu que le gentilhomme français la sienne ; mais la douce perspective, si ingénieusement ouverte à tous deux, charma la tristesse que le temps répandait de plus en plus sur les jours de l'un et de l'autre.

En attendant, Saint-Martin consola ses regrets le mieux qu'il put par quelques excursions plus faciles et réellement intéressantes pour sa mission. En voici deux dont il rend compte dans ses notes :

« J'ai revu Petit-Bourg en juin 1797, j'y ai passé cinq jours avec la dame du lieu, son amie Julie et l'ami Maubach. »

La spirituelle comtesse Julie de Sérent, qui est aussi l'amie du comte de Divonne, et Maubach nous sont connus.

« J'y ai goûté de doux souvenirs en me promenant

dans ce charmant parc où j'ay reçu autrefois de délicieuses intelligences et des impressions internes que je n'oublierai jamais. »

On remarquera le mot si modeste d'*intelligences ;* d'autres auraient mis hardiment celui de *révélations*.

« En y allant par les voitures d'Essonne, nous fûmes pris par un orage terrible ; les chevaux, effrayés, furent prêts de nous jeter dans un fossé. On crut que nous avions couru le plus grand danger. Pour moi, je n'en vis aucun ; et j'ai assez l'habitude pour ne pas croire au danger partout où je me trouve, tant j'ai reçu de marques de la bonté d'en haut. »

C'est là une des idées favorites de Saint-Martin : partout où il se trouve, il n'y a de danger pour personne.

« Au bout de cinq jours, j'en allai passer cinq autres à Champlâtreux, où je retrouvai tout le monde aimable comme à l'ordinaire. » (Portr., 759.)

Le nom de madame Molé n'est pas prononcé dans cette note, par la même raison que celui de madame la duchesse de Bourbon ne l'est pas : ces noms sont donnés par les lieux qu'il a visités.

Le rafraîchissement qu'il a trouvé dans ces courses faites, pour ainsi dire, au préjudice de son ami, lui pèse presque comme un remords, et il se hâte de le dédommager par une de ses lettres les plus longues, les plus instructives et les plus sages. Nous la citerons plus loin ; car elle répond à une série de questions du plus grand intérêt, et traite en particulier de la théurgie et de la communication avec les esprits, en place de quoi Saint-Martin conseille de mettre la communion ou l'union avec Dieu.

Mais, si belle que fût cette lettre, elle ne tenait pas lieu d'une conférence avec l'auteur, elle ne consola pas les regrets de son ami, de voir Saint-Martin quittant la campagne prendre d'abord le chemin de Paris, puis celui d'Amboise, au lieu de celui de Berne. On est attristé de voir un homme aussi sage dans la conduite de ses revenus et dans celle de ses charités, réduit à ne pouvoir payer une place dans une diligence. L'idée d'accepter les offres de son ami eût fait rougir sa délicatesse, et celle de faire des dettes l'eût couvert de confusion. Ce désordre, dont d'illustres contemporains donnaient si largement l'exemple, eût été à ses yeux une sorte d'abdication. Liebisdorf comprend ces principes.

« Je me soumets, lui écrit-il, cher frère, au moyen péremptoire que vous employez dans votre dernière lettre, celui de la clarté directrice. Que sa volonté soit faite. Si ce n'est pas dans ce monde, j'espère vous voir dans un autre, pour vous remercier des excellents conseils que vous m'avez communiqués dans la suite de notre correspondance. »

Bientôt après il vit qu'il ne fallait plus compter du tout sur le voyage tant promis, car son ami, qui n'avait jamais voulu toucher aux dix louis d'or qu'il en avait reçus et qui les avait tenus emprisonnés dans son écrin, même aux jours les plus pénibles, le pria de lui indiquer la personne de Paris par laquelle il pourrait le plus sûrement les lui restituer.

Un second voyage que Saint-Martin fit d'Amboise à Paris, dans l'automne de la même année, avait le même sens pour le baron. Saint-Martin ne dit ni dans ses notes ni dans ses lettres le but ou l'objet de ce voyage, mais il en indique quelques incidents qui l'ont frappé, incidents dont les plus remarquables, le séjour à la terre de Sombreuil et sa rencontre avec Cadet de Gassicourt, sont comme noyés dans d'autres assez frivoles, que je rapporterai pour caractériser le narrateur :

« En revenant à Paris, en octobre 1797, j'ai passé par Sombreuil, par Montargis, par Châteauneuf, par Lorris, etc. Les cousin et cousine de Sombreuil m'ont comblé de bontés. Leur terre est agréablement située pour le pays. J'ai vu dans leurs environs une jeune personne qui a des rapports tendres avec le frère de madame de Fitzherbert, femme du prince de Galles.

« J'ai vu chez eux la bonne Mérance, qui est pleine de piété. Mes gratifications ont été calquées là, non sur l'orgueil, mais sur l'amitié.

« A Montargis j'ai été fort bien traité chez madame Delatour, et en revenant j'ai fait connoissance dans la voiture publique avec M. de Gassicourt, homme d'esprit, dévoué aux systèmes du baron d'Holbach et autres matérialistes, mais s'en tenant là plus par orgueil et par défiance que par persuasion. Il a écrit contre moi dans quelques ouvrages; mais j'espère que dans notre conversation il ne se sera pas seulement douté que j'y eusse fait la moindre attention. »

Tout le monde fit bientôt après comme Saint-Martin. Et voilà ce que deviennent, au bout de peu de temps, toutes ces critiques qui prennent une si grande place et marquent d'une manière si douloureuse dans la vie des écrivains les plus éminents. On est même surpris de voir Saint-Martin attacher quelque prix aux jugements de son compagnon de route. Il est vrai que Cadet de Gassicourt était un homme de mérite, de l'Académie des sciences et de l'Encyclopédie; mais de quel poids son opinion pouvait-elle être dans les questions que traitait Saint-Martin? Cadet de Gassicourt, en sa qualité d'ancien pharmacien en chef des armées, aurait-il eu des rapports avec Gilbert, l'ami le plus intime de Saint-Martin après la mort de Liebisdorf? Et ces rapports expliqueraient-ils l'attention que le spiritualiste accordait au matérialiste en dépit de lui-même?

Au reste, les matérialistes ne devaient pas rester seuls à le combattre, et nous verrons les années suivantes lui apporter des censures qui pourront le surprendre davantage.

CHAPITRE XX

Séjour prolongé à Paris. — Renvoi des dix louis. — L'offre de trois pièces d'argenterie. — M. Barthélemy. — Lakanal. — Un programme de Garat, au nom de l'Institut. — Le concours sur les signes de la pensée. — M. de Gérando. — Un poëme satirique, le *Crocodile*.

1796—1797

Saint-Martin, qui ne cessait de faire l'éloge de Strasbourg et la critique de Paris, laissait là Strasbourg, revenait toujours à Paris avec empressement, y voyait beaucoup de monde, y employait fort bien le temps qu'il croyait y perdre et ne s'en allait qu'avec regret, et quand il le fallait.

L'atmosphère morale de Paris l'étouffait, mais il y voyait une mission à remplir par lui. Il y resta toute l'année 1797, même une partie de la suivante. Pauvre partout, et toujours généreux, il y vécut plusieurs mois dans une grande tristesse.

« On y délibéroit, nous dit-il, un nouveau décret de bannissement contre la vieille caste. Si le décret étoit rendu, je n'aurois pas un morceau de pain dans mon exil. »

C'est là d'ailleurs le moindre de ses soucis. Et en effet, il saisit ce moment pour renvoyer les dix louis que le baron lui avait adressés dans le temps avec une délicatesse aussi ingénieuse que rare. Il voulait même y ajouter les frais de port, et le spirituel patricien de Berne ne put l'en empêcher qu'en affirmant qu'il n'y avait pas eu de frais, grâce à la courtoisie de l'administration des postes! En affaire d'argent, Saint-Martin ne comprenait pas la finesse, et il se contenta d'une réplique de Liebisdorf où celui-ci disait que, tant qu'il leur resterait un morceau de pain à deux, ils le partageraient ensemble. Le riche baron, par suite de l'entrée de nos troupes en Suisse, entrée qui fut ce que la guerre est toujours quand même il n'y figure point de Rapinat, était frappé lui-même dans ses intérêts matériels, et plus inquiet de son avenir qu'il ne l'avouait. Mais cette fois, Saint-Martin le devina et prit sa revanche. Il ne lui offrit pas de l'argent, — « étant réduit à la petite semaine, » — mais « deux ou trois pièces d'argenterie qui lui restoient. »

A ces échanges d'une vive et tendre, mais mélancolique sympathie, les deux amis ajoutèrent les viriles consolations de leurs saintes études. Liebisdorf, quoiqu'il désirât recevoir dans ses bras son illustre ami et maître, assura, ce qu'il aimait à croire, que le terrible décret ne serait pas rendu; et Saint-Martin fit de son côté, auprès du personnage de France le plus puissant en Suisse, l'ambassadeur Barthélemy, tout ce qu'il put pour que Liebisdorf fût ménagé autant que les temps le souffraient. Jamais leurs lettres, souvent si curieuses, même dans les parties qui trahissent les défauts de leur science et les distractions de leur logique, n'ont pu leur offrir plus d'intérêt que dans ces moments. Empreintes de toutes les solennités du malheur, sans jamais trahir aucune de ces faiblesses ni de ces découragements que la raison ne pardonne pas plus au philosophe que l'Évangile au chrétien, elles montrent toujours, au contraire, ces deux vaillants athlètes de la foi, vieux soldats devenus philosophes, honorer ensemble la foi et la philosophie et s'occuper avec constance, avec ardeur de la méditation des mystères de l'une et de l'autre, tout en traduisant leur « chérissime » théosophe.

Le baron travaille à un résumé général du philosophe teutonique ; il en traduit les *Lettres* et les soumet à son ami, qui tout aussitôt les lui renvoie corrigées ou mises au net et l'engage à continuer son double travail, quoiqu'il apprenne de madame de Bœcklin, qu'il existe déjà un résumé de Bœhme ; car sa correspondance avec cette amie unique a été reprise depuis que le comité révolutionnaire a cessé ses blessantes indiscrétions. L'autre, Saint-Martin, traduit l'*Aurore* et les *Quarante Questions de l'âme*, et sans cesse demande au baron, sur les termes difficiles et les phrases obscures, des éclaircissements qui lui sont donnés immédiatement avec autant d'abondance que de clarté. Ils sont entremêlés d'indications sur les traductions ou les résumés des mêmes textes, faits par le pieux Law, ainsi que sur les traductions et les résumés que le comte de Divonne, leur ami commun, fait à son tour des textes de Law.

Ce n'est pas tout. Plus les deux amis « étouffaient dans l'atmosphère morale et politique » de leurs pays respectifs, plus ils aimèrent à se réfugier ensemble dans le monde mystique et à se donner, à se demander au besoin des nouvelles de leurs frères et concitoyens de cette patrie-là. Saint-Martin, dans une des plus touchantes de ses lettres, et au milieu de ses confidences les plus pénibles, secoue tout à coup sa forte âme et s'écrie : « Mais il y a bien longtemps que vous ne m'avez parlé de votre ami de Marbourg (Young-Stilling), ni de votre ami de Munich (M. d'Eckartshausen), ni de votre Zurichoise (mademoiselle Lavater). »

A cela le baron répondit par d'intéressantes nouvelles et des invitations pressantes. Mais Saint-Martin était enchaîné par de graves travaux et le sentiment que c'étaient des devoirs de sa mission. Dès l'an 1796 (l'an v), la classe des sciences morales et politiques de l'Institut (rétabli ou établi plutôt l'an III, sur un rapport excellent de Lakanal, dont nous avons vu les années de calme sans en avoir connu les années de tourmente) avait ouvert, par un programme bien fait, son célèbre concours sur les *Signes de la pensée*.

Cette question de philosophie pure était loin d'avoir pour le public du jour l'importance d'une de ces questions de morale ou de politique qui offrent de l'attrait à tout le monde dans tous les temps, mais ce fut peut être la plus curieuse de toutes en ce moment. Saint-Martin, qui aimait singulièrement à méditer sur les rapports de l'homme intérieur avec le dehors, et qui, loin de vouloir expliquer l'homme par la nature, expliquait la nature par l'homme, Saint-Martin, disons-nous, dont la finesse d'observation se plaisait surtout dans l'étude du jeu de la pensée, et qui, la prenant en ses primitifs éléments, la suivant avec amour en ses progrès les plus variés et en ses incessantes transformations, s'éclairait surtout des moyens venus de haut, traita ce sujet avec plus de soin et plus de profondeur qu'il n'en avait apporté à son premier travail présenté à l'Institut. Son amour-propre se trouvait plus engagé dans ce second. Pour le premier aussi il aurait pu désirer à Paris un triomphe qui consolât son ancien échec à Berlin; mais ici il y avait plus : il s'agissait, en quelque sorte, d'une suite à donner aux débats, si importants à ses yeux, de l'École normale. Garat était de la classe des sciences morales et de sa première section, de celle qui s'occupait de l'analyse des sensations et des idées. Au bout d'une trêve de quatre ans, il s'agissait donc de reprendre la lutte du sensualisme et du spiritualisme engagée à l'amphithéâtre du Jardin des Plantes, et de livrer pour la même cause une nouvelle bataille. Une victoire plus éclatante pouvait se voir sur un autre terrain. L'Institut avait publié ce programme, fait avec soin au point de vue et de la main de Garat :

« Est-il bien vrai que les sensations ne puissent se transformer en idées qu'au moyen de signes? Ou, ce qui revient au même, nos premières idées supposent-elles essentiellement des signes?

« L'art de penser serait-il parfait, si l'art des signes était porté à sa perfection?

« Dans les sciences où la vérité est reçue sans contestation, n'est-ce pas à la perfection des signes qu'on en est redevable?

« Dans les sciences qui fournissent un aliment éternel aux disputes, le partage des opinions n'est-il pas un effet nécessaire de l'inexactitude des signes?

« Y a-t-il un moyen de corriger les signes mal faits et de rendre toutes les sciences également susceptibles de démonstration? ».

On voit, du même coup d'œil, la magnifique portée de la question et la tendance étroite du rédacteur. Aux yeux de celui-ci, il ne s'agit que de perfectionner le langage, de corriger les signes, pour porter les vérités de la métaphysique, de la religion, de la morale et de la politique au même degré de perfection ou de certitude, que celles de l'arithmétique, de l'algèbre et de la géométrie, sciences qui ont des signes parfaits, et sur lesquelles, par cette raison même, on ne se dispute pas. Tout cela repose sur le fameux axiome : la science n'est qu'une langue bien faite. Quel magnifique sujet pour un débat académique, dans la situation où se trouvaient nos doctrines et nos écoles! Jamais position plus belle n'était faite à un spiritualiste tel que Saint-Martin. On dirait que Garat, en écrivant son programme, n'avait songé qu'à ménager à son brillant adversaire l'occasion la plus belle qu'il pût souhaiter pour exposer au grand jour sa doctrine tout entière.

Saint-Martin a-t-il compris sa pensée? Il s'appliqua cette fois-ci avec une sérieuse attention à éviter les fautes de son concours de Berlin ; mais peut-être en fit-il d'autres. Il voulut être plus simple et plus clair, et il avait raison ; mais il prit pour y arriver un moyen qui le perdit : il renonça complétement, ainsi qu'il nous l'apprend lui-même, aux secours que pouvaient lui offrir les littératures étrangères, où, dès lors, la question était fort bien traitée. « Je n'ai point eu recours, pour mon essai sur les *signes*, au mémoire de Soulzer, ni même aux différents endroits de Bœhme qui renferment là-dessus *des magnificences.* » Renoncer même à ce que présentait son auteur favori, c'était évidemment aller trop loin.

Ce n'est pas tout ; Saint-Martin nous apprend avec une naïveté charmante qu'il croyait les membres de la seconde classe de l'Institut trop peu initiés aux grands problèmes pour vouloir les en embarrasser.

« Je n'ai eu en vue que nos simples docteurs académiques, et il ne faut pas que je les sorte trop de leur sphère : ils ne m'entendroient pas. »

Cela ne paraît pas étrange, seulement cela paraît hautain. Qu'on ne s'y trompe pas, toutefois. Saint-Martin ne veut pas dire que l'Institut n'eût pas alors de métaphysiciens pour les questions supérieures, il veut dire seulement qu'il s'est abstenu de leur exposer les grands principes de son spiritualisme mystique. Mais quand même les académiciens du jour ne se seraient pas prêtés à son point de vue, du moment où il avait mission de le dire, et telle était sa foi souvent professée, il ne fallait pas hésiter à l'émettre. L'Institut n'est un foyer complétement éclairé qu'autant qu'il est ouvert à tous les rayons de lumière qui s'abaissent sur la terre, de quelque part qu'ils viennent.

Il est vrai que le spiritualisme mystique, qui n'a jamais régné dans aucune Académie, n'était pas en grande faveur à l'Institut en ce temps-là. Mais si Saint-Martin, se mettant sciemment à un autre point de vue que celui de ses juges, fut parfaitement dans son droit, il ne le fut plus en se mettant aussi à un autre point de vue que celui de la science pure. C'est en choisissant ce dernier que le jeune soldat qui remporta le prix montra son bon esprit. Aussi il s'ouvrit par ce travail, suivi de plus considérables, les portes de l'Institut, celles de l'École de droit, celles du Conseil d'État, celles de la Chambre des pairs et bien d'autres. M. de Gérando, partout aimé pour ce bon esprit admirablement relevé par un bon cœur, j'allais ajouter même par ses bonnes œuvres, fut bientôt aimé et estimé de Saint-Martin, qu'il avait vaincu, comme de tout le monde. On peut regretter que le jeune lauréat se contînt lui-même, sans nul effort d'ailleurs, dans le simple empirisme de Locke et de Condillac, pour la solution d'une question si belle et qui est presque toute la philosophie; mais bientôt, chacun le sait, de Gérando marcha avec Royer-Collard, Maine de Biran et Saint-Martin lui-même, sans parler d'un illustre vivant qui, plus jeune que lui, ne pouvant le diriger que par de sérieuses critiques, lui prodigua celles-ci et l'aida à devenir un des spiritualistes les plus sincères.

Disons, d'ailleurs, que Saint-Martin, qui ne fut pas jaloux de la couronne placée sur une noble tête, traita lui-même le sujet avec une remarquable profondeur, avec une grande richesse d'aperçus peu communs, et parfois avec un rare bonheur d'expression.

Dès le début, et à propos de la juste distinction des signes de la pensée en naturels et en artificiels, ou conventionnels, il signale avec fermeté le privilége de l'homme d'imposer à son gré un sens et une idée aux objets quelconques.

« C'est, dit-il, un de nos droits éminents. Il y a un commerce de signes parmi plusieurs classes d'animaux; mais leurs signes sont d'une nature très-servile et leur commerce est très-limité. Nous ne pouvons nous-mêmes exercer notre privilége qu'envers des êtres intelligents : les animaux que nous stylons ne font jamais autre chose que nous répondre. Jamais ils n'auraient rien provoqué dans l'ordre si borné où nous nous renfermons avec eux. Lorsque des hommes très-célèbres ont voulu plaider la cause des animaux, et ont prétendu que leur privation en ce genre ne tenoit qu'à leur organisation, et que s'ils étoient autrement conformés, on ne leur trouveroit aucune différence d'avec nous, tout ce qu'ils ont dit par là est, en dernière analyse, que si l'homme étoit une bête, il ne seroit pas un homme, et que si la bête étoit un homme, elle ne seroit pas une bête. »

Malheureusement, et comme si cette fois encore il voulait empêcher ses juges de lui donner leurs sympathies, l'auteur jette à l'Institut quelques-unes de ces paroles de critique que n'excusent suffisamment ni l'âge mûr d'un concurrent ni la liberté d'aucun temps.

« C'est après avoir subordonné les idées à ces signes factices et fragiles, dit-il, que nous en sommes venus à croire qu'elles n'avoient pas d'autre base, et que par conséquent l'art de ces signes factices devoit être le principal objet de nos études ; qu'il devoit être notre règle souveraine, et que si nous pouvions parvenir à le perfectionner, nous nous emparerions tellement du domaine des idées, que nous régnerions souverainement sur elles ; et que leur mode, leur caractère et leur formation seraient entièrement dans notre dépendance, comme le sont les substances de toute espèce, que nous soumettons journellement au mécanisme de nos manipulations. En un mot, c'est ce qui a enfanté la question de l'Institut national : *Déterminer l'influence des signes sur la formation des idées ;* tandis qu'il auroit fait une question aussi propre à fournir d'utiles et de solides développements, s'il eût proposé de *déterminer l'influence des idées sur la formation des signes.* »

« Car, la source des signes étant le *désir*, puisque telle est même celle des idées, il eût été naturel de présumer une plus grande influence de la part du principe générateur sur sa production que de celle de la production sur son principe générateur. »

D'abord, cela n'est pas exact ou du moins n'est exact qu'en partie. Car le désir n'est pas l'origine de toutes nos idées, et dire qu'il l'est de toutes, c'est subordonner l'intelligence au sentiment, c'est lui dénier toute spontanéité, c'est se rapprocher de la sensation exclusive par le sentiment aspirant à devenir exclusif. Le désir fût-il même la source de toutes les idées, il ne serait pas encore pour cela celle de tous les signes, puisque l'intelligence, une fois nantie des idées, aurait bien mieux que le désir : elle aurait le pouvoir de créer les signes.

Ensuite, ce qu'on vient d'affirmer serait la vérité elle-même, qu'on ne s'attaquerait pas très-convenablement à ses juges aussi directement ni aussi sèchement.

Et pourtant, si tout le mémoire de Saint-Martin était écrit avec cette autorité dans le ton et cette fermeté de style, l'Académie aurait pu partager le prix entre les deux concurrents. Mais il y a, dans le peu de pages de Saint-Martin, de grandes inégalités de pensée et d'autres défauts, tandis que le travail couronné, à la fois plus complet et plus égal, reste constamment dans ce ton académique qui est celui de la maison et qu'il est de bon goût de ne pas choquer quand on veut y entrer. La véritable originalité, celle qui caractérise un penseur et lui marque une place indisputable dans la postérité, est quelquefois du côté du théosophe plutôt que du côté de son concurrent, mais il s'y soutient peu. Son observation, « qu'en fait de signes il s'agit moins de la formation des idées, mot peu juste, que du développement de ces idées ; que, si nous ne trouvions pas dans nos semblables des germes propres à recevoir la fécondation, une chose analogue à l'idée que nous voulons leur faire entendre, jamais nous ne pourrions en former en eux la moindre trace, » — cette observation, dis-je, est si frappante, qu'on est surpris de ne la trouver que dans le volume oublié où elle s'est produite il y a plus de soixante ans. Car on ne cite plus ce travail. Mais c'est un grand tort, et nul ne doit écrire sur la question à moins de s'en être pénétré.

Par une de ces bizarreries auxquelles n'échappent pas toujours les hommes les plus graves, l'auteur a d'abord enfoui son écrit dans une allégorie de longue haleine, pleine de beaucoup de récriminations contre les compagnies savantes et les savants. Ce roman est inconnu aujourd'hui, comme tant d'autres de ce genre, et j'hésite à en parler. Car qui lit le *Crocodile* de nos jours et qui s'intéresse même à savoir ce qu'on y pourrait chercher?

C'est pourtant une de ces créations qui attestent une rare fécondité dans l'imagination et une merveilleuse entente de la langue. Seulement la sévère raison et le bon goût, si impérieusement exigés du génie national dans toute œuvre qui doit lui rester chère, ne règnent pas là au degré voulu. Puis Saint-Martin lui-même a laissé trop de belles pages pour qu'on lui pardonne volontiers celles qui ne le sont pas, et pour qu'on achète le plaisir d'en trouver quelques-unes de plus par l'étude de ce chaos qui rappelle, en un grand nombre d'excentricités, que son auteur fut compatriote de Rabelais.

Mais son traité des *signes*, inséré par voie de fiction prophétique dans le corps de cette longue allégorie, est une vraie perle enchâssée dans une pierre lourde et opaque. Saint-Martin le sentit lui-même et le fit imprimer à part l'an VII, avec cette épigraphe imitée d'Horace et qui rend bien sa pensée : *Nascuntur ideæ, fiunt signa*.

Le *Crocodile*, ayant pu être imprimé en même temps que le traité des *signes*, avait donc été écrit les années précédentes : mais comment Saint-Martin a-t-il pu trouver dans ce temps-là le loisir et les dispositions d'esprit que demandait un ouvrage pareil ?

C'est ce que les graves pensées que l'auteur y expose sous des formes qui étonnent et la singulière force d'âme qu'il déploya au milieu de tous les tumultes externes, peuvent seules nous faire comprendre. Il est certain qu'au sein de toutes les violences, il n'en fut jamais atteint de rien, qu'aucun péril ne put ébranler son courage, aucune crainte effleurer sa sérénité, ni aucune déception le faire désespérer du salut de son pays.

Pour lui tout était réglé et tout était dirigé. Et il faut le dire en l'honneur de ses principes : ses principes firent le charme de sa vie.

CHAPITRE XXI

Le concours sur les institutions politiques et un nouvel ouvrage de Saint-Martin. — Sentence de l'inquisition d'Espagne. — La cinquante-cinquième année du théosophe. — Une querelle d'amis. — La mort de Liebisdorf.

1797—1798

Si Saint-Martin fut fort au sein de l'adversité et calme au milieu des tempêtes, c'est qu'il eut foi en sa destinée comme en Dieu; c'est qu'il n'y eut point d'adversité pour lui, point de tempête. Loin de désespérer de l'assainissement de cette atmosphère où il étouffait, il avisait au salut de tous avec les meilleurs esprits du pays, l'Institut à leur tête. En effet, la classe des sciences morales et politiques ayant posé ce programme : « Quelles sont les institutions les plus propres à fonder la morale d'un peuple, » il écrivit un mémoire; et il le publia après le premier concours, dans une brochure intitulée : *Réflexions d'un observateur sur la question proposée par l'Institut,* etc. (Paris, 1797.)

Le sujet était d'une importance si sérieuse pour ces jours encore néfastes, qu'il aurait mérité un ouvrage complet. Saint-Martin avait fait, comme élève en droit, une étude spéciale des lois sociales en regard de la loi naturelle, et, plus tard, une étude plus approfondie de Burlamaqui et de Rousseau, sans parler de Bacon et de Montesquieu. Il était donc appelé à traiter une question de cette importance d'une façon forte et large, et, au premier abord, on a quelque peine à comprendre qu'il ait voulu l'effleurer plutôt que de l'approfondir. Or, Saint-Martin, qui savait si admirablement la question, ne fit que cela, sachant ce qu'il faisait. Du moins il envoya cet écrit à son ami de Berne un an après, en lui disant qu'il n'avait pas voulu lui en parler dans le temps, « parce que c'étoit trop peu de chose. » On voit là à la fois qu'il se juge bien, et que, cependant, il voudrait se donner le change et essayer de le donner ailleurs.

Comment expliquer le fait? Voyant le mal mieux que personne, l'envisageant avec plus de calme et plus de confiance dans le gouvernement de Dieu, ayant non-seulement applaudi aux premières aspirations de la Révolution, mais résisté au nom de sa foi aux plus grandes crises de la Terreur; ayant jugé avec indulgence les violences outrées qu'elle avait commises en se voyant combattue avec une violence calculée; ayant pardonné ses plus grandes iniquités en vue de son triomphe final, Saint-Martin, plus que tout autre, avait le droit de sonder toutes les plaies du pays, et le devoir de lui proposer tous les remèdes qu'elles réclamaient. Et au lieu de lui parler la seule langue qu'il fût en état d'entendre, il se borne à lui offrir une mercuriale qu'on ne pouvait goûter. Il faut à cela une explication, et une seule sera la bonne. Ce qui manque, Saint-Martin le sait aussi bien que tout autre : c'est la moralité assise sur ses vrais fondements, les institutions religieuses. Mais cette solution, il croit qu'on ne l'acceptera pas. Son devoir est de l'indiquer, et il écrira; mais ce sera un petit nombre de pages. Dieu fera le reste quand il le voudra.

Dans ce sentiment, qui est sa foi, sans égard pour les circonstances et abstraction faite des juges, il traite son sujet comme il a traité la question pour l'Académie de Berlin dès 1784. Le haut enseignement que douze années de révolutions sanglantes, de débats immenses, de discussions vives, impétueuses et passionnées, ont ajouté à la pensée de l'observateur, a singulièrement mûri ses anciennes méditations. Mais son âme est restée la même. Dévoué à sa patrie, plein de tendresse pour ses frères, il sait parler à sa nation, présenter les vérités les plus simples, et les revêtir, quand il veut s'en donner la peine, des grâces les plus charmantes; mais il choisit son heure, et loin d'adresser un pareil langage aux âmes fatiguées par de si longues déceptions, et loin de condescendre un peu à leurs excusables faiblesses, il fut, dans sa brochure, dogmatique comme avec des écoliers, hautain comme avec des ennemis et exclusif comme un homme de parti. Cela fut d'autant plus fâcheux, qu'il n'y eut pas cette fois d'Ancillon qui traitât la question reproduite l'année suivante. En effet, l'Institut, qui ne pouvait réellement couronner aussi peu le travail de Saint-Martin en 1797, que l'Académie de Berlin avait pu couronner celui de 1784, eut le malheur de ne pas recevoir de mémoires sérieux, ni l'an VI, ni l'an VII, ni l'an IX, sur la plus grande question du jour.

Fut-il trop exigeant ou trop exclusif?

On a quelquefois parlé de la rigueur des Académies, et plus souvent de leurs caprices. A entendre les uns, il suffit de heurter une préoccupation pour être éconduit; selon d'autres, il suffit d'en flatter une pour être accepté. Où les faits parlent, les suppositions sont au moins gratuites; et, s'il est vrai que peu de corps savants auraient couronné le discours qui illustra en même temps l'Académie de Dijon et Rousseau, il est vrai aussi que les exceptions confirment la règle. Ce qui est certain, c'est que toute Académie s'honore en couronnant le mérite, soit l'éloquence, soit la pensée, soit la nouveauté de la découverte, soit l'autorité démontrée de la raison méconnue et de la loi violée, sous quelque bannière que ce soit. Or les sociétés ne manquent pas plus volontiers que les individus l'occasion de s'illustrer. Aussi faut-il regretter, dans ce concours, que Saint-Martin n'ait pas cru à l'Académie, ni aspiré sérieusement à ses couronnes.

Ce qu'on aime à voir dans la vie d'un penseur qui vient d'éprouver un échec d'écrivain ou de théoricien, c'est qu'il soit au-dessus d'une défaite. Saint-Martin était vraiment philosophe. Il se prenait lui-même, et personnellement, d'aussi haut que l'humanité. Si d'autres sont au-dessous de leurs théories, pour lui il valait son système, et ce qui est toujours le caractère du penseur sincère, sa vie fut la fidèle expression de sa doctrine, sa profession de foi mise en pratique. A la fin du chapitre précédent, nous avons vu sa simple et profonde bonté dominer tous les autres sentiments. S'il fut le vrai sage dans ses rapports avec un adversaire, un matérialiste qui avait écrit contre lui, il se montra encore philosophe en pratique l'année suivante dans une occurrence plus grave.

Frappé par le coup le plus sensible qui puisse atteindre une âme religieuse, il le supporta avec toute la modération d'une raison ferme, tout le calme d'une conscience sûre d'elle-même. Écoutons-le lui-même :

« Le 18 janvier 1798, jour où j'ai atteint ma cinquante-cinquième année, j'ai appris que mon livre des *Erreurs et de la Vérité* avoit été condamné en Espagne par l'inquisition, comme étant attentatoire à la Divinité et au repos des gouvernements. »

Je n'ai pas pu me procurer la sentence du grand tribunal d'Espagne, ni voir comment le premier ouvrage du théosophe fut trouvé par des juges espagnols attentatoire au gouvernement de Dieu et à celui des hommes. Je suis donc hors d'état d'apprécier au juste l'impression qu'elle a pu produire sur le penseur si profondément religieux qui en était l'objet.

On peut dire qu'aimant peu l'Église et le sacerdoce, il a pu supporter aisément ce qui en aurait troublé bien d'autres, et Descartes lui-même avec lequel il se plaît parfois à se mettre en parallèle ; mais c'est lui ôter une vertu pour lui prêter des pensées que sa foi désavoue. Ce qu'il combat, ce n'est pas l'Église et le sacerdoce, ce sont les imperfections de l'Église et du sacerdoce, sentiment qui lui est commun avec les plus grands docteurs de tous les temps. Il est donc plus juste de lui laisser ensemble la vertu du sage et la foi du fidèle.

En France on ne paraît pas avoir tenu grand compte de cette sentence qu'explique l'esprit du temps, comme il explique l'accueil qu'elle obtint en deçà des Pyrénées, où le fait même serait ignoré si l'auteur frappé n'en parlait pas. Nous n'en parlerons nous-même que pour louer les juges de leur sage lenteur, car le livre était publié depuis vingt ans quand ils le condamnèrent, et féliciter l'auteur de sa modération, car il relate le fait sans un mot d'apologie ou de ressentiment.

Ce point mérite d'autant plus d'être remarqué que Saint-Martin pris à l'endroit de ses livres, était homme comme un autre. Plus il se donnait dans ses écrits, plus il les aimait. Il les aimait au point de les porter toujours dans sa pensée comme dans son cœur. Ils se suivaient, sous sa plume, et se soutenaient en frères ; témoin chacune de ses publications : chacune reproduit, continue, perfectionne la précédente. Il n'est pas jusques à la plus désavouable d'entre elles qu'il n'aime. Et cependant il ne s'irrite jamais d'une critique et jamais il ne s'en prend à l'homme qui le frappe : il n'y voit qu'un instrument du mal, de la mauvaise doctrine, du système qui le porte à frapper. C'est là se montrer philosophe en pratique comme en théorie, et plus l'harmonie entre la pensée et la vie est rare, cette complète possession de soi qui sied si bien à l'enivrante possession de la science, est une exception dans le monde des philosophes, plus elle doit être remarquée.

C'était d'ailleurs pour M. de Saint-Martin le moment d'être sage. Il avait cinquante-cinq ans ; et il lui en restait peu d'autres à vivre. Aussi il entra dans cette dernière période avec toute la solennité d'un grave pressentiment. « J'ai goûté, dit-il, à cette période cinquante-cinquième de ma vie, une profonde et vaste impression sur ce nouveau pas que je faisois dans la carrière ; il m'a semblé que j'entrois dans une nouvelle et sublime région qui me séparoit comme tout à fait de ce qui occupe, amuse et abuse sur la terre, un si grand nombre de mes semblables. »

Ses dernières années furent pour lui ce que les dernières années sont pour tout le monde, ce que le plus magnifique des rois de Jérusalem disait des siennes, il y a trois mille ans, quand il s'écria : « Elles ne me plaisent point. »

Chaque jour la vie semblait s'assombrir davantage pour ce noble esprit qui ne l'avait jamais beaucoup aimée. Il avait depuis longtemps *le mal du pays;* et mieux que personne, il comprenait cette sainte nostalgie qui venait d'inspirer le livre publié par le mystique professeur de Marbourg, Young-Stilling, dont il eût désiré si vivement de faire la connaissance personnelle, le *Heimweh.* Après avoir vu ses amis les plus illustres et les meilleurs dispersés de tous les côtés, qui dans le Nord, qui dans le Midi, il était devenu à son tour « la colombe qui ne sait où poser le pied. » De Morat, on essayait sans cesse de le tenter, mais d'année en année, de nouvelles raisons de s'abstenir s'étaient présentées; et la *clarté directrice* qu'il attendait sans cesse pour pouvoir y aller, ne lui vint jamais. Bientôt le motif même de s'y rendre devait cesser avec l'existence de celui qui l'eût accueilli dans sa terre avec tant de joie. En effet, la dernière année du siècle devait apporter la plus douloureuse sanction à cette pensée si paradoxale en apparence que Saint-Martin aimait à émettre : « que les hommes sont aveugles de se croire en vie ! » Cette année fut celle où il perdit l'incomparable ami qui était pour lui plus qu'un frère et qu'un disciple, un vrai fils spirituel. Et chose plus triste à dire, il le perdit au moment le plus propre à aiguiser sa douleur : ils venaient de se quereller avec autant d'aigreur que le permet la plus sincère amitié.

Voici quelle avait été l'origine de cette querelle si étonnante, suivie d'ailleurs du plus touchant rapprochement.

Le vieux baron, qui travaillait beaucoup et ne publiait rien, admirait beaucoup la correspondance des grands mystiques allemands, Bœhme, Gichtel et Upfeld, et préparait une traduction française des *Lettres* du premier, ainsi qu'un *Précis* de sa doctrine. Il avait renoncé à son *Télémaque* théosophique, mais il tenait encore à son *Précis*. Il en envoya la préface à Saint-Martin par leur ami commun, Maubach. Saint-Martin, qui disait sa pensée à sa façon et à tous, aux princesses comme à l'Institut et à ses amis comme à ses ennemis, avait parfois parlé à Liebisdorf avec plus de netteté qu'il ne fallait peut-être, vu l'éducation si parfaite du patricien de Berne. Toujours ses observations avaient reçu le meilleur accueil. En lisant leur correspondance, on s'étonne même de l'exquise docilité d'un disciple plus habitué au commandement qu'à la soumission, un peu plus colonel de parade que de combat, il est vrai, mais colonel en réalité et dans tous les cas membre d'une dizaine de commissions plus ou moins souveraines, aussi gâté par de plus récents suffrages que par les anciens éloges de Rousseau. En 1798, son humeur s'est assombrie, nous en avons dit les raisons, et il prend très mal de bons avis. Voici ce qu'on lui avait écrit : « Quant à votre entreprise, je loue beaucoup votre bonne intention ; mais plus je lis notre auteur, plus je le trouve difficile à abréger. » Aux yeux de Saint-Martin, le mot

Abrégé qu'il met est synonyme de *Précis*. Cela déjà offusque le baron. Mais Saint-Martin ajoute, en parlant de ce qu'il voudrait faire lui-même : « D'ailleurs je pèse (considère) un peu le génie de ma nation. Il s'en faut beaucoup que je la croie mûre pour une pareille nourriture. Bœhme ne serait pas lu, à moins d'une refonte générale, et c'est cette refonte que je n'ai ni le temps ni la force de faire... Pour en revenir à votre *Précis*, je vous dirai *que le ton pieux et croyant que vous prenez peut encore aller aux mœurs de vos climats ; il va peu à celles du nôtre, où nous faisons sur cela maison nette* (c'est moi qui souligne). Malgré cela, il y a encore quelques bonnes âmes qui l'entendent et s'en accommodent, et pour moi je serai ravi de voir votre ouvrage. »

Rien de plus loyal ni de plus poli que ce langage; aussi le Suisse répond-il d'abord par une lettre affectueuse. L'ami Divonne lui a fait, dit-il, les mêmes observations ; mais il s'en débarrasse par ces mots : « Divonne ne connaît pas Bœhme. » Saint-Martin, qui ne se doute pas même qu'il a pu blesser son ami, lui marque très-simplement encore, dans sa lettre du 4 novembre 1798, une nouvelle qui doit l'intéresser. Madame de Bœcklin, qui déjà lui avait écrit qu'on tenait en allemand un Résumé de Bœhme, lui a mandé, de plus, qu'il existe un second Bœhme plus clair que le premier, le mystique Sperber. C'est là-dessus et sur un échafaudage d'hypothèses créées par l'amour-propre d'un digne vieillard que la guerre éclate. Comment, se dit le Bernois, non-seulement la France ne veut pas de mon Précis, mais, pour me couper l'herbe sous les pieds, on invente maintenant un autre Bœhme, qu'on proclame plus simple et plus clair que le premier? Vraiment, il y a des amis; mais des amis sur qui faire fond, non.

Et rien de plus pénible à lire que la lettre de Liebisdorf du 10 novembre, où s'exhale sa douleur. Saint-Martin y répond de la manière la plus convenable, le 10 décembre. Mais, loin d'entendre raison, son ami réplique le 18 avec un très-sincère redoublement d'irritation. Saint-Martin, pour adoucir son chagrin, avait loué ce qu'il avait pu, le ton et les intentions. Peine perdue. Voici les cris que ces concessions arrachent au cœur d'abord saignant, maintenant ulcéré, du fidèle et reconnaissant mais affligé disciple : « On trouve que j'ai pris un ton pieux et croyant; je n'aurai jamais d'autre ton que celui qui est dans mon âme.... Je rougirais de ma bassesse et de ma pusillanimité, si j'étais capable de parler ou d'écrire dans un sens contraire.... » Et comme si Saint-Martin lui avait donné le conseil de le faire, le brave Liebisdorf ajoute : « Permettez que je vous donne le conseil que vous m'avez donné autrefois : *veillez et priez.* » Madame de Bœcklin elle-même attrape des rebuffades. Elle a offert des Extraits. C'était son bonheur d'en faire, de tout et pour tout le monde. J'en ai de fort considérables sous les yeux. Eh bien! il ne veut pas qu'elle prenne la peine d'en faire pour lui. Le 31, nouvelles explications affectueuses de la part de Saint-Martin et dignes de lui. Pour désarmer un homme qui se plaît à s'exciter, il se plaît à s'accuser; il demande pardon d'offenses imaginaires; il sollicite avec la plus touchante humilité toutes les observations que la charité fraterternelle voudra bien lui adresser. Cette lettre est sublime de bons sentiments et de vraie tendresse. Madame de Sévigné est plus coquette avec sa fille, elle n'est pas plus affectueuse avec elle que Saint-Martin ne l'est avec son enfant spirituel. Rien n'y fait; et le 13 janvier, cet enfant, qui a déjà déclaré qu'il ne publiera pas son Précis en français, — et qui ne le publiera pas non plus en allemand, quoi qu'il dise, — écrit encore une lettre d'une amertume extrême au début. Aussi je ne veux pas m'y arrêter un seul instant; j'ai hâte de dire, au contraire, qu'après avoir lancé ses traits les plus déchirants, il s'adoucit un peu, comme s'il sentait qu'il en a trop dit. Toutefois, il garde encore un peu de fiel en son bon cœur, et avec une malséante ironie il remercie son ami d'avoir empêché une publication où l'on aurait *jeté son huile aux vierges folles!*

A cela, Saint-Martin, qui n'a rien empêché du tout, voit qu'il est allé jusqu'à la limite où la raison l'autorise à s'arrêter et où la dignité le lui commande. Il répond, le 28 janvier, que tout cet imbroglio est né d'une distraction de son ami; qu'au lieu de lui conseiller soit la bassesse, soit la pusillanimité, il lui avait dit seulement que la profession de foi de sa préface, si excellente en elle-même, toucherait peu la France. Du reste, il lui dit nettement que, pour lui, il a tout fait et trop fait pour le calmer, n'ayant rien fait pour le fâcher. « Vous ayant trouvé si affecté, lui dit-il, j'ai tâché, par les expressions les plus douces que j'ai pu trouver, de mettre de l'eau sur le feu, et, au contraire, je n'ai fait que l'irriter encore plus.... »

Et cependant il y verse une eau bien douce et bien balsamique encore. Il n'attribue toutes ces émotions si vives qu'à la sensibilité de son ami pour tout ce qui peut intéresser la gloire de leur maître commun.

Vous croyez, après cela, que tout est dit ; point. Dans sa lettre du 7 février, l'irascible baron n'est plus amer, mais il récrimine au moins par voie d'apologue. Pour justifier la profession de foi de sa *future préface*, il copie pour son ami la prière qu'un philosophe français a mise dans une des siennes. « Un philosophe, et un philosophe français, a pu mettre dans sa préface *une prière*, et je n'aurais pas pu mettre dans la mienne quelques paroles pieuses, moi aussi ! » Il y a plus, un *post-scriptum* sur *la bassesse* et *la pusillanimité* rentre au fond même de la question.

Que fut ce commerce épistolaire du 7 février 1799 au 24 décembre de la même année ?

Je l'ignore. Les lettres de ces neuf mois manquent dans les deux copies que j'ai de cette correspondance. A la dernière des deux dates que je viens de donner, Saint-Martin avait perdu le meilleur de ses amis. M. d'Effinger, neveu et gendre de Liebisdorf, lui a mandé la mort subite de son oncle. Saint-Martin lui adresse une lettre qui prouve que les rapports les plus tendres s'étaient rétablis, et que son savant ami avait continué ses travaux sur Bœhme jusqu'à la fin de ses jours. Aussi Saint-Martin n'a que deux choses à demander : il prie son héritier d'achever de traduire les *Lettres* du célèbre théosophe, ainsi que celles de ses disciples, et de lui céder, *s'il n'y tient pas*, certains ouvrages mystiques qu'a laissés le défunt.

Il ne lui demanda pas, ce qu'il aurait été si heureux de posséder, tous les livres de ce genre que laissait le baron; l'état de sa fortune ne lui permettait pas de les acheter, ni celui de ses yeux l'ambition de les lire. Mais il attachait le plus grand prix à ces volumes de Bœhme qu'avait tant estimés son ami. La succession de Liebisdorf offrait quelque chose de plus précieux : les lettres qu'on lui avait écrites. Saint-Martin, appréciant lui-même toute l'importance de ces reliques, demanda qu'on les lui renvoyât, disant qu'elles n'étaient nées que pour celui qui les avait provoquées. Son droit était de les exiger. M. d'Effinger et sa femme lui répondirent d'abord avec empressement; et ils se mirent, en quelque sorte, avec une grande politesse sous sa direction spirituelle; mais bientôt ils lui mandèrent que ses lettres étaient engagées dans des recueils qu'on hésitait à rompre et qu'ils tenaient, par piété filiale, aux éditions des volumes que son ami avait tant aimés. Saint-Martin, toujours trop généreux, se contenta malheureusement de demander qu'on lui fît au moins des extraits de ses lettres, et toujours trop confiant, il laissa aux héritiers le soin de choisir à leur goût. Ceux qui connaissent l'historique de ces documents, les extraits qu'on en a faits, les copies qui en ont circulé, les altérations qui défigurent le tout, regretteront qu'aux refus très-intéressés, mais peu déguisés d'Effinger, ait répondu si vite l'acquiescement trop sincère de Saint-Martin.

Ce petit épilogue d'une grande correspondance, sur laquelle nous reviendrons plus d'une fois encore, fut d'ailleurs tendre et intime toutes les fois que la fille de Liebisdorf s'y trouva engagée.

CHAPITRE XXII

Les relations de Saint-Martin avec Gilbert, Gombaut, Maubach, le comte de Divonne, après la mort de Liebisdorf. — Ses rapports avec d'Éffinger. — Saint-Martin, éditeur et libraire. — Ses derniers écrits originaux. — De l'esprit des choses. — Le ministère de l'Homme-Esprit. — Les progrès du style. — Les rapports avec M. de Gérando.

1798—1801

Il a rarement existé entre deux hommes qui ne se sont jamais vus des relations plus belles que celles de Saint-Martin avec le patricien de Berne.

La mort du dernier laissa dans l'âme de son maître et de son ami un vide que rien ne fut en état de remplir. Leur correspondance éteinte, rien n'excita plus cette âme si tendre au même degré, rien ne la nourrit ni ne l'éleva plus ainsi. Le baron était non-seulement un disciple très-instruit, mais encore singulièrement questionneur, et aussi docile au silence que reconnaissant d'une solution. Il était si ingénieusement poli et si finement attentif au moindre embarras qu'il causait à son initiateur par ses incessantes sollicitations, que sa correspondance offrait à la fois un vif intérêt au point de vue du développement mystique, et de grandes satisfactions au point de vue d'un amour-propre raisonnable. Saint-Martin ne trouvait assurément dans les lettres de ses autres amis rien qui lui présentât ces avantages au même degré. Celles de la duchesse de Bourbon et celles de madame de Bœcklin avaient sans doute d'autres attraits, et peut-être de plus chers au cœur du théosophe; mais, si j'en juge par les documents que j'ai sous les yeux, ces lettres ne donnaient pas le même aliment à son esprit. Celles de M. et de madame d'Effinger, qui formaient une sorte de suite à sa correspondance essentielle, cessèrent aussi promptement qu'avaient cessé celles de Salzmann. Dès lors personne n'entretint plus Saint-Martin ni de Young-Stilling, ni de Lavater, ni de la fille du célèbre ministre, ni de ce très-mystique d'Eckartshausen, « qui a lu jusqu'à vingt fois votre dernière brochure, » lui avait mandé un jour le baron, et qui assurait lui-même celui-ci, qu'il avait lu plus de cinquante fois les écrits antérieurs du théosophe d'Amboise.

Gilbert seul hérita-t-il de toutes les affections ainsi délaissées, comme il devait hériter un jour des manuscrits et des livres de son ami?

Non, sans doute. Les affections ne se remplacent pas les unes les autres dans la vie de l'homme, et le vide des sentiments terrestres se fait peu à peu dans le cœur, à mesure qu'il faut une place aux autres, aux sentiments célestes. Saint-Martin trouvait un grand charme dans ses promenades, presque journalières, avec Gilbert; mais comme Maubach et Gombaud ou Divonne et d'Hauterive, Gilbert ne figura jamais qu'au second rang de ses affections. Saint-Martin retourna à Paris pour y voir le comte Divonne, espérant, dit-il, que cet excellent ami le consolerait de la perte de Kirchberguer. D'Hauterive, dont le développement spirituel était allé si loin, ou bien était mort, ou occupait peu le cœur de Saint-Martin, car il n'est plus nommé dans les notes de celui-ci; mais l'admiration du théosophe pour Bœhme s'accrut avec les années, comme un héritage qui, de deux têtes, s'est accumulé sur une seule. Bœhme fut pour le survivant plus qu'une amitié, ce fut un culte, et des rédactions journalières qui s'inspiraient de cette lecture devinrent pour Saint-Martin une sorte de correspondance avec son public. Son public était borné, mais dévoué comme une famille d'initiés. Il nous le dit à l'occasion de son ouvrage de l'*Esprit des Choses*, dont il avait d'abord parlé à Liebisdorf, sous le titre de *Révélations*, et dont il entretint ses amis d'un jour, le gendre et la fille du baron, dans une lettre intéressante. Elle nous révèle une belle pauvreté, belle par la pieuse sérénité qui la décore.

« Vous trouverez peut-être, leur dit-il, quelques coups de jour sur ce point dans un ouvrage que je viens de publier tout à l'heure, et dont il faut que je vous parle. Il est intitulé l'*Esprit des Choses*, il forme deux volumes in-8, composant en tout 675 pages de petit caractère. Ce ne sont, pour ainsi dire, que des esquisses, parce qu'il embrasse l'universalité des choses, tant physiques, scientifiques, que spirituelles et divines, et qu'il m'eût été impossible d'approfondir chaque sujet dans un si petit espace. D'ailleurs, ce n'est qu'une introduction préparatoire aux ouvrages de J. Bœhme, si les circonstances me permettent de publier ce que j'en ai traduit. Et après une pareille lumière, je ne me serois pas avisé de vouloir marcher sur ses brisées, et ce sera lui qui éclairera ce que je ne fais qu'indiquer. Enfin, ce n'est qu'une espèce de moisson que j'ai faite parmi les nombreux matériaux dont mes portefeuilles sont pleins, ayant en usage d'écrire tout ce qui m'est venu jusqu'à présent dans l'intelligence. Mais comme j'ai toujours écrit sans me proposer de faire un ouvrage, et seulement par sujets détachés, il m'a fallu lier de mon mieux ces diverses pièces, et c'est à quoi j'ai passé mon hyver, indépendamment de mes occupations ordinaires. Si vous croyez pouvoir contribuer à répandre cet ouvrage, que je crois utile surtout pour ceux qui ont des préventions contre l'Écriture sainte, vous n'avez qu'à témoigner vos intentions à quelqu'un que vous avez déjà vu à Berne (Maubach), et qui me remplacera pendant un petit voyage que je ferai peut-être incessamment. Il sera chargé, pendant mon absence, de vous faire les envoys que vous lui demanderez, soit pour vos connoissances, soit pour les libraires. L'ouvrage se vend, en France, 7 liv. 10 s., et on fait remise aux libraires de 20 s. à Paris, et de 30 s. hors de Paris et chez l'étranger.»

La dureté des temps fit donc de l'éminent théosophe une sorte de marchand de livres, et de ses amis des commis en librairie. Cela est si vrai, qu'au 5 thermidor, l'an VIII (1799), il leur écrit de nouveau sur le même sujet, une lettre plus directe encore, et dont les détails me semblent bien caractériser la situation que les temps lui avaient faite. Je n'hésite donc pas à produire ces détails; loin de là.

« Je vous parlois d'un ouvrage que je venois de publier, et qui est intitulé : *Esprit des Choses*, 2 vol. in-8°.

C'est un recueil de plusieurs notes écrites par moi en différents temps et sur divers sujets, comme je l'ai fait toute ma vie. Ce ne sont pas des instructions comparables à celles des grands maîtres, mais elles peuvent préparer les voyes et servir comme d'introduction. Mon objet principal (y) est de désobstruer les sentiers de la vérité, car je ne me regarde que comme le balayeur du temple. Je ne me suis point mis en mouvement pour vous envoyer cet ouvrage : 1° parce que vous n'en avez pas besoin ; 2° parce que je le vends, au lieu que les précédents je les ai presque tous donnés, et que ce sont les libraires qui en ont tiré tout le profit. Pour celui-cy, je le vends parce que j'en destine le produit à la publication de ma traduction du premier ouvrage de J. Bœhme, que vous savez être l'*Aurora*. Ne pouvant donc ni vous offrir l'*Esprit des Choses*, ni vous presser de l'acheter, je me borne à vous prévenir de son existence et à vous dire que, si vous en désirez un exemplaire, vous pouvez envoyer chez moi, le matin, quelque personne de votre connoissance (si vous en avez dans ce pays), et je lui remettrai cet exemplaire moyennant 7 liv. 10 s. Quoique je sois bien loin encore d'avoir retiré mes avances, je ne me propose pas moins de tenir parole par rapport à l'*Aurora*, et dans quelques jours j'en vais livrer les premières feuilles à l'impression. Je crois que je serai forcé de le vendre aussi, soit pour ne pas épuiser totalement mes moyens pécuniaires, que la Révolution a réduits à peu de chose, soit pour me mettre en état de publier les autres traductions que j'ai faites de quelques autres ouvrages du même auteur, mais le prix n'en est pas encore taxé. J'ajoute que je me détermine avec peine à ces expédients, qui me répugnent; mais ces sortes d'ouvrages sont tellement à part des idées communes, que je ne dois pas compter sur le débit; aussi n'y a-t-il que quelques amateurs et mes amis qui puissent faire rentrer en partie mes avances, le public doit se regarder comme nul en ce genre. C'est ce qui fait que j'en fais tirer un très-petit nombre d'exemplaires. »

L'ouvrage qu'il recommande ainsi, l'*Esprit des Choses*, n'est pas une de ses meilleures compositions. Ce qu'il en dit lui-même est trop vrai : « Ce n'est pas un livre, ce sont des articles cousus ensemble. » La peine qu'il se donne dans une petite introduction intitulée, *Idée du plan de cet ouvrage*, pour en faire converger tous les rayons vers un seul et même centre, montre bien qu'il sent, en imprimant, le besoin de tout enchâsser dans le même anneau. Mais tous ses soins ne changent rien au décousu des deux volumes ; on ne fait pas un livre avec des morceaux détachés, si excellents qu'ils soient.

Le point de vue qui domine ceux de Saint-Martin est d'ailleurs une idée profonde. « L'homme, dit-il, veut donner une raison à tout ce qu'il fait, et en trouver une à tout ce qu'il voit... Il lui faut une clarté totale que rien ne puisse voiler... Ce désir seul prouve que l'homme a en lui des aperçus de la vérité et qu'il la pressent, quelque embarrassé qu'il soit pour s'en rendre compte. »

Cette faculté supérieure et antérieure à toutes les autres est rarement indiquée d'une manière aussi ferme, et pourtant elle a plus d'importance encore pour la question de l'origine que pour celle de la portée de notre esprit.

Ainsi rien de plus élevé que le point de départ. J'ajoute encore, rien de mieux enchaîné que toute cette introduction. Mais avec la fin de ce morceau s'évanouissent la méthode, l'ordre et l'harmonie de la pensée, et tout à coup se suivent une longue série d'assez courtes réflexions sur toute espèce de choses : l'athéisme, une pensée accordée aux animaux, l'organisation des êtres et la source de leurs propriétés, etc. En un mot, le reste n'offre d'autre liaison que ces faibles analogies qu'avec beaucoup d'esprit on trouve à tout. A une notice sur l'amour universel suivie d'une autre sur l'état primitif de l'homme, l'auteur en rattache une autre sur l'esprit des *miroirs divins*, ou « la raison pour laquelle Dieu a produit des millions d'êtres-esprits où il se mire et apprend à se connaître. Car il ne se connaît que dans son produit : son centre est éternellement enveloppé dans son *ineffable magisme*. »

Qu'on remarque cette théorie si étrange. J'en ai signalé ailleurs la singulière analogie avec la doctrine de Schelling, qui a pu la puiser, comme Saint-Martin, dans les conceptions trop panthéistes de Bœhme.

Il est impossible de se faire, sans l'avoir lu, une idée d'un livre où il s'agit de tout, et impossible d'en donner une sans le copier. Il y est question même de la danse et de la propriété du café. Mais il est impossible aussi de marquer suffisamment toute la richesse et toute la profondeur des aperçus que l'auteur y sème d'une main aussi habile qu'elle est énergique.

L'année suivante l'auteur publia son dernier ouvrage original, le *Ministère de l'Homme-Esprit*, qui n'offre rien de nouveau, rien qui n'ait été indiqué ou ébauché dans les écrits précédents, mais qui porte à la fois un cachet de recueillement et de clarté qu'aucun autre ne présente au même degré. C'est le chant du cygne du théosophe d'Amboise.

Il y enseigne le vrai ministère que l'homme doit exercer sur la terre : se régénérer lui-même et les autres, c'est-à-dire répéter dans sa personne l'œuvre que le Christ a remplie dans l'humanité. C'est ce qu'il appelle, en formule théosophique, rendre le Logos ou le Verbe à l'homme et à la nature : car la nature, qui a perdu sa gloire primitive par la chute de l'homme, attend sa réintégration, sa palingénésie, comme disait Charles Bonnet, de celle de l'homme. Si c'est là un rêve, du moins il est sublime. On sait le rôle que Saint-Martin ne cesse d'assigner à l'homme. Au sein de l'univers, il explique la nature des choses; ce n'est pas celle-ci qui explique l'homme.

Je l'ai dit, après tant d'écrits consacrés à la question religieuse et à la mission morale de l'homme sur la terre, on ne s'attend pas à ce que l'auteur vienne donner, dans une composition suprême, des solutions inattendues ou des doctrines nouvelles. Mais on remarque dans cet écrit un grand pas vers la langue reçue et le style intelligible. C'est toujours encore Jacques Bœhme qui inspire la pensée de son disciple ou la féconde ; on sent toujours que deux étrangers, un Portugais et un Allemand ont un peu façonné l'intelligence si lucide de Saint-Martin, mais on sent aussi qu'aucun des deux ne dirige plus sa plume. Son langage est moins étrange ici qu'en aucun de ses autres écrits, et cet ouvrage est, pour ainsi dire, en français de France, ce même *Précis* que ses bons conseils avaient empêché Liebisdorf de publier en français de Berne. La franchise de Saint-Martin, après avoir détourné son ami d'un travail au-dessus de ses forces, a noblement réparé le tort qu'elle aurait pu faire aux lecteurs français : ils pourront lire le *Ministère de l'Homme-Esprit* mieux que le *Précis*.

Toutefois Saint-Martin est loin de donner son livre pour un résumé de Bœhme, et il a raison : c'est son ouvrage le mieux fait. L'objet en est sa grande affaire, sa mission : il veut fixer les regards de la famille humaine sur la source de ses maux et sur ceux qu'elle doit faire cesser sur la terre; car, étant l'image du principe suprême, elle doit y faire ce que son type fait dans l'univers.

On le voit, ce sujet est trop vague à force d'être trop vaste. Au fait, l'auteur le restreint au seul point de vue moral, et celui-là il le traite en maître, d'un style souvent admirable. Simple moraliste, laissant là ce qui faisait précisément l'objet de sa plus grande ambition et de sa haute passion, la métaphysique et en particulier la pneumatologie, Saint-Martin occupait un des premiers rangs entre les écrivains de son époque. Jusqu'ici je l'ai suivi dans ce qui a fait son amour et son travail. J'ai peu insisté sur son style, qu'il négligeait comme chose extérieure et secondaire; mais il faut bien, en parlant de ce volume, nous apercevoir un peu des progrès de son discours. Après l'avoir entendu si souvent sur des sujets abstraits, suivons-le un moment esquissant une scène de la nature, scène sur laquelle il ne s'arrête pas et qui n'est pour lui qu'un moyen de faire comprendre sa pensée, mais scène qu'il jette sur un coin de sa toile avec la magique prestesse d'un peintre qui aurait passé sa vie à esquisser le paysage.

« Dans les Alpes, voyez ce chasseur qui quelquefois est surpris et enveloppé soudain d'une mer de vapeurs épaisses, où il ne peut pas seulement apercevoir ses propres pieds ni sa propre main, et où il est obligé de s'arrêter là où il se trouve, faute de pouvoir faire en sûreté un seul pas. Ce que ce chasseur n'est que par accident et par intervalles, l'homme l'est ici-bas continuellement et sans relâche. Ses jours terrestres sont eux-mêmes cette mer de vapeurs ténébreuses qui lui dérobent la lumière de son soleil et le contraignent à demeurer dans une pénible inaction, s'il ne veut pas au moindre mouvement se briser et se plonger dans des précipices. »

Quelle belle idée et quelle belle image ! Voilà le vrai moraliste, ingénieux et saisissant.

Je l'ai dit, la force de Saint-Martin n'est ni dans son talent d'écrivain ni dans sa pensée métaphysique, elle est dans ses dons de moraliste, c'est-à-dire dans ceux-là précisément qu'il se connaissait le moins ; il est faible, au contraire, précisément dans ceux qu'il prisait le plus : les dons de la haute spéculation dans la science qu'il croyait avoir le mieux cultivée, j'entends la métaphysique.

Écoutons-le, toutefois, lui-même à ce sujet. Il faut qu'il nous confesse en personne ses illusions, pour qu'on puisse admettre qu'elles aient pu aller si loin et jusqu'à ce degré de comparaison avec le plus grand de nos penseurs.

« Descartes a rendu un service essentiel aux sciences naturelles, en appliquant l'algèbre à la géométrie matérielle. Je ne sais si j'aurai rendu un aussi grand service à la pensée, en appliquant l'homme, comme je l'ai fait dans tous mes écrits, à cette espèce de géométrie vive et divine qui embrasse tout, et dont je regarde l'homme-esprit comme étant la véritable algèbre et l'universel instrument analytique. Ce seroit pour moi une satisfaction que je n'oserois pas espérer, quand même je me permettrois de la désirer. Mais un semblable rapprochement avec ce célèbre géomètre dans l'emploi de nos facultés, seroit une conformité de plus à joindre à celles que nous avons déjà, lui et moi, dans un ordre moins important, et parmi lesquelles je n'en citerai qu'une seule, qui est d'avoir reçu le jour l'un et l'autre dans la belle contrée connue sous le nom du jardin de la France. »

Soufflons hardiment sur cette auréole imaginaire. Saint-Martin en a une plus belle : l'auréole éthique, qui éclipse toutes les autres.

Si supérieur que fût ce nouvel écrit du théosophe à ceux qu'il avait publiés jusque-là, le *Ministère de l'Homme-Esprit* eut un grand tort : il parut en temps inopportun comme ouvrage de religion et comme ouvrage de style. Aux deux points de vue, il fut éclipsé par le *Génie du Christianisme,* qui plut et déplut à Saint-Martin comme à tant d'autres, s'emparant à la fois de tous les lecteurs et de toutes les feuilles publiques.

L'auteur en prit son parti avec la bonne humeur d'un jeune homme.

« Vers la fin de 1802, j'ai publié le *Ministère de l'Homme-Esprit*. Quoique cet ouvrage soit plus clair que les autres, il est trop loin des idées humaines pour que j'aie compté sur son succès. J'ai senti souvent, en l'écrivant, que je faisois là, comme si j'allois jouer sur mon violon des valses et des contredanses dans le cimetière de Montmartre, où j'aurois beau faire aller mon archet, les cadavres qui sont là n'entendroient aucun de mes sons et ne danseroient point. » (Port., 1090.)

Nobles sympathies pour l'humanité souffrante, et verve intarissable.

Pour les belles âmes, les tendresses spirituelles croissent avec les années. Saint-Martin se communiquait à cette époque plus volontiers que jamais; car dans ses aspirations vers le ciel il n'entrait aucun mécontentement, aucune impression de déception venue de la terre. Il ne se plaignait de personne, ni du gouvernement de son pays, ni de la marche de l'Europe. Sa foi à la révolution n'avait jamais chancelé; elle recevait à chaque instant, et des plus grands faits, sa légitime récompense. Tout se rétablissait en France en se renouvelant et s'agrandissant sans cesse; le consulat répandait partout son sens de saine restauration; son esprit d'ambitieuse sagesse, de raison et de modération, la plus belle candidature à l'autorité suprême. C'était aussi le plus habile décret de rappel des exilés. Déjà Fontanes et Châteaubriand étaient rentrés, saluant avec un égal bonheur l'ère nouvelle et le sol natal; célébrant l'ordre public rassis sur ses bases éternelles, la religion et la loi, et demandant leur part aux charges et aux bénéfices d'un gouvernement qui donnait tant de gages d'avenir. Les anciens amis de Saint-Martin, la duchesse de Bourbon à leur tête, rentraient de la dispersion dans Paris, suivis de beaucoup de ces émigrés convertis par le malheur, par les attraits de la patrie, par des places et par des honneurs que la reprise ou le rachat de leurs domaines pourrait suivre de près. A ses anciennes connaissances, le philosophe religieux, si longtemps demeuré solitaire et privé de ses amis d'élite, des douceurs de leur commerce, en ajouta de nouvelles. Il se lia avec l'excellent de Gérando, jadis son vainqueur à l'Institut, et qui alla droit à son cœur de la manière la plus touchante, en venant au-devant de lui pour l'embrasser tendrement au moment où le théosophe entrait dans un salon, ignorant sa présence. Saint-Martin dit qu'il aimait en lui le membre de l'Institut et le savant ; mais il appréciait comme tout le monde cette âme affectueuse et charitable, unissant de grandes lumières philosophiques à de fortes habitudes chrétiennes, l'homme le plus appelé à faire de Saint-Martin précisément l'espèce d'éloge qu'il fait de lui. En effet, de Gérando fit connaître, dans la *Décade philosophique*, la plus belle et la plus constante de ses vertus, sa charité et sa manière de la faire. Il le fit en digne émule de son ami, nous racontant que le *philosophe inconnu,* qui aimait le spectacle, se mettait quelquefois en route pour en jouir, et prenait toujours, dans les quinze dernières années de sa vie, pour se procurer un plaisir plus vif et plus délicat encore, le chemin de la demeure d'une famille dans le besoin, pour lui offrir la petite somme qu'il aurait dépensée à la porte du théâtre.

A cette époque, de Gérando n'était pas encore l'écrivain religieux et le penseur spiritualiste si avancé que nous avons connu depuis. Pour Saint-Martin, ce n'était qu'un profane ; mais pour s'attacher, Saint-Martin ne demandait pas aux profanes ce qu'il demandait aux initiés. Partout où il y avait du sérieux dans les aspirations, fussent-elles poétiques ou métaphysiques, fussent-elles critiques ou littéraires, il voyait l'empreinte du Créateur et y reconnaissait un frère ou une sœur.

CHAPITRE XXIII

Les derniers travaux de Saint-Martin : les traductions. — Maine de Biran. — Les nouvelles relations des dernières années : madame la comtesse d'Albany, madame la baronne de Krudener. — L'entrevue de Saint-Martin avec Châteaubriand. — Sa conférence avec M. de Rossel. — Sa mort, à Aunay, chez le comte Lenoir-Laroche. — Ses dernières paroles recueillies par M. Gence.

1802—1803

Saint-Martin fit paraître encore, en 1802, sa traduction des *Trois Principes de l'essence divine* en deux volumes in-8°, et mit la dernière main, en 1803, à sa traduction des *Quarante Questions sur l'âme* et à celle de la *Triple Vie de l'homme*, qui ne devaient voir le jour qu'après sa mort, en 1807 et en 1809.

Ces différentes traductions, comme celle de l'*Aurore naissante*, il les avait faites avec le plus grand soin, avec une constance à toute épreuve et un amour croissant pour l'auteur. Il les accompagna de préfaces très-explicatives. Dans celle des *Trois Principes* il signala cette œuvre comme la plus importante de celles de Bœhme, comme un tableau complet de toute sa doctrine.

La France, la dernière venue dans cette carrière de versions, put alors entendre le plus grand métaphysicien d'entre les mystiques chrétiens aussi bien que l'Allemagne, la Hollande et l'Angleterre, qui avaient commenté ou traduit Bœhme dès le dix-septième et le dix-huitième siècle. Mais l'époque où les œuvres du philosophe teutonique parurent en français n'était pas favorable à ces études de luxe. L'attention était absorbée par les conquêtes de la guerre et de la paix, la création de l'ordre et du gouvernement régulier. Les hautes études renaissaient, il est vrai, mais c'était réellement l'ère des sciences exactes. L'art de fabriquer le salpêtre avait encore le pas sur celui d'éplucher un syllogisme, et l'artillerie primait de beaucoup la métaphysique.

Les sciences ne jettent jamais leur éclat — et celui de l'époque fut grand — sans que la philosophie s'en illumine la toute première, quand même ce n'est pas elle qui allume le flambeau, et bientôt la philosophie célébra sa renaissance ; mais ce fut vers le plus nécessaire qu'on se porta, vers la logique, qui est de tous les temps et toujours la même tant que l'humanité ne change pas. On passa de là à la psychologie, qui offre toujours le même intérêt, puisqu'il y est toujours question de nous-mêmes, et de nous tels que chacun se comprend assez facilement avec un peu d'attention. On allait vite, mais on n'en était pas encore au besoin du luxe philosophique, à cette haute spéculation qui est l'aristocratie des études morales, et qui, affaire du petit nombre, demande un recueillement que ne comportent pas les époques de crise.

Ainsi, venues un peu prématurément, les œuvres de Bœhme, traduites par Saint-Martin, manquèrent leur entrée parmi nous. Et, comme pour justifier Saint-Martin avertissant son ami de Berne du peu d'accueil que trouverait en France son *Précis*, si généreusement projeté, elles passèrent comme inaperçues. Peu accueillies à leur apparition première, jamais elles ne se sont relevées depuis. Même auprès des professeurs d'élite, elles n'ont pu vaincre encore l'espèce d'indifférence apparente, si ce n'est l'antipathie réelle, qu'elles ont rencontrée auprès de nos maîtres dès leur début. Mal écrites d'ailleurs, pleines de négligences, d'expressions impropres, communes ou même grotesques, abondantes en répétitions fastidieuses, elles sont antipathiques à notre goût. Notre goût, qu'on ne l'oublie pas, c'est nous-mêmes. Mais chargées d'une vraie richesse d'idées et empreintes d'une élévation naturelle et d'une grandeur originale, ces œuvres enchaînent quiconque ne se laisse pas rebuter par leurs formes défectueuses et par leurs impénétrables obscurités. Leur attrait est dans de singulières hardiesses de style et de pensée. Il n'est pas d'autres livres de l'époque qui aient cet attrait au même degré. Si l'on aime la nature humaine pleine du sentiment de sa spontanéité, de sa liberté et de sa plus entière indépendance, cette nature, on l'a ici sous une forme unique. Car elle se dit soumise à la foi de l'Évangile de la manière la plus absolue et se croit inspirée jusque dans un ordre d'idées qui d'ordinaire n'appartiennent qu'au domaine de l'observation scientifique : en effet, Bœhme assure qu'il n'écrit rien, si ce n'est d'après les lumières, les injonctions du ciel. A l'entendre, il n'obéit même qu'à regret à ces dictées de l'esprit divin, et les met par écrit uniquement par obéissance.

C'est dans ce sens qu'il aborde d'un ton de maître, avec une sainte humilité et pourtant avec une ferme as--

surance, les plus hautes questions de la théologie spéculative, celles de la pneumatologie transcendante et celles de la cosmologie métaphysique. D'ordinaire obscur, d'une obscurité mystique ou plutôt théosophique, il est d'autres fois précédé de l'éclair, et on sent alors en lisant l'ancien pâtre de Gœrlitz le précurseur de Descartes, de Malebranche et de Spinoza. Du moins on comprend, en lisant les *Trois Principes*, toute l'admiration que deux illustres contemporains de Saint-Martin, Joseph de Schelling et François de Baader, ont si hautement professée pour leur singulier prédécesseur.

En prenant le chapitre que j'en veux signaler particulièrement à notre époque, celui de l'*Expansion ou Génération infinie, multiple, innombrable de l'éternelle nature*, on comprendra en particulier la vive sympathie avec laquelle les amis du panthéisme moderne ont salué et saluent encore ces publications, souvent aussi étranges et aussi resplendissantes d'éclairs que celles du nouveau platonisme et celle du gnosticisme.

Un jeune contemporain de Saint-Martin que je serais surpris de ne pas rencontrer davantage dans les sentiers du théosophe, s'il était venu au monde quelques années plus tôt, Maine de Biran, parlant de la triple vie de l'homme, semble avoir adopté quelques-unes des vues du livre de Bœhme. Cet ouvrage ayant été traduit par Saint-Martin dès 1793, quoiqu'il n'ait paru qu'en 1809, Maine de Biran aurait pu en prendre connaissance dans cette version. Je ne trouve pourtant pas trace de relations entre les deux écrivains, et si les aspirations morales du philosophe de Bergerac furent profondément dominées par ses idées religieuses; s'il a pu se sentir quelque penchant pour les tendances éthiques de Saint-Martin, il faut dire cependant que son esprit si net et si positif, si essentiellement observateur, a dû se refuser à le suivre dans des questions aussi ardues que celles de Bœhme, qui ne recule devant rien. En effet, il ose traiter très-hardiment la question de l'*Origine de la vie et de l'éternelle génération de l'essence divine.*

Et il faut l'avouer, si estimables que soient les traductions de Saint-Martin, par la générosité de l'entreprise, le dévouement qu'il y mit et les sacrifices qu'elles lui coûtèrent, elles ne sont pas bonnes. Ni fidèles, ni élégantes, elles devaient rebuter le lecteur, abstraction faite des témérités de l'auteur traduit, d'un auteur qui se croyait inspiré et qui abusait volontiers du droit de tout mettre sur le compte de l'inspiration. Passe encore pour ses textes originaux. Mais comment, en fait de style, et même dans une traduction, ne pas se détourner involontairement de pages qui traitent de l'éternelle *engendreuse?* Et comment Saint-Martin, qui se reprochait lui-même ses obscurités de langage, qui avait d'ailleurs le sens très-littéraire, n'a-t-il pas fait un pas de plus en matière de hardiesse, et traduit son auteur favori tout à fait en français? Même en philosophie, disons surtout en philosophie, la forme a son importance. Ainsi, dans ces pages que nous venons de citer, celles qui traitent de l'éternelle *engendreuse,* il ne s'agit au fond que de ces mêmes idées fondamentales que la mythologie spéculative de la Grèce présente d'une manière si attrayante sous les personnifications d'*Erôs* et de *Pothos.* Tant il est vrai qu'une belle pensée ne demande qu'un beau style pour se faire admirer. Sans doute le style n'est rien sans la pensée ; mais la pensée, si profonde soit-elle, la pensée sans le style est la plus triste chose. Elle est plus que méconnue, elle est abandonnée.

Bœhme ainsi traduit fut si froidement accueilli en France, que Saint-Martin, malgré toutes les peines qu'il se donna et tous les sacrifices qu'il fit, ne parvint pas à faire imprimer de son vivant le livre de la *Triple Vie*. Le livre des *Quarante Questions sur l'âme* lui-même ne trouva pas de lecteurs hors du cercle des intimes ou des initiés. Il est vrai qu'on avait alors l'esprit fort tendu, tout absorbé dans autre chose : la réorganisation du gouvernement, l'établissement sérieux du consulat qui venait de jaillir du sein des victoires, la réorganisation de l'enseignement qui sortait naturellement du sein des conquêtes de la science ; la réorganisation de l'Église et la création de tout ce que la religion demandait d'institutions nouvelles. Sous ce dernier point de vue, Saint-Martin venait en apparence au moment le plus opportun. On revenait à la foi. Cela est vrai. Mais ce qu'on demandait, ce n'était pas de la spéculation, des théories. On ne goûtait pas plus le mysticisme que le déisme. Ce qui convenait le mieux, c'était un catholicisme assez embelli d'art et de poésie pour étouffer sous ses attraits toutes les objections de ses vieux adversaires et tous les doutes qu'on pouvait avoir accueillis en d'autres temps. Or cela était donné par une autre main, nous l'avons dit. Le mysticisme de Saint-Martin n'avait qu'une seule séduction, une audacieuse nouveauté. D'ordinaire nous aimons l'audace dans les grandes questions. Rien n'était timide dans ses théories ; elles ne connaissaient guère cette réserve qui règne dans les nôtres. D'ailleurs les solutions de Bœhme offraient de quoi satisfaire les plus ambitieux. On y abordait des problèmes magnifiques. Celui *D'où est provenu l'âme au commencement du monde*, n'avait plus été posé depuis bien longtemps. D'autres ne l'avaient jamais été, celui par exemple : *Qu'est-ce que l'âme du Messie et du Christ ?*

On le voit, il n'y avait pas de questions plus difficiles ; or il y en avait bon nombre d'aussi hautes, et elles recevaient toutes des solutions quelconques.

Saint-Martin avait bien le sentiment de ce qu'il donnait à la France, et comptant sur l'avenir, peu lui importait le succès immédiat. C'était sa ferme conviction que notre philosophie, je veux dire celle de son temps, demandait des éléments religieux et chrétiens ; et, soldat fidèle à sa mission, il entreprit hardiment la traduction du traité le plus métaphysique de Bœhme, celui de l'*Incarnation*. Mais il ne l'acheva pas, et il était réservé à un estimable savant de Lausanne, M. Bury, d'en publier de nos jours une version ferme, claire et française autant que peut l'être le calque scrupuleux d'un écrit allemand.

En mettant la main à ces derniers travaux, Saint-Martin sentit qu'il fallait se hâter. Loin de l'attrister, les perspectives qu'il s'ouvrait chaque jour avec une foi plus vive lui étaient chères au delà de tout ce qui pouvait l'attacher au monde. Mais toujours prêt à se laisser relever de son poste, il ne l'abandonnait pas lâchement. Au contraire, plus il voyait approcher le terme, plus il mettait à profit les jours qui lui étaient mesurés. Il était suffisamment attaché à Dieu pour n'avoir besoin de se détacher de rien. A ses anciennes relations il en ajouta de nouvelles. Partout où s'annonçait une belle idée, une belle œuvre, une belle renommée, il voyait le souffle de l'esprit divin. Nous avons vu qu'il rechercha Voltaire et Rousseau comme Martinez et Law, et vénérait Young-Stilling comme Lavater. Le *Génie du Christianisme* le fit tressaillir de joie, quoiqu'il s'affligeât de l'idée dominante de ces pages admirées, et qu'à ses yeux, considérer la religion comme une source de poésie et d'éloquence, comme la muse auguste de la littérature et des arts, ce fût la méconnaître. Il releva cette erreur avec vivacité, mais il rechercha Châteaubriand avec empressement, et fut heureux d'une entrevue que son ami, M. Neveu, le peintre qui habitait les combles du palais Bourbon affecté à l'École polytechnique, lui ménagea avec l'illustre ami de Fontanes.

Saint-Martin nous rend compte de cette entrevue, ainsi que Châteaubriand le fait de son côté.

Ce qui offrirait le plus grand intérêt, ce serait un récit tout simple et tout fidèle des heures qu'ils passèrent ensemble. Ce récit nous manque. Ce furent l'hymne et l'épigramme qui se trouvèrent en présence, ce sont l'hymne et l'épigramme qui rendent compte de l'entrevue.

Écoutons d'abord l'épigramme, c'est-à-dire Châteaubriand, dont l'esprit vit essentiellement d'exagération en toute chose et alors même qu'un dîner fait le principal sujet du tableau que sa plume nous esquisse. « J'arrivais au rendez-vous à six heures; le philosophe du ciel était déjà à son poste... M. de Saint-Martin, qui d'ailleurs avait de très-belles façons, ne prononçait que de courtes paroles d'oracle. Neveu répondait par des exclamations...; je ne disais mot... M. de Saint-Martin, s'échauffant peu à peu, se mit à parler en façon d'archange; plus il parlait, plus son langage devenait ténébreux... Depuis six mortelles heures, j'écoutais et je ne découvrais rien. A minuit, l'homme des visions se lève tout à coup; je crus que l'Esprit descendait, mais M. de Saint-Martin déclara qu'il était épuisé; il prit son chapeau et s'en alla. »

Telle est l'épigramme.

L'hymne, qui retentit dans la plume de Saint-Martin, exagère à son tour :

« Le 27 janvier 1803, j'ai eu une entrevue avec M. de Chateaubriand, dans un dîner arrangé pour cela, chez M. Neveu, à l'École polytechnique. J'aurois beaucoup gagné à le connoître plus tôt. C'est le seul homme de lettres honnête avec qui je me sois trouvé en présence depuis que j'existe. Et encore n'ai-je joui de sa conversation que pendant le repas; car aussitôt après parut une visite qui le rendit muet pour le reste de la séance, et je ne sais quand l'occasion renaîtra, parce que le Roi de ce monde a grand soin de mettre des bâtons dans les roues de ma carriole. Au reste, de qui ai-je besoin, excepté de Dieu? »

Ne trouver que Dieu pour se consoler de la perspective de ne plus revoir Châteaubriand, est-il rien de plus exalté? Châteaubriand n'est pas de cet avis. Rien de plus beau aux yeux du vaniteux homme de génie que ces lignes. Il en est ému. Il éprouve un remords à la lecture d'une telle admiration, dont le bruit lui arrive d'outre-tombe, en 1807, quand celui qui les a écrites dort près du Val-aux-Loups depuis quatre ans. Il y répond alors par de belles lignes.

« Il me prend un remords : j'ai parlé de M. de Saint-Martin avec un peu de moquerie ; je m'en repens. M. de Saint-Martin était, en dernier résultat, un homme d'un grand mérite, d'un caractère noble et indépendant. Quand ses idées étaient explicables, elles étaient élevées et d'une nature supérieure. Je ne balancerais pas à effacer les deux pages précédentes, si ce que je dis pouvait nuire le moins du monde à la renommée grave de M. de Saint-Martin et à l'estime qui s'attachera toujours à sa mémoire. »

Voilà la vérité dans un style digne d'elle et telle qu'il fallait l'écrire le lendemain du 27 janvier 1803. Elle était meilleure à dire dix mois avant la mort de Saint-Martin que quatre ans après.

Le plus rude et le plus vaillant apologiste de la religion rétablie par la loi du pays était à cette époque un illustre professeur de littérature, Laharpe. Saint-Martin l'estimait en raison de ses graves tendances ; son courage un peu bruyant et son ton presque toujours passionné n'allaient pas aux goûts simples et aux nobles habitudes du théosophe, cela est vrai, mais c'était un adversaire du matérialisme et il eût désiré le voir. Il se flattait même qu'un jour ils pourraient s'entendre ; mais il en fut encore de ce vœu comme de celui de voir Voltaire et Rousseau. Saint-Martin consola ses regrets conformément à sa pensée constante sur la valeur des hommes.

« La mort de Laharpe, dit-il, arrivée dans le commencement de l'année 1803, est une perte pour la littérature. Sa fin a été très-édifiante. Je n'ai jamais eu de liaison avec lui ; mais je n'ai jamais douté de la sincérité de sa conversion, quoique je ne la croie pas dirigée par les vraies voies lumineuses. La mort de cet homme célèbre est également une perte pour la chose religieuse, parce qu'il étoit un épouvantail pour ceux qui la déprisent. Je crois que nous aurions fini par nous entendre, lui et moi, si nous avions eu le temps de nous voir. Madame D. T. nous a peints l'un et l'autre d'une manière assez significative, en disant qu'il mordait jusqu'au vif les adversaires de la vérité, et moi, que je leur prouvois évidemment qu'ils avoient tort. »

Saint-Martin fit la même année quelques connaissances qui ne dédommageaient pas son cœur aimant des pertes qu'il ne cessait de faire. Il eut quelques relations avec madame la comtesse d'Albany, la veuve du prétendant d'Angleterre, qui vint à Paris à cette époque sans obtenir la permission d'y rester. Il en eut avec madame la baronne de Krudener, qui en était dès lors à la publication de son célèbre roman, et qui ne devait pas tarder à passer d'une vie trop agitée par les passions les plus mondaines à une phase plus belle et plus grave, grâce à des épreuves et à des leçons profondes. Il se lia aussi avec madame de Lahouse, qui m'est inconnue, mais qui doit avoir eu du mérite, puisque Saint-Martin l'assimile aux deux femmes distinguées que je viens de nommer, et qu'il le fait en ces mots : « Toutes les trois étoient intéressantes, chacune dans un genre différent. »

Pas plus que ses anciennes amies, madame de Bourbon et madame de Bœcklin, les nouvelles ne purent remplacer auprès de son esprit le frère incomparable qu'il avait perdu. Loin de se plaindre de son sort ou de gémir de quelque privation que ce fût, il gardait une admirable sérénité de pensée.

« Un des prodiges les plus inexplicables pour moi, disait-il, c'est que la Divinité me comble de tant de douceurs et de consolations, et que cependant il y ait en moi si peu de chose qui puisse fixer ses regards. »

Il sentait approcher la fin de ses jours sans se troubler. Un ennemi physique qui avait conduit son père au tombeau l'avertissait dès l'été de 1803. Loin de s'affliger de l'avis, Saint-Martin écrit : « J'arrive à un âge et à une époque où l'on ne peut plus frayer qu'avec ceux qui ont ma maladie. » Il entendait le mal du pays, le *spleen* légitime de l'homme. « Ce spleen est un peu différent, dit-il, de celui des Anglais ; car celui des Anglais les rend noirs et tristes, et le mien me rend extérieurement et intérieurement tout couleur de rose. »

Il ne se sentait ni fatigué, ni accablé de la vie, et la tenue du vaillant soldat ne changea pas : son courage demeura inaltéré. Il eût aimé à mettre la dernière main à ce qui l'avait si longtemps occupé et soutenu ; il voulait surtout laisser quelque chose « d'un peu avancé sur les Nombres. »

M. de Rossel se prêtait, par l'entremise de M. Gence, à un entretien sur cette matière, la veille même de la mort de Saint-Martin. Celui-ci en fut si reconnaissant, qu'en prenant congé de son savant interlocuteur, avec le sentiment de sa fin prochaine, il lui dit ces belles paroles : « Je rends grâce au ciel de m'avoir accordé la dernière faveur que je lui demandois. »

Saint-Martin mourut le lendemain, 13 octobre 1803, au soir, à la campagne que son ami le sénateur Lenoir-

Laroche possédait à Aunay, cette charmante retraite que le grave penseur avait tant aimée et si souvent visitée.

Ce fut un coup d'apoplexie qui mit une douce fin à cette douce existence, laissant au pieux philosophe quelques moments pour prier et pour adresser de touchantes paroles à ses amis accourus. Il les pressa de vivre dans l'union fraternelle et dans la confiance en Dieu. C'est en prononçant ces paroles, religieusement recueillies par M. Gence, et empreintes d'un certain cachet de fraternité mystique, que s'endormit l'homme éminent que M. de Maistre appelle le plus instruit, le plus sage et le plus élégant des théosophes. Sa carrière pouvait se clore. Il avait vu les plus grandes choses qu'on puisse voir en aucun temps ; il avait passé, âme forte et sereine, par de rudes épreuves et avait accompli de notables travaux. Ni la gloire du monde, ni la fortune n'avait salué sa vie ; et à ses yeux elles ne l'eussent pas même embellie ; mais il avait goûté les plus douces et les plus profondes de toutes les jouissances : aimé de Dieu et des hommes, il avait beaucoup aimé lui-même et beaucoup plus espéré de l'avenir que du présent.

« Ce n'est point à l'audience, dit-il supérieurement, que les défenseurs officieux reçoivent le salaire des causes qu'ils plaident, c'est hors de l'audience et après qu'elle est finie. Telle est mon histoire, et telle est aussi ma résignation de n'être pas payé dans ce bas monde. »

C'est un des beaux traits de sa foi d'avoir aimé son œuvre pour elle-même. Il n'a compté sur rien dans ce monde. Il se savait si bien uni à Dieu que sa récompense était ailleurs. Dans sa dernière note sur sa vie, qui doit avoir été écrite peu de jours avant sa mort, il dit, à propos des frères Moraves, sur lesquels on lui avait envoyé une note (elle était de Salzmann) :

« L'unité ne se trouve guère dans les associations ; elle ne se trouve que dans notre jonction individuelle avec Dieu. »

Et maintenant que nous avons terminé cette esquisse, où il a été question surtout de la vie extérieure de cet homme éminent, de ses études, de ses recherches, de ses aspirations, de ses expériences, de ses travaux, de ses relations et de ses affections, il nous reste à tenter encore un essai plus délicat : une investigation sur sa vie intérieure, plus importante que la vie dans le monde ou l'œuvre d'un homme, quel qu'il soit.

En effet, ce qui fait pour nous-même l'intérêt essentiel et le grand enseignement de cette vie, ce ne sont pas les quelques faits de biographie que nous sommes parvenu à rassembler ou à coordonner, c'est ce qu'elle fournit à une solution ferme et nette de cette question, qui est complexe : Quelle est la valeur réelle des dons et la légitimité positive des moyens extraordinaires que le mysticisme offre à l'éducation éthique de l'homme; et quelle est la valeur réelle de la spéculation transcendante : est-elle une ressource ou un obstacle dans la vie du mystique ?

C'est dans le développement moral auquel il est arrivé qu'est la grande leçon que nous offre encore aujourd'hui la vie de Claude de Saint-Martin, et qu'elle offrira tant qu'il y aura dans ce monde un être intelligent qui fera, de l'idéale pureté du sentiment et de la pensée, la sérieuse affaire de son existence.

CHAPITRE XXIV

La vie intérieure de Saint-Martin. — Sa lutte entre la philosophie critique et la spéculation mystique. — Les grandes ambitions du mysticisme et de la théosophie : Les lumières et les révélations extraordinaires.

Saint-Martin n'est pas simplement un des types de cette haute moralité qui est la grande aspiration comme elle est le grand devoir de l'espèce humaine, c'est un des types de la moralité la plus ambitieuse qui se trouve dans l'histoire : il aspire à la sainteté, au nom de la philosophie comme au nom de la religion.

« Depuis que j'existe et que je pense, nous dit-il dans son *Portrait* (1050), je n'ai eu qu'une seule idée, et tout mon vœu est de la conserver jusqu'au tombeau; ce qui fait que ma dernière heure est le plus ardent de mes désirs et la plus douce de mes espérances. »

Il ne faut pas prendre cette belle prose pour de la poésie, c'est de l'idéalité, il est vrai, mais de l'idéalité sérieuse. Et c'est cette idéalité qui donne à la vie de Saint-Martin un cachet qui ne passe pas, qu'on y trouvera toujours, qu'on n'en effacera jamais et qui ne se rencontre à ce degré dans nulle autre vie contemporaine.

Ce cachet, il faut bien le dire, tient essentiellement au

mysticisme, à la théosophie, à la théurgie elle-même. Il faut donc, pour nous en rendre raison, examiner cette vie sous le point de vue de ces aspirations et de ces tendances, de tout cet ensemble d'avantages, de dons spirituels et de moyens extraordinaires, qui ne sont que des prétentions pour le sceptique, mais qui sont les plus grandes des réalités, si ce n'est les seules, pour l'initié et même pour le simple adepte.

Il ne peut point entrer dans ma pensée de juger, à propos de la vie d'un seul, tout le mysticisme, toute la théosophie et toute la théurgie. Ce qui seul doit être mon dessein, c'est d'apprécier le rôle que ces trois puissances ont joué dans cette vie, autant que me le permettra la variabilité de la pensée de celui qui m'occupe, pensée humaine sans doute, très-imparfaite et très-personnelle, mais pensée hardie, généreuse et pure, pensée que j'aime, et à qui je ne mesure pas mes respects aux sévères exigences d'une critique absolue, sachant bien qu'on n'est jamais assez juste, même pour l'homme le meilleur, quand on n'est pas trop bienveillant.

Le mysticisme allant au delà de la science positive et de la spéculation rationnelle, a tout autant de formes diverses qu'il y a de mystiques éminents. Mais sous toutes ses formes il a deux ambitions qui sont les mêmes : celle d'arriver dans ses études métaphysiques jusqu'à l'intuition, et dans ses pratiques morales jusqu'à la perfection. La science la plus haute et la moralité la plus haute, voilà en deux mots ce qu'il cherche, ce qu'il a la volonté bien arrêtée de conquérir, et la prétention, sinon d'enseigner, car ses conquêtes ne s'enseignent guère, du moins de laisser entrevoir.

Ni l'une ni l'autre de ces prétentions ne doivent d'ailleurs nous surprendre ; les mystiques ne reconnaissent pas les lois ordinaires de la critique, ni les limites où elles renferment la raison.

La première des deux, l'ambition de la science la plus haute, n'est pas seulement dans la nature de l'homme, c'est sa nature même. Elle est aussi ancienne que lui, et elle sera aussi perpétuelle que lui.

La seconde, la prétention d'arriver à la moralité la plus haute, n'est pas la nature de l'homme, mais elle est évidemment dans sa nature. Elle lui répugne et elle l'effraye, cela est vrai. Mais elle est pourtant faite pour lui, soit qu'elle ait été sa condition première, comme le veulent presque toutes les religions de la terre, et la plus parfaite de toutes avec plus d'insistance qu'aucune autre ; soit qu'elle doive être sa condition dernière, comme le veulent toutes les philosophies qui méritent nos hommages.

Rien de plus naturel, par conséquent, que l'une et l'autre de ces ambitions dans les aspirations du mysticisme : le mysticisme tient ces deux idéalités de l'humanité elle-même, et l'humanité les tient de qui elle tient tout.

Mais n'est-ce pas là dire en d'autres termes, que ces deux ambitions sont tout ce qu'il y a de plus légitime, et qu'elles seules, ou plutôt que les mystiques seuls, sont dans le vrai ?

Non, car il est juste de distinguer une aspiration naturelle et régulièrement cultivée d'une exaltation surnaturelle ou illogiquement développée.

En effet, tout mystique se distingue de l'homme qui ne l'est pas, de celui dont la science et la moralité suivent les règles communes de la religion et les lois universelles de la raison, à ce point qu'on peut dire bien nettement qu'il est un autre homme. S'il n'a pas d'autres tendances, ni un autre but, il a d'autres dons, se crée d'autres rapports, vit dans une autre région et appartient à un autre ordre de choses. Autant que l'initié des temps anciens se distinguait du profane, ou l'épopte du vulgaire, autant le philosophe mystique se distingue du philosophe critique.

Ce n'est pas tout. Le mystique se confond aisément avec le théosophe, le théosophe quelquefois avec le théurgiste, et tous les trois fraternisent volontiers avec l'inspiré, avec le prophète, avec le clairvoyant, avec le thaumaturge. Sans doute en étymologie, c'est-à-dire dans la simple définition des termes, ou en théorie, quand il s'agit d'élucidation philosophique, les diverses classes de ces privilégiés se distinguent; mais en pratique leurs nuances se confondent. Et s'il n'y a pas même de ligne de démarcation entre les régions hautes auxquelles je me borne ici, tout est promiscuité dans les régions basses auxquelles mon dessein bien arrêté est de ne pas toucher. Dans les divers groupes de mon ressort les privilégiés se rencontrent si communément que presque tous sont d'accord sur les croyances et sur les traditions fondamentales que voici :

1. Lumières ou révélations extraordinaires;

2. Communication avec des êtres supérieurs, manifestation de la part de ceux-ci sous des formes variées et sous des noms divers;

3. Faveurs ordinaires et extraordinaires; états d'extase et de ravissement;

4. Dons miraculeux de prophétie, de clairvoyance et de guérison;

5. Développement hors ligne des facultés physiques;

6. Même développement des facultés intellectuelles et morales.

On le voit, ce riche ensemble, si la possession en était bien assurée aux mystiques, formerait un groupe de dons et de priviléges réels, les constituerait en une classe d'êtres ou en une humanité à part; et loin de contester un seul de ces dons avec la moindre obstination, certes, ce serait le cas, alors, de courir, les mains suppliantes, vers les sanctuaires où se cache le dépôt de tous.

Mais qu'en est-il en réalité?

Trancher la question par une négation ou une affirmation, ne serait ni sage ni utile, et telle n'est pas ici notre mission. Nous n'avons que celle d'examiner le rôle que ces dons extraordinaires jouent dans la vie et dans la pensée du plus illustre des mystiques modernes. Or, cette œuvre n'est ni difficile ni ingrate. Saint-Martin est sans doute très-réservé, comme il convient en ces graves matières, mais il est très-loyal, et s'il est très-mystique, il est aussi très-sincère.

C'est d'abord ici un fait général : moins le mystique, le théosophe ou l'inspiré, le privilégié en un mot, a de valeur personnelle, plus il affecte de prétentions et met d'apprêts, c'est-à-dire de voiles, à son discours; qu'au contraire plus il a de lumières, de goût et de raison, plus il est simple, humble et droit.

C'est un second fait général, que le nombre des phénomènes qu'on allègue à l'appui des plus grandes ambitions est immense; mais qu'il y a pour la saine critique, la critique la plus impartiale et la mieux disposée à reconnaître ce qui doit être accepté, des difficultés extrêmes à saisir les faits dans leur primitive simplicité et dans leur côté positif.

C'est un troisième fait général, que les mystiques sincères et les théosophes éminents font peu de cas de tout ce qui est phénomène extérieur, si extraordinaire qu'il soit, et ne visent, du moins les plus avancés, qu'à une seule chose. Or cette seule chose, c'est ce que la philosophie appelle le perfectionnement moral, ce que la religion appelle l'œuvre de la sanctification, et ce qu'ils appellent d'ordinaire la régénération ou la réintégration de l'homme en son état primitif.

Saint-Martin, celui de tous qui avait à la fois les plus hautes prétentions en métaphysique et la plus haute ambition en morale, est aussi celui de tous qui paraît faire le moins de cas des phénomènes traditionnels et des pompes mystagogiques. Et néanmoins sa vie intérieure tout entière est dominée par la théosophie traditionnelle, les plus fortes croyances et les plus ferventes aspirations du mysticisme. Entre lui et Fénelon, qui reste aussi près de l'Évangile que possible et qu'il cite aussi peu que madame Guyon, il y a un abîme. Aussi une grande part de l'intérêt qui s'attache à sa vie est due à la lutte qui ne cesse de s'y révéler, comme malgré lui, entre sa pensée philosophique et sa pensée mystique, puis entre sa pensée mystique et sa pensée théosophique. S'il est un homme dans les aveux duquel il soit intéressant de suivre une à une, d'abord, les prétentions d'une mysticité qui veut s'arrêter à la juste limite, ensuite les prétentions d'une théosophie qui s'enivre à la vue de la grandeur divine et qui pousse ce sentiment jusqu'à l'exaltation, c'est lui. Si donc, tout examen fait, de ses nobles aveux et de ses aspirations énergiques, constantes et souvent parfaitement éclairées, nous n'arrivons pas à une solution du problème que présente la prétention générale des mystiques et des théosophes à des états privilégiés, au moyen de l'opinion précise que nourrit Saint-Martin sur ces états, la solution du problème sera, sinon impossible, du moins fort difficile. Et me paraît qu'elle devra être ajournée pour un long temps encore. Car les siècles sont peu prodigues de ces rares esprits, si croyants, si lucides et si droits, dont Saint-Martin est un des types accomplis.

En effet, s'il est pour moi une chose évidente, c'est que Saint-Martin ne voyait pas beaucoup plus clair en lui-même que nous n'y voyons après ses confidences.

Digne de toutes sortes de dons, le théosophe ne s'en attribue bien nettement aucun. Et d'abord qui, plus que lui, était appelé, par toutes ces qualités, à la première des faveurs dont les mystiques nous assurent que l'humanité ne cesse d'être en possession et en jouissance, j'entends les *révélations extraordinaires?*

Saint-Martin n'affiche cependant pas de révélations de ce genre. Il était trop religieux pour s'attribuer, soit l'inspiration prophétique, soit l'inspiration apostolique.

Et si l'on pensait qu'il était trop peu de son Église, trop philosophe pour vouloir s'attribuer des révélations semblables à celles de sainte Brigitte ou de sainte Thérèse ; qu'il faut le prendre davantage dans son domaine, et qu'il a pu se flatter d'être un des favorisés dans la classe des mystiques qui aiment à se nourrir des plus hautes révélations métaphysiques, on se tromperait encore. Sous ce point de vue encore il était trop philosophe et trop de son siècle pour vouloir s'assimiler à Jane Leade et à Jacques Bœhme qui écrivent, pour ainsi dire, sous la dictée du ciel. En effet, si la première a rempli toute une série de volumes des visions, des inspirations et des révélations qui étaient venues s'imposer à son esprit; et si le second s'est cru, non pas précisément dans un état d'illumination permanente, mais appelé de temps à autre à mettre par écrit ce qui lui était inspiré (son traité de l'Incarnation, par exemple), jamais Saint-Martin n'eut l'idée de les imiter en ceci le moins du monde. Loin de là, ses amis d'Angleterre et de Suisse avaient beau lui parler des révélations de Jane Leade, jamais il ne voulut s'en préoccuper; et quelque culte qu'il eût pour Jacques Bœhme, jamais il ne voulut admettre sérieusement ses prétentions à l'inspiration.

Cette attitude prise vis-à-vis des quatre ordres de révélation qui semblent épuiser les nuances de la théopneustie exceptionnelle, est-elle celle d'un critique rationaliste?

Non. Saint-Martin ne s'attribua jamais ni révélations ni inspirations, et pourtant il se sentait en jouissance de dons très-analogues.

Ce qu'il sentait, était-ce cette révélation naturelle ou cette inspiration commune à toutes les intelligences inférieures qui sont illuminées par l'intelligence suprême, comme les globes du système solaire sont illuminés par celui qui est leur commun centre d'attraction et qui en est le feu, la lumière, la source de la vie, puisqu'il est celle de leur mouvement et de leur animation?

Cette révélation-là, il pouvait l'admettre en pur rationaliste. Car il en est une que peut reconnaître tout philosophe. Il se fait dans tout esprit humain une série permanente d'intuitions, internes ou externes; il s'y présente sans cesse des idées et s'y opère des débats d'après des lois que nous n'avons pas faites. Ils nous est donné des vérités dont nous ne sommes pas les créateurs, et qui viennent d'une source dont nous ne connaissons pas l'origine. Or, cette source, ces vérités et ces lois étant universelles, absolues, suprêmes, il est évident qu'elles ne peuvent nous arriver que du suprême. C'est donc ici l'induction la plus légitime possible, puisqu'elle est forcée, que, de même que dans le monde matériel toute lumière vient à notre œil du soleil central et par conséquent est une, de même dans le monde spirituel toute vérité est une et vient à notre esprit de l'esprit suprême. De là il résulte évidemment aussi que toute intelligence normale est dans un état d'inspiration ou de révélation permanente, dans un état à ce point merveilleux ou inconcevable que quiconque demande un miracle plus grand que celui-là ne sait ce qu'il dit, et que quiconque refuse d'y croire ne sait ce qu'il fait.

Est-ce là ce qu'admet Saint-Martin? est-ce cette révélation naturelle?

Sans nul doute. Mais il y ajoute quelque chose de plus, de très-particulier, de tout individuel : car nul ne s'est jamais cru le favori de Dieu à un plus haut degré que lui. Seulement n'allons pas plus loin qu'il ne l'a fait lui-même.

Ainsi, l'on a dit que sa théologie reposait sur *une révélation personnelle*, qu'il n'y a pas *un dogme de religion révélée ou naturelle que cet esprit hardi n'ait touché à sa manière*. La seconde de ces assertions est fondée. Mais en cela Saint-Martin n'exerçait qu'un droit commun, droit sinon de foi, du moins de raison. Quant à la première de ces assertions, qui a plus de portée, je n'en trouve pas de preuves. Saint-Martin s'assimile aux prophètes et aux apôtres, cela est vrai, et c'est trop sans doute, mais c'est pour les œuvres seulement qu'il se lance dans ce parallèle; ce n'est pas pour la théopneustie. Il s'attribue des lumières spéciales sur chaque dogme, cela est encore vrai; mais c'est de ses maîtres ou de la bénédiction divine qu'il tient ces lumières, nous dit-il. Jamais il n'affecte des prétentions à une théopneustie miraculeuse, qui aurait pour but de développer ou de modifier d'anciens dogmes, et encore moins celui d'en établir de nouveaux.

Toutefois, Saint-Martin est bien convaincu qu'une voix d'en haut, « venue du Verbe jaloux des affections qui lui sont dues, des affections exclusives de Saint-Martin; » se charge de l'instruire de ses desseins et de ses sentiments. Cette voix vient l'arrêter au moment où, à Toulouse, il va contracter une alliance avec quelque chose qui est de ce monde, cela est vrai; mais ce n'est que d'un mariage, ce n'est pas d'un dogme qu'il s'agit; c'est un avertissement et non pas une révélation qui lui est donnée. Il y a loin de cette preuve d'affection venue d'en haut à une illumination; un fait de direction n'est pas un enseignement.

Toutefois, rien ne saurait établir plus nettement que

cet avis l'intimité des rapports, les habitudes de la communication et l'élévation du rang. C'est à tout cela que tient Saint-Martin, et sur ce domaine où le sentiment mystique est le seul juge écouté, il ne faut pas même essayer une réfutation. Il n'y a pas là d'argument possible, il n'y a pas d'acier qui morde sur ce porphyre.

Saint-Martin vise plus haut encore.

CHAPITRE XXV

Les communications avec des êtres supérieurs. (— La théurgie.) — Les manifestations, les apparitions et les visions. (— L'école de Copenhague et l'école de Bordeaux. — La comtesse de Reventlow. — Mesdemoiselles Lavater et Sarasin. — Herbort et Salzmann. — Le mysticisme chrétien et le mysticisme de Saint-Martin.)

Admettre des communications diverses et extraordinaires avec le monde spirituel, c'est le caractère commun de tous les mystiques; et c'est l'ambition de tous les théosophes d'en avoir personnellement. Le rationaliste, lui aussi, ne demanderait pas mieux que de se trouver en rapport avec des intelligences plus élevées que l'homme. Mais ce qui n'est pour lui qu'une idée, qu'une aspiration, et tout au plus une théorie, est pour le vrai mystique une sorte de dogme, et pour le vrai théosophe une incontestable réalité. On peut, quand on est mystique, ne pas aller jusqu'à la jouissance, mais on y croit. S'il est des mystiques qui n'y vont pas, c'est qu'ils en sont empêchés par leur imperfection personnelle, ou bien qu'ils se laissent arrêter, sans le vouloir et sans bien s'en rendre compte, par la contagion du rationalisme et par la crainte du ridicule. Aussi tous se mettent-ils en garde à l'égard de la divulgation, et ne sont-ils à leur aise qu'entre initiés d'une sérieuse discrétion.

Saint-Martin, quoique initié parlant à des initiés, à son adepte de Berne par exemple, est à ce sujet d'une telle réserve qu'on serait souvent tenté de le mettre, sinon au nombre des exclus, du moins au nombre de ceux qui se tiennent sur la frontière par voie de prudence et afin de pouvoir se retirer sur un terrain sûr en cas de besoin. Mais s'il se recueille avec soin, il croit avec fermeté. Il admet parfaitement des Puissances ou des Vertus qui nous assistent; il choisit les siennes et il se met en garde contre leurs voisins, qui ne sont ni aussi purs ni aussi bienveillants. Il se défie beaucoup de certaines régions du monde spirituel et de certaines classes d'esprits qu'il y distingue; mais il croit si bien à leur pouvoir qu'il s'en alarme et qu'il fuit leur contact avec une sorte d'horreur. Ce n'est pas là du scepticisme, ce n'est que de la vigilance.

De plus, sa foi ne se borne pas à des influences invisibles, occultes. Il croit à des communications sensibles et très-diverses, d'autant plus variées qu'il admet des catégories ou des classes plus nombreuses, des classes qui se combattent ou du moins se disputent l'influence qu'elles exercent sur les hommes.

Voici sa théorie.

Par notre origine nous sommes, ou du moins à notre origine nous étions supérieurs à la région du firmament, à la région *astrale* et aux esprits qui la gouvernent. Nous ne le sommes plus. Depuis la chute du premier homme nous sommes devenus inférieurs à cette région et nous sommes tombés sous l'influence de ceux qui la dominent.

Je ne m'arrête pas pour dire combien cette théorie est différente de l'idée fondamentale du gnosticisme avec laquelle on aime à la confondre. D'après la science secrète des gnostiques, l'homme n'étant que l'œuvre, la créature des esprits qui l'ont fait à l'insu du Dieu suprême, leur est subordonné par son origine même; et s'il a mille raisons de vouloir s'affranchir de leur règne, il n'a pas, du moins, celle d'y aspirer au nom de ses rapports primitifs. La théorie de Saint-Martin est autre : plus flatteuse pour l'homme, elle lui donne le droit d'être très-dédaigneux pour les pratiques de la théurgie.

Ceux qui se plaisent dans l'état où l'âme est tombée, dit-il, et qui ne savent pas le chemin de la sphère supérieure à laquelle nous appartenons de droit primitif, acceptent l'empire des intelligences astrales et se mettent en rapport avec elles. C'est la grande aberration de ceux qui pratiquent la magie, la théurgie, la nécromancie et le magnétisme artificiel. Tout n'est pas erreur ou mensonge dans ces pratiques; mais il faut se défier de tout, car tout se passe dans une région où le bien et le mal sont mêlés et confondus.

Écoutons à ce sujet une belle lettre, écrite en 1797, au retour de Saint-Martin d'une excursion à Petit-Bourg et à Champlâtreux, et attestant des modifications profondes qui ont eu lieu dans les croyances du théosophe. Son peu discret adepte l'ayant de nouveau assailli de toute une série de questions brûlantes, il lui dit :

« Je vous répondrai sur les différents points que vous m'engagez à éclaircir dans mes nouvelles entreprises.

La plupart de ces points tiennent précisément à ces initiations par où j'ai passé dans ma première école, et que j'ai laissées depuis longtemps pour me livrer à la seule initiation qui soit vraiment selon mon cœur.

« Si j'ai parlé de ces points dans mes anciens écrits, ç'a été dans la verdeur de ma jeunesse et par l'empire qu'avoit pris sur moi l'habitude journalière de les voir traiter et préconiser par mes maîtres et mes compagnons; mais je pourrai moins que jamais pousser loin aujourd'hui quelqu'un sur cet article, vu que je m'en détourne de plus en plus. En outre, il seroit de la dernière inutilité pour le public, qui, en effet, dans de simples écrits, ne pourroit recevoir là-dessus des lumières suffisantes....

« Ces sortes de clartés doivent appartenir à ceux qui sont appelés directement à en faire usage, par l'ordre de Dieu et pour la manifestation de sa gloire. Et quand ils y sont appelés de cette manière, il n'y a pas à s'inquiéter de leur instruction, car ils reçoivent alors, sans sans aucune obscurité, mille fois plus de notions, et des notions mille fois plus sûres que celles qu'un simple amateur comme moi pourroit leur donner sur toutes ces bases. (Saint-Martin entend parler ici des fondateurs de religions, des prophètes et des apôtres.)

« En vouloir parler à d'autres, et surtout au public, c'est vouloir en pure perte stimuler une vaine curiosité et travailler plutôt pour la gloriole de l'écrivain que pour l'utilité du lecteur. Or, si j'ai eu des torts en ce genre dans mes (anciens) écrits, j'en aurois davantage si je voulois persister à marcher de ce même pied. Ainsi, mes nouveaux écrits parleront beaucoup de cette initiation centrale qui, par notre union avec Dieu, peut nous apprendre tout ce que nous devons savoir, et fort peu de l'anatomie descriptive de ces points délicats sur lesquels vous désireriez que je portasse ma vue.

« Sur le moyen de la plus prompte union de notre volonté avec Dieu, je vous dirai que cette union est une œuvre qui ne peut se faire que par la ferme et constante résolution de ceux qui la désirent; qu'il n'y a autre moyen sur cela que l'usage persévérant d'une volonté pure nourrie par les œuvres et la pratique de toutes les vertus, engraissée (*sic*) par la prière, pour que la grâce divine vienne aider notre foiblesse et nous amener au terme de notre régénération.

« Sur cet article, vous voyez que ce que je pourrai dire au public n'auroit sûrement pas plus de crédit que n'en a eu la parole divine.

« Sur l'union du modèle à la copie, je vous dirai que dans les opérations spirituelles de tout genre, cet effet doit vous paroître naturel et possible, puisque les images ayant des rapports avec leurs modèles doivent toujours tendre à s'en approcher. C'est par cette voie que marchent toutes les opérations théurgiques où s'emploient les noms des esprits, leurs signes, leurs caractères; toutes choses qui peuvent être données par eux, peuvent avoir des rapports entre eux. »

On voit encore une fois, par ce qui précède et par ce qui suit, que Saint-Martin ne condamne pas la théurgie en général, qu'il a la sienne, et qu'il ne condamne que celle qui s'attache aux Puissances de la région astrale.

« Quant à votre question sur l'aspect de la lumière ou de la flamme élémentaire pour obtenir les vertus qui lui servent de modèle, vous devez voir qu'elle rentre absolument dans la théurgie, surtout dans le théurgique qui emploie la nature élémentaire, et comme telle je la crois inutile et étrangère à notre véritable théurgisme, où il ne faut d'autre flamme que celle de notre désir, d'autre lumière que celle de notre pureté.

« Cela n'interdit pas néanmoins les connoissances très-profondes que vous pouvez puiser dans Bœhme, sur le feu et ses correspondances. Il y a (là) de quoi vous payer de vos spéculations. »

Quelle fermeté et quelle raison! Je ne dirai pas quel sublime dédain, je dirai quelle gracieuse indulgence! Dans un homme, d'ailleurs si croyant, on aime à voir un jugement aussi net et une patience aussi charitable.

Cela dit parfaitement pourquoi Saint-Martin ne pratique aucune de ces opérations théurgiques si prisées dans l'école de Bordeaux. Sans les condamner toutes, il témoigne pour toutes une sincère répugnance, et sans se séparer de ceux qui s'y livrent, il recommande sans cesse à ses amis et à ses disciples de s'en défier. Il les presse d'aller plus haut, dans la région pure, celle du Verbe, de ses Agents et de ses Vertus. Tout ce qui se passe dans l'ordre sensible ou physique l'émeut péniblement et choque sa raison. Spiritualiste en tout, il n'est matérialiste à aucun point de vue. Il ne veut pas même du matérialisme « pour son laquais. »

Entre son commerce avec le monde spirituel et celui qui se faisait jour ou se pratiquait avec enthousiasme ailleurs, il y avait un véritable abîme. Le commerce avec les âmes des trépassés retenues dans les régions astrales n'est pas l'objet de ses craintes seulement, il est celui de ses dédains. C'est dans la sphère supérieure qu'il se porte et se meut ; et s'il est à la fin si mécontent de Swedenborg, c'est précisément par la raison que le confiant visionnaire possède la science des *âmes* plutôt que celle des *esprits*.

Je crois qu'il ne parlerait pas mieux des *visions* de son condisciple Fournié, s'il en parlait, et j'ai déjà fait remarquer combien il est médiocre partisan des *manifestations* d'une de ses meilleures amies, la marquise de la Croix. Il détourne très-expressément la duchesse de Bourbon, qui s'attachait aux clairvoyances des somnambules, de tout ce qui est phénomène sensible. Il ne nie ni les manifestations, ni les visions en général ; mais il s'élève contre la crédule confusion de toutes les unes avec les autres. Loin de là, il les classe et les distingue. Le baron de Liebisdorf, qui est comme tout le monde, qui voudrait voir et qui aspire toujours de nouveau à une *connaissance physique* de Dieu lui-même, a beau revenir à la charge pour lui arracher une concession qui permette à son *matérialisme* d'espérer quelque chose de semblable, Saint-Martin ne cède pas. Il sait que la tradition mystique veut depuis les néoplatoniciens, Plotin à leur tête, qu'on ait vu Dieu. Et comme il ne se croit pas le moins du monde un chef éminent ou favorisé, comme il ne se croit pas digne de nouer les cordons de la chaussure de Bœhme, qui s'attribue trois grandes visions dans sa vie, il ne nie rien à ce sujet. Mais s'il s'abstient, ce n'est pas qu'il hésite. Au contraire, il est pour son compte plein de respect pour cette parole sainte plus d'une fois répétée dans le Pentateuque : « Nul ne peut voir Dieu et vivre. » Il repousse à ce sujet toute question nouvelle, et non sans quelque impatience, en termes propres à mettre fin à toutes ces interpellations indiscrètes qui révèlent encore plus d'ignorance que de curiosité. Il répète à son ami que c'est spirituellement et non pas physiquement qu'il faut jouir des ravissements de la présence de Dieu.

Le baron lui a cité les manifestations obtenues à l'école du Nord. J'ai déjà dit, au sujet du voyage de Londres, le peu de cas que faisait Saint-Martin de cette école. Je ferai voir ici comment il la combat.

« Je crois, écrit-il (lettre du 26 janvier 1794), que celui qui reçoit des communications externes et gratuites comme à Copenhague, peut bien n'être pas trompé, mais je n'ai aucun moyen d'assurer la chose. Ceux de Copenhague me paraissent ne pas avoir des preuves suffisantes pour justifier leur confiance :

« 1° Je ne les crois pas élus au premier degré ci-dessus, sans quoi ils n'auroient pas d'incertitudes, et n'auroient pas besoin de faire des questions.

« 2° Je les vois passifs dans leur œuvre, je les vois opérés, et non pas opérants ; et ainsi n'ayant pas l'active virtualité nécessaire pour lier le *fort,* afin de piller la maison du *fort* et la mettre en état de propreté convenable pour n'y loger que d'honnêtes gens.

« 3° Les réponses qu'ils reçoivent quand ils demandent : *Es-tu la cause active et intelligente*, ne me prouvent rien, car l'ennemi peut tout imiter, jusqu'à nos prières, comme je l'ai dit dans l'*Homme de désir*, et c'est au discernement de ces terribles imitations que conduit l'usage et la pratique des vraies opérations théurgiques, quand toutefois on ne se porte pas de suite à l'interne qui apprend tout et préserve de tout.

« 4° Enfin, je ne vois point dans ces élus de Copenhague les signes indiqués dans l'Évangile pour caractériser les vrais missionnaires de l'esprit : « Ils guériront « les malades, ils chasseront les démons, ils avaleront « des poisons qui ne leur feront point de mal. »

« Et puis je ne sais si mon extrême prudence contre l'externe, et mon goût toujours croissant pour l'interne ne m'interdiroit pas même d'approcher de ces objets, jusqu'à ce que je fusse envoyé par un autre ordre que celui de mon désir ou de ma curiosité.

« Je dois ajouter que, si la puissance mauvaise peut tout imiter, la puissance bonne intermédiaire parle souvent comme la puissance suprême elle-même. C'est ce que l'on a vu à Sinaï, où les simples *Élohim* ont parlé au peuple comme étant le seul Dieu, le Dieu jaloux (cette idée est de Martinez) : nouvelle raison pour se tenir en garde contre les conclusions que l'on tire de la réponse *oui*.

« Si toutes ces réflexions peuvent aider l'intéressante fille de Lavater à prendre quelque aplomb sur tout cela, vous pouvez les lui faire parvenir; de même que je vous serai obligé de continuer à me communiquer ce que vous apprendrez de tous ces côtés.

« J'ai eu du *physique* aussi, dit Saint-Martin, mais en moindre abondance (depuis Bordeaux) que dans l'école de Martinez; et encore, lors de ces procédés (quand il y prenait part à Bordeaux), j'avois moins de physique que la plupart de mes camarades. Il m'a été aisé de reconnoître que ma part a été plus en intelligence qu'en opération. Ce physique n'attire pas plus mon attention ni ma confiance que le reste.

« D'ailleurs, je vous l'ai dit mille fois, ce qui n'est pas votre œuvre personnelle est une perte de temps pour vous. »

Saint-Martin fut réellement plus heureux qu'il ne pensait, et son adepte plus docile qu'il n'espérait. Dès le 25 juillet 1795, le baron lui écrit une lettre où il est détaché de l'école du Nord comme s'il n'en avait jamais été engoué. Mademoiselle Lavater est toujours « dans les meilleurs principes. » Mademoiselle Sarasin de Bâle (où il y avait une sorte de succursale de l'école du Nord) est aussi entrée *expérimentalement* dans la bonne voie. « Outre cela, continue-t-il, elle m'a mandé une nouvelle qui m'a fait plaisir et qui sert à confirmer ce que nous (ce nous est piquant) avons déjà conjecturé *à priori* sur l'école du Nord. Voici ce qu'elle m'écrit :

« Une dame de Copenhague, la comtesse de Reventlow, disciple de l'école du Nord, tout comme Lavater, avoit mandé au dernier que, dégoûtée des contradictions qui se trouvoient dans cette école, elle avoit tout quitté ; qu'elle s'estimoit fort heureuse d'avoir cherché et trouvé une voie plus simple. »

Qu'est-ce que le physique que Saint-Martin a eu, lui aussi et dès l'école de Martinez ?

C'est évidemment ce qu'on se vantait d'avoir eu à l'école du Nord, c'est-à-dire des *apparitions* ou des manifestations sensibles.

Et pourquoi en a-t-il eu moins que ses camarades ?

Il le dit : « Il m'a été aisé de reconnoître que ma part a été plus en intelligence. » Voilà pourquoi il conseille à son ami de ne point chercher de physique du tout. Il veut le fond ; s'il ne méprise pas la forme, il n'estime pas ce qu'elle donne. Rappelons-nous « l'initiation de Versailles par les formes. »

En général, Saint-Martin resta froid pour ce système de vulgarisation qui prétend mettre le monde des vivants tout entier en contact avec le monde des morts. Après sa mort et celle de son disciple Licbisdorf, un élève de ce dernier, M. de Herbort de Berne, avait admis sur ce sujet la tradition commune, celle que Saint-Martin non-seulement voyait familièrement les esprits, mais qu'il ouvrait la vue ou donnait la faculté de les voir à ses adeptes. Il en écrivit à Salzmann comme d'un fait positif. Or voici ce que Salzmann lui répondit le 10 août 1810.

« Quant à l'assertion contenue vers la fin de votre lettre sur le don que possédait Saint-Martin d'ouvrir la vue ou le regard sur le monde des esprits, je la mets fort en doute. J'ai connu Saint-Martin dès 1777 (*sic*). Il fut à Strasbourg pendant deux (*sic*) ans, et ne quitta cette ville qu'au commencement de la révolution. C'est ici qu'a été imprimée, sous ma direction, la première édition de l'*Homme de désir* (voyez ci-dessus, p. 183). Je connais très-exactement ses travaux. Il n'opérait pas sur le monde des esprits dans le sens ordinaire, et n'ouvrait pas les yeux aux autres pour y regarder. Cela est à coup sûr un malentendu. Saint-Martin était d'ailleurs très-secret, et ne parlait de certaines choses qu'avec des initiés[1]. »

---

[1]. *Correspondance mystique de Salzmann*, tome I, contenant la correspondance autographe de Lavater et autres mystiques de Suisse et d'Allemagne. (De ma collection.)

C'est à un tout autre résultat qu'un simple ensemble de phénomènes merveilleux que vise Saint-Martin, et c'est à d'autres conditions que ces opérations douteuses, c'est à des conditions morales qu'il attache le succès. Il ne veut avoir affaire qu'à l'aristocratie des cieux, et ne veut y parvenir que par le plus haut degré d'identification morale avec Dieu qu'il soit donné à l'homme d'atteindre.

Tout est personnel, dit-il, dans les rapports de l'âme, dans le développement de ses puissances, dans la régénération dont elles ont besoin et dans l'élévation qu'elles prennent à cette œuvre de palingénésie. Voilà sa doctrine, et ainsi dégagée elle est bien digne d'attention.

Est-ce autre chose que la doctrine chrétienne?

Celle-ci se borne à dire que la régénération morale de l'homme est l'œuvre de l'Esprit divin, et qu'en produisant en nous un nouvel homme, en transformant le vieil homme en un autre, cette régénération nous mène à la sanctification et modifie complétement le jeu de nos facultés éthiques : elle fait en sorte que ce n'est plus nous-mêmes qui nous gouvernons, mais que c'est l'idéale perfection qui s'est révélée au genre humain, le Christ vivant en nous, qui règne sur nous. Voilà le mysticisme chrétien.

La doctrine mystique de Saint-Martin ne s'arrête pas à cela; elle va beaucoup plus loin, si ce n'est dans ses idées, du moins dans son langage, qui est toujours à lui, toujours très-imagé. A la place du Christ il met la cause active et intelligente, et il fait jouer à l'Esprit divin et à la Sophia céleste, qu'il appelle le corps de Christ, un rôle qui nous surprend autant qu'il aurait ravi le *général* Gichtel. Il y ajoute ses Vertus, ses Puissances et ses Agents qui sont en quelque sorte les auxiliaires de la sagesse suprême. Il le fait avec sa réserve et sa discrétion habituelles. L'enthousiasme très-oratoire et très-figuré de quelques mystiques éminents qui portaient très-loin le langage et les idées le choque singulièrement. Ces entraînements de phraséologie, il les réprime avec soin dans sa correspondance, particulièrement en ce qui concerne Sophia, la Vierge divine, dans son union avec la Vierge Marie. Mais d'un autre côté il ne veut pas sacrifier le dogme avec le luxe du style, ni bannir la vérité avec l'erreur. Loin de là, il est beaucoup plus mystique qu'il ne le paraît dans ses ouvrages publiés, et il dit très-nettement dans sa correspondance que, s'il voulait parler sur l'union mystique avec Sophie la divine, il n'aurait qu'à consulter son expérience personnelle, et qu'elle le mettrait à même de confirmer, en fait de mariage, ce que Liebisdorf lui a mandé sur celui de Gichtel.

N'est-ce pas trop dire?

La Sophie divine avait joué un rôle considérable et très-piquant dans la vie du *général*: « Elle est venue elle-même après la mort de son Époux, ordonner, diriger le choix et l'arrangement de ses Lettres posthumes. Elle a renouvelé plusieurs passages qui n'étaient indiqués qu'imparfaitement dans les brouillons qu'il avait laissés à son ami Uberfeld, et à mesure que ce dernier travaillait à cette rédaction, Sophie le dirigeait en personne. Elle est venue à cet effet voir Uberfeld à différentes reprises; une fois elle y est restée pendant six semaines. C'était un festin continuel pendant lequel elle a communiqué au rédacteur et à quelques disciples fidèles du défunt, des développements de sa sainte économie, qui dépassait de beaucoup tout ce que le monde a jamais pu s'imaginer. »

Voilà le résumé que Liebisdorf présente à son ami. La Sophie céleste, la sagesse divine personnifiée, a-t-elle joué un rôle semblable dans la vie de Saint-Martin?

Elle lui a donné des preuves de sa puissance et de ses sympathies, il est vrai, mais a-t-elle travaillé pour ses Lettres comme pour celles du général? Non. Mais quand même les faveurs de Sophie auraient été aussi loin que dans le type qu'on lui cite, il aurait écarté de sa pensée comme de sa plume tout détail un peu vulgaire.

Tout ce lyrisme épithalamique si vif, si prodigué de tout temps et en Occident comme en Orient, par les mystiques chrétiens comme par les mystiques bouddhistes ou musulmans, Saint-Martin le bannit de sa pensée comme de ses pages, et au nom du goût comme au nom de la vérité. Ce qu'il prise dans sa théorie sur la sagesse éternelle, c'est le rôle qu'elle joue dans l'univers, dans la vie de ceux qui comprennent le *ministère* que l'homme est appelé à y remplir. La délivrance de la nature en deuil et dans l'attente de sa palingénésie devenue nécessaire par la chute de l'homme, voilà le grand objet pour lequel elle éclaire, anime et dirige ceux qui sont faits pour l'entendre. Car l'homme, en se relevant de sa chute, doit relever l'univers de la sienne, et « rendre au soleil sacré son épouse chérie, » l'éternelle Sophie dont il est séparé.

On le voit bien, ce mysticisme dépasse de beaucoup le dogme chrétien, mais du moins, avec de telles vues, que tout, dans nos efforts et nos aspirations, se concentre en Dieu, tout mène à Dieu. Sa manifestation la plus haute accordée à la terre, le Christ, règne en nous. Cette sagesse hypostasiée, personnifiée, et pour le dire très-grossièrement défigurée par l'extase, n'est après tout que la sagesse divine, et Saint-Martin n'aspirant essentiellement qu'à elle ne pouvait attacher que fort peu de prix aux manifestations secondaires, à toute espèce d'apparitions ou de visions possibles, tout ce qui tenait à la région astrale inspirant une grande défiance à sa lucide raison.

CHAPITRE XXVI

Les faveurs permanentes et les faveurs exceptionnelles. — Les états extraordinaires : les extases et les ravissements. — Les dons extraordinaires : la clairvoyance, la seconde vue, les oracles et les prophéties. — Le somnambulisme. — L'illumination et les clartés.

Ce qui fait l'objet de toutes les convictions et de toutes les ambitions religieuses, c'est l'amour de Dieu en échange de leur amour. Les mystiques ne se distinguent de tout le monde qu'en ce qu'ils prétendent à cet amour dans une mesure supérieure, exceptionnelle. En effet, ils s'attribuent ou ils recherchent de la part de Dieu une bienveillance à ce point intime, particulière et permanente, qu'ils en font une véritable amitié, mais d'une nuance tout individuelle, toute personnelle. Ils sont tous la mère des fils de Zébédée, avec cette différence seulement, qu'ils prennent pour eux ce qu'elle demandait pour ses enfants : les premières places, et à la droite plutôt qu'à la gauche du Seigneur des cieux et de la terre. Sans doute la plupart parlent d'interruptions dans le sentiment ou dans l'ineffable jouissance qu'ils ont de cette bienveillance; mais ils en gémissent comme d'une privation, et c'est uniquement dans leur jouissance, ce n'est pas dans les affections divines qu'ils admettent ces intermittences. Ces dernières ne sont que des épreuves destinées à les élever davantage. Ils changent, mais Dieu ne change pas. Ils ont besoin de ces privations qui sont des moyens d'avancement, et c'est bien l'amour de Dieu qui les envoie. Ces envois mêmes sont les témoins de sa tendresse : les épreuves sont les preuves de sa jalousie. Saint-Martin est un des types de cet état, et c'est ici une de ses locutions familières : Dieu est jaloux de moi, ou bien, Dieu veut que je ne sois qu'à lui.

Ce n'est pas là assez encore pour les saintes ambitions des grands mystiques, et ils ajoutent aux faveurs d'une bienveillance permanente des faveurs extraordinaires, des jours et des heures où ils se sentent plus qu'à d'autres les privilégiés de Dieu, avec plus de confiance et plus de joie ses enfants de prédilection. Recevant de son amour des lumières, des oracles, des vues prophétiques, de rares solutions, des témoignages plus sensibles, plus incontestables, des émotions plus vives, des espérances plus nettes, ils obtiennent aussi dans l'ordre de la résignation et de l'humilité des consolations et des perspectives qui sont pour eux des certitudes.

C'est là un ensemble de phénomènes d'une apparence plus modeste que les précédents. Mais, au fond, ces tendresses divines et tout intimes sont bien supérieures aux révélations, aux inspirations, à toutes les manifestations externes et aux visions elles-mêmes. Ce sont peut-être des dons moins extraordinaires, mais plus décisifs et plus constants.

Il en est d'autres encore qui ne sont qualifiés que de faveurs, mais qui semblent aller encore au delà de ceux que nous venons de nommer, ou du moins y ajouter un nouveau degré de vivacité et de splendeur.

En effet, de la simple méditation qui les élève vers Dieu dans les heures ordinaires, les grands mystiques passent quelquefois à la contemplation de sa majesté avec un réel entraînement, et de la contemplation elle-même ils se sentent amenés, s'ils s'expriment bien, jusqu'à l'intuition de sa personne à ce point que la leur s'y absorbe et s'y perd tout entière. Et là seulement, à cet état d'extase, ils se sentent désormais dans leur état normal, leur véritable patrie, leur vie naturelle. Loin de là ils sont dans l'exil ; et plus ils s'abreuvent en ce bannissement des amertumes de la terre, plus en leurs ineffables aspirations ils s'attachent aux ineffables ravissements qu'ils ont entrevus.

Si doux que soit donc à leur cœur le sentiment de la bienveillance particulière et permanente, mais ordinaire, de Dieu, et si flatteuses que puissent leur paraître les manifestations sensibles, ce sont les états extraordinaires, on le comprend, qui font l'objet de leurs vœux les plus chers. De ces états ils font la condition légitime de l'âme. Elle est dans sa situation anormale lorsqu'elle en est privée ; dès qu'elle y est parvenue, elle est dans sa situation primitive, la seule normale.

Saint-Martin a-t-il connu les divers états d'extase?

Pour la critique, l'extase est de la poésie. Pour les mystiques, tout le dit dans leur langage, l'extase est une situation exceptionnelle que ne crée ni leur raison ni leur imagination, qu'ils ne conçoivent eux-mêmes ni ne doivent essayer de faire comprendre à d'autres; que ceux-ci essayeraient aussi vainement de leur contester qu'ils essayeraient eux-mêmes de la démontrer à leurs adversaires. La plupart d'entre eux étant médiocrement psychologues, c'est une bonne fortune pour la science que de rencontrer à leur tête des penseurs aussi fins et aussi profonds que Saint-Martin, des penseurs à la fois aussi avancés dans cette voie, et aussi sincères sur ses phénomènes. Car, s'il y a quelqu'un qui puisse mériter notre confiance à ce sujet, ce doit être un juge aussi droit et aussi expérimenté.

Et rien de plus piquant que la vie et la doctrine de Saint-Martin, prises à ce point de vue.

Saint-Martin ne s'attribue pas plus une extase ou un ravissement qui l'ait transporté hors du monde sensible et l'ait mis en face de Dieu, qu'il ne se vante d'une apparition, d'une vision ou d'une manifestation qui lui soit arrivée de la part d'un esprit quelconque habitant le monde supérieur. Mais entre sa discrétion et la négation de ces faits, il y a pour lui un espace infini.

Jusqu'où sa pensée s'est-elle portée? où s'est-elle arrêtée?

C'est ce qu'il ne dit pas. Forcé dans ses retranchements par son impétueux adepte, il se borne à dire : « J'ai eu du physique aussi, » c'est-à-dire des manifestations ou des visions. Dans une autre occasion, quand le même lui fait l'étalage des ineffables jouissances d'un mystique d'Allemagne, il se borne à dire que lui aussi a connu celles d'une union céleste. Comme théorie, il n'expose rien, il prêche la modération et la critique; mais il se garde de la négation. Loin de là, le fond de sa doctrine est précisément cette théorie de la réintégration de l'univers et de tous les êtres qu'il a reçue de dom Martinez, dont il transmet à ses disciples les riches développements avec une éloquence si chaleureuse, et qui nous doit replacer dans l'union intime, dans la communication sensible avec le monde spirituel. Cette réintégration, c'est le mandat de sa mission, l'œuvre de sa vie. C'est le ministère de tout homme-esprit; et pour l'accomplir tout homme-esprit doit se faire instruire c'est-à-dire initier à la doctrine de l'école. Or, ce n'est pas pour ne pas jouir de ses fruits qu'on doit passer par l'œuvre de la réintégration. Au contraire, ces fruits nous sont assurés dans l'union avec Dieu par le Verbe et par son corps céleste, la divine vierge Sophia. Car cette union, aux yeux de Saint-Martin aussi, est une source de saints ravissements et d'ineffables extases. Seulement, pour lui ces états n'ont rien de physique, rien de matériel, et cette source de joies spirituelles est essentiellement permanente. Il n'y a là rien de miraculeux, rien d'extraordinaire; tout y est normal, au contraire; tout y est de l'ordre éternel des choses intérieures. La modification que veut Saint-Martin dans le mysticisme vulgaire est profonde. Rien de plus explicite à ce sujet que la manière dont il redresse la crédule impétuosité de son ami Liebisdorf. On avait dit à ce dernier que le comte d'Hauterive quittait son enveloppe terrestre pour s'élever dans les régions célestes et y jouir de la présence du Verbe. Il veut savoir ce qui en est, et il écrit à Saint-Martin :

« En supposant que la personne qui m'a parlé du procédé de M. de Hauterive, m'aye dit vrai, ce procédé par lequel il se dépouille de son enveloppe corporelle pour jouir de la présence physique de la Cause active et intelligente, ne seroit-il pas une œuvre figurative qui indiqueroit la nécessité d'un dépouillement intérieur pour parvenir à jouir de la présence de l'*Incréé* dans notre centre? »

Voici la réponse du sage d'Amboise :

« Votre question sur M. de Hauterive me force à vous dire qu'il y a quelque chose d'exagéré dans les récits qu'on vous a faits. Il ne se dépouille point de son enveloppe corporelle ; tous ceux qui, comme lui, ont joui plus ou moins des faveurs qu'on vous a rapportées de lui, n'en sont pas sortis non plus. »

Cela est clair; car les mots *tous ceux* disent nettement que l'auteur de la lettre est aussi un de ces privilégiés.

« L'âme ne sort du corps qu'à la mort, mais pendant la vie ses facultés peuvent s'étendre hors de lui et communiquer à leurs correspondances extérieures, sans cesser d'être unies à leur centre, comme nos yeux corporels et tous nos organes correspondent à tous les objets qui nous environnent sans cesser d'être liés à leur principe animal, foyer de toutes nos opérations physiques.

« Il n'en est pas moins vrai que si les faits de M. de Hauterive sont de l'ordre secondaire, ils ne sont que figuratifs relativement au grand œuvre intérieur dont nous parlons ; et s'ils sont de la classe supérieure, ils sont le grand œuvre lui-même.

« Or, c'est une question que je ne résoudrai point, d'autant qu'elle ne vous avanceroit à rien. »

C'est faire entendre aussi clairement que le peut un homme naturellement humble et discret, qu'il donnerait bien la solution s'il la jugeait utile.

« Je crois vous rendre plus de service en portant vos yeux sur les principes qu'en voulant vous arrêter dans les détails des faits des autres. »

En général, de tout ce qui surprend le plus dans la vie de certains mystiques et fait autant le scandale des adversaires que l'admiration des partisans, Saint-Martin forme des phénomènes de la grande œuvre intérieure, de cette sanctification et de cette transformation morale qu'elle amène avec toutes ses conséquences naturelles.

Ces conséquences sont d'ailleurs les choses les plus légitimes du monde, si la première de toutes est cet état de rectitude intellectuelle, d'élévation de pensée et de pureté d'affection que demandent tous les mystiques sincères. Car ce sont là précisément celles de toutes nos habitudes que demandent aussi tous les moralistes sérieux; puisque ce sont celles de toutes qui donnent à la vie de l'âme son plus vif élan, et qui impriment même à celle du corps sa plus puissante régularité.

C'est, en effet, un des traits les plus essentiels de la vie de Saint-Martin, d'être aussi pudiquement mystique que le veulent le goût châtié de son siècle et la délicatesse ombrageuse de son éducation. Comme tous les mystiques, sans doute, il aime le mystère, le secret, les associations intimes, les hommes qui s'y meuvent, les livres qui en traitent. Comme tous les mystiques encore, il affectionne le style figuré, l'expression symbolique, le langage qui voile la pensée plutôt qu'il ne la dévoile. Et sans doute encore sa parole comme sa vie est toujours empreinte de ces penchants à un degré qui souvent impatiente un peu le lecteur et qui d'autres fois le décourage. Toutefois, s'il se laisse souvent aller à ces défauts, il les cache souvent. Il fuit les associations secrètes pour les avoir trop aimées ; il gronde ses amis qui lui demandent son opinion sur une école ou sur une loge fameuse à leurs yeux : *c'est de la chapelle*, selon lui. Il se lie plus volontiers avec le grand monde qu'avec les grands adeptes ; il renie ses amours mystiques à la Bibliothèque nationale, en se moquant tout le premier d'un livre qu'il y fait rechercher, et il ajoute au mérite de cette pudeur celui de se la reprocher comme une trahison. S'il se permet quelquefois le style un peu lyrique et épithalamique que le mysticisme de l'Orient a légué au mysticisme d'Occident, style qu'ont adopté d'ailleurs les plus grands saints et les plus chastes vierges de l'Église, son goût, généralement plus pur, rejette les excentricités du langage comme celles de la pensée. Mais jamais il ne sacrifie le fond à la forme, et quelquefois celle-ci s'échappe de sa plume plus conforme à l'usage général qu'à sa réserve particulière.

Cette réserve n'est pas de calcul ; c'est sa vie, sa pensée, son éducation, son tempérament. Tout chez lui est délicat, corps et âme ; et s'il est toujours théosophe, toujours mystique, il ne cesse jamais d'être lui : né gentilhomme, il vit et meurt gentilhomme, si peu de cas qu'il fasse des priviléges de la naissance.

Ce fut surtout sur la question la plus nouvelle et la plus agitée de son temps qu'il se prononça avec le plus de délicatesse, j'entends les dons extraordinaires de divers genres qui apparaissaient alors sur les horizons mystiques, les dons de guérison par le magnétisme animal, les pratiques si diverses et si variées des partisans de Mesmer et celles plus merveilleuses encore de Cagliostro ou de ses adeptes. A l'appréciation de ces phénomènes essentiellement thérapeutiques, il apporta la même mesure qu'au jugement des opérations théurgiques ou magiques de don Martinez. Quoiqu'il fût loin de professer pour les deux thaumaturges venus de l'Autriche et de la Sicile les mêmes sentiments de respect et de déférence qu'il portait au mystagogue venu de Portugal, il voulait cependant, en vrai philosophe, qu'on fît des expériences. Sans jamais estimer les clairvoyances du somnambulisme, il plaida près de Bailly la cause du magnétisme animal. Impartial observateur, il accepta tous les faits incontestables; mais si avide de merveilles et de mystères que fût sa pensée, jamais elle n'alla en un sens contraire à celui que les faits semblaient donner. Il fit des expériences lui-même, mais jamais il ne tenta un miracle, ne se vanta d'une guérison, n'eut une clairvoyance surnaturelle, une vue prophétique, une seconde vue.

La clairvoyance somnambulique n'était pas alors ce qu'elle s'est faite depuis. Elle se bornait à constater l'état plus ou moins normal du corps ou de l'âme humaine. Elle ne s'étendait pas encore fort loin dans ce domaine. Elle visitait encore moins les contrées éloignées de la terre et ne songeait guère à se promener dans les sphères élevées du ciel. Mais déjà elle formait des prétentions qu'elle n'est pas encore parvenue à justifier, et voici à ce sujet par voie de comparaison entre les lumières de la théosophie et celles du somnambulisme les jugements bien nets et bien définitifs que Saint-Martin prononce. Parlant, d'abord, du théosophe par excellence, de son maître Bœhme, il dit :

« C'est une des plus magnifiques lois que l'esprit humain puisse contempler que celle qu'il expose sur la végétation... Voilà le signe évident de sa divine intelligence et de sa glorieuse élection. De tels passages suffisent pour mener un homme non-seulement au bout du monde, mais encore au bout de tous les mondes. *Amen !* »

Voici maintenant ce qu'il ajoute, ensuite, sur la portée du somnambulisme et des clairvoyants :

« Je n'ai point les œuvres de l'abbé Rozier pour me mettre au fait de tout ce que vous pensiez autrefois sur la végétation ; mais je vous apprendrai à ce sujet que cet abbé Rozier a péri dans le dernier siége de Lyon. Un soir il s'offre à Dieu en sacrifice, se résignant à rester sur la terre, s'il le faut, mais demandant qu'on l'en retire s'il n'y peut être utile à rien. Puis il se couche. La nuit, pendant son sommeil, une bombe descend jusque sur son lit et le coupe par la moitié du corps. Quant à tous les détails magnétiques et somnambuliques que vous m'envoyez, je vous en parle peu, parce que ces objets ont été si communs et si multipliés chez nous, que je doute qu'en aucun lieu du monde ils aient eu plus de singularité et de variété ; et comme l'astral joue un très-grand rôle là dedans, je ne serais pas étonné qu'il en eût jailli quelques étincelles dans notre révolution, ce qui a pu influer sur la complication et la rapidité des mouvements. »

Rattacher ces phénomènes à *l'astral,* c'est dire que tous tiennent à un ordre de choses très-inférieur et très-suspect au théosophe.

Les dons de prophétie ne prouvent rien non plus à

ses yeux qu'on en est à l'état normal, à l'état de réintégration. Des oracles peuvent être rendus par des organes impurs, témoin le magicien Balaam, qui figure dans les textes sacrés. A ses yeux, les démons et la région astrale ne méritent aucune confiance. Il s'en éloignait au nom de ces belles paroles apostoliques : « Examinez les esprits. » Sans doute, saint Paul avait dit ces paroles en un tout autre sens, mais elles se prêtaient bien à celui de Saint-Martin, et avec cette liberté que tous les mystiques prennent au besoin à l'égard des textes sacrés, il adaptait celui-là aux exigences de sa théorie.

Voir si clair sur une clairvoyance si douteuse, c'était un grand mérite de la part d'un mystique si croyant.

Quelques mystiques de l'ordre le plus élevé, le plus puritain, se vantent d'une clairvoyance plus directe, indépendante du magnétisme et du somnambulisme; et ceux de Strasbourg, les deux initiateurs de Saint-Martin à la science de Bœhme surtout, lui citaient des faits si positifs que, sur leurs conseils, il vit lui-même une des plus célèbres de ces voyantes. Il en sourit bien un peu, mais au fond il fut satisfait de ce qu'elle lui dit. Et cependant, sur cette question comme sur toutes les autres de même nature, jamais il ne sortit de sa réserve naturelle. J'ignore comment sa pensée se serait modifiée s'il avait pu être le témoin personnel de quelques phénomènes postérieurs à son séjour dans la même ville, et que des traditions respectables présentent comme élevés au-dessus de toute suspicion, mais j'ai lieu de croire que sa parole ne se serait pas modifiée.

Le mérite d'une appréciation aussi calme est d'autant

plus frappant, que Saint-Martin admettait, pour son propre compte et pour son avancement personnel, des dons d'intelligence et des clartés de conception extraordinaires.

En effet, en parlant d'une de ces découvertes qu'il fait jaillir si aisément du sein des nombres, il dit à Liebisdorf, qui le presse un peu à ce sujet, comme à son ordinaire, une chose à remarquer :

« Je n'en ai trouvé aucune trace dans Bœhme, et j'avoue que c'est une *clarté* qui m'a été donnée personnellement lors des instructions que je faisois à Lyon, il y a vingt ans. »

C'était donc depuis 1782 qu'il recevait des *clartés*, et depuis 1767 qu'il avait du *physique*. On a souvent qualifié Saint-Martin d'illuminé, et, certes, dans ce texte, comme en une infinité d'autres, il admet une illumination d'en haut ; mais d'abord, en l'état où il est parvenu, c'est là un fait tout naturel ; ensuite, ici encore, Saint-Martin reste bien au-dessous de Philon et de beaucoup d'autres, qui attribuent à des illuminations extraordinaires des vues ou des solutions qu'ils ont obtenues, et font cet honneur même à des inductions dont l'origine est assurément beaucoup plus simple que ne le feraient croire leurs paroles.

J'aime à le dire, il y eut toujours dans la vie de Saint-Martin deux côtés très-distincts : le côté exotérique ou la parole qu'il communiquait, et le côté ésotérique ou la pensée qu'il réservait. Celle-ci était à la fois très-croyante et très-hardie, mais essentiellement portée vers le surnaturel, ultra-cosmique, et ennemie de la matière comme il convenait au Robinson de la Spiritualité.

C'est toujours ainsi qu'elle se révèle et qu'elle se dessine surtout dans quelques-unes de ses lettres, dans son traité des Nombres et dans les écrits encore inédits qui demandent à être traités avec une délicate intelligence. Sa parole, au contraire, très-rationnelle dans ses allures, et aussi logique qu'il convient à un disciple de Descartes et de Bacon, se tient aussi constamment qu'il lui est possible dans les limites de la simple philosophie, très-croyante, à la vérité, mais essentiellement respectueuse pour les droits d'une saine critique.

Il en résulte une antithèse qu'il ne faut pas vouloir nier; et il est certain que ce n'est pas dans la parole destinée à tout le monde, que c'est, au contraire, dans la pensée réservée qu'il faut savoir prendre le secret du théosophe; car si la forme de sa doctrine est à la philosophie, le fond en est au mysticisme et à la théosophie. Saint-Martin dit plus d'une fois à son ami le plus intime, que, dans la question la plus haute, dans celle de nos rapports avec Dieu et de notre communion avec Lui, tout est personnel; nul ne peut rien donner ni enseigner à aucun autre.

Or, c'est là non plus seulement le vrai mysticisme, c'est la vraie théosophie, c'en est le fond.

CHAPITRE XXVII

Développement extraordinaire des facultés organiques ou physiques. — La puissance magique de certains noms. — L'invocation et l'évocation. — Le grand nom.

Y a-t-il pour le théosophe des dons qui aient plus d'importance encore que ceux qui précèdent, que ces illuminations extraordinairement accordées, ces visions ou ces clairvoyances souvent obtenues, ces extases et ces intuitions qui forment les priviléges du mysticisme?

Y a-t-il au-dessus de ces phénomènes transitoires, qui ne sont que des grâces exceptionnelles, que des faveurs en un mot, un autre ordre de phénomènes encore qui soient constants comme une conquête méritée, une sorte de possession motivée sur un travail accompli, par exemple une sérieuse élévation de nos meilleures facultés ou même une métamorphose de tout notre être?

Ce seraient là des effets dignes de recherche et attestant une initiation véritable.

Toute vraie science nous modifie : elle change notre pensée et par conséquent transforme par elle tout ce que la raison gouverne dans notre personne. De plus, toute bonne pratique perfectionne nos facultés et améliore notre être. Chacun sait ce que fait de nous la logique, ce que fait de nous l'esthétique, et surtout ce que fait de nous la morale : elles transforment le jeu de trois ordres de nos facultés au point qu'on peut dire sérieusement que ces études survenant en nous, nous élèvent au-dessus de ce que nous étions sans elles. Toutefois, ce qu'elles nous procurent n'est qu'une modification. C'est un développement qui nous perfectionne, il est vrai, et assure une plus grande portée à nos facultés, mais ne nous donne pas de facultés nouvelles. Ces études et les pratiques qu'elles éclairent nous font valoir plus que nous ne valions auparavant : elles ne nous font pas autres que nous n'étions. La théosophie et ses pratiques font-elles plus ? Font-elles et donnent-elles ce que ne fait et ne donne aucune autre science au monde ? Produisent-elles dans notre être lui-même une telle transformation et une telle élévation que, dans le vrai et sincère mystique, la nature humaine soit autre et douée non-seulement de facultés plus parfaites que dans celui qui ne l'est pas, mais de facultés plus nombreuses et autres ?

Si non, le mysticisme n'est qu'une des formes de perfectionnement entre lesquelles on peut choisir ; si oui, il est la forme qu'il faut préférer et la seule qu'un homme de sens puisse choisir ; et toutes les autres n'étant que des formes élémentaires, faites pour le vulgaire, elles ne doivent fixer aucun homme éclairé.

Telle est bien l'opinion de ceux des mystiques et des théosophes qui se glorifient de n'être pas philosophes, et qui, sans se rendre raison de leurs voies, y avancent avec d'autant plus de témérité qu'ils y cherchent plus d'éblouissements. Est-ce aussi celle de Saint-Martin ?

Le plus sage et le plus instruit des mystiques modernes, le mystique et le théosophe par excellence, doit être écouté ici avec une grande attention ; car ce qu'il nous dira, lui, ce sera évidemment la vraie doctrine du mysticisme et de la théosophie.

Eh bien! je n'hésite pas à répondre en son nom très-affirmativement à la question posée.

Sans nul doute, à ses yeux, le mysticisme d'abord, la théosophie ensuite, la science unique qu'ils forment, est une initiation à un ordre de choses tel qu'il amène dans l'homme la transformation radicale de tout son être, donne au jeu de toutes ses facultés, non pas seulement une régularité merveilleuse, mais une facilité extraordinaire, une portée et des puissances inconnues aux profanes. Les profanes ne jouissent ni des mêmes lumières, ni des mêmes forces, ni du même point de vue qui éclairent l'initié en toutes choses. Ils ne participent pas au même degré à l'assistance d'en haut. Ils appartiennent à une catégorie inférieure pour la science, à une catégorie inférieure pour la pratique et vivent dans une région où sont enchaînées les facultés les plus essentielles de l'homme. Saint-Martin nous dira tout à l'heure que l'initié, celui qui est rentré dans ses rapports primitifs avec son Principe, grâce au rétablissement de ces rapports par le Fils de Dieu et à l'identification de sa volonté avec la volonté divine, participe à la puissance de Dieu et fait œuvre avec Dieu !

Il y a plus, l'organisme du mystique lui-même se

transforme, si déjà il n'est autre, de naissance et de prédestination.

Du moins, Saint-Martin, sous ce rapport même, se savait favorisé, et le disait bien souvent et bien haut. Il était venu au monde par voie de dispense; il était né avec peu d'astral ou peu de ces éléments organiques de la sphère sidérale que gouvernent les puissances inférieures. Si tous les mystiques ne prétendent pas avoir, comme lui, joui de priviléges de naissance, tous aspirent à des priviléges d'éducation et d'adoption, tous en admettent avec confiance, tous se promettent une transformation très-sensible, et même dans leur organisme. Par la consécration du corps à la Cause active et intelligente, et par la résidence permanente du Verbe dans ce temple qui lui est affecté, il arrive que ce n'est plus le vieil homme, l'homme profane, mais le nouvel homme qui vit en eux. Ils sont encore eux, mais ils ne sont plus qu'une sorte de sanctuaire. C'est le Verbe, le Christ, qui est leur pensée, leur affection, leur vie : tout est ainsi divinement transformé en eux. Saint-Martin, qui donne cette condition modifiée pour son état propre, et le dit clairement au baron de Liebisdorf au sujet du comte d'Hautérive, est à cet égard le type de l'initié; il n'est pas une exception, une édition à part, il n'est qu'un bel exemplaire.

Toutefois, qu'on ne s'y trompe pas; dans ce mysticisme si perfectionné, si raffiné, tout est à prendre spirituellement. Ce n'est pas le corps de l'homme, c'est l'homme qui est le temple de Dieu. Si l'homme est le type de l'univers, c'est surtout « l'esprit de l'homme qui l'est; il est plus que le monde entier, puisqu'il est le temple du vrai Dieu, et même le seul véritable temple où se puisse exercer convenablement le culte de Dieu, qui est le culte de la Parole. » (Lettre du 29 messidor 1795.)

A prendre certaines locutions au pied de la lettre et au premier abord, on dirait bien que l'organisme lui-même obtient, par l'initiation et ses pratiques, des facultés nouvelles. Mais, qu'on ne s'y attache pas : dans la plupart des cas il s'agit de moyens que l'homme possède naturellement, qui sont très-grands, mais qu'il néglige d'ordinaire de faire valoir. Il y a plus. Quand Saint-Martin nous dit que le pouvoir de certains noms prononcés par notre bouche est « énorme, » ce n'est pas à notre organe qu'il attribue cette puissance : c'est aux noms prononcés ou proclamés, c'est-à-dire à *certains noms* invoqués ou, si l'on veut, évoqués.

Disons mieux, car ce n'est pas encore à ces noms que tient le pouvoir exercé par la prononciation de *certains noms :* c'est à l'ordre établi dans les deux mondes, aux rapports voulus par la puissance suprême entre le monde spirituel et le monde matériel.

Ici on nous demandera naturellement ce que nous n'avons cessé de demander à Saint-Martin lui-même, à toutes ses pages les plus mystérieuses, à savoir, quels sont ces noms auxquels est attaché un pouvoir si immense.

Saint-Martin, en nous les disant, servirait peut-être mieux sa cause de missionnaire que celle de philosophe, mais il tient à celle-ci. Il est, d'ailleurs, le maître de son secret et le seul arbitre de la réserve qu'il garde. Il aime sa manière, il lui est fidèle, et il ne nous dit qu'un seul de ces beaux noms. Ses maîtres, et en général ceux des théurgistes qui ne sont pas philosophes, en ont et en nomment beaucoup. Quant à lui, il n'en énonce qu'un seul, le *grand nom*, celui qu'on *invoque*. Il ne daigne prononcer aucun de ceux qu'on *évoque*.

Quant au grand nom, il aime à en parler. Toutefois, quand Liebisdorf, son disciple, veut en savoir la prononciation, l'amour, l'habitude du mystère le reprend, et il répond qu'il n'aime pas qu'on mette tant de prix à ce que d'autres peuvent vous apprendre à ce sujet. « La *parole* s'est toujours communiquée directement à ses interprètes, » dit-il. C'est-à-dire, « si elle veut vous avoir pour interprète elle vous parlera, et vous saurez comment il faut prononcer son nom; si elle ne veut pas vous parler, qu'avez-vous besoin de savoir ce que vous demandez ? » Mais il n'a pas facilement raison d'un tel correspondant, et il se laisse entraîner à discuter très-mystérieusement le *grand nom*. C'est pour lui celui de Jéhovah. Son ami de Berne l'attendait là; car tel n'est pas son avis, et, fort de l'appui du savant d'Eckartshausen, il lui démontre que le grand nom est *Jésus-Christ*. Aux textes mosaïques il oppose des textes apostoliques. Et rien de plus curieux, pour ceux qui sont à même de suivre la pure exégèse des textes, que de les voir tous les trois s'égarer à qui mieux mieux, cherchant de très-grands secrets, des choses inconnues au vulgaire, au fond d'un simple hébraïsme, très-familier à l'Orient, très-connu des philologues. Le vrai sens de cet hébraïsme est pourtant à la portée de tout le monde; et pour peu qu'on ait vu des textes sacrés, chacun sait que ces formules, « le nom de Jéhovah ou le nom de Jésus-Christ, » ne signifient pas autre chose que Jéhovah ou Jésus-Christ. Elles doivent leur origine à un sentiment de culte et de respect qu'expliquent trop bien la sainteté et la majesté des personnes, pour qu'il soit besoin d'en chercher la raison. Ainsi, quand saint Pierre, dans son célèbre discours prononcé à Jérusalem suivi d'un effet si éclatant, dit du Fils de Dieu : « Celui-là est devenu la pierre angulaire (de l'édifice), et ni dans le ciel, ni sur la terre, il n'est pas donné aux hommes d'*autre nom* pour être sauvé, » il est évident, pour ceux qui savent les langues, que le *nom* est mis ici pour la personne. Et cela est évident aussi pour ceux qui ne les savent pas ; car, en ce sens seulement, la doctrine de saint Pierre est la doctrine évangélique. Il en est de même des textes mosaïques et des textes prophétiques. Mais de cet enseignement simple et commun de tous les fidèles, les trois mystiques ne sauraient se contenter ; et à l'imitation de plusieurs de leurs prédécesseurs, ils trouvent là des choses si merveilleuses qu'ils sont tout ravis de découvertes que la science exacte n'y constate malheureusement pas du tout. Pour mon compte, si je ne consultais que mon goût ou celui du lecteur ordinaire, je m'en tiendrais là ; mais, puisqu'il s'agit de mysticisme d'une part, et de critique ou d'une science pure d'autre part, peut-être quelques personnes me sauront-elles gré d'être un peu plus complet. Achevons donc ce débat.

Tout le monde comprend bien qu'il ne s'agit pas en tout cela de théologie. Ce qu'il y a d'extraordinaire dans la personne de Jésus-Christ n'est pas même en question. C'est de son nom qu'il s'agit, ce n'est pas même réellement de son nom, mais seulement de la prononciation de ce nom, d'un mode de prononciation qui se serait perdu dans le monde et qu'il importerait de retrouver. Or la science des anges eux-mêmes n'aurait point, ce semble, le moyen, soit de constater la perte, soit de la réparer, c'est-à-dire de satisfaire les trois amis sur tout ce qu'ils regrettent et cherchent. Aussi n'aboutissent-ils pas et ne parviennent-ils pas à s'entendre, le vrai seul ne leur suffisant point. Ce qui est, toutefois, admirable, c'est la finale harmonie de leurs pieuses tendances et de leurs nobles affections. Eckartshausen trouve très-beau ce que Saint-Martin a dit sur ce mystère dans son *Tableau naturel*. Il le corrige (t. II, p. 98, 143), car sa découverte est précisément que le *grand nom* n'est pas le mot J H V H (Jéhovah) ou le *tétragrammaton*, que c'est au contraire celui de Jésus-Christ; mais il l'admire. Liebisdorf, qui ne l'admire pas moins, le redresse à son tour au nom de la découverte de son ami de Munich. Saint-Martin, qui avait assez vivement soutenu le tétragrammaton et dit des choses si ingénieuses dans le sens de sa première hypothèse, se résigne avec une bonne grâce inimitable. Il ne dispute pas, mais il s'enveloppe dans sa science et se drape dans son pallium de théosophe avec toute la dignité d'un stoïcien. « Quand on considère, dit-il, avec quelle sagesse ce grand nom se module lui-même dans ses diverses opérations, on doit sentir combien nous serions imprudents de ne pas nous livrer aveuglément à son administration. »

On le voit, cela ne s'adresse qu'aux initiés, et si le mystique se rend sur la simple question de philologie, il reste définitivement lui-même dans l'interprétation de la nature et la puissance des noms prononcés. Seulement il le fait avec réserve et avec l'humilité d'un disciple, il met son opinion sous le pavillon de son maître Bœhme.

Liebisdorf s'empare de ce même moyen, et édifie une théorie complète, mais singulièrement hasardée. » (Lettre du 29 juillet 1795.)

« Il me paroît que la doctrine de notre ami B... est que chaque mot prononcé devient substantiel, agit comme substance et cesse d'être seulement l'expression de notre pensée. »

Il n'est rien de plus leste que cette doctrine, si ce n'est le procédé qui l'a fournie. Si elle a une ombre d'apparence, elle n'a pas une ombre de solidité. On voit aisément tout ce qu'il y a de faux. En effet, comment peut-on dire que chaque mot prononcé devient substantiel? Est-ce à dire qu'il en résulte une substance? L'émission de nos idées traduites en mouvements qui frappent l'air y enfante des vibrations, les vibrations produisent des sons, les sons des idées, les idées des sentiments, les sentiments des volitions, les volitions des œuvres, et les œuvres sont les unes des créations, les autres des transformations. Il y a là, sans doute, toute une série de choses, les unes matérielles, les autres morales; les unes, les œuvres matérielles, de véritables substances; les autres, les œuvres morales, aussi puissantes ou plus puissantes encore que des substances physiques. Et toutes sont nées de nos idées ou de nos paroles prononcées. Cela est vrai; mais ce ne sont pas par les mots prononcés par nous que ces substances sont devenues ce qu'elles sont ; car si tous les mots prononcés dans l'univers y devenaient substantiels et y agissaient comme des substances, de quelles substances le monde serait plein ! Et de quelles œuvres ces substances seraient les causes !

Aussi Saint-Martin, ici encore, et quoiqu'il soit comme le principal promoteur de cette singulière théorie, se hâte-t-il de se prononcer nettement, autant que le permet sa politesse, contre toute espèce de crédulité exagérée à l'endroit des merveilles opérées par tel mode ou tel autre de prononcer *certains noms*, et en particulier le *grand nom*.

Qu'on comprenne bien la portée du débat. Il n'est pas purement spéculatif, il est, au contraire, essentiellement pratique. En effet, il s'agit de deux formes d'une pratique très-mystérieuse, de l'évocation et de l'invocation, dont la première demande une apparition en personne, la seconde une assistance extraordinaire.

Saint-Martin, en apparence, combattait l'évocation, accompagnée de certaines cérémonies.

A-t-il proscrit toute invocation comme toute évocation ?

En apparence et dans sa pensée externe, oui, à cause des abus qu'il redoutait; mais dans sa pensée intime il a pu régner ou flotter autre chose.

A-t-il même évité, dans sa pensée intime, toute exagération quant à la transformation de l'organisme par les grâces attachées à la vie mystique ? Il serait aussi téméraire de vouloir trancher cette question d'après ses écrits que d'après les traditions ésotériques de son école. « Il était très-réservé, très-secret en tout, dit Salzmann. » Il l'est dans sa parole écrite, dans ses volumes imprimés, dans sa correspondance inédite. Des disciples aussi enthousiastes que lui et son ami ont pu espérer, sinon enseigner, à l'imitation de Bœhme et de Gichtel, des influences puissantes de la part du monde spirituel même sur le corps, des modifications considérables dans les facultés physiques. Ils ont dû, pour être conséquents avec eux-mêmes, attribuer à l'union de l'âme avec la céleste Sophie, et à la présence constante en nous du Verbe divin dont elle est comme le corps spirituel, des effets correspondants à cette union sur la personne tout entière de l'homme. On doit se refuser, toutefois, à toute induction de ce genre, si autorisée qu'elle paraisse, en face des déclarations si précises qu'on trouve dans les lettres de Saint-Martin et de Liebisdorf. Pour le premier, cela est tout simple, sa nature est essentiellement spiritualiste ; pour le second, le fait est plus remarquable. Avec son penchant à tout matérialiser, avec son désir de voir et avec ses aspirations à la jouissance du *sensible visible,* Liebisdorf était un adepte difficile à convertir au spiritualisme véritable. Et pourtant il lui a bien fallu se rendre. Il ne se rendit qu'en désespoir de cause, et après avoir défendu son point de vue pied à pied. Mais il se rendit si bien, qu'à l'instar de son maître il finit par faire peu de cas, lui aussi, des choses extérieures, des communications reçues d'autrui, des traditions transmises, de tout ce qui a tant de prix aux yeux du vulgaire.

Dans leur doctrine dernière, enfin devenue commune à tous deux, c'est Dieu qui produit en nous toutes les véritables manifestations. — « Rien ne peut nous être transmis véritablement par aucun moyen humain, si l'Esprit, la Parole (le Logos) et le Père ne se créent en nous. Voilà une vérité fondamentale. »

Tel est leur *Credo* suprême formulé dans une des plus belles lettres de Saint-Martin. Mais, adepte et maître, avant d'en venir à ce degré, ils en ont franchi bien d'autres ; et si jamais cet intérieur s'était dévoilé tout entier au regard d'un biographe, il y aurait vu, sans nul doute, de grandes leçons.

CHAPITRE XXVIII

Développement merveilleux des facultés. — La couronne. — Le grand problème de la science des mœurs : Saint-Martin, type de perfectionnement moral. — Les trois règles de Descartes et les cinq règles de Saint-Martin. — Les idéalités ambitieuses : l'union avec Dieu et la participation à la puissance divine.

Ce qui caractérise les âmes faibles, les intelligences bornées ou médiocres en toute chose, en philosophie comme en religion, c'est l'amour de l'extraordinaire, le goût du merveilleux et la crédule propension vers les phénomènes exceptionnels. C'est tout le contraire des raisons puissantes, des fortes intelligences, qui partout s'élèvent à la loi régulatrice, à la cause déterminante. Saint-Martin se tient à cet égard dans la voie naturelle de son esprit, le sage milieu. Il croit à l'extraordinaire en général, il s'en défie en détail. Et dans ce merveilleux ensemble que la tradition mystique porte en son sein, c'est toujours au développement des facultés intellectuelles et morales qu'il s'attache, à leur élévation et à leur transformation par les lumières de la science et de la grâce.

Mais dans ces limites il se donne ample carrière. Il a ce double principe, qu'on n'arrive aux hautes connaissances de la théosophie qu'avec une certaine mesure d'intelligence, et que ces études donnent à nos facultés de connaître une ouverture extraordinaire. Il ne croit pas qu'un esprit borné s'y aventure, ni qu'un profane y soit entraîné. Telle est sa sollicitude à cet égard, qu'il écrit à son ami qui emploie un secrétaire : « Avez-vous la mesure de l'intelligence de cette main étrangère pour l'employer...? Et croyez-vous sans inconvénient de la faire participer aux merveilles qui nous occupent l'un et l'autre? »

Leurs préoccupations et leurs études mutuelles étaient donc des merveilles, même à ses yeux !

Il le pensait, en effet. La science divine, celle qu'il a reçue par les écrits de Bœhme, lui a donné, dit-il, « non pas seulement ce que donne l'étude mystique des nombres, c'est-à-dire l'*étiquette du sac*, mais la substance même de toutes les opérations divines, de tous les testaments de l'Esprit de Dieu, de l'histoire de l'homme dans tous ses degrés primitifs, actuels et futurs. » (Lettre du 29 messidor 1795.)

N'est-ce pas là une science bien vaste, bien immense et réellement merveilleuse? et ne faut-il pas que le mysticisme donne aux facultés intellectuelles un développement extraordinaire, tout à fait hors ligne, pour qu'elles parviennent à ce degré d'illumination? Qui ne se ferait initier, si l'initiation pouvait donner à chacun ce que possédait si bien Saint-Martin, et ce qu'il attribue à Bœhme? Car, qu'on le sache bien, à ses yeux ce n'est plus là des lumières d'une intelligence humaine qu'il s'agit : il déclare l'intelligence de son maître *divine*. Ce n'est donc pas à un simple et naturel développement de son esprit par un maître très-savant de l'ordre humain, soit même du degré le plus élevé, qu'il attribue son état d'illumination, c'est à une véritable élévation au-dessus de ce niveau; et si ce n'est pas à une entière transformation de ses facultés, c'est du moins à un enseignement donné par un maître divin. Encore n'admet-il pas que chacun verrait dans les écrits de ce maître ce qu'il lui a été donné d'y trouver.

Car, remarquons-le bien, il y a là plus que ce qu'un homme donne à un autre homme, et nous y touchons à un point essentiel de la doctrine. Aucun homme ne nous donne rien, l'initiation ne donne rien : car les hommes ne se donnent rien. Tout vient de Dieu, et rien n'est forcé ou arraché par nous, tout nous est donné. La Sagesse, Sophia, Dieu lui-même, ne viennent demeurer en nous qu'à mesure que nous sommes dignes d'être leur demeure et d'avoir leur présence, mais leur présence est une pure grâce.

C'est, si je ne me trompe, à cette présence qui est vie, force et lumière divine, que Saint-Martin donne les noms les plus doux et les plus magnifiques : il l'appelle le *sensible intérieur*, tant que nous en sommes au début, et le signe de notre *royauté* ou la *couronne*, dès que nous sommes en pleine possession.

Le dernier terme doit nous arrêter un instant. Saint-Martin parle, dans une de ses lettres à Liebisdorf, d'une personne qu'il laisse deviner aisément, qui est parvenue à la *couronne*. A ce mot, son disciple, qui à son tour vantait beaucoup les jouissances, disons mieux, les délices même que lui donnait le *sensible visible* (car on n'est pas plus enclin au sensualisme que cet adepte, je l'ai déjà fait remarquer), à ce mot, dis-je, le disciple vient tout aussitôt assaillir le maître de questions bien diverses.

« Parlez-moi souvent, je vous en prie, de cette personne et de son état; le sensible intérieur a-t-il d'abord, et dès les années de son premier développement, été accompagné du sensible visible? Dites-moi aussi, s'il vous plaît, comment cette personne est arrivée à cette couronne. L'origine était sans doute l'anéantissement. Ce néant, n'a-t-il pas été conduit dans la représentation du plaisir attaché à la vue intérieure? De cette représentation, il n'y a qu'un pas à vouloir jouir de ce plaisir; ce vouloir aura produit des désirs, et les désirs auront produit des formes. Tout cela mérite non-seulement l'attention de ceux qui réfléchissent sur cette matière, mais encore la reconnaisssance de la personne qui jouit de cette faveur. »

Les réponses les plus sensées, et surtout celles qui sont légitimement évasives, ne réduisent pas le questionneur au silence, pas même à la discrétion. Il revient sur le même sujet, le 10 octobre de la même année.

« Ce que vous m'avez mandé de la couronne a laissé des traces chez moi et m'a fait naître le désir d'apprendre par quel chemin la personne dont vous me parlez est parvenue à la possession de ce trésor. Était-ce la volonté forte et permanente d'obtenir cet avantage, ou l'abandon sans volonté distincte qui le lui a procuré ? »

Cette fois Saint-Martin répond catégoriquement :

« Vous revenez sur l'origine de la couronne. Ce n'est point la volonté forte d'obtenir, car sûrement la personne ne savoit pas seulement que cette couronne existât; je ne dirai pas non plus que ce soit par l'abandon sans volonté distincte, car toute sa vie cette personne a eu un profond désir de l'abîme, et a toujours mis Dieu au-dessus de tout; mais je vous renvoie à la première page de ma lettre, et je vous rappelle que c'est une fructification naturelle. Dans cette personne le sensible intérieur a été longtemps avant le sensible invisible; mais il s'est accru depuis, et il s'accroît tous les jours pour elle. Elle espère avant de mourir un développement plus considérable encore. La volonté de Dieu soit faite. Amen. »

C'est donc dans la conquête de *cette couronne* que gît la science et que gît la gloire de Saint-Martin; c'est le grand secret, tout le secret de sa vie intérieure.

Et comment a-t-il obtenu sa couronne? Sans doute par une grâce; mais cette grâce n'est venue couronner que ce qui était digne de l'être, ce qui était prêt à la recevoir. Or, la préparation s'est faite par tout cet ensemble d'études et de travaux, d'aspirations et de sentiments, d'amour des choses suprêmes et des œuvres incessantes, que la philosophie appelle le perfectionnement moral, que la religion chrétienne appelle *la vie en Dieu*, mais que la théosophie, avec un peu d'affectation, appelle *la vie de Dieu en nous*.

C'est là ce que Saint-Martin appelle la vie véritable, la seule qui mérite notre attention. Et sous ce point de vue Saint-Martin est un des types les plus curieux à étudier. Il est au moins le plus curieux, si ce n'est le seul complet d'entre tous ceux que présente l'histoire contemporaine. Contemporain de trois penseurs plus éminents que lui, tous trois fort distingués dans la voie du perfectionnement moral, tous trois appliqués très-sérieusement et sincèrement attentifs à la vie intérieure, j'entends Maine de Biran, Royer-Collard et de Gérando (dont la biographie complète reste à faire), il s'est mis au-dessus de tous les trois à un degré qui le met à part. Sans doute chacun de ces hommes éminents a jeté un éclat plus vif que lui; mais, si supérieurs qu'ils lui fussent, soit dans la spéculation métaphysique, soit dans la connaissance des systèmes, leurs idéalités éthiques étaient très-inférieures aux siennes, je veux dire beaucoup moins ambitieuses. Aussi n'en peut-on égaler aucun d'eux à Saint-Martin sous ce rapport, et comme il n'est pas dans les temps modernes de vie comparable à la sienne, qui a le cachet d'un type, on ne doit pas négliger d'en tirer tout ce qu'elle donne d'instructions ou même de solutions. Certes, je ne veux pas soulever à ce sujet, et en son entier, le difficile problème, à savoir, *D'où vient que notre morale, celle de l'espèce humaine, est si belle, et la moralité si imparfaite;* mais je veux, du moins, laisser tomber sur ce problème, le plus haut de la philosophie des mœurs, tous les rayons que présente la vie de l'illustre mystique. Quand un penseur aussi brillant et aussi sincère a consacré son existence à la solution pratique d'un problème; quand il a pris soin lui-même de nous indiquer, dans des notes écrites avec une rare droiture, le travail qu'il a fait et les moyens qu'il a mis en jeu, esquissé ses plus grands projets et avoué ses plus grandes chutes, proclamé toutes ses idéalités et flétri toutes ses imperfections, le moins qu'on doive faire c'est de s'emparer d'un tel exemple et de le prendre, sinon dans toute sa richesse et dans toute sa profondeur, du moins dans ses grandes aspirations. Tel est notre dessein.

Il est un point qui domine cette vie et qu'on doit bien établir au point de départ, comme on doit y revenir au terme ; c'est le point lumineux de la vie humaine, étoile du matin, soleil du jour et flambeau du soir : c'est cette vérité à la fois humble et sublime, que la science n'est pas un but, qu'elle n'est qu'un moyen. Cette vérité, nul ne l'a mieux prise pour guide que Saint-Martin. Toute sa science, toute sa théosophie n'est que le moyen de sa vie morale, et la vie morale elle-même, que la préparation à l'illumination divine. A la seule école du perfectionnement éthique se trouve la sagesse, et nul n'a de lumières s'il n'en a cherché là : nul ne sait un mot vrai sur la vie humaine, s'il n'a mis la sienne au service de son auteur; nul n'est rien, s'il n'a Dieu, et nul n'a Dieu, s'il ne sert en rien à Dieu.

Voilà les principes de tout ce que pense et veut Saint-Martin, le commencement et la fin de ses aspirations.

Saint-Martin n'est pas moraliste de profession, et, si le mot est permis, je dirai qu'il s'est occupé de la morale comme tant d'autres penseurs très-religieux : il a regardé ce que nous appelons la science des mœurs comme une chose toute simple, donnée par la religion, n'ayant ni principes propres, ni conséquences indépendantes du dogme. Il a semé un grand nombre de belles pensées et formulé quelques saintes maximes; mais il n'a pas plus songé que Maine de Biran, Royer-Collard ou de Gérando, à esquisser une doctrine. De son opinion, que la morale est faite par la religion, qu'elle n'est que la religion appliquée, il est résulté que les maximes formulées dans son horizon borné n'offrent que ce caractère d'étroitesse ou de dépendance qui nous étonne à si juste titre dans les fameuses règles de Descartes. Cependant grande est la différence entre les formules des deux officiers d'infanterie philosophant dans les loisirs du service à cent cinquante ans d'intervalle. Les trois maximes du *Discours de la Méthode* sont de 1637 ; les règles de Saint-Martin doivent être de 1771-75. Descartes, qui est pressé par d'autres objets de méditation, et qui veut se faire sa morale lui-même en temps et lieu, examiner les éléments de la science et n'accepter que ce qui aura subi l'épreuve de la raison, adopte des maximes provisoires et de simple bon sens. Saint-Martin n'est ni aussi ambitieux pour l'avenir, ni aussi modeste pour le présent. Il n'a que faire d'un provisoire et d'un examen ; dès le début il a *trouvé* ou plutôt il a *reçu*.

« Dès les premiers pas que j'ai faits dans la carrière qui m'a absorbé tout entier, nous dit-il, j'ai dit, ou j'aurai la chose en grand, ou je ne l'aurai pas ; et depuis ce moment j'ai eu plusieurs raisons de croire que ce mouvement n'étoit pas faux. » (Portr., 32.)

Cela est clair ; et si les maximes du théosophe lui inspirent une confiance absolue, c'est par la raison même qu'elles ne sont pas son œuvre, qu'elles lui ont été données par « la bonne voie. » Aussi, en a-t-il si bien éprouvé l'excellence qu'il n'aurait jamais dû les oublier, nous dit-il. Et elles sont belles et graves, en effet ; seulement, au premier aspect, elles paraissent un peu étranges les unes, un peu communes les autres, et toutes présentées sans méthode.

La première est ainsi formulée : « Si en présence d'un

honnête homme des absents sont outragés, l'honnête homme devient de droit leur représentant. »

La seconde : « Conduis-toi bien ; cela t'instruira plus dans la sagesse et dans la morale que tous les livres qui en traitent, car la sagesse et la morale sont des choses actives, » paraît offrir une sorte d'inconséquence en demandant qu'on se conduise bien avant d'avoir appris l'art de se bien conduire.

La troisième porte : « Ce serait un grand service à rendre aux hommes que de leur interdire universellement la parole, car c'est par cette voie que l'abomination les enivre et les engloutit tout vivants. »

La quatrième semble un dogme de gouvernement providentiel plutôt qu'un précepte de morale : « La route de la vie humaine est servie par des tribulations qui se relayent de poste en poste, et dont chacune ne nous laisse que lorsqu'elle nous a conduits à la station suivante, pour y être attelés par une tribulation nouvelle. »

La dernière, enfin, est bien un précepte de conduite, mais de conduite en haute mysticité et un peu au-dessus de la portée du vulgaire : « Il ne faut pas aller dans le désert, à moins que ce ne soit l'esprit qui nous y pousse, sans quoi il n'est pas obligé de nous défendre des tentations ; » c'est-à-dire, il ne faut pas se retirer du monde tant qu'on y tient et qu'on n'est pas sous la discipline d'un autre esprit que celui du monde.

Au premier aspect, disons-nous, ces cinq propositions, dont aucune ne paraît toucher aux principes, sont aussi impropres à guider l'homme que les règles provisoires de Descartes, qui ont si peu de portée qu'on a peine à les recevoir d'une telle bouche ; mais, vues de près et prises en leur véritable portée, elles révèlent un penseur aussi méthodique qu'élevé.

En effet, voici comment il nous apprend lui-même à traduire son petit code :

1. Tu es homme, n'oublie jamais que tu représentes la dignité humaine ; respecte et fais-en respecter toujours la noblesse : c'est ta mission la plus générale e la plus haute sur la terre.

2. C'est en toi, dans la lumière qui rayonne en ton être, image de Dieu, ce n'est pas dans les livres, qui ne sont que les images de l'homme, qu'est la règle de ta vie.

3. Veille sur cette lumière, et ne souffre pas qu'elle se dissipe en vaines paroles. Qui veille sévèrement sur sa parole, veille sur sa pensée ; qui veille sur sa pensée, veille sur ses affections ; et qui veille ainsi, gouverne bien sa personne.

4. Qui se gouverne bien, se laisse mener par Celui qui mène tout et qui mène notre âme en la purifiant dans la souffrance de ce qu'elle a d'impur, en la fortifiant dans ses faiblesses par l'exercice de combats incessants, en nous poussant de relais en relais jusqu'à ce que la course des épreuves soit accomplie.

5. Il nous fait triompher au sein même des tentations et par elles ; elles sont le plus vif de ses moyens au milieu de ce monde où se trouvent en présence deux ordres de choses et deux ordres d'attraits. Nous succombons aux séductions du mal quand nous y suivons nos propres entraînements, qui sont égoïstes et sensuels ; nous faisons un autre choix, et nous sommes vainqueurs quand c'est l'Esprit divin qui nous y mène.

Ce code est essentiellement mystique, mais il n'en offre pas moins un enchaînement de pensées très-logiques. Il n'y a pas à se tromper, ni sur sa haute portée, ni sur le prix qu'y attache le théosophe. Fort différent en cela de Descartes, l'émule de Rousseau revient sans cesse sur les règles « qui lui ont été données, qu'il a *reçues* par la bonne voie. » Il les met en relief sous mille formes nouvelles, et, soit pour les éclaircir, soit pour leur imprimer le sceau d'une irrécusable autorité, il ajoute sa vie à sa parole. Son célèbre compatriote, qu'il aimait à citer comme tel et comme créateur de doctrines, ne développa point ses maximes de morale avec autant de soin; car, quoi qu'en pense Descartes lui-même, les trois *règles pour s'assurer le contentement*, qu'il donne à la princesse Élisabeth, en 1645, n'ont qu'un seul point de commun avec les maximes provisoires du Discours de la méthode. « Tâcher de savoir ce qu'on doit faire; faire ce que veut la raison; ne pas désirer les biens qu'on ne peut pas avoir, » voilà celles qu'il recommande à la princesse. — « Se conformer aux lois, à la religion et aux opinions reçues; être ferme dans ses résolutions, même en suivant des opinions douteuses; tâcher de se vaincre soi-même plutôt que la fortune, » voilà celles de la Méthode, qui parut en 1637. Il est permis de le dire, d'abord, ces conseils se ressemblent peu; ensuite, ce sont des lieux communs auxquels leur auteur n'a jamais pu attacher une valeur sérieuse. Ce qui le prouve, c'est « qu'il lui paraît prudent de se régler plutôt sur ceux avec lesquels il aimait à vivre, encore que parmi les Perses et les Chinois il pourrait y en avoir de mieux sensés. »

Il n'est pas possible de se faire une morale plus commode à la fois et plus modeste. Celle de Saint-Martin, au contraire, est très-haute, et je dirai volontiers très-ambitieuse. Les mystiques, que Maine de Biran suit en ce point, distinguent dans la nature humaine une vie triple : la vie animale, la vie psychique, la vie divine. C'est à celle-ci, qui est loin de se borner à la morale sociale, à l'opinion des mieux sensés sur ce qui est bien ou mal, que s'attache Saint-Martin. Disons-le, c'est là la vérité ; car pour tout le monde elle est là, elle n'est ailleurs pour personne. Pour lui, cette morale céleste est la fille légitime de sa métaphysique. « Où Dieu est, dit-elle, il doit régner. (Voir le *Tableau naturel*.) Or, il est encore plus dans l'homme qu'il n'est dans le monde ; il doit donc y régner d'une manière encore plus sensible qu'il ne règne dans la nature. Il est bien dans celle-ci aussi, et tout ce qui vient d'un Principe supérieur réfléchit ce principe, et en offre l'image comme un miroir ; mais le monde offre de son principe une image moins parfaite que ne fait l'homme. Et fort heureusement pour celui-ci ; car sans cela, n'ayant point de raison d'être, il n'existerait pas. Sa raison d'être, c'est sa mission de révéler complétement son principe. Tel est aussi son privilége. Contenant Dieu mieux que ne le contient le monde, il ne doit pas le demander à celui-ci. Et c'est pour cela qu'aucun argument tiré de la nature n'a la puissance de démontrer Dieu à l'homme. Ainsi, d'une démonstration aussi externe, l'homme n'a que faire ; la meilleure de toutes, il la porte en son sein : C'est l'empreinte de Dieu de qui il est émané. »

En effet, Saint-Martin enseigne, un peu comme Malebranche, qu'il a trop l'air d'ignorer, la présence ou l'immanence de la pensée divine dans la pensée humaine ; mais il ne va pas, avec le panthéisme de l'Allemagne, jusqu'à l'identification de la conscience divine avec la conscience humaine. J'ai déjà dit que Saint-Martin a quelquefois d'étonnantes rencontres avec Schelling, mais elles ne sont pas des emprunts faits par l'un des penseurs contemporains à l'autre. Le théosophe français aurait pu connaître les écrits publiés dans la période panthéiste du philosophe allemand, car cette période coïncidait avec celle où Saint-Martin apprenait l'allemand à Strasbourg, mais ces airs d'analogie s'expliquent d'une autre manière : ou par la source commune où les deux penseurs ont puisé, les écrits de Jacques Bœhme, pour lesquels Schelling finit par partager l'enthousiasme de Saint-Martin, ou par cette communauté d'idées qui forme, pour ainsi dire, l'atmosphère spirituelle de certaines époques de l'humanité.

Quoi qu'il en soit de ces rencontres, Saint-Martin n'est pas panthéiste. Il n'admet dans la pensée humaine qu'une présence très-affaiblie de la pensée divine ; et s'il est sage de ne pas se laisser abuser ailleurs par des artifices de langage, il est ici sage aussi de ne pas s'abuser soi-même par des maladresses de style. Saint-Martin a de ces maladresses, mais elles sont rares ; et quand il veille, il distingue si bien entre les deux pensées, celle de Dieu et celle de l'homme, qu'il dit celle de Dieu peu sensible dans l'homme, et celui-ci très-enclin à la chercher dans le monde matériel. Et la raison qu'il en donne, c'est que le rapport primitif entre Dieu et l'homme s'est altéré. Telle est cette altération, dit-il, que nous prenons volontiers le monde matériel pour le seul réel. Toutefois, le monde spirituel ne nous est pas fermé du tout. Loin de là, pour que la primitive harmonie se rétablisse entre Dieu et l'homme, il ne s'agit pour nous que d'entrer dans les voies de la régénération qui nous sont ouvertes par la manifestation de la vie divine dans la personne de celui qui, Fils de Dieu, est devenu le type suprême de l'humanité. Rendre notre vie conforme à ce type, et, pour ce qui est de certaines œuvres, aller même au delà, en vertu de certains dons; dans tous les cas, rentrer par la renaissance spirituelle en possession de notre grandeur primitive : voilà l'idéalité morale à laquelle chacun doit aspirer. Et chacun peut y atteindre. En dépit de sa chute, la grandeur qui reste en l'homme est attestée par le fait *qu'il a encore un esprit*. Aussi n'aura-t-il qu'à rentrer dans son rapport normal avec son principe pour s'élever haut, très-haut : pour voir Dieu spirituellement et pour revoir la nature entière en son vrai jour. Ce n'est pas tout. Connaître son principe mène à l'union avec lui, et l'union mène à l'action commune. C'est la fin de l'homme d'aller jusque-là. Pour être à même d'agir comme son principe, il n'a qu'à désirer, qu'à obtenir par ses désirs et par ses aspirations, qui sont de grandes forces, ce point essentiel, à savoir que la volonté divine, qui est la puissance divine, s'unisse à sa volonté. Or, elle le fera, et il participera aux œuvres et aux forces, sinon aux attributs suprêmes. Dans la mesure où la volonté divine opère dans l'homme, image de Dieu, il est bien autorisé à dire que cette volonté le fait participer à sa puissance.

C'est ici la clef de toute l'anthropologie de Saint-

Martin : l'homme est comme une plante dont Dieu est la séve et la vie.

Ce mot peut être querellé ; mais c'est une de ces figures qu'on trouve chez les mystiques les plus admirés. Il est vrai qu'on la rencontre aussi chez quelques-uns des auteurs les plus enclins au panthéisme. Sous la plume de Saint-Martin elle n'est réellement qu'un mot d'une grande ambition, et ne révèle qu'une idéalité exagérée : il veut s'unir à Dieu et laisser la pensée divine régner dans la sienne, comme dans l'arbrisseau règne la séve qui le vivifie. Voilà sa métaphore, expression fidèle de la métaphysique, mais expression innocente ; car malgré la haute ambition qu'elle affecte, Saint-Martin veut si peu être Dieu, qu'il veut, au contraire, être à Dieu. Il veut être un de ses saints, ce qui n'est qu'une aspiration légitime, puisque ce doit être celle de tout le monde.

Mais, quant à celle-là, il la professe bien haut, il l'affiche. Il craint bien de n'être qu'un *demi-élu*, mais il veut être un *saint*, et cela sans passer pour *sot*. « Les gens du monde, dit-il, croient qu'on ne peut pas être un saint sans être un sot. Ils ne savent pas, au contraire, que la seule et vraie manière de n'être pas un sot, c'est d'être un saint. » (Portr., 980.) Le saint est seul dans le vrai ; au lieu d'avoir à chercher Dieu, et encore sans avoir l'assurance de le trouver, il peut être sûr que c'est Dieu qui le cherche et qu'il saura le trouver, lui.

Saint-Martin a eu le bonheur d'être trouvé et pris. « Dieu est jaloux de l'homme, dit-il : je me suis aperçu qu'il l'étoit de moi comme de tous mes semblables, et qu'il attendoit, pour faire une alliance entière avec moi, que j'eusse rompu avec tous les rivaux qui occupoient encore mon âme, mon cœur et mon esprit. »

Complétons cette belle pensée dans le sens du noble penseur.

Si Dieu est jaloux de nous, c'est qu'il nous a faits pour lui et qu'il a besoin de nous, non-seulement pour être aimé, adoré et glorifié dans l'univers, mais encore et surtout pour y être aidé de nous, aidé dans la réalisation de ses desseins suprêmes ; car c'est peu de chose que de servir Dieu, il faut servir à Dieu, puisqu'il nous a choisis pour être ses instruments. Nous sommes les ouvriers de sa pensée dans la fraction du monde où il a fixé notre demeure, et au sein des créatures immortelles qu'il nous donne pour compagnes.

« J'entends souvent parler dans le monde de *servir Dieu*, dit Saint-Martin, mais je n'y entends guère parler de *servir à Dieu* ; car il en est peu qui sachent ce que c'est que cet emploi-là. »

Mais comment servirons-nous à Dieu?

Un type nous est donné dans la grande manifestation du Fils de Dieu ; mais celle-là n'est-elle pas unique? Sans doute ; seulement, grâce à elle, l'identification de notre volonté avec celle de Dieu et notre participation à sa puissance sont si intimes et si merveilleuses, que « chaque homme, depuis la venue du Christ, peut, dans le don qui lui est propre, aller plus loin que le Christ. » (Portr., 1123.)

A l'appui de cette doctrine, d'une hardiesse trop évidente, Saint-Martin cite un texte sacré qui ne l'autorise pas, mais que je ne discute pas, voulant me borner à marquer par ce dernier trait la singulière idéalité que le philosophe religieux veut réaliser dans sa vie. Elle est vraiment trop belle, la magnifique mission qu'il donne à l'homme dans l'univers, car il la marque moins *à côté de Dieu* ou au service *de Dieu qu'avec Dieu.*

Il n'est pas possible d'aller au delà.

Mais comment la vie de l'homme a-t-elle répondu à la conception du penseur?

Sa moralité a-t-elle été à l'unisson de sa morale?

CHAPITRE XXIX

La réalisation des idées éthiques de Saint-Martin. — Les ombres de sa vie. — Ses faux cultes.

Pour demeurer juste en appréciant cette vie, il faut se contenir dans des limites raisonnables, et rester sur le terrain de l'humanité ; et pour comprendre réellement un homme qui se lançait si hardiment au plus haut et au plus loin, il faut commencer par bien le connaître en toute sa personne, avec ses dispositions naturelles, avec ses moyens réels. Il n'est pas d'homme qui n'ait besoin d'être connu de son juge mieux qu'il ne se connaît lui-même.

Quant à Saint-Martin surtout il faut appliquer à ses facultés et à l'emploi qu'il en a fait un diapason plus tempéré, plus abaissé que celui qu'il se plaisait à y appliquer lui-même. Il s'exagérait ses moyens comme son œuvre, avec délicatesse et avec un sentiment scrupuleux de ses devoirs, mais avec une rare complaisance pour la hauteur de ses vues et pour l'importance de son rôle.

Toutefois, la moralité, cet ensemble de victoires chèrement achetées, se juge comme tous les triomphes, non pas sur la grandeur du but choisi, mais sur celle du but atteint et sur celle des difficultés vaincues comparées aux moyens du vainqueur. Aussi la question des moyens de Saint-Martin offre une étude des plus curieuses. Il dit lui-même que la nature ne lui avait donné qu'un projet de corps. Ce mot, rapproché d'un autre où il nous apprend qu'il jouait mal du violon à cause de la faiblesse de son organisme, semble indiquer que la nature l'avait traité sous le rapport organique en vraie maître. Mais ce n'est pas tout à fait ainsi qu'il veut qu'on l'entende. Saint-Martin, dont la figure était charmante, voyait dans sa constitution physique, si faible qu'elle fût, une grande marque de faveur divine. Il ne faut que l'écouter pour comprendre la joie ou l'orgueil qu'il en ressent : « La Divinité ne m'a refusé tant d'astral, dit-il, que parce qu'elle vouloit être seule mon mobile, mon élément et mon terme universel. » (Portr., 24.)

On n'est pas plus heureusement organisé, plus moralement constitué que cela ; on n'est pas appelé plus directement et plus impérieusement, ce semble, à un haut degré de pureté. Car cette constitution même indiquait pour quelle région Saint-Martin était fait, à quel ordre d'idées et d'aspirations il était destiné, pour quelle fin et quelles œuvres il se trouvait installé sur la terre. C'est ce que le jeune lecteur de l'*Art de se connaître soi-même* entrevit de bonne heure, si bien que le sentiment de sa naissance privilégiée lui donna bientôt celui de toute sa dignité, et sentir sa dignité, c'est toujours sentir pour soi une véritable estime. Aussi, depuis lors, et à travers toutes les phases de sa vie, qui se succédèrent toujours plus mystiques et plus ambitieuses de moralité élevée,

Saint-Martin n'eut plus qu'une seule affaire et qu'un seul but dans ce monde, celui de le vaincre au nom d'un autre et d'être tout à cet autre. « Mettre le monde tel qu'il est devenu à ses pieds, pour s'attacher à la plus glorieuse conquête de l'homme, la rentrée en possession de sa grandeur primitive, ce rapport normal de l'homme avec Dieu où nous participons à la puissance comme à la volonté divines : » voilà son éthique, telle qu'elle lui est dictée par sa métaphysique. Et si jamais homme fut appelé à un haut degré de moralité par ses dispositions innées et par son éducation, par ses principes éthiques et par sa doctrine spéculative, par toute sa personne et par toutes les circonstances de sa vie, ce fut Claude de Saint-Martin.

Si donc, pour être équitable en l'appréciant, il faut rester sur le terrain de l'humanité, ce serait cependant lui déplaire un peu que de ne pas le suivre aussi dans ses transcendances supra-terrestres. Ne lui appliquer que la mesure commune, ce serait refuser d'admettre les lettres de grande naturalisation, celles que la Providence, « en lui donnant un simple projet de corps et en le faisant naître avec si peu d'astral, » lui avait délivrées pour un monde supérieur : né homme d'exception, Saint-Martin réclame une balance d'exception.

Mais sa gloire, qui est moins dans sa doctrine de haute mysticité que dans sa vie de haute et mystique moralité, gagnera-t-elle à la distinction un peu ambitieuse qu'il réclame par tout ce qu'il nous dit lui-même sur son compte? Et, en lui appliquant des exigences trop élevées, ne courrons-nous pas le risque de le trouver au-dessous de nos hommages?

Je ne le crains pas. Il n'est pas de mortel qui supporte constamment l'application d'un niveau trop flatteur, et Saint-Martin ne fait pas exception à la règle ; mais si, en le suivant de près, on ne le trouve pas toujours à la hauteur idéale qu'on s'est créée pour lui, jamais on ne regrette de la lui avoir appliquée, et en fin de compte on se félicite de l'avoir fait constamment et sincèrement.

Telle est ma pensée, et si je n'ai pas hésité dans le détail, je n'hésiterai pas un instant non plus dans mon appréciation générale. Et même je marquerai d'autant plus fortement les ombres qui se trouvent dans cette belle vie que les lumières en ressortent plus éclatantes. Dans une étude aussi intérieure et aussi sérieuse, analysant une âme à la fois si énergique et si tendre, toujours sincère, même dans ses plus grandes erreurs, il ne faut chercher que le vrai. Chercher des effets, ce serait créer un faux Saint-Martin ; et un théosophe flatté, un mystique fardé et musqué serait intolérable. L'image vraie de cette vie est plus belle avec les ombres qui la voilent un peu, qu'elle ne le serait avec un jour uniforme. Elle est d'autant plus belle qu'elle est plus instructive, et elle est instructive surtout par les ombres.

Ne nous alarmons pas d'ailleurs de celles-ci ; quelque fortes qu'elles soient, elles ne déparent pas, car elles ne dégradent pas.

La première de toutes, et celle qu'il faut signaler le plus, comme la grande source de la plupart de ses aberrations et de ses fautes, n'est qu'une erreur. C'est la conception même de son idéal éthique, c'est l'exagération qu'il y apporte, c'est l'obscurité pleine d'illusions qui en naît dans sa pensée. Elle est grave. Car cette conception-mère fausse sa théorie sur Dieu, sur l'homme, sur le monde, et jusque sur le bien lui-même. Elle fausse sa pensée sur Dieu, car il substitue Dieu dans l'homme à l'homme lui-même. Elle la fausse sur l'homme, car elle lui ôte sa séve et sa vie propres pour les donner à Dieu l'une et l'autre. Elle la fausse sur le monde, car il confond le monde avec le mal (Portr., 651), dont le monde n'est ni l'auteur, ni l'œuvre, ni même le théâtre exclusif, puisque le bien y tient sa place. Enfin cette erreur fausse sa pensée jusque sur le bien lui-même, car il le dénature singulièrement, puisqu'il substitue au bien la loi, et à l'amour du bien conçu en lui-même l'amour de la loi divine. C'est-à-dire qu'il commande la soumission de la volonté humaine à une autre volonté. Or cela amène et cela implique même, qu'on en convienne ou non, l'abdication du libre arbitre, qui est l'unique fondement de toute moralité et sa seule garantie possible.

Ce n'est pas, certes, que par sa conception fondamentale le penseur mystique veuille sciemment abaisser l'homme. S'il le prive ainsi de ce qui fait sa gloire et sa dignité, en sacrifiant sa volonté propre à la volonté de Dieu, c'est au contraire qu'il veut trop l'élever. Voilà ce qui l'égare. Moraliste sublime, mais malheureux, il se perd comme son plus illustre contemporain, Kant. Seulement le théosophe et le philosophe pèchent en sens contraire : l'un soumet la raison à une loi qui n'est pas la sienne, l'autre la fait à la fois créatrice de la sienne et de celle du monde moral tout entier.

Saint-Martin se livre à une série d'erreurs non moins graves, c'est-à-dire qu'il se laisse entraîner dans tout un ensemble de faux cultes, tous respectables dans leur origine, mais tous pleins de périls dans leur développement excessif.

Le premier de ces faux cultes, c'est sa déférence exagérée pour deux de ses maîtres, idolâtrie qui lui inspire le mépris de tous les autres et celui de la science elle-même, ce qui altère jusqu'à l'idéal de ses aspirations éthiques.

Saint-Martin, le philosophe qu'attestent les belles pages de ses écrits et sa polémique avec son professeur d'analyse, le penseur original fait pour répandre les plus vives lumières sur les problèmes de l'éthique, comme sur ceux de la métaphysique, devait se tromper peut-être sur ce grave sujet moins que tout autre. Chrétien pieusement élevé dans ces vérités éternelles qui ont servi de guides et de juges à tant d'esprits déçus ailleurs, il avait le goût et l'amour des saintes Écritures. Ne nous dit-il pas lui-même : « Tous mes écrits ont pour objet de prouver que nous ne pouvions avoir quelque confiance en nos doctrines qu'autant que nous avions mis notre esprit en pension dans les saintes Écritures. » Mais tous ces avantages, lumières de la science, facultés de son esprit, indépendance de sa pensée, il les abdique, tantôt entre les mains de Martinez de Pasqualis, tantôt entre celles de Jacques Bœhme, au point de rompre souvent au même degré avec l'autorité de la raison et avec celle de la révélation, voilant son regard, ici devant les éblouissements de la théurgie, là devant ceux de la théosophie, et tombant alors dans ces exagérations de langage panthéiste qui choquent également la saine théologie et la philosophie un peu sévère. Ni les sciences exactes, ni les sciences naturelles ne lui sont étrangères; mais il professe pour la science des choses ou des rapports terrestres une telle antipathie, qu'elle prend les accents, ici du dédain, ailleurs du fanatisme. Dès sa jeunesse il s'est dit : « C'est mâcher à vide que de courir après la matière. J'ai vu les sciences fausses du monde, et j'ai vu pourquoi il ne peut rien comprendre à la vérité : elles ne mettent en jeu que les facultés inférieures. Pour les sciences humaines, il ne faut que de l'esprit : elles ne demandent pas d'âme; tandis que pour les sciences divines il ne faut point d'esprit, parce que l'âme les engendre toutes. » Qu'est-ce à dire? N'y a-t-il du divin que dans l'âme? n'y en a-t-il point dans l'esprit? L'esprit ne serait-il pas immortel? l'âme seule le serait-elle? Dans la bouche d'un théurgiste qui unit Dieu et l'homme à ce point que la création de celui-ci n'est pas une séparation, cette distinction est étrange. Si la création de l'homme n'est pas une séparation d'avec Dieu, pourquoi diviser d'une manière si absolue la science humaine et la science divine, assigner l'une à l'esprit et l'autre à l'âme? Sans doute on peut distinguer l'âme de l'esprit, c'est-à-dire de l'activité intellectuelle de la pensée; c'est là ce que fait tout le monde; mais l'intelligence ou l'esprit est-elle autre chose que l'âme pensante? Non, certes. Un philosophe moderne qui a des théories d'une telle originalité qu'il touche quelquefois de trop près au matérialisme, mais qui n'est pas matérialiste, associe cette activité intellectuelle, la pensée ou l'esprit, à son organe le cerveau, au point de les faire vivre et mourir ensemble. Suivant lui, l'âme est le Divin qui apparaît en nous aussi bien qu'en chaque partie de l'univers. Ce divin, s'unissant à notre existence individuelle, agit en nous et y constitue ce qui est éternel. Et cela n'est ni d'une doctrine bien pure, ni d'une doctrine très-solide, mais cela a le mérite d'être très-net; seulement, si ce n'est pas le panthéisme, c'est une nuance de cette redoutable hypothèse qui sans cesse renaît sous une forme ou sous une autre; et si je ne veux pas dire que la théorie de M. Huschke ait été celle de Saint-Martin, du moins cité-je celle du philosophe allemand pour montrer où aboutissent ces spéculations que la raison désavoue. Ce que veut Saint-Martin, c'est de faire voir le rôle que le sentiment joue en matière de foi; c'est ce qu'a si bien enseigné un ingénieux penseur de Berlin, Schleiermacher. Mais s'il est loisible à chacun de distinguer l'esprit considéré comme intelligence de l'âme prise comme sentiment, nul ne peut insinuer que l'âme seule sans l'intelligence engendre d'elle-même les sciences divines. Séparée de l'esprit ainsi défini, c'est-à-dire de l'intelligence, l'âme n'engendre point de science du tout, et les sciences divines moins que toute autre. Ce qui seul est vrai, c'est que toutes les sciences ne mettent pas en jeu les facultés de l'âme au même degré, et que la religion aime à en rencontrer un certain ordre qu'elle développe, et qui à leur tour la servent d'une façon merveilleuse. Est-ce là le privilége de certaines âmes, à l'exclusion de toutes les autres? Non; car, s'il tombe bien sous le sens qu'aucune âme humaine n'engendre d'elle-même les sciences divines, il tombe sous le sens aussi qu'il n'est aucun esprit humain qui ne soit fait pour en saisir les éléments essentiels. La justice, cette loi suprême des choses divines et humaines, le veut; et s'il était une seule intelligence qui, à l'état normal, fût incapable de prendre sa part à l'héritage commun de tous, il y aurait vice organique dans l'ordre moral du monde. Ici encore Saint-Martin s'égare. Au lieu d'admettre cette communauté de dons et cette fraternité suprême de tous les hommes qui est inscrite dans la nature même de leur être, il pose des priviléges; et, au mépris de la révélation comme de la raison, loin de se contenter avec le plus exigeant des apôtres d'un progrès qui aille croissant en nous jusqu'à nous faire atteindre à la parfaite stature du Christ, il en rêve un qui aille même au delà. Or, tout excès se venge : si le sceptique s'égare en stérilisant ses facultés réelles, le mystique se perd en s'en donnant d'imaginaires. Et c'est ainsi que le théosophe, dans tous les temps, à force d'exalter les puissances de l'âme et son rapport primitif avec son principe, fausse la nature de l'homme, sa grandeur et sa dignité. A force de dédaigner sur ces questions fondamentales les lumières de la foi comme celles de l'esprit, Saint-Martin abdique ensemble la science humaine et la science divine en faveur d'une théorie chimérique.

Et ce n'est pas à sa métaphysique que s'arrêtent ses aberrations, elles frappent sa morale elle-même, c'est-à-dire ce qu'il importe le plus de préserver d'erreur. En effet, visant trop haut en se portant par un élan de transcendance téméraire au-dessus de l'horizon éclairé par la science, Saint-Martin altère lui-même la pureté de l'idéal qu'il avait si généreusement fixé à ses aspirations éthiques : il se plonge dans des nuages où son œil ne voit plus avec une suffisante clarté.

Cette première aberration devient la mère d'une série d'autres, et donne une fausse direction à ses œuvres comme à ses affections; elle projette sur sa vie des ombres qui étonnent dans une carrière si pure, et affligent les sympathies qu'elle obtient partout. Elles constituent peut-être le plus grand intérêt de toute étude sur sa vie, et, dans tous les cas, le tourment spécial de la nôtre.

Mais, s'il n'est pas de vie humaine où l'affinité des vertus et des vices et la facile naissance les uns des autres, se voient mieux que dans celle de Saint-Martin, il en est peu qui soient plus instructives au point de vue du gouvernement de soi, la plus belle et la plus haute de toutes les leçons que les diverses générations qui se succèdent sur ce globe soient appelées à se donner les unes aux autres. La découverte des erreurs de notre théosophe est aisée, et rien n'est plus à jour que ses vertus. Il a vécu soixante ans, et il est mort enfant. Toute sa vie a été d'une pièce; toutes ses fautes tiennent à une seule, et toutes ne sont qu'une grande erreur, à ce dédain pour la science qui a séduit sa pensée au nom de la religion elle-même. Elles sont graves pourtant. Le mépris des lumières se venge profondément dans un homme de haute méditation, doué d'une ardeur si vive, d'un amour-propre si naïf, d'une imagination si puissante.

En effet, toutes les fautes de Saint-Martin découlent d'une seule, mais qui, si grave qu'elle soit, n'est qu'un malheur. Avide d'instruction et en ayant cherché d'abord dans les écrits les meilleurs, ceux d'Abbadie, de Bacon, de Descartes, les principaux des philosophes, il est tout à coup entraîné dans une association secrète qui le met dans une voie tout opposée. Et désormais il ne veut plus prendre la science dans les ouvrages ou dans la parole des hommes qui l'offrent à tout le monde; adorant le mystère, il la cherche auprès de ceux qui la donnent sous des titres ambitieux, sous le voile et le symbole. Il affectionne les systèmes, les doctrines, les opinions qui se cachent. Aux yeux d'un esprit de la nature la plus lucide, c'est leur mérite de n'être pas reçues dans le monde. De là, dans son âme si droite et si élevée, si avide des sciences divines et si spécialement appelée à les cultiver, cette recherche si empressée de toutes les doctrines théosophiques ou mystiques, et cette déférence si prolongée et si étrange pour des opérations théurgiques ou magiques auxquelles il participe en dépit de ses répugnances; de là ces études somnambuliques et magnétiques qu'il poursuit à Lyon, et dont il plaide la cause contre Bailly et Franklin; de là ces combinaisons de chiffres et d'hiéroglyphes astrologiques auxquelles il se livre avec tant d'obstination même après son âge mûr et jusqu'à la veille de sa mort, en dépit du peu de cas qu'il fait des travaux analogues d'Eckartshausen; de là aussi quelques-unes de ces pérégrinations qu'il voile avec tant d'attention; de là, encore, dans l'intelligence naturellement si pure du pieux philosophe, ce culte si idolâtre pour le mystagogue de sa jeunesse auquel, vingt ans après, il attribue son entrée dans les vérités supérieures, comme s'il n'avait trouvé aucune de ces vérités dans la religion de ses pères; et de là enfin ce culte plus idolâtre pour le philosophe teutonique dont il dit n'être pas digne de nouer les cordons de ses souliers, et dont les écrits abandonnés sont à ses yeux la plus grande condamnation de l'humanité.

« En effet, dit-il, il faut que l'homme soit devenu roc ou démon pour n'avoir pas profité plus qu'il n'a fait de ce trésor envoyé au monde, il y a cent quatre-vingts ans. » (Portr., 334.)

Le culte de deux initiateurs si différents en amena un troisième très-reprochable dans l'homme en général, mais plus reprochable dans Saint-Martin qu'en tout autre. De l'admiration de ses maîtres, Saint-Martin, sans s'en rendre compte, passe à celle de leur commun disciple. La transition n'était que trop aisée. A force de vivre dans l'intuition mystique et dans les vérités supérieures, dans le commerce de leurs prophètes, on finit par respecter en soi-même un de ses oracles les plus fidèles ; on finit par avoir, moins pour sa personne que pour sa pensée peut-être, précisément ce même respect qu'on reproche au rationaliste d'avoir pour sa raison. On critique le culte de celle-ci, qui est faillible, mais on professe avec orgueil la déférence légitimement due à l'illumination divine : elle ne saurait ni tromper ni se tromper. Saint-Martin, sans parler du culte de sa personne et du privilége qu'il s'attribue au milieu des excès de la Terreur, « dont nul ne pouvoit atteindre le lieu où il se trouvoit personnellement, » — Saint-Martin, il faut bien le dire, exagère l'idolâtrie de sa propre pensée au point de s'offrir en type d'une rare naïveté. Qu'il se dise sans façon l'unique représentant, le Robinson de la spiritualité de son temps, soit (Portr., 458). Mais qu'il oppose sérieusement son autorité en fait de philosophie ou de doctrine à celle de tout le monde, cela ne se conçoit guère ; cela n'était ni bon à penser ni bon à dire. Il le fait avec une admirable simplicité. « On me dit toute la journée dans le monde, s'écrie-t-il, telle idée, telle opinion sont reçues ; on ne sait donc pas qu'en fait d'opinions et d'idées philosophiques, j'aime beaucoup mieux les choses qui sont rejetées que celles qui sont reçues. » (Portr., 440.)

Cette époque, il est vrai, était celle des idéologues et des sensualistes, de Destutt de Tracy et de Garat; des matérialistes et des athées, de Sylvain Maréchal et de Lamettrie ; mais c'était aussi l'époque de Laharpe et de Chateaubriand ; celle de plusieurs des princes du spiritualisme mystique, de Young Stilling, d'Eckartshausen, et celle de Lavater lui-même, dont Saint-Martin reconnaît les qualités morales si éminentes, et qui n'obtient toutefois de lui, en fin de compte, qu'un certificat aussi modeste que Laharpe et Chateaubriand. « Il eût été fait pour tout entendre, s'il avoit eu des guides, » dit-il.

Qu'à son point de vue Saint-Martin professât peu d'estime pour certaines classes de philosophes (Portr., 931) ou de ministres de la religion, cela se comprendrait; mais qu'il les condamne en masse, les uns comme les autres (Portr., 340, 399), sans proportionner ses dédains à la nature des aberrations qu'il leur reproche, cela ne se comprend pas. En général, rien, pas même l'amour si ardent qu'il porte à Dieu, ne semble excuser les froideurs qu'il affecte pour tout le monde. Du monde il fait trois classes : les fous, les enfants et les méchantes bêtes. (Portr., 1012.) Des deux lois sacrées : Tu aimeras ton Dieu de toute ton âme, et ton prochain comme toi-même, il ne veut accepter systématiquement que la première. « Mon âme dit quelquefois à Dieu : Sois tellement à moi, qu'il n'y ait *absolument* que toi qui soit avec moi. » (Portr., 241.) Dieu, s'imagine-t-il, ne veut pas qu'il fraye avec d'autres que lui « pour la communication et la confiance. » (Portr., 154.) Et avec qui frayer ? « Les hommes, pour Saint-Martin, sont *presque tous* à l'état d'insectes enfermés dans de la glu ou dans des gommes, et dans ces fossiles transparents que l'on rencontre dans la terre. » (Portr., 191.) « Le monde, n'ayant d'esprit que pour être méchant, ne conçoit pas qu'on puisse être bon sans être bête. » (Portr., 242.)

Cette franche boutade n'atteste-t-elle pas, d'ailleurs, la puissance et la profondeur d'une affection réelle ?

Saint-Martin sait bien se reprocher un peu de n'avoir pas aimé comme il aurait dû ; mais il sait « qu'il a été obligé de rétrécir son cœur au point de faire douter qu'il en eût un. » D'ailleurs, comment l'aurait-il donné à des gens « qui ne l'auroient pris que pour l'ensevelir dans leurs ignorances, leurs faiblesses et leurs souillures ? » (Portr., 313.)

Si justes que soient ces critiques, peut-être valait-il mieux les renfermer en son cœur ; du moins, de la part d'une âme aussi délicate, est-on blessé, même au nom du goût, de voir que les femmes elles-mêmes sont comprises dans ces sévérités qui affectent les plus libres allures. « La matière de la femme est encore plus dégénérée et plus redoutable que celle de l'homme, » dit Saint-Martin. Et il se sait heureux de ce qu'une voix intérieure lui dise, bien au fond de son être, qu'il est d'un pays où il n'y a pas de femmes. (Portr., 468.) Son antipathie pour cette « matière dégénérée » va jusqu'à l'épigramme : « Il faut être bien sage pour aimer la femme qu'on épouse, et bien hardi pour épouser la femme que l'on aime. »

On le voit, tout cela se tient. A cette sorte de culte pour deux maîtres dont il s'exagère le mérite, la science comme le génie, mais qu'il considère comme des instruments de Dieu, tient cette sorte de culte pour leur disciple qu'il envisage comme un objet de prédilection de la part de Dieu. Et à ce respect pour sa personne et sa pensée qui le sépare du monde entier, en particulier des femmes dont il se croit si loin, mais qui jouent un si grand rôle dans sa vie, répond parfaitement le culte de Saint-Martin pour sa mission.

Elle est très-haute : il lui faut rappeler l'humanité devenue roc ou démon, de ses erreurs vulgaires aux vérités supérieures. Aussi c'est à côté, si ce n'est au-dessus, d'un des plus grands prophètes de l'inspiration hébraïque, que Saint-Martin se voit amené à mettre son œuvre. « Il n'est pas seulement le Jérémie de Jérusalem, il est celui de l'Universalité. » (Portr., 979.)

Saint-Martin a, de son influence, la même opinion que de sa mission. Dans une autre comparaison, perce avec une égale naïveté cette mauvaise petite traîtresse, cette amitié de soi que tant d'auteurs cachent si mal. Chateaubriand, qui s'y connaît, dit que « de toutes les vanités ce serait la plus ridicule si ce n'en était pas la plus bête. » Elle éblouit Saint-Martin, au point de mettre tout simplement l'effet qu'il attend de ses livres en balance avec celui que peuvent avoir tous les autres. « Il n'a écrit les siens qu'afin d'apprendre à ses lecteurs de laisser là tous les livres. » S'il ajoute, *même les miens*, cela est de bon goût, mais cela ne change rien au jugement. Peu lui importe, d'ailleurs, qu'il voie ou ne voie pas, de son vivant, l'effet qu'il attend de ses écrits. « Ma tâche, dit-il, est neuve et unique; elle ne portera tous ses fruits qu'après ma mort. » (Portr., 1135.) L'effet n'est pas son affaire, c'est celle de Dieu. S'il y a des défauts dans ses ouvrages, ce n'est pas lui, c'est Dieu qui les a voulus : c'est pour écarter par là les yeux du vulgaire. (Portr., 1116.)

D'ordinaire, ceux qui ont le mieux travaillé s'aperçoivent à la fin de leurs jours que leur tâche n'est pas accomplie. Saint-Martin est plus favorisé; sa carrière, il l'a parcourue tout entière. Il nous le dit avec une grande aisance : « Ce qui m'a donné tant de joie dans ma carrière, — et la joie est une apparition bien venue dans la vie d'un Jérémie, — c'est de sentir que, grâce à Dieu, j'étois comme arrivé avant de partir, tandis qu'il y en a tant qui ne sont pas partis après être arrivés. » (Portr., 1033.)

Il n'est rien de plus noble dans la vie d'un homme, que cette élévation au-dessus des intérêts vulgaires et des préoccupations sociales qui lui permet d'aller droit au but, de vouer librement aux choses morales toutes les facultés de son âme; mais arriver trop vite, c'est arriver trop facilement et peut-être après avoir jeté les armes du combat. Rien n'est plus contraire à une haute moralité que ce détachement, réel ou factice, ce dédain mystique des choses de ce monde, qui ne veut s'occuper que de celles de l'autre. La sagesse assigne à celles-ci et à celles-là leur prix véritable, et la vertu humaine consiste précisément à s'engager dans les choses du temps pour s'élever à celles de l'éternité. Loin de demander l'immolation des unes aux autres, elle sert celles-ci sous le nom de celles-là. La participation aux choses supérieures est en raison de la participation aux choses inférieures. Voilà la vraie loi ; et dans la règle, qui arrive trop vite arrive mal préparé.

Ce sont-là, dans une vie saintement conçue, quelques ombres à marquer, et qui semblent bien compromettre l'idée de faire passer Claude de Saint-Martin pour un type de haute moralité. Toutefois, si les aberrations sont graves en apparence, du moins elles ne sont pas nombreuses : en réalité elles tiennent toutes à une seule, et cette aberration est généreuse elle-même en son origine. Elle est la mère de plusieurs autres qui ne sont au fond, comme elle, que des exagérations de vertus. Cela est si vrai, que, vues d'un peu haut, ces exagérations désarment la critique ; et si les ombres qu'elles projettent sur cette belle existence ne disparaissent pas tout à fait pour se transformer en lumières, il en est au moins qui deviennent très-transparentes. Unies aux lumières qu'elles entourent, elles nous laissent voir dans la personne du « philosophe inconnu » un degré de moralité qui n'approche pas, il s'en faut, du but de la perfection divine, mais qui aspire avec une admirable sincérité et avec toutes les illusions qu'elle donne, à ce qu'on peut appeler sensément la perfection humaine.

CHAPITRE XXX

La saine théorie de la perfection humaine. — Les lumières dans la vie de Saint-Martin. — Son humilité. — Sa franchise. — Son détachement. — La passion de Dieu. — Le mal du pays. — La paix.

Pour arriver à une saine appréciation d'ensemble de la vie de Saint-Martin, il nous faut nous expliquer bien nettement sur un point fort délicat, la plus grande et la plus singulière de toutes nos aberrations, j'entends une fausse conception de la morale et de la moralité.

Il est une conception doublement fausse de la science des mœurs, ainsi que le démontrent clairement un fait universel et un principe incontestable.

Voici le fait :

Si complet que puisse être un jour le développement de nos facultés, et si parfait leur emploi dans le sein de l'humanité, on n'y verra jamais l'*homme*, on n'y verra que des *hommes*, des individualités d'une variété infinie, offrant partout un nombre illimité de nuances, mais dont aucune ne sera la perfection, c'est-à-dire l'état d'harmonie parfaite avec la loi prescrite à l'humanité.

C'est là une des plus grandes merveilles, mais aussi des plus grandes énigmes de la vie.

En effet, cela équivaut à la démonstration de l'impossibilité pour notre moralité de jamais atteindre la morale dans sa course, ou de marcher de concert avec elle. Or, une morale qui n'est pas faite pour être atteinte et qui a néanmoins la prétention d'être obligatoire, n'est-elle pas essentiellement une conception fausse?

Voici maintenant le principe : L'imputation est en raison, non pas de la seule volonté, mais aussi des moyens.

Or, à ce point de vue encore, notre morale, telle qu'elle est conçue généralement, paraît être une grande erreur, une erreur admirable sans doute en apparence, mais au fond aussi inadmissible pour notre espèce qu'elle est ambitieuse de sa part.

En effet, l'espèce humaine se croit obligée d'une manière absolue à une loi absolue, qui est celle de l'univers, par la raison qu'il ne peut y en avoir qu'une, mais qui, applicable en sa teneur complète aux êtres les plus privilégiés, ne l'est à tous les autres qu'en proportion de leurs moyens. Or, l'insuffisance de nos moyens est démontrée par l'impossibilité d'observer la loi entière, et la disproportion de nos facultés de réalisation avec nos facultés de conception est certaine. Il serait donc à la fois de notre devoir de concevoir l'idéalité, et de notre raison de nous résigner à rester en deçà? S'il est glorieux d'aspirer plus haut, il est insensé de prétendre y aboutir : nul être ne doit vouloir sortir de sa classe et prétendre à l'observation complète d'une norme qui n'est faite pour lui qu'en un sens restreint. Or, il est de saine raison d'admettre que nous ne sommes pas les êtres moraux les plus parfaits, et qu'il en est de supérieurs à l'homme dans l'immensité de l'univers. Eh bien, ces privilégiés eux-mêmes n'étant tenus qu'à la loi universelle, puisqu'il n'y en a pas d'autre, comment nous, qui leurs sommes inférieurs, y serions-nous tenus au même degré qu'eux? L'imputation, dans le monde moral tout entier, étant en proportion des moyens — et le contraire impliquerait — comment celle qui pèse sur nous ferait-elle seule une exception et serait-elle supérieure à nos forces?

Telle est pourtant la prétention de notre morale.

Et ce n'est pas encore sa plus grande erreur; car, dans ses exagérations, elle ne se borne pas à nous assimiler aux êtres supérieurs seulement, elle nous prescrit la perfection divine. Or vouloir, sous un point de vue quelconque, égaler l'homme à Dieu, c'est évidemment confondre le fini et l'infini, et se tromper de gaieté de cœur.

Cela étant, peut-on conclure légitimement :

1. Que trop longtemps la morale humaine a été utopiste?

2. Que, n'ayant jamais pu être pratiquée réellement ou atteinte par la moralité en son vol ambitieux et en ses idéalités pures, ne pouvant l'être en aucun temps par aucun homme, le moment est venu pour l'humanité de renoncer à ses aspirations icariennes?

3. Qu'elle doit se donner enfin des théories faites à sa taille ou proportionnées à ses moyens?

4. Qu'à partir du jour où elle l'aura fait, ou bien notre moralité à tous sera égale à notre morale, ou bien chacun de nous se sentira sérieusement responsable de la différence que la sienne pourra présenter avec celle qui est faite pour tous?

Je ne le pense pas. Car, si c'est la vérité elle-même qui parle dans les faits et dans les considérations que nous venons de présenter en ce qui concerne le degré de perfection qu'il convient d'exiger de l'homme, ce n'est plus du tout elle qui parle dans les conclusions qu'on en prétend tirer. Au contraire, au lieu d'abaisser la morale, il faut la mettre d'accord avec la moralité qu'il nous est possible d'atteindre, c'est-à-dire élever celle-ci au niveau de la morale conçue dans les limites que permettent nos facultés, et que, par-là même, elles indiquent comme voulant être atteintes et comme devant l'être.

Sans nul doute la perfection d'un être fini n'est pas du tout celle de l'Être infini. Il y a perfection absolue et perfection relative. Nul de nous ne peut, sans une inconséquence extrême, aspirer à celle-là, ni sans une abdication coupable de lâcheté renoncer à celle-ci ; mais la perfection relative ou humaine est exigible de chacun. Quelle que soit entre le fini et l'infini l'infranchissable distance, il est dans le monde moral trois vérités fondamentales qui le constituent et qui sont des évidences : la première, c'est qu'il a une loi ; la seconde, c'est qu'il ne peut en avoir qu'une ; la troisième, c'est que, dans la sainteté de l'Être infini, la moralité de tous les autres trouve son type suprême. Voilà ce que la raison veut, puisqu'elle nous dit que Dieu est le Bien, et ce que la révélation, qui est la raison suprême, exige lorsqu'elle nous dit : Soyez parfaits comme Dieu lui-même est parfait. Certes, cela ne veut pas dire, soyez égaux à Dieu ; mais cela veut dire : De même que vous êtes faits à l'image de Dieu, prenez son image pour type de votre perfection à vous. Et en effet, la nature humaine a bien son type dans la perfection absolue, mais elle a sa perfection propre. Ce n'est ni celle de Dieu ni celle des anges, elle est *sui generis*, elle est humaine ; et en vertu de la nature humaine et de ses moyens elle est très-compatible avec des qualités qui peuvent être des imperfections réelles au point de vue absolu. Aux yeux de la morale, l'homme est parfait dès qu'avec des lumières même imparfaites et des moyens bornés, au sein d'une civilisation défectueuse, il a fait ce qu'il a pu. Et nul, pas même l'utopiste, n'a le droit d'exiger de lui ce que ni Dieu ni la raison n'en exigent, l'impossible.

C'est peut-être parce que les utopistes, en demandant l'impossible, nous égarent, que le possible n'est pas pratiqué. Saint-Martin, par exemple, n'a manqué la perfection humaine, telle que nous venons de la définir, que pour avoir voulu la perfection divine. A ce point de vue pratique, notre jugement sur la moralité du célèbre mystique sera tout autre ; car toutes les fautes que nous avons marquées dans sa vie tiennent à une simple erreur de l'intelligence, à une conception incomplète de l'idéal éthique. Et celle-ci est née à son tour de la fausse direction que le jeune homme a lui-même imprimée à ses études par suite de ses préventions sur la science. La science des philosophes lui est suspecte ; elle ne peut lui donner la vérité dont il est avide, et la voulant à tout prix, il la demande, à vingt-deux ans, à la théosophie. Se croyant, par elle, en possession d'une science divine, cette science humaine dont il se vante d'avoir repoussé de bonne heure les explications, n'obtient plus que ses compassions, ses dédains.

Cette aberration, et celles qui en naissent, sont

graves. Le mépris des lumières rationnelles, qui sont nos guides les plus personnels et les plus légitimes, se punit rigoureusement dans la destinée spéculative ou pratique de l'âme; et nous devons reconnaître cette vindicte suprême dans la destinée du philosophe. On aurait tort de vouloir se dissimuler cette faute par une sorte de culte pour Saint-Martin et ses tendances. Si nos jugements sont volontiers sévères pour l'incrédulité et l'athéisme, que nous soupçonnons aisément de trahir la morale, ne nous montrons pas faciles pour la superstition et la crédulité. Ces excès sont aussi gros de violente intolérance et d'exclusive barbarie les uns que les autres. Mais tenons compte au jeune lieutenant d'infanterie de l'ardeur sérieuse qu'il apporte à la recherche des choses supérieures, et honorons la consécration empressée qu'il fait de toutes ses facultés à cette grande recherche.

Tenons-lui compte surtout du bon esprit avec lequel il échappe bientôt à la théurgie et à la magie, aux opérations et aux mystères des sociétés secrètes les moins dignes de l'enchaîner; de l'énergique indépendance avec laquelle il passe à la méditation et à l'étude d'ouvrages trop mystiques encore, il est vrai, mais du moins connus et avouables. Oh! sans doute, nous aimerions encore mieux qu'au lieu d'aller seulement de Martinez et de Swedenborg à Jacques Bœhme, il fût retourné à Descartes et à Bacon, ses premiers amis, ou du moins à Malebranche et à Fénelon, des guides plus sûrs que ceux qu'il chercha si loin, et qui continuaient mieux en lui l'œuvre commencée au collége avec Abbadie; mais n'exigeons pas d'un mystique de n'être plus lui-même, et ne nions pas les attraits sérieux que présentent l'élévation et la profondeur des spéculations théologiques ou cosmologiques de Bœhme. Malgré toutes les erreurs de science et de raisonnement, toutes les obscurités de pensée et les étrangetés de style où ses spéculations sont enveloppées, elles plaisent encore de nos jours aux plus grandes écoles de l'Allemagne, à celles de Schelling, de Baader et de M. Feuerbach, c'est-à-dire aux plus indépendantes qui se conçoivent. Et puisque l'un des plus savants des trois philosophes que nous venons de nommer, M. de Baader, va dans son enthousiasme pour le théosophe de Gœrlitz jusqu'à commenter à son tour les écrits de Saint-Martin qui le commente, le théosophe d'Amboise doit paraître justifié, même aux yeux des délicats, de s'être fait le traducteur de Bœhme. Ajoutons, pour les plus difficiles, que dans la situation où se trouvaient alors nos écoles et nos doctrines, un dogmatisme aussi plein de vues originales et invitant à de profondes méditations apparaissait parmi nous comme une puissance salutaire. Quand on considère tous les sacrifices que s'imposa le noble traducteur pour pouvoir imprimer son travail malgré ses faibles revenus, on ne saurait trop admirer ce rare dévouement à une cause délaissée; et, ne le contestons pas, c'est un mérite réel de la part de Saint-Martin de nous avoir offert, dans une version en tout cas plus lucide que l'original, les brillantes spéculations du plus grand des mystiques modernes. Sa traduction, il est vrai, n'eut pas un grand succès; mais le succès n'y fait rien, la moralité est ailleurs, et la preuve que Bœhme traduit attira l'attention de quelques-uns de nos maîtres en philosophie est dans les textes de Maine de Biran, qui est un type de moralité religieuse à son tour, et qui n'hésita pas à admettre l'idée fondamentale de la triple vie que Bœhme distingue dans sa mystique anthropologie.

On peut quereller à un point de vue moral le culte excessif que Saint-Martin professe pour le mysticisme allemand. C'est ce commerce si exclusif et si intime avec le célèbre interprète de l'intuition mystique, joint à celui que Saint-Martin entretenait lui-même avec le monde où il se transportait, qui lui inspira une sorte de culte pour sa propre pensée. Humainement parlant, on doit au moins qualifier d'orgueil hors ligne l'appréciation qu'il en fait, ou le sentiment qu'il nourrit un peu à ce sujet. Mais l'origine même de ce sentiment, dont nous n'avons pas voilé le fâcheux éclat, est faite pour nous en expliquer la nature véritable, et pour donner un sens beaucoup plus doux et plus pur aux exagérations si étranges en apparence que nous avons entendues de la part du pieux mystique.

Quelle est à ce sujet la disposition réelle de son âme ?

A l'entendre dans ses accents lyriques, il a reçu des grâces supérieures, et vu des vérités à ce point sublimes qu'il en est humilié et confondu devant Dieu.

Loin de l'enorgueillir, ces divines faveurs pèsent donc sur sa pensée, et à l'idée de la responsabilité qu'elles lui imposent, il aimerait mieux s'ensevelir dans l'amour de Dieu que de porter le poids de sa justice. Ne dit-il pas lui-même que, souvent, dans son sentiment de respect pour les saintes vérités qu'il avait reçues, il eût préféré passer pour un homme vicieux au lieu d'être pris pour un être parvenu à ce haut rang? (Portr., 603.)

Les faveurs divines, il les affirme et les adore, mais il

ne s'en prévaut pas. Écoutons-le; il est étrange, mais il est sincère : « Salomon a dit avoir tout vu *sous le soleil*. Je pourrois citer quelqu'un qui ne mentiroit point quand il diroit avoir vu quelque chose de plus, c'est-à-dire ce qu'il y a au-dessus du soleil; et ce quelqu'un-là est loin de s'en glorifier. »

La gloire de Saint-Martin, s'il faut employer ce terme profane, n'a réellement rien de commun avec la renommée, avec l'illustration qui résulte de ces travaux qu'on peut appeler les créations du génie. Il tient, dans son opinion, un rang à part : il a un dépôt sacré de grandes idées, de vérités suprêmes, et une mission hors ligne. Mais ce n'est pas lui qui est quelque chose, ou qui crée quelque chose; rien n'est de lui, et l'unique sentiment qui lui convienne, « c'est de se prosterner, dit-il, de honte et de reconnoissance pour la main miséricordieuse qui le comble de ses grâces et de ses miséricordes, malgré ses ingratitudes et ses lâchetés. »

Voilà son orgueil.

Saint-Martin a d'ailleurs conscience du tort qu'il a eu de s'exprimer quelquefois comme il l'a fait. Il sait bien que le monde ignore ses humilités et ne soupçonne pas la confusion qu'il éprouve au fond de son âme, mais il n'a garde de s'en soucier. Ses paroles, pleines d'une sainte gratitude, ne peuvent tromper que des gens qui ne connaissent rien aux secrets de l'âme ni à son état.

« Les mêmes personnes sont souvent révoltées de mon orgueil, et dans l'admiration de ma modestie, dit-il, ce que je sens est plus beau que l'orgueil. »

Il doit être évident pour tout le monde que l'homme qui se sentait à ce point étranger sur la terre qu'il s'y trouvait déplacé, ne pouvait y vouloir étaler le faste de son importance personnelle; et Saint-Martin est de bonne foi quand il nous dit que la principale de ses prétentions était de persuader aux autres qu'il n'était qu'un pauvre pécheur.

Toutefois, si son orgueil n'est que de la reconnaissance, sa reconnaissance a des paroles étonnantes et des formes à elle. Elle pose. Du moins elle ajoute aux mots *pauvre pécheur* ceux-ci : « pour qui Dieu avoit des bontés infinies. » Cela sent le favori. Mais rien ne l'emporte sur les faits ; Saint-Martin avait réellement dans la vie cette sorte d'humilité qu'il professe, et d'après des traditions auxquelles je dois la plus sincère déférence, il la portait empreinte sur toute sa personne. Ce fut cette inaltérable humilité qui inspira la plus haute admiration à la sceptique amie à laquelle il offrit le beau portrait dont j'ai parlé. Seulement il y avait bien dans cette tenue si modeste quelque chose qui rappelait « l'épée au côté » d'Henri IV ; mais cette épée n'était chez lui que sa reconnaissance enthousiaste pour les communications divines dont il se sentait honoré : son humilité se ressentait de son exaltation mystique. Aussi n'est-il pas besoin de témoignages externes à ce sujet quand un homme droit comme lui écrit ceci : « Sans ma grande affaire, j'aurois pu devenir encore plus nul et plus méchant que les autres hommes, étant né beaucoup plus foible. » (Portr., 666.)

Quel est celui d'entre nous qui mettrait sur lui-même dans ses mémoires ou dans son portrait ces mots : « encore plus nul et plus méchant ? »

Cette sévérité pour sa personne, d'autant plus grande

qu'il a de sa mission une opinion plus haute, est aussi ce qui répand le jour le plus vrai sur sa sévérité pour les autres : ce n'est pas la froideur qu'ils lui inspirent, c'est une profonde compassion, une charitable tendresse, attestée par toutes les amertumes d'une sainte douleur. Quand sa rigueur s'appesantit sur les hommes, ce n'est pas l'individu, c'est l'humanité qu'il rudoie. Sa plume se trompe quand elle déclame contre le monde. Elle ne distingue pas les diverses acceptions de ce mot. Le monde qu'elle entend, c'est celui qui est synonyme du mal. C'est le monde du démon, ce n'est pas la société que Saint-Martin hait. Sa véritable pensée se montre, malgré la confusion des termes, dans cet aveu : « J'abhorre l'esprit du monde, et cependant j'aime le monde et la société. » (Portr., 776.)

Le monde ou la société qu'il aime surtout, c'est le grand monde, c'est la société élégante, c'est cette aimable et spirituelle compagnie qu'on appelle la bonne. Quand la bonne compagnie est spiritualiste, c'est sa famille. Le monde qu'il abhorre, c'est, comme il le dit, l'esprit du monde, c'est-à-dire l'esprit humain à ce point absorbé dans les choses mondaines ou terrestres, qu'il est inaccessible aux autres ; c'est, en un mot, cet affligeant ensemble de tendances et d'aspirations égoïstes, de vices et de passions, ce tissu d'intérêts et de jouissances vulgaires auquel l'Évangile donne pour chef l'emblème du vice absolu, le prince du monde. Ce monde-là, non-seulement Saint-Martin l'abhorre de toute l'indignation de sa belle âme, mais il lui est étranger, il l'ignore. Cela est encore plus beau que de le haïr.

Cependant cette ignorance, il se la reproche; elle l'a

empêché de combattre des hommes comme il aurait dû le faire. « Si les écrits que m'inspira ma tendresse pour les hommes ont porté si peu de fruits, c'est que j'ai trop peu connu leur manière d'être et l'insouciance où ils se laissent croupir. »

Plus tard il connut mieux les hommes, les traita plus rudement et s'imagina qu'il en était haï : « Il n'est pas étonnant, dit-il, que mon métier de balayeur du temple de la vérité en ait soulevé contre moi les ordures. » Les mots sont vifs, et ils sont peu justes. Saint-Martin n'a jamais connu ni inspiré autre chose que des haines abstraites. Jamais son public, peu nombreux et très-mystique, ne fut son ennemi. Il se reproche une sorte de guerre générale qu'il aurait faite à tout le monde. C'est à tort. Puisqu'il était réformateur, il fallait bien en faire le métier. La guerre qu'il a faite réellement est la gloire de sa vie, par les sentiments qui la lui dictèrent et par les armes qu'il y employa. Quel est le mortel un peu éminent, philosophe, moraliste, publiciste, ou tout simplement honnête homme, dont la vie ne soit pas la guerre ?

Au surplus, celle que le tendre mystique croit avoir faite à son temps n'eût été que trop légitime. Mais Saint-Martin lui-même, dans un moment de désenchantement peut-être, nous apprend ce qu'il en était, quand il dit : « Je n'ai qu'un seul emploi à remplir dans le monde, celui de pleurer. » Voilà réellement le rôle auquel il se résignait. Mais pleurer n'est pas combattre, et son œuvre n'était pas aussi belliqueuse qu'il le pensait. Ce qui était réel, c'était sa douleur spirituelle : c'est ainsi qu'il appelle sa grande compassion pour les hommes ; mais c'était là un sentiment tendre et doux plutôt que violent et amer. C'était une des gloires de sa vie, car c'était à ses yeux le plus vrai et le plus précieux des trésors que Dieu lui eût donnés. Aussi voulait-il le faire valoir par tous les moyens, ce qui devait nécessairement avoir des difficultés. Mais s'il eut à subir dans ce travail « bien des suspensions, des privations et des tribulations même, » comme il dit, on ne trouve cependant dans sa carrière aucune de ces vives polémiques qui sont comme les compagnes naturelles d'un grand talent, ni aucune de ces animosités brûlantes que soulève parfois un grand caractère. S'il pleura beaucoup, cela tenait réellement à son organisation très-délicate et très-féminine, autant peut-être qu'à sa mission.

D'ailleurs, ce qu'il ne nous dit pas, et je l'en loue, c'est que nul sur la terre n'a plus goûté que lui les jouissances de l'amitié et de ses plus vives tendresses. Aussi ne se découragea-t-il que par instant, ayant en Dieu un puissant auxiliaire : « Mon œuvre a sa base et son cours dans le divin, » dit-il. Il ajoute, à la vérité, qu'il est comme « un homme tombé à la mer, » mais « il tient à la main une corde attachée au vaisseau, et il sent qu'il va bientôt y rentrer, quoiqu'il soit le jouet des flots qui l'inondent et celui des vagues qui, par-dessus sa tête, menacent de l'engloutir. » (Portr., 362.)

On a quelquefois reproché à Saint-Martin de n'avoir point de carrière bien marquée à l'époque même qui demandait le plus de dévouement. On a eu doublement tort. Il est très-vrai que sa vie n'offre pas une éclatante participation aux grands débats de son époque, aux grandes crises de son pays ; mais d'abord il tenait de toutes les puissances de son âme aux questions du jour, à celles qui furent posées par les corps savants, à celles que soulevèrent les événements du temps ; ensuite il poursuivait sans relâche son œuvre spéciale, telle qu'il la concevait en vertu de tous ses principes.

La régénération de tous ceux qui nous entourent, comme la nôtre propre, voilà, suivant lui, l'œuvre de l'homme. (Portr., 795.)

C'était la sienne. (Portr., 353.) Et nul n'y fut jamais plus fidèle.

Vrai théosophe, Saint-Martin n'a fui ni les questions, ni ses adversaires naturels, ni le monde ; mais il faut dire que de tout cela il a fait peu de cas en principe. Tous ses attachements humains, il les a subordonnés à ses attachements divins. (Portr., 31.)

Toutefois, nul ne sait aimer les hommes mieux que lui, ni plus moralement ni plus intimement. C'est une de ses afflictions constantes de s'être mal pris au début pour leur faire prendre les bons sentiers. (Portr., 613.)

Nous demandons aujourd'hui, et nous apportons dans nos relations avec les hommes une grande largeur. Cela nous est aisé avec des convictions à ce point adoucies, que si nous en avons de fortes encore, il n'y paraît guère. Il n'en était pas de même quand il y paraissait beaucoup. Eh bien, Saint-Martin était à notre hauteur : il sut aimer les hommes distingués de toutes les tendances. Dans les commencements du dernier siècle on proclamait un peu la tolérance ; on la pratiquait un peu vers la fin ; mais qu'est-ce que la tolérance auprès de ce que fait Saint-Martin ? Catholique très-pieux, jamais il ne mentionne même d'un mot les nuances qui différencient les communions chrétiennes; dans sa vie, comme dans ses écrits, il n'y a que deux classes d'hommes : ceux qui veulent être à Dieu et ceux qui ne le veulent pas.

Les premiers sont ses frères, de quelque nation qu'ils soient; les seconds ses ennemis, quelque nom qu'ils portent. Voilà sa théorie. Mais il recherche Lalande et Voltaire. Il proclame Rousseau bien meilleur que lui. Il aime tous ceux qu'il voit. Et quelles affections que les siennes! L'amitié est pour lui d'origine et de famille céleste, c'est la communion spirituelle née de la « conjonction individuelle avec Dieu. » (Portr., 1137.)

J'ai marqué parmi les ombres de sa vie ses prédilections féminines. Je ne veux pas faire disparaître cette ombre, en tant qu'elle se projette sur la vie des grands mystiques de tous les temps et de tous les pays, amenée et expliquée partout par la nature même des saintes aspirations qui remplissent leur âme. Mais, pour être juste à l'égard de Saint-Martin, je veux constater que si ses nobles et saintes amies occupent une grande place dans sa vie, ses amis n'en prennent pas une petite.

L'égalité est proclamée dans cette confidence toute extatique : « Il y a deux personnes, dont l'une est une femme, en présence de qui j'ai senti que Dieu m'aimoit. » (Portr., 7.) Si l'une était une femme, l'autre était un homme.

En général, je ne prétends pas effacer toutes les ombres de cette vie. Pour être vrai, il faut y laisser celles que le théosophe n'en a pas ôtées; mais pour rester vrai, il faut en écarter celles qu'y a jetées une injuste prévention. Il s'y trouve d'ailleurs assez de lumières pour que toutes les ombres en soient adoucies.

La moralité est le bon gouvernement de soi-même, et le plus sûr moyen de se bien gouverner, c'est de se bien connaître. Cela implique l'art de s'observer avec suite et de se juger avec droiture, de ne rien se passer, de ne rien souffrir en soi qui ne soit amené à la vie, à la pureté et à l'énergie voulues.

Cet art complet, qui prime tout ce qui peut occuper la pensée humaine, Saint-Martin le pratiquait avec une sincérité et une constance dignes d'admiration. Observateur profond et fin, il aimait le bien et se reprochait ses fautes, non pour les pleurer — ce qui est bon, mais ce qu'il ne faut pas prolonger, car ce n'est qu'un début — mais pour ne plus y retomber, ce qui est l'amendement et le triomphe. Ce triomphe, Saint-Martin prend la bonne voie pour l'obtenir. Pour être bien gouverné, il se donne à Dieu, et se laisse gouverner par lui à ce point que ce n'est plus l'homme qui vit en Dieu, mais Dieu qui vit en l'homme. « Ne triomphe que celui, dit-il, à qui Dieu donne la vertu et l'intuition des choses divines, et *dont la vertu est la condition préalable.* »

Remarquons cette place faite à la vertu. Le moraliste rationnel aspire à vaincre le monde; le moraliste mystique à être vaincu de Dieu; Saint-Martin confesse avec une sublime aisance qu'il a eu le courage de se faire vaincre.

« J'ai dit quelquefois à Dieu : Combats contre moi, comme l'ange contre Jacob, jusqu'à ce que je t'aie béni. » (Portr., 955.)

Qui ne sent que c'est ici le cri d'une âme sincère, sérieuse et réellement avancée?

Une fois soumis et vaincu parfaitement au gouvernement de son divin Maître, à sa discipline, Saint-Martin fut tout à lui, et s'en trouva si bien qu'il osa dire, avec une étrange confiance : « J'ai dit quelquefois que Dieu étoit ma passion ; j'aurois pu dire, avec plus de justice, que j'étois la sienne. » Ce cri de joie, qui serait un blasphème si l'âme était à elle, n'est qu'une de ces saintes témérités qu'autorise l'union mystique. Suivons-la un pas encore, car nous n'en saisirions pas le véritable caractère si nous n'allions pas jusqu'au bout. Il ajoute aux mots : « C'est moi qui étois la sienne, « ces autres : « par les soins continus qu'il m'a prodigués, et par ses opiniâtres bontés pour moi malgré toutes mes ingratitudes ; car s'il m'avoit traité comme je le méritois, il ne m'auroit seulement pas regardé. » (Portr., 901.)

Et voici un argument qui justifie bien aux yeux de Saint-Martin la croyance, que c'est bien Dieu qui fait ses affaires :

Un apôtre éminent nous a laissé cet aveu, que souvent il n'a pas fait le bien, mais fait le mal qu'il ne voulait pas. Saint-Martin, plus heureux, loue Dieu du contraire. « Car c'est une vérité, dit-il, que sa bonté a été quelquefois assez grande envers moi pour me faire faire le bien lorsque je voulois le mal. » (Portr., 784.)

Ce degré de perfection n'est pas commun, je crois, même dans la haute mysticité, et je pense qu'il est peu de mots qui caractérisent la véritable moralité de Saint-Martin mieux que les paroles qu'il vient de nous dire.

Il faut ajouter à ces traits généraux que sa vie offre à un degré qui n'apparaît pas dans tous les siècles, les vertus singulières qui découlent comme d'elles-mêmes, pures et vives, d'une source ainsi purifiée et vivifiée, d'une âme toute consacrée à Dieu, et dont les belles facultés, les grandes aspirations, disciplinées et soumises à l'action divine, vont toutes au même but. Rien de plus imposant à la fois et de plus suave que la vie d'un homme ainsi animé d'une sorte d'irradiation divine : tout y est tempérance et modération, calme et sérénité; la vigilance est sans effort, et le recueillement plein de douceurs; l'austérité la plus sérieuse n'exclut pas les gaietés, même railleuses quelquefois et volontiers épigrammatiques; la parole, toujours originale, souvent éloquente, sert constamment la même cause que les affections et la pensée; la pensée, étrangère aux vulgaires intérêts et aux communes préoccupations, toujours haute, s'échappe aisément sublime; les affections intimes, tendres et dévouées, se concentrent toutes en une seule, qui est suprême et les absorbe toutes; les préjugés de caste et les préventions de religion ne trouvent pas plus d'accès que les intrigues de l'ambition ou les passions du désordre; l'enthousiasme qui règne toujours ne peut lui-même troubler cette paix constante que l'opinion relègue souvent dans le pays des chimères de la philosophie. En un mot, le portrait de Saint-Martin que j'ai sous les yeux me semble répondre, comme sa vie et ses écrits, de la fidélité de cette esquisse.

Une telle paix est rare comme une telle vie; elle n'échut pas à ce degré aux plus religieux contemporains du philosophe, à ceux que ma pensée a souvent rapprochés de lui. En ce point, il les surpassa tous. S'ils aspirèrent, eux aussi, au même degré de foi ou de certitude par toutes les lumières données à l'humanité, aucun d'eux ne parvint à la même assurance.

Son assurance n'est pas un hymne de jubilation, mais c'est un véritable *Te Deum* de la paix.

« Je me suis senti tellement né pour la paix et le bonheur, et j'ai eu de si fréquentes expériences que l'on m'avait, même dès ce monde, comme environné du lieu de repos, que j'ai eu la présomption de croire que dans tous les lieux que j'habiterais, il n'arriverait jamais de bien grands troubles, ni de bien grands malheurs. Ceci s'est vérifié pour moi non-seulement dans plusieurs époques de ma jeunesse, mais aussi dans mon âge avancé, lors de la révolution de la France. J'écris ceci l'an IV de la liberté, le 25 juillet 1792. Jusqu'à ce moment, je n'ai été témoin d'aucun des désastres qui ont désolé ma patrie dans cette circonstance, quoique je n'aie pas voulu quitter le royaume, malgré les instances qui m'ont été faites, notamment par madame de Rosenberg, qui voulait m'emmener avec elle à Venise. J'ai traversé en outre trois fois presque tout le royaume pendant ces temps de trouble, et la paix s'est trouvée partout où j'étais (excepté l'aventure du Champ de Mars de l'été de 1791, pendant laquelle j'étais à Paris). Tout cela me fait croire que, sans me regarder comme un préservatif pour mon pays, il sera cependant garanti de grands maux et de désastres absolus tant que je l'habiterai ; non pas, comme je viens de le dire, que je me croie un préservatif, mais c'est parce que je crois que l'on me préserve moi-même, attendu que l'on sait combien la paix m'est chère, et combien je désire l'avancement du règne de mon Dieu. »

Ce qui donnait à Saint-Martin une paix si complète, c'était son complet détachement de lui-même. Il ne tenait qu'à Dieu. Et Dieu, nous dit-il, avait charge de son âme; il « pouvait la prendre à tel moment qu'il lui plairait, et cela non pas demain, mais tout à l'heure. » (Portr., 821.)

On n'est pas aussi prêt que cela sans l'être presque trop. Saint-Martin avait le mal du pays, ce qui est de trop même dans un mystique, au point que la vue de la nature la plus belle, décorée de tous les attraits et pleine de recueillement, celle d'Aunay par exemple, lui donnait « des pleurs comme la vue du nouveau temple en donnait aux vieillards d'Israël qui avaient connu l'ancien. » (Portr., 1106.)

Comment ne pas pleurer d'être loin de Dieu, quand l'âme est à ce point unie à Dieu et Dieu uni à l'âme qu'il « ne pourrait pas la rejeter sans se rejeter lui-même ? » (232, 290.)

Saint-Martin pensait sérieusement que Dieu ne pouvait que le bien recevoir, puisque, tout compte fait, il trouverait encore en lui de *quoi se consoler* (799).

Le mot, disons-le bien, serait leste, il serait intolérable dans une autre bouche. Il est parfaitement compris et très-sensé dans celle de Saint-Martin. Mais n'allez pas le mal lire et mettre *contenter* en place de consoler; l'écriture s'y refuse et le tact de l'auteur aussi. En effet, il n'a pas la prétention de *contenter* Dieu; mais il a la certitude que, malgré toutes les douleurs que sa vie a pu causer à son divin Maître qui a pleuré sur Jérusalem, il restera néanmoins en lui de quoi consoler ses afflictions paternelles au sujet de toutes les infidélités de son enfant.

Voici, au surplus, la traduction bien fidèle et bien régulière que Saint-Martin fait lui-même de l'expression si hardie au premier aspect de ses sentiments et de ses espérances suprêmes:

« Le 18 janvier 1830 complète ma soixantaine et m'ouvre un nouveau monde. Mes espérances spirituelles ne vont qu'en s'accroissant, j'avance vers les grandes jouissances..... qui doivent mettre le comble aux joies dont mon existence a été comme constamment accompagnée dans ce monde? » (Portr., 1092.)

Ainsi la mort doit mettre le comble à ses joies! Heureux mortel, le monde n'a donc pas été pour toi la vallée de larmes des poëtes et des sermonnaires! Tes pleurs ont été des joies. Tu as été souvent le Jérémie des larmes, jamais celui de la désolation.

Et de fait, rien de plus heureux que la vie de Saint-Martin, qui put se féliciter vers sa fin « de n'avoir jamais eu qu'une seule idée, qu'une seule affection, dont toutes les autres recevaient leur autorisation d'être; » et qui s'appliquait littéralement ces belles paroles : « A quiconque abandonne pour moi père ou mère, ou maisons, etc., il lui sera rendu dix fois autant. » Saint-Martin, hôte de la duchesse de Bourbon et ami du prince de Montbarey, apportait seulement à la promesse divine cette spirituelle variante, « qu'en place des maisons quittées pour le service de Dieu, il lui avait été donné d'habiter des palais. »

FIN.

NOTES

Page 39.

Saint-Martin écrit *Fournier* au lieu de *Fournié*. C'est à Bordeaux que Fournié est entré dans la société de Pasqualis.

Page 55.

Saint-Martin ne parle de Cazotte qu'une ou deux fois avec amitié, mais sans en faire tout le cas qu'il eût mérité. Il lui reproche d'avoir méconnu et maltraité la doctrine.

Page 75.

« J'en ai fait connaissance. » Il connaissait madame de L. depuis son arrivée à Paris, où il vint peu de temps après avoir quitté son régiment à Lille. J'ai revu le manuscrit. Il y a des mots biffés et des mots illisibles, que mon copiste a déchiffrés le mieux qu'il a pu, mais qu'on doit laisser tels qu'ils sont, indéchiffrables. Ce n'est pas madame de Lusignan qui a fait un second mariage et qui a épousé Nion, c'est une personne dont le nom ne se lit pas. Au lieu de *Nion*, lisez *Mion*, comme p. 230. Madame de Lusignan a émigré avec son mari, qui est mort de la petite vérole en revenant avec elle de Lubeck.

Page 81.

La connaissance première avec Lalande se fit à un dîner, en 1797, et n'aboutit qu'à une seule conférence.

Page 87.

Marade, lisez *Mazade*, p. 230. Il s'agit du député avec lequel il se rencontrait volontiers, quoiqu'il n'y eût pas entre eux de communications suivies. — Quellus ou Quelus est sans doute Caylus.

Page 124.

L'entrevue avec Bailly eut lieu chez mesdames d'Arquelay, dont Saint-Martin parle assez fréquemment.

Page 230.

Corberon. Saint-Martin logea plusieurs fois chez *les* Corberon, rue Barbette.

Clémentine, dont il parle volontiers sans la faire connaître, est morte jeune, mais très-avancée en piété, très-bon juge en matière d'ouvrages sérieux.

Page 231.

Relud. Est-ce Ludre? Le nom revient souvent dans le Portrait. C'est celui d'une personne à laquelle Saint-Martin avait eu l'idée d'unir son sort. Il fait allusion à ce projet dans un style très-figuré.

Page 243.

« Elle (l'École normale) ne devait pas vivre. » Saint-Martin nous apprend que la bataille Garat avait été son *coup de grâce*.

Page 286.

Champlâtreux. C'est de Champlâtreux près Corbeil, la résidence de madame de Clermont-Tonnerre, qu'il s'agit. Saint-Martin parle de trois voyages différents qu'il y a faits. (Portr., 742, 759 et 803.)

Page 290.

« Il y (Paris) resta toute l'année 1797. » Des projets de mariage le préoccupaient, à Amboise, aux mois d'août et de septembre.

Page 339.

« Quelques connaissances qui ne dédommageaient pas, » etc. Il eut quelques relations avec madame la comtesse d'Albany. Le manuscrit porte *d'Abany*.

Il avait revu, en 1801, madame de Lusignan à son retour de l'émigration. Leur entrevue avait été *comme officielle*, dit Saint-Martin. On se retrouva peu, malgré l'affection qu'on se portait encore, et dont le théosophe rappelle la vivacité en ces touchantes paroles : « Le tableau de ses peines me déchira l'âme. » Saint-Martin éprouva les mêmes sentiments en revoyant madame de Montbarey après douze ans de séparation. « Elle aussi étoit tombée de la plus haute opulence dans la plus grande gêne. » Mais elle la supportait fort bien, et Saint-Martin apprit d'elle avec bonheur que le prince était mort très-chrétiennement. Saint-Martin revit aussi madame de Clermont-Tonnerre, devenue madame de Talaru, et placée dans une situation plus brillante ; mais ses relations avec cette personne si distinguée n'avaient pas eu le même caractère de suite et d'intimité que celles avec mesdames de Montbarey et de Lusignan.

Page 363.

« Ma part a été plus en intelligence. » C'est ce qu'il assure à plusieurs reprises, et toujours à titre de privilége. Son premier maître lui avait déjà dit qu'ayant l'intelligence, il n'avait pas besoin de *visions*. C'est pour cela qu'il ne s'en attribue aucune. Mais il eut un jour au Luxembourg un *tableau qui lui fut envoyé*, et où figuraient Moïse, sa sœur et une troisième personne. « L'obscurité régnoit sur le globe ; l'herbe séchoit sur la terre ; les animaux hurloient. Moïse, sa sœur et une autre personne, *que je connois*, se portoient successivement vers les quatre points de l'horizon. La troisième personne prioit beaucoup et obtint par-là d'être préservée des maux dont l'univers étoit menacé. » On voit que ce tableau, envoyé « en 1778 ou 1780, » figure la révolution ; que la troisième personne qui y paraît est Saint-Martin lui-même, et que cela explique l'assurance dont il n'a cessé de jouir au milieu de tous les troubles.

BIBLIOGRAPHIE

DES ÉCRITS DE SAINT-MARTIN

I. *Des Erreurs et de la Vérité, ou les Hommes rappelés au principe universel de la science*, par un Phil... inc... 2 parties. Édimbourg, 1775. In-8.

Réimprimé sous les mêmes titre, lieu et date, avec une Table des matières où l'on a négligé de changer la pagination faite pour une des premières éditions. 2 t. in-8.

Traduit en allemand par Math. Claudius, avec une bonne préface. Breslau, 1782.

Un antagoniste de Saint-Martin a publié : *Suite du livre des Erreurs et de la Vérité*, par un Phil... inc... Salmonopolis, 1784; un autre a écrit une *Clef des Erreurs*, etc., sous la désignation : par un *serrurier inconnu*. C'est une réfutation dont on ne peut pas dire qu'elle soit tombée dans l'oubli; elle n'avait pas été remarquée.

II. *Le Livre rouge*.

Très-rare, à peu près introuvable. Tout le monde dit qu'il n'est pas de Saint-Martin. Il dit lui-même le contraire.

III. *Tableau naturel des rapports qui existent entre Dieu, l'homme et l'univers*, par un Ph... inc... 2 parties en 1 vol. in-8. Édimbourg, 1782. (Lyon.)

Traduit en allemand par un anonyme. Reval et Leipz., 1783 et 1785.

IV. *L'Homme de désir*, par l'auteur des *Erreurs et de la Vérité*. Lyon, 1790. In-8.

Il résulte d'une lettre de Salzmann à Herbort que c'est à Strasbourg, et sous la direction de Salzmann, que la première édition de cet ouvrage a été imprimée. Elle s'est vendue à Lyon chez Sulpice Grabit.

Une note de feu Petillet, libraire distingué à Lausanne, dit que cet ouvrage *a été souvent réimprimé*. Il a paru à Metz. 1812. 2 vol. in-12.

Traduit en allemand par Wagner. Leipzig, 1813. 2 vol.

V. *Ecce Homo*. Paris, 1792. In-8. Imprimerie du Cercle social, rue du Théâtre-Français.

Traduit en allemand par un anonyme. Leipz., 1819.

VI. *Le Nouvel Homme*. Paris, 1792. Chez les directeurs de l'imprimerie du cercle social, rue du Théâtre-Français.

VII. *Lettre à un ami, ou Considérations philosophiques et religieuses sur la révolution française*. Paris, 1796. (83 pages.) Chez Louvet, Palais-Égalité.

Traduit en allemand par Varnhagen von Ense. Carlsruhe, 1818.

Varnhagen a traduit aussi un choix de *Pensées* de Saint-Martin, qu'il a publiées avec des réflexions.

VIII. *Éclair sur l'Association humaine*, par l'auteur du livre des *Erreurs et de la Vérité*. Paris, 1797. In-8. Chez Marais, cour des Fontaines, au Palais-Royal.

IX. *Le Crocodile ou la Guerre du Bien et du Mal, arrivée sous le règne de Louis XV*, poëme épico-magique en 102 chants. Paris, 1798. In-8. Imprimerie du Cercle social.

X. Réflexions d'un observateur sur la question proposée par l'Institut : *Quelles sont les Institutions les plus propres à fonder la morale d'un peuple ?* Paris, 1798.

XI. *De l'Influence des signes sur la pensée*. (Insérée d'abord dans le *Crocodile*.) Paris, 1799. 2ᵉ édit., 1801.

XII. *L'Esprit des choses ou Coup d'œil philosophique sur la nature des Êtres et sur l'objet de leur existence*. Paris, 1800. 2 tomes in-8. Chez Debray, libraire au Palais-Égalité ; et Fayolle, libraire, rue Honoré, près le temple du Génie.

Traduit en allemand par Schubert. Leipz., 1811. 2 vol. in-12.

XIII. *Le Ministère de l'Homme-Esprit*. Paris, 1802. In-8.

Traduit en allemand par Lutterbeck. Munster, 1845.

Autre trad. par un anonyme sous ce titre : *Der Dienst des Geistmenschen*. Munster, 1845.

XIV. Plusieurs petites pièces : 1. *Le cimetière d'Amboise*, 16 pages in-8. Paris, 1801. — 2. *Le Siècle nouveau ou l'Espoir des amis de la vérité*, 4 pages. — 3. *Réveil religieux*, stances et cantiques, etc. — 4. *Union de Dieu et de l'homme; Avénement spirituel du Verbe;* Discours prononcé dans une assemblée religieuse le 2 février 1798 : 16 pages. — 5. *Lettre au citoyen Garat*, publiée dans le t. III du *Recueil des séances de l'École normale*. 3 vol. in-8. Paris, 1801.

XV. TRADUCTIONS DES ŒUVRES DE J. BŒHME

1. *L'Aurore naissante ou la Racine de la philosophie, de l'astrologie et de la théologie*, ouvrage traduit de l'allemand, sur l'édition d'Amsterdam de 1682. 2 t. in-8. Paris, 1800.

2. *Des Trois Principes de l'Essence divine ou de l'Éternel Engendrement sans origine de l'homme, d'où il a été créé et pour quelle fin*. Traduit sur l'édition d'Amsterdam de 1682. Paris, 1802, 2 vol. in-8.

ŒUVRES POSTHUMES

I. Traduction des OEuvres de J. Bœhme :

1. *Quarante Questions sur l'origine, l'essence, l'être, la nature et la propriété de l'âme, suivies des Six Points*. Paris, 1807. 1 vol. in-8.

2. *De la Triple vie de l'homme selon le mystère des trois principes de la manifestation divine*. Paris 1809. 1 vol. in-8.

II. *OEuvres posthumes de Claude-Louis de Saint-Martin*. Tours, 1807. 2 vol. in-8.

III. *Traité des Nombres* (lithographié au nombre de cent exemplaires), par M. L (éon) Ch (auvin) en 1844. Imprimé par les soins de M. Schauer, avec une Préface de M. Matter, et orné d'un portrait inédit tiré du cabinet de ce dernier.

OUVRAGES INÉDITS

I. *Correspondance de Saint-Martin avec Kirchberger, baron de Liebisdorf, des années 1792 à 1799.*

En tout 131 Lettres qui se trouvent : celles de Saint-Martin, entre les mains de M. Bury, qui les a reçues des héritiers ou des amis de la famille du patricien de Berne ; et celles de Kirchberger, entre les mains du comte d'O., qui les tient des héritiers de M. Léon Chauvin, à qui les avait laissées Gilbert, l'ami de Saint-Martin.

Il existe, de cette correspondance, plusieurs copies, dont deux très-complètes, à Lausanne.

C'est d'après celle de M. A. Tourguenief que M. Moreau a publié un certain nombre de ces Lettres qui nous ont fourni, pour notre travail, les plus riches matériaux, mais dont la plupart auraient besoin de commentaires.

II. La correspondance de famille, qui se compose de 63 lettres, et qui est entre les mains de M. Tournyer, ainsi que plusieurs écrits inédits.

III. Plusieurs Traités inédits sur les conférences de Saint-Martin et du comte d'Hauterive, à Lyon (voyez p. 61); sur l'astrologie, sur le magnétisme et le somnambulisme, sur les signes et les idées, sur le principe et l'origine des formes, sur les saintes Écritures, etc., etc.

OUVRAGES PROJETÉS

1. *Le Nouveau Tobie*, poëme. — 2. Une tragédie. (Portr., 316.)

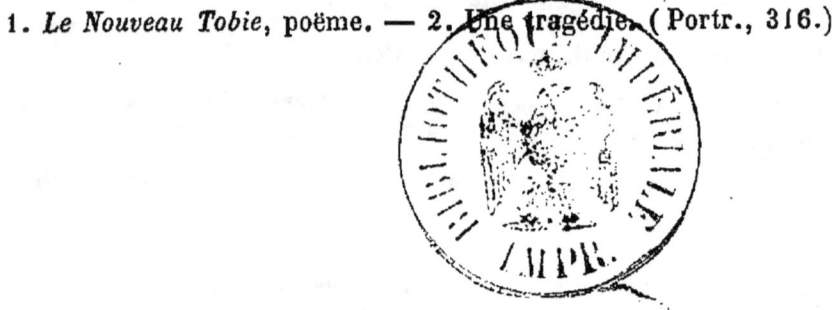

TABLE DES MATIÈRES

Préface... v

Chap. Ier. L'enfance de Saint-Martin. — Le collége. — Les premières lectures de piété. — L'école de droit. — Les premières lectures de philosophie. — La magistrature à Tours. — Les préventions... 1

Chap. II. La carrière des armes. — La garnison de Bordeaux. — L'initiation à l'école de Martinez de Pasqualis. — La doctrine secrète de Martinez. — Son Traité inédit. — La chute et la réintégration. — Les opérations théurgiques et le commerce avec les esprits supérieurs. — Une discussion entre Martinez et Saint-Martin. — Appréciation des Illuminés de France par M. de Maistre. — (1766-1771)...................................... 8

Chap. III. Dom Martinez et Saint-Martin à Paris et à Lyon. — Les principaux martinézistes. — L'abbé Fournié à l'école de Martinez, à Paris. — Son séjour à Londres. — (1771-1778). 31

Chap. IV. Mode de recrutement pratiqué par dom Martinez. — Les débuts de l'abbé Fournié. — Ses visions. — Ses écrits. — Ses rapports avec Saint-Martin. — Leurs divergences........... 39

Chap. V. Suite des martinézistes. — Cazotte, sa conversion, sa propagande, ses prophéties. — Madame la marquise de la Croix et ses manifestations. — Saint-Martin et le comte d'Hauterive. — Leurs conférences à Lyon. — Les extases et les absences du comte. — (1771-1778)... 55

Chap. VI. Le grand monde. — Le premier ouvrage : *Des erreurs et de la vérité.* — L'école du Nord. — Les martinistes et les martinézistes. — Derniers rapports de Saint-Martin avec Martinez de Pasqualis. — Les Philalèthes et les Grands-Profès. — L'œuvre de Saint-Martin dans le monde. — Ses rapports avec madame la marquise de Lusignan et madame la maréchale de Noailles, les Flavigny, les Montulé, les Montaigu, etc., etc. — (1771-1778). 67

Chap. VII. Rapports de Saint-Martin avec la marquise de Clermont-Tonnerre, mesdames d'Openoi et de Bezon, le général Duval, les Pontcarré, M. d'Etteville, Lalande, la marquise de La Croix, le duc d'Orléans, le chevalier de Boufflers, le curé Tersac, le maréchal de Richelieu. — Ses apparitions à Brailly, à Abbeville, à Étalonde. — Son premier voyage d'Italie. — (1771-1778). 77

Chap. VIII. Séjour de Saint-Martin à Toulouse. — Ses rapports dans cette ville. — Ses projets de mariage. — Ses projets d'entrevues avec Voltaire et Rousseau. — Son séjour à Versailles, ses rapports avec M. Gence, etc. — L'initiation par les formes. — Madame la marquise de Chabanais. — (1778-1787)....... 86

Chap. IX. Relations de Saint-Martin avec la marquise de Chabanais, la duchesse de Bourbon et madame de B. — Une entrevue avec la maréchale de Noailles. — Un séjour auprès du duc de Bouillon. — La seconde publication : le *Tableau naturel*. — (1771-1778)... 97

Chap. X. Un programme politique de l'Académie de Berlin. — Saint-Martin publiciste. — Son concurrent Louis Ancillon. — Son entrevue avec Bailly. — Études sur le magnétisme. — Son nouveau séjour à Lyon, en 1785. — L'agent de Lyon. — (1778-1787)....................... 117

Chap. XI. Voyage d'Angleterre. — William Law. — Le comte de Divonne. — La marquise de Coislin. — L'aristocratie russe. — Catherine II et les martinistes. — Correspondance avec le prince Repnin. — Second voyage en Italie. — Le prince Alexis Galitzin et Thieman. — La princesse de Wurtemberg, le comte de Kachelof et la visite au château d'Étupes. — Le voyage d'Allemagne.. 129

Chap. XII. Le séjour de Saint-Martin à Strasbourg. — Sa rencontre avec madame la duchesse de Bourbon. — Ses relations avec les savants et les mystiques : Oberlin, madame de Bœcklin, R. Salzmann, mesdames d'Oberkirch, de Frank, de Rosemberg, la comtesse Potoka. — Ses nouvelles études. — Sa conversion au mysticisme de Bœhme. — Le paradis, l'enfer et le purgatoire terrestres de Saint-Martin. — (1788-1791).............. 146

Chap. XIII. Suite du séjour de Saint-Martin à Strasbourg. — Ses relations avec le chevalier Silferhielm. — Nouveaux ouvrages de Saint-Martin : l'*Homme de désir*, le *Nouvel Homme*. — Saint-Martin et Schelling. — L'*Ecce homo* écrit pour la duchesse de Bourbon. — La transformation philosophique de l'auteur. — (1788-1791)................................... 172

Chap. XIV. Séjour d'Amboise. Correspondance avec madame de Bœcklin et avec le baron de Liebisdorf. — Lettre sur le 10 août. — Mort du père de Saint-Martin. — La marquise de l'Estenduère. — Mademoiselle de Sombreuil. — Note sur la mort de Louis XVI. — (1791-1793)........................... 190

Chap. XV. Séjour de Saint-Martin à Petit-Bourg. — Le décret relatif aux gens suspects et le certificat de civisme. — Nouvelles études mystiques. — La Sophie céleste. — Son union avec le général Gichtel. — L'union de Sophie céleste et de la Vierge. — Les manifestations physiques à l'École du Nord. — Lavater, le prince de Hesse et le comte de Bernstorf. — Le catalogue des livres du district d'Amboise. — L'appel de Saint-Martin à l'École normale. — (1793-1794)........................ 204

Chap. XVI. Saint-Martin arrivé à l'École normale. — Ses anciens amis de Paris. — Les nouveaux. — Le baron de Crambourg. — Le baron de Gleichen, disciple du comte de Saint-Germain. — La mission de Saint-Martin à l'École. — L'enseignement de Garat, l'analyse de l'entendement. — La bataille Garat : Saint-Martin champion du spiritualisme. — La dissolution de l'École. — (1794-1795)................................ 224

Chap. XVII. La sortie de l'École normale. — Le projet de professorat : la chaire d'histoire à Tours. — Amboise. — *Lettre sur la Révolution française*. — Saint-Martin précurseur de Joseph de Maistre comme publiciste. — La théocratie. — Babel. — M. de Witt. — (1795-1796).......................... 245

Chap. XVIII. La science des nombres. — Les découvertes du mystique Eckartshausen. — L'ouvrage posthume de Saint-Martin, *Des Nombres*. — Une théorie sur les médiums, ébauchée en 1795.

— La huitième planète. — L'envoi de dix louis. — L'échange des portraits. — (1795).................................... 259

Chap. XIX. La science complète de Saint-Martin. — Un retour vers l'école de Martinez. — Un nouvel écrit politique : l'*Éclair sur l'association humaine*. — Projets d'entrevue avec le baron de Liebisdorf, d'Eckartshausen, Young-Stilling. — Les Stances et le roman. — Excursions à Petit-Bourg, Champlâtreux, Sombreuil et Montargis. — Rencontre avec Cadet de Gassicourt. — (1795-1797)... 269

Chap. XX. Séjour prolongé à Paris. — Renvoi des dix louis. — L'offre de trois pièces d'argenterie. — M. Barthélemy. — Lakanal. — Un programme de Garat, au nom de l'Institut. — Le concours sur les signes de la pensée. — M. de Gérando. — Un poëme satirique, le *Crocodile*. — (1796-1797)............. 290

Chap. XXI. Le concours sur les institutions politiques et un nouvel ouvrage de Saint-Martin. — Sentence de l'inquisition d'Espagne. — La cinquante-cinquième année du théosophe. — Une querelle d'amis. — La mort de Liebisdorf. — (1797-1799)... 302

Chap. XXII. Les relations de Saint-Martin avec Gilbert, Gombaut, Maubach, le comte de Divonne, après la mort de Liebisdorf. — Ses rapports avec d'Éffinger. — Saint-Martin, éditeur et libraire. — Ses derniers écrits originaux. — *De l'esprit des choses*. — *Le ministère de l'Homme-Esprit*. — Les progrès du style. — Les rapports avec M. de Gérando. — (1799-1801).............. 315

Chap. XXIII. Les derniers travaux de Saint-Martin : les traductions. — Maine de Biran. — Les nouvelles relations des dernières années : madame la comtesse d'Albany, madame la baronne de Krudener. — L'entrevue de Saint-Martin avec Chateaubriand. — Sa conférence avec M. de Rossel. — Sa mort, à Aunay, chez le comte Lenoir-Laroche. — Ses dernières paroles recueillies par M. Gence. — (1802-1803)........................ 329

Chap. XXIV. La vie intérieure de Saint-Martin. — Sa lutte entre la philosophie critique et la spéculation mystique. — Les grandes ambitions du mysticisme et de la théosophie : Les lumières et les révélations extraordinaires...................... 343

Chap. XXV. Les communications avec les êtres supérieurs. — La théurgie. — Les manifestations, les apparitions et les visions. — L'école de Copenhague et l'école de Bordeaux. — La comtesse de Reventlow. — Mesdemoiselles Lavater et Sarasin. — Herbort et Salzmann. — Le mysticisme chrétien et le mysticisme de Saint-Martin.................................... 354

CHAP. XXVI. Les faveurs permanentes et les faveurs exceptionnelles. — Les états extraordinaires : les extases et les ravissements. — Les dons extraordinaires : la clairvoyance, la seconde vue, les oracles et les prophéties. — Le somnambulisme. — L'illumination et les clartés............................... 369

CHAP. XXVII. Développement extraordinaire des facultés organiques ou physiques. — La puissance magique de certains noms. — L'invocation et l'évocation. — Le grand nom.............. 382

CHAP. XXVIII. Développement merveilleux des facultés. — La couronne. — Le grand problème de la science des mœurs : Saint-Martin, type de perfectionnement moral. — Les trois règles de Descartes et les cinq règles de Saint-Martin. — Les idéalités ambitieuses : l'union avec Dieu et la participation à la puissance divine... 394

CHAP. XXIX. La réalisation des idées éthiques de Saint-Martin. — Les ombres dans sa vie. — Ses faux cultes................ 411

CHAP. XXX. La saine théorie de la perfection humaine. — Les lumières dans la vie de Saint-Martin. — Son humilité. — Sa franchise. — Son détachement. — La passion de Dieu. — Le mal du pays. — La paix................................ 428

NOTES.. 449

BIBLIOGRAPHIE DES ÉCRITS DE SAINT-MARTIN.................. 452

Paris. — Imprimerie de P.-A BOURDIER et Cie, rue Mazarine, 30.